suhrkamp taschenbuch 2349

Das Thema »Vater und Tochter«, lange nicht der Rede wert, besser gesagt, tabu, wird heute heftig diskutiert. Angeklagt sind erstmals in der Geschichte die Väter als Täter. Die Vater-Tochter-Beziehung unterscheidet sich von allen anderen familiären oder sonstigen zwischenmenschlichen Beziehungen dadurch, daß sie das extremste Machtgefälle aufweist und daher auch extremen Machtmißbrauch ermöglicht. Diese Tatsache prägt die Beziehung auch dann, wenn der Vater ein »guter Vater« ist.

Historisch ist die Vater-Tochter-Beziehung bisher kaum aufgearbeitet worden. Der vorliegende Band macht einen Anfang. Vorrangig geht es dabei allerdings um Frauen der Vergangenheit, seien sie nun bedeutend oder nicht, als Beispiel dafür, wie Frauen früher leben mußten. Der »berühmte Mann«, diesmal in der Rolle des Vaters, ist nur Mittel zum Zweck.

Töchter berühmter Männer

Neun biographische Portraits

Herausgegeben von

Luise F. Pusch

Suhrkamp

Umschlag: Hermann Michels
Illustration (Eleanor Marx) von Hans-Jörg Brehm
Foto: Archiv für Kunst und Geschichte, Berlin

suhrkamp taschenbuch 2349
Erste Auflage dieser Ausgabe 1994

Lizenzausgabe mit freundlicher Genehmigung
des Insel Verlags Frankfurt am Main und Leipzig
Suhrkamp Taschenbuch Verlag

Druck: Ebner Ulm · Printed in Germany

1 2 3 4 5 6 – 99 98 97 96 95 94

Töchter berühmter Männer

INHALT

MARGARET MORE-ROPER

1505–1544

»Dir und keinem anderen Menschen sonst«

Von Gudrun Honke

Margaret Roper
Zeichnung von Hans Holbein d. J.
ca. 1526/1528.

Roper, Margaret (1504–1544), daughter of Sir Thomas More. See under More, Sir Thomas, and Roper, William,«[1] so belehrt uns das *Dictionary of National Biography* über eine der ersten Gelehrten Großbritanniens.

Der Verweis in besagtem Lexikon bringt die Bedingungen, unter denen uns das Wissen über Margaret More-Roper überliefert wurde, in aller Kürze und Exaktheit auf den Begriff. Als Tochter von Thomas More (1477/78–1535), dem Humanisten und Lordkanzler Heinrichs VIII., weniger als Ehefrau William Ropers (1493/98–1578), des ersten Biografen ihres Vaters, und schon gar nicht als humanistische Gelehrte ging sie in die Geschichte ein. Wenn Margaret More-Roper auch oft das Lob der Männerwelt fand, so handelte es sich dabei doch nur um einen schwachen Abglanz, der vom Heiligenschein des Vaters auf die Tochter fiel. Denn der humanistische Staatsmann und Verteidiger des katholischen Glaubens, 1535 wegen seiner oppositionellen Haltung gegenüber der englischen Reformation hingerichtet und 1935 heiliggesprochen, war ein dankbares Objekt ehrfürchtiger Biografen, denen die vorbildliche Tochter eine willkommene Gelegenheit bot, die Größe ihres Helden auch im privaten Bereich auszumalen.[2] Immerhin: auch Hagiografie ist auf historisches Material angewiesen, und es existieren aufgrund dieser Aktivitäten einige, wenn auch nicht gerade zahlreiche Quellen zur Biografie von Margaret More-Roper. Von ihren eigenen Schriften sind nur die Übersetzung eines Erasmus-Textes (da gedruckt) und vier ihrer Briefe erhalten.[3] Daß von einer Frau geschriebene Texte der Zugehörigkeit zur More-Reliquiensammlung für würdig befunden wurden, hat einen simplen Grund: Sie erschienen – als authentische Aussagen einer Kronzeugin – geeignet und nützlich, um das hehre Ziel hagiografischen Bemühens zu erreichen.

Da es aber nun einmal darum ging, am Mythos eines großen Mannes zu weben, ist es nur allzu logisch, wenn die Mehrzahl der überlieferten Quellen Dokumente sind *über* Margaret More-Roper, geschrieben von ihrem Vater, von Freunden ihres Vaters ... Diese Herren sind nicht an Margaret selbst, ihren Gedanken, Empfindungen oder Ängsten interessiert, wobei Ausnahmen die Regel bestätigen. Wir haben es vielmehr mit rhetorischen Arrangements zu tun, die auf die Durchsetzung eines neuen Frauenbildes zielen: Der Typus der gelehrten und qua Gelehrsamkeit tugendhaften (Haus-)Frau wird entworfen. Es handelt sich um den spezifischen Beitrag der humanistischen Männerwelt, die Plazierung der Frau im typisch weiblichen Funktionsbereich der (früh-)neuzeitlichen Gesellschaft, in Ehe und Familie, abzusichern. Margaret More-Roper, lebendes Beispiel dieses Wunschbildes, wird benötigt, um die skeptischen Zeitgenossen davon zu überzeugen, daß Frauenbildung denkbar und möglich, ja sinnvoll (für die Männer natürlich) sein könnte.

Zunächst aber hatte der so ehrenhafte wie eigennützige Versuch, Frauen intellektuelle Fähigkeiten zuzugestehen und diese auch entwickeln zu wollen, einen direkten Einfluß auf Margarets Leben. Denn nicht immer beschränkten sich die Humanisten darauf, die gelehrte Frau programmatisch einzufordern. Margarets Vater wurde einer der Protagonisten weiblicher Bildung, der Theorie und Praxis miteinander verknüpfte und in seiner ältesten Tochter das am besten geeignete Objekt für sein bildungsreformerisches Unternehmen fand.

Margaret und ihre Geschwister Elizabeth (1506–1564), Cicely (1507–?) und John (1509–1564), die vier Kinder von Jane und Thomas More, wurden nicht, wie in den englischen Oberschichten damals üblich, im Alter von acht bis

Die Familie des Thomas Morus
Zeichnung von Hans Holbein d.J., ca. 1526/1528.

zwölf Jahren anderen Familien zur Ausbildung – und das hieß: zur Arbeit als Ehrenjungfrau oder Page (eine Art bessere Dienstboten) – übergeben. Sie blieben vielmehr im elterlichen Haus, wo der Vater ihre Erziehung plante, organisierte und kontrollierte. Thomas More, der als Jurist zunächst in Diensten der Londoner City, dann des englischen Königs Karriere machte, fehlte es weder an finanziellen Mitteln noch an Verbindungen zu den führenden Kreisen europäischer Intellektueller, die unabdingbar waren, um Frauen einen Zugang zu den Höhen humanistischer Bildung zu eröffnen – ein »normalerweise« nur Männern vorbehaltenes Privileg. Denn weil Mädchen bestenfalls eine Grund- oder Klosterschule besuchen durften, bildete Privatunterricht die einzige Möglichkeit für eine Ausbildung mit Niveau.[4] So gründete More in seinem Haus eine Privatschule und engagierte qualifizierte Lehrer, welche auf einem Niveau lehrten, das der Universität Oxford Ehre gemacht hätte. John Clement, auch Sekretär von Thomas More (die Wahl der Lehrer entsprang nicht immer nur altruistischen Motiven), später Griechischprofessor in Oxford und Hofarzt des Königs, William Gonell, Dozent in Cambridge, Nicolas Kratzer, renommierter deutscher Mathematiker und Astronom, und andere unterrichteten Latein, Griechisch, Logik, Rhetorik, Mathematik, Astronomie, Philosophie und Theologie.

Zu ihren Schülerinnen und Schülern gehörten außer Margaret und ihren Geschwistern auch Margaret Gigs (?1508–1570), die Pflegeschwester Margaret Mores – an diese fünf sind die brieflichen Arbeitsanweisungen des Vaters adressiert –, sowie wahrscheinlich auch Alice Middleton, die Stiefschwester, und Frances Staverton, eine Cousine Margarets. Neuzugänge erhielt die »platonisch-christliche Akademie« (Erasmus) mit William Roper, der seit ca. 1518 als Student einer Londoner Rechtsschule, Giles Heron (?–1540) und Anne Cresacre (1511–1577), die seit 1522 bzw. 1524 als Mündel im Hause More lebten und wohl zeitweise am Unterricht teilnahmen oder teilnehmen mußten.

Begonnen wurde mit dem Erlernen der lateinischen Sprache, dem Schlüssel zu allem Wissen. Klassische lateinische und griechische Literatur, Werke der Kirchenväter wurden ebenso wie didaktische und theologische Texte moderner Autoren (z.B. Erasmus) gelesen und übersetzt, lateinische und englische Aufsätze und Abhandlungen geschrieben. Fast tägliche Korrespondenz in Latein mit dem Vater stand auf dem Programm, wenn dieser zu handelspolitischen und diplomatischen Missionen ins Ausland oder an den Hof Heinrichs VIII. beordert wurde und die Lernfortschritte seiner Kinder nicht persönlich überwachen konnte. Seine uns überlieferten Briefe zeigen ein im Vergleich zu dem üblichen Strafen und Schlagen trotz allem Leistungsdruck humanes Erziehungskonzept, bestehend aus geschickt verteiltem Lob, vermischt mit liebevoller Kritik, was Schülerinnen und Schüler zu einem permanenten Wettbewerb um das beste Resultat herausfordern sollte.

Hier blieb Margaret More die eindeutige Siegerin. Schon früh durch ihre überdurchschnittliche Intelligenz und Freude am Lernen zur Lieblingstochter avanciert (selbst der einzige Sohn John geriet etwas ins Hintertreffen), war sie es, die nicht nur den Vater, dessen Stolz sich gleichermaßen auf die Fähigkeiten seiner Tochter wie den Erfolg eigener didaktischer Arbeit bezog, zu Begeisterungsstürmen hinriß: »Ich erspare mir, meine liebste Tochter, zu sagen, welch große Freude mir Dein Brief gemacht hat. Ich glaube, Du kannst es besser beurteilen, in welchem Maße er Deinem Vater gefallen hat, wenn Du vernimmst, wie er auf einen Fremden gewirkt hat … Als er (der Bischof von Exeter, G. H.) ihn aber gelesen hatte und erfuhr, daß er von Deiner Hand sei (was er, wenn ich es nicht versichert hätte, nicht geglaubt haben würde), hat er Deinen Brief – daß ich nichts verrate! – vorzüglich als einen – warum soll ich Dir nicht sagen, was er sagte? – dermaßen lateinischen, fehlerfreien, gelehrten, Deine zärtliche Neigung spiegelnden lebhaft bewundert. Als ich es merkte, habe ich Deine Rede-Übung hervorgeholt. Er las sie und auch Deine Gedichte und, betroffen von der unvermuteten Sache, machte es das Mienenspiel dieses vorurteilsfreien Mannes leicht deutlich, daß sein Urteil die zu Deinem Lob überschwenglichen Worte noch bei weitem übertraf.«[5]

Außer von lateinischen Briefen, Redeübungen und Gedichten hören wir noch von weiteren Arbeiten Margarets: John Clement führt als Beweis ihrer wissenschaftlichen Qualifikation an, wie sie eine korrupte Passage in einem Cyprian-Manuskript durch den Austausch eines Wortes so korrigierte, daß der Satz einen Sinn ergab.[6] 1521/22 verfaßte sie auf Anraten ihres Vaters, der mit seinem *Treatise of the four last things* beschäftigt war, auch eine Abhandlung über die »Vier letzten Dinge«, die Thomas More besser als seine eigene fand. Veröffentlicht wurde *seine* Version; Margarets Text ist nicht erhalten. Das gleiche »Schicksal« traf ihre Eusebius-Übersetzung aus dem Griechischen. Margaret soll auf die Publikation verzichtet haben, als sie erfuhr, daß ein Bischof das gleiche plante. Thomas Stapleton berichtet 1588: »Ich habe eine ihrer Deklamationen in meinem Besitz. Sie ist eloquent, klug und vollkommen in der Verwendung rhetorischer Kunstgriffe und wurde geschrieben in Nachahmung, oder besser in Konkurrenz zu Quintilians Deklamation über die Vernichtung der Bienen eines armen Mannes durch Gift, das über die Blumen im Garten eines Reichen gestreut worden war. Quintilian verteidigt die Interessen des Armen, Margaret den Reichen. Um so schwieriger diese Verteidigung ist, desto mehr kann sich Margarets Beredsamkeit und Witz entfalten. Wenn ich nicht fürchtete, zu langweilen und zu weit von meinem Anliegen, das Leben Mores darzustellen, abzuschweifen, würde ich die beiden Reden von Margaret und Quintilian abdrucken.«[7]

Wie unvollständig unsere Informationen über die junge Gelehrte auch immer sein mögen, die veröffentlichten Texte bezeugen jedenfalls ihre Meisterinnenschaft in lateinischer und englischer Prosa, die dem Vergleich mit den männlichen Kollegen standhält. Was heute noch nicht jedem selbstverständlich erscheint, wirkte damals sensationell. Margaret und ihre Schwestern disputierten vor dem König, die zeitgenössische Männerwelt überbot sich in Lobeshymnen, das Schreiben von Traktaten über die Notwendigkeit weiblicher Bildung hatte Konjunktur. Doch nicht mehr als ein Dutzend Frauen, unter ihnen zwei Königinnen, Mary Tudor (sie regierte von 1553–1558) und Elizabeth I. (1558–1603), konnten davon profitieren.

Der Mangel an frauenfeindlichen Strukturen, den Historiker/innen hier meinten feststellen zu können, verleitete manche Forscher/innen zu der Auffassung, daß England im 16. Jahrhundert eine Art Paradies für Frauen gewesen sein müßte.[8] Als Zeuge wird gern ein holländischer Reisender angeführt, der 1575 ein entsprechendes Sprichwort kolportiert: England sei ein Paradies für Frauen, ein Gefängnis für Diener und eine Hölle für Pferde.[9] Der gleiche Reisende berichtet weiterhin, daß Frauen vollständig in der Gewalt ihrer Ehemänner (und ihrer Väter, so hätte er hinzufügen können) wären, die sie allerdings »nicht so streng hielten wie anderswo«.[10] Mag es unserem Gewährsmann – aus naheliegenden Gründen – auch plausibel erscheinen, daß schon eine liberale Form patriarchaler Herrschaftsausübung paradiesische Zustände für die Beherrschten zur Folge haben soll, so darf sich die historische Frauenforschung doch nicht damit begnügen, die humanistische Emphase für weibliche Bildung und die Existenz einiger gelehrter Frauen als Belege für eine frühneuzeitliche Form von »Feminismus« zu interpretieren. Wenn die Gesellschaft der Frühen Neuzeit, in welch geringem Maß auch immer, Raum freigab für Bildungsmöglichkeiten von Frauen, war die Emanzipation der weiblichen Hälfte ihrer Mitglieder in keiner Weise intendiert.

Weit mehr als Frauenbildung lagen den Humanisten wie vielen anderen die eigenen Geschlechtsgenossen am Herzen, waren sie doch überzeugt von der unbedingten Notwendigkeit gesellschaftlicher Reformen, von einem großen Werk also, das nur Männer vollbringen konnten. Für die gravierenden sozialen Probleme des 16. Jahrhunderts – dauernde Kriege unter den europäischen Nationen, von den Herrschern auf Kosten der Bevölkerung inszeniert; zunehmende Ausbeutung der Armen durch die Reichen, zu welchen nicht zuletzt die Kleriker zählten: Mißstände, die More in der *Utopia* beredt beklagt – machten sie in typisch intellektueller Überheblichkeit einen Bildungsnotstand verantwortlich. In der Überzeugung, daß Bildung (und zwar am besten die christlich-humanistische) einerseits politische Moral, politische Moral dann gesellschaftliche Ordnung garantiere, Bildung andererseits zu verantwortungsvoller Tätigkeit in den Epi- und Nebenzentren politischer Herrschaft und Verwaltung qualifiziere, konzentrierte sich ihr pädagogisches Wirken auf Männer, d.h. nicht so sehr auf die gesamte Spezies als vielmehr auf die Angehörigen der Oberschichten (wenn auch immer von »Menschen« die Rede ist).

Das Studium der griechischen, lateinischen, mittelalterlichen Autoren, ihrer politischen, moralphilosophischen, juristischen und naturwissenschaftlichen Schriften, ihrer vorbildlichen Rhetorik sollte den Mann-Menschen zum Gelehrten – gleichzeitig Wissenschaftler und Literat, evtl. auch Staatsmann – erheben, ein so vermitteltes instrumentelles Wissen und eine an Cicero geschulte Eloquenz (in Wissenschaft und Politik gleichermaßen unabdingbar) ihn zur Lösung der gesellschaftlichen Probleme oder doch wenigstens zur Diskussion von Lösungsmöglichkeiten befähigen. (Nicht zuletzt auch deswegen die unermüdliche Suche nach Manuskripten und die emsige Herausgabe der bis dato bekannten und unbekannten alteuropäischen Literatur in authentischen Editionen.)

Tatsächlich ging die Rechnung auf: Mit der Ausdifferenzierung zentralstaatlicher Strukturen, der zunehmenden Institutionalisierung des Herrschaftssystems war zum Ausbau des Verwaltungs-, Justiz- und Lehrbereichs ein Bedarf an Fachkräften entstanden, den Adel und Klerus in quantitativer und qualitativer Hinsicht nicht decken konnten. Den Humanisten eröffnete sich daher ein vielfältiges Spektrum von Berufsfeldern: vom Elfenbeinturm (Erasmus) über die Universität und Stadt bis zum Königshof (More). Es etablierte sich so eine intellektuelle Oberschicht, die »respublica litteraria«, eine Art internationale Bruderschaft der Gelehrten, die ihre Zugehörigkeit zur neuen Elite, ungeachtet unterschiedlicher sozialer Herkunft und beginnender beruflicher Differenzierung, durch die allen gemeinsame humanistische Bildung auswies.

Von dieser Entwicklung waren Frauen ausgeschlossen, denn weshalb sollte man das attraktive Angebot gesellschaftlicher Wirkungsmöglichkeiten durch unliebsame Konkurrenz gefährden? Den Marsch durch die Institutionen (die zeitgenössische Diskussion des Für und Wider dieser Strategie wurde unter dem Stichwort »Der Philosoph als Fürstendiener« bekannt) kam sehr wohl für Thomas More in Frage, stand jedoch für Margaret More-Roper grundsätzlich nicht zur Disposition. Wenn in Einzelfällen Frauen in Positionen politischer Macht gelangten, dann nicht wegen ihrer humanistischen Bildung. Mary Tudor und Elizabeth I. wurden vielmehr Königinnen, weil es an männlichen Thronerben mangelte – und das trotz der unermüdlichen Versuche Heinrichs VIII., der die Trennung der englischen Kirche von Rom und sechs Ehefrauen vergeblich einsetzte, um diesen Mißstand zu beheben.

Auch wenn einige Frauen ihre humanistische Bildung, erworben durch Väter, Privatlehrer oder Partizipation am Unterricht ihrer Brüder, zu wissenschaftlicher und literarischer Produktion nutzen konnten[11], wurden sie damit noch keine gleichberechtigten Mitglieder der respublica litteraria. Dazu fehlte ihnen der autonome Zugang zu den Kommunikationsmedien. Sodalitates eruditorum – das waren Diskussionsrunden, die überall dort existierten, wo Humanisten lebten (eine Art Stammtisch der Gelehrten also) –, möglichst zahlreiche Publikationen und umfangreiche Korrespondenz mit den Kollegen machten den gebildeten Mann zum wahren, zum humanistischen Gelehrten. Hier suchte und fand er internationale Kontakte, Renommee und Ruhm.

Daß Margaret More-Roper zu den Mitgliedern der Londoner sodalitatis eruditorum gehört hätte, daß sie an den Treffen der englischen Humanisten, die oft genug im Hause ihres Vaters stattfanden, teilgenommen hätte, davon ist nichts bekannt. Ihre Erasmus-Übersetzung wurde anonym veröffentlicht, herausgegeben von ihrem Lehrer Richard Hyrde. Nicht zufällig handelte es sich dabei um die Übertragung eines lateinischen Textes in eine Nationalsprache und damit um ein Betätigungsfeld, dem die Humanisten keine Priorität einräumten. Da konnte man schon mal großzügig sein. An Editionen griechisch-lateinischer Übersetzungen war nicht gedacht, wenngleich man Margarets Hilfe zur Verbesserung unverständlicher Manuskriptstellen gern in Anspruch nahm.

Immerhin stand Margaret More-Roper im Briefwechsel mit Erasmus von Rotterdam, dem besten Freund ihres Vaters. Die über 3000 Briefe umfassende Korrespondenz des Erasmus enthält zwei Briefe an Margaret[12], einen von Margaret an Erasmus. Hier ging es – im Gegensatz zur Korrespondenz mit den männlichen Kollegen – weniger um Probleme wissenschaftlicher Arbeit als vielmehr um den familialen Bereich. Margaret und Erasmus blieben sich nichts schuldig in dem Unternehmen, die vorbildliche Atmosphäre im Hause More literarisch zu inszenieren. Das beförderte den Ruhm von Erasmus und More, deren pädagogischem Sendungsbewußtsein ein solch harmonisches Familienleben schließlich zu verdanken war. In diesem – und nur in diesem – Kontext konnte sich Margaret More-Roper als Humanistin präsentieren. Denn: je gelehrter die Tochter, desto bedeutender der Vater. Dabei konnte Margaret zeigen, daß sie die panegyrische Technik – die Herabsetzung der eigenen Bedeutung mit dem Hervorheben der Größe des anderen so zu verknüpfen, daß beider Leistungen im rechten Licht standen – ebenso virtuos beherrschte wie Erasmus: »Denn ich habe nie zu hoffen gewagt, daß Du (Erasmus, G.H.), der Du so vollständig in Anspruch genommen bist durch so viele bedeutende Arbeit, so unglücklich und unaufhörlich an schwerer Krankheit leidest, so erschöpft bist von der Bürde des Alters, daß Du mich je-

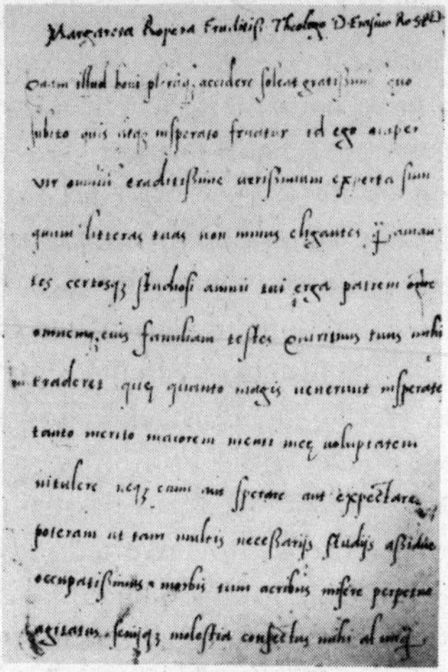
Margareta Ropera Eruditiss. Theologo D. Erasmo Ro. S.D.
Cum illud bene plerumque accidere soleat gratissimum quo
subito quis atque insperato fruatur id ego nuper
vir omnium eruditissime verissimum experta sum
quum litteras tuas non minus elegantes quam aman-
tes certosque studiosi animi tui erga patrem atque
omnemque eius familiam testes Carissimus tuus mihi
traderes quae quanto magis venerunt insperatae
tanto merito maiorem mentis meae voluptatem
attulere neque enim aut sperare aut expectare
poteram ut tam multis necessariis studiis assidue
occupatissimus morbis tam acribus misere perpetuo
vexatus senijque molestia confectus mihi ad unquam

*Handschriftlicher Brief von Margaret Roper
an Erasmus von Rotterdam.*

mals jener Ehrenstellung für würdig erachtet hättest, in die ich durch die Gunst, Deinen Brief zu erhalten, erhoben wurde. So oft ich diesen jemandem zeige, stelle ich fest, daß dadurch meinem Ruf, der auf keine andere Weise eine größere Würdigung erfahren kann als durch Deinen Brief, nicht wenig Lob hinzugefügt wird.«[13] Wenn frau auch bedauern mag, daß Margaret More-Roper nicht mehr Gelegenheit hatte, sich in den humanistischen Literaturbetrieb zu integrieren – schon ihre der männlichen Regie angepaßte Strategie, den eigenen Anspruch auf öffentliche Reputation durchzusetzen, überschritt die engen Grenzen dessen, was der Vater der Gelehrten zubilligte: »Aber, liebste Margaret, gerade deshalb bist Du am meisten zu loben, weil Du, obwohl Du ein gediegenes Lob Deiner Arbeit nicht erhoffen konntest, trotzdem fortgefahren bist, mit Deinem hervorragenden Talent das Studium der edlen Wissenschaften und Schönen Künste zu verbinden. Und, innerlich zufrieden mit dem Ertrag und der Freude, hast Du in Deiner Bescheidenheit nicht nach öffentlichem Ruhm gejagt, noch hast Du ihn gern eingeheimst, wenn Du ihn empfingst. Aber für Deine große Zuneigung, die Du uns, Deinem Mann und mir, entgegenbringst, sind wir häufige Leserschaft und genügend großes Publikum für Dich.«[14]

Damit war der Rahmen intellektueller Selbstverwirklichung für Frauen abgesteckt. Familie statt Öffentlichkeit hieß die Devise, welche nicht oft genug ausgegeben werden konnte, da selbst gelegentlicher Ruhm, von den Humanisten zu Propagandazwecken zugelassen und befördert, die geschlechtsspezifische Rollenverteilung zu gefährden schien. Mußte der Entfaltungsspielraum gelehrter Frauen schon im Interesse der Aufrechterhaltung patriarchaler Herrschaftsstrukturen auf den familialen Bereich beschränkt werden, so war darüber hinaus die Privatisierung weiblicher Gelehrsamkeit von vornherein intendiert. Denn schließlich ging es den Humanisten weniger um die Interessen der intellektuellen Angehörigen des weiblichen Geschlechts (Thomas More war – aufgrund der engen verwandtschaftlichen Beziehung – eher als andere zu Konzessionen bereit) als vielmehr um die Lösung eigener Probleme (mit Frauen!), bei der sie auf Frauenbildung angewiesen zu sein glaubten.

Wie schon erwähnt, bestand ihr Hauptproblem in der Suche nach Rezepten zur Reform der frühneuzeitlichen Gesellschaft. An deren desolatem Zustand ärgerte unsere Weltverbesserer nichts so sehr wie ein vermeintlich exorbitanter Sittenverfall. Den hielten sie für besonders gravierend, wie ihre zahllosen Klagen über weitverbreitete Laster, von denen Unzucht und Habgier die schlimmsten waren, zeigen. Eine Rückkehr zu den rigiden Prinzipien christlicher Moral schien also dringend geboten. Ein frommer Wunsch, den die Kirche seit Jahrhunderten durch moralische Appelle in die Realität zu überführen suchte, jedoch offensichtlich ohne Erfolg. Die Humanisten favorisierten daher auch hier ihr Bildungsprogramm als ein adäquateres Mittel, zum Pfad der Tugend zu finden. So sah More das Ziel der Erziehung seiner Kinder darin, daß »sie die Tugend an die erste Stelle der Güter rücken und die Bildung an die zweite und in ihren Studien das am höchsten schätzen, was sie Gehorsam gegen Gott, Mildtätigkeit gegen die Nächsten und Bescheidenheit für sich selbst und christliche Demut lehrt... Dies betrachte ich als den wahren Gewinn der Gelehrsamkeit. Obgleich ich gestehe, daß ihn nicht alle Gelehrten erreichen, behaupte ich, daß diejenigen, die mit solchem Vorsatz an ihr Studium herangehen, es leicht bewältigen und völlig ausgebildet daraus hervorgehen.«[15]

Der moralische Imperativ richtete sich zwar an Frau und Mann, doch mit einem kleinen Unterschied. Demut und Bescheidenheit blieben für Männer eine eher theoretische Anforderung, für Frauen dagegen harte Realität. Da der Wunsch, sich Geld und Geltung zu verschaffen, die Gier nach Macht und Ruhm konstitutive Elemente humanistischer Berufspraxis bildeten, also gar nicht so unvernünftig sein konnten, fanden diese Laster nur dann Kritiker, wenn es galt, sich der »Herrschaft der Weiber«, in welcher Form sie sich auch immer andeuten mochte, zu erwehren. Und auch Gehorsam gegen Gott forderte von der Frau etwas anderes als vom Mann, bestand doch ihre Religiosität darin, zu wissen, »wie sie ihren Ehemann zu lieben und zu ehren hätte, den sie als göttlich und heilig ansehen und dessen Willen sie als dem Gesetz Gottes gehorchen sollte.«[16]

Der kleine Unterschied wurde dort größer, wo zum Kampf gegen die so ärgerlichen sexuellen Ausschweifungen gerufen wurde: »Wenn du eine Frau bist, so bedenke, daß deinem Geschlecht nichts mehr ansteht als Schamhaftigkeit. Bist du ein Mann, so denke, daß du größerer Dinge würdig bist und diese unzüchtigen deiner unwürdig sind.«[17]

Keuschheit zu *der* weiblichen Tugend zu erklären, bedurfte keiner besonderen Begründung. Da, wie man ja aus der Bibel wußte, Eva den Adam verführt hatte und nicht umgekehrt, war das Übel nur in den Griff zu bekommen durch die Disziplinierung der Frau, die bislang trotz ausdifferenzierter patriarchaler Herrschaftsstrukturen nur unvollkommen gelungen war, wie der status quo deutlich zeigte. Weibliche Sexualität, ständiges Objekt männlicher Begierden und Ängste, ständige Bedrohung männlicher Vernunft, die doch so dringend gebraucht wurde zur Erfüllung der großen Aufgaben, die in Staat und Gesellschaft der Herren der Schöpfung harrten, galt es unter Kontrolle zu bringen. Und nicht nur das: Da die sexuellen Begierden den Geist zum Gefangenen des Körpers machten und ihn hinderten, sich zu Gott zu erheben, mußte man bestrebt sein, das weibliche Verführungspotential soweit wie möglich zu entschärfen. So blieb nichts anderes übrig, als der Frau einen Grad von Vernunft zuzugestehen, der, obgleich geringer als beim Mann, doch zu intellektueller Betätigung befähigte. Und wenn Gelehrsamkeit dann Tugend zu befördern schien, dann war weibliche Gelehrsamkeit aufgrund der »schwachen« Natur der Frau um so erforderlicher. Wenn ein Verteidiger weiblicher Bildung More bewunderte, weil er sich nicht damit zufrieden gab, daß seine Töchter »gut und sehr keusch wären, sondern gewollt hatte, sie sollten auch gelehrt sein, auf daß sie dadurch um so echter und sicherer keusch würden«[18], brachte er damit das Interesse an weiblicher Gelehrsamkeit auf den Punkt.

Den Blick auf das Buch, die Gedanken auf Literatur und Wissenschaft gerichtet, sollte die Gelehrte der Faszination des Lasters entgehen können, der ihre weniger gebildeten Geschlechtsgenossinnen immer wieder verfielen, denn »das Lesen und Studieren beschäftigt den Geist so sehr, daß er keine Zeit findet, sich an allerlei Einbildungen zu delektieren, während bei allen Handarbeiten, die den Frauen nach

Auffassung der Männer angemessener sind, der Körper wohl an einem Ort beschäftigt sein mag, der Geist aber zu einem anderen wandert. Und wenn sie dort sitzen, mit den Fingern nähen und spinnen, mögen ihnen viele aufreizende Vorstellungen in den Sinn kommen ...«[19] Nun sollten Frauen aber nicht jedes Buch lesen, denn bedauerlicherweise waren bei manchen Autoren ausführliche Schilderungen der menschlichen Laster zu finden. Zwar übte More keine Zensur aus, wenngleich er nicht so weit ging, Christine de Pisan, die einzige »feministische« Schriftstellerin des Mittelalters[20], in den Lektürekanon zu übernehmen, sondern den heiligen Hieronymus, den mittelalterlichen Spezialisten für Frauenbildung und weibliche Tugend, empfahl. Doch andere Humanisten waren nicht so tolerant wie More. Juan Luis Vives (1492–1540) wollte Frauen auf keinen Fall z.B. den Tristan und Boccaccio lesen lassen. Trotz aller Einschränkungen blieb aber noch ein genügend großer Fundus abendländischen Schrifttums, der als wahre Fundgrube moralischer Verhaltensmodelle gelten konnte. Und, last but not least, fand sich nicht gerade dort auch das Bild der Frau als Inkarnation der Sittlichkeit? Ein Ideal, das sich die Frauen nun zu eigen machen sollten und – gelegentlich – konnten. Mit der Konzeption weiblicher Gelehrsamkeit hatten die humanistischen Bildungsreformer das Instrument gefunden, männliche Projektionen weiblicher Tugenden wirksam in die Frau selbst hineinzuschreiben: Disziplinierung von innen her, Kolonisierung des Kopfes, die auf die freiwillige Selbstkontrolle der Frau zielte.

Um den Erfolg dieser vielversprechenden Strategie, die Herrschaft männlicher Vernunft durch weibliche Anpassung sicherzustellen, nicht zu gefährden, bedurfte es permanenter Überwachung, die nirgendwo besser gewährleistet war als in der Familie, in der Ehe. Hier stand die Frau unter direkter Kontrolle des Patriarchats, das Vater und Ehemann würdig repräsentierten. War die Ehefrau dank »vernünftiger« Bildung dann tugendhaft, hatte der Ehemann endlich weniger Grund, ihre Untreue zu fürchten und mehr Muße, ihre sexuelle Verfügbarkeit zu nutzen.[21] Die Frau hatte bekanntlich ihrer ehelichen Pflicht nachzukommen, wenn der Gatte es wünschte. Und wenn die so schwierige Kontrolle der Vernunft über die Leidenschaften die Voraussetzung gesellschaftlicher Entwicklung sein sollte (wovon nicht nur die Humanisten überzeugt waren), dann bot die Ehe die beste Möglichkeit zum Neutralisieren unvermeidbarer Begierden, galt deren Befriedigung doch hier als legitimer als anderswo.

Daß die Ehe nur eine schlechte Alternative zur klösterlichen Askese sein sollte, wie die Kleriker seit Jahrhunderten behaupteten, wollte den Humanisten, die zum großen Teil keine Kleriker, sondern Ehemänner und Familienväter waren, nicht mehr einleuchten. Die Mitglieder der ersten weltlich organisierten intellektuellen Führungsschicht mußten schon im Interesse von Stabilisierung und Reproduktion ihrer respublica litteraria eine Aufwertung der Ehe vertreten. Die gelehrten Söhne sollten schließlich in die Fußstapfen der Väter treten. Und was konnte besser die Ehe rechtfertigen als eine gelehrte und daher tugendhafte Ehefrau, die nicht nur bei der Erziehung der Kinder (vor allem der Mädchen, die Jungen wollte man doch lieber Lehrern und Universitäten anvertrauen) ihren mit wichtigeren Dingen beschäftigten Mann entlasten, ihm helfend und dienend zur Seite stehen und ihn auch durch gelehrte Konversation erfreuen konnte; die kurzum eine Atmosphäre häuslichen Friedens schuf, die unsere Herren Humanisten brauchten, um ihrer unermüdlichen Arbeit, die ja einem höheren Ziel, dem politischen Frieden nämlich, diente, in Ruhe nachgehen zu können.

Daher rät Thomas More: »Wenn du also heiraten willst, ... achte darauf, welche Begabung sie hat, wie lieblich sie ist, daß auf dem Antlitz des Mädchens Heiterkeit liege; fern aber sei ihr Rauheit; dagegen zeige sich gleichwohl Scham auf den Wangen und keine Zudringlichkeit. Sie sei sanft und möge nicht die Männer mit geilen Umarmungen umstricken. Bescheidenheit habe sie in ihrem Blick, und sie möge nicht überall mit unsteten Äuglein schauen. Fern von Einfalt sei sie, fern sei Geschwätzigkeit ihren kleinen Lippen und fern sei immer bäurisches Schweigen. Jene sei entweder gebildet oder so veranlagt, daß sie gebildet werden kann. Diejenige ist glücklich, die wohl aus den besten altehrwürdigen Büchern Regeln schöpfen kann, die das Leben beglücken... Dann wird es dich erfreuen, Männergesellschaften zu verlassen und im Schoße deines gebildeten Weibes zu ruhen, während sie dich anmutig umarmt hält und während unter ihren flinken Fingern die Laute ertönt und sie mit lieblicher Stimme... Lieder singt, denen selbst Apoll lauschen möchte. Dann wird es dich erfreuen, in gar gefälligem, gelehrtem Gespräch Tage und Nächte zu verbringen, süße Worte zu vernehmen, die immer mit größtem Liebreiz aus ihrem lieblichen Munde fließen; mit denen sie dich bändigt, wenn dich einmal eine eitle Freude erhebt, oder dich wieder aufrichtet, wenn dich verdrießliches Trübsal niederdrückt; sie wird mit höchster Beredsamkeit und mit gewichtigem Sachwissen bei allen Dingen darum kämpfen.«[22]

Bei so »herr«lichen Aussichten verstand es sich von selbst, daß More trotz Präferenzen für das Klosterleben die Ehe wählte. Das vollkommene Eheglück blieb jedoch aus. Jane Colt, 1504 im Alter von ca. 17 Jahren an Thomas More verheiratet, konnte seinen Ansprüchen nur unvollkommen genügen. Sie erwarb zwar während der Ehe Kenntnisse in Literatur und Musik, ihre Kräfte wurden aber durch Schwangerschaften und Geburten aufgezehrt. Sie starb 1516, wahrscheinlich im Kindbett. Die zweite Ehefrau, die Witwe Alice Middleton, kam den Wünschen ihres Mannes insoweit entgegen, als sie einige Instrumente (u.a.

die Laute!) spielen lernte und das täglich vorgeschriebene Pensum musikalischer Übungen absolvierte. Zur Gelehrten wollte sie sich allerdings nicht ausbilden lassen.[23] Da Thomas More somit in seiner eigenen Ehepraxis den Beweis dafür schuldig blieb, daß eine gelehrte Ehefrau den männlichen Bedürfnissen am besten dienen würde, mußte die Tochter die weibliche Hauptrolle in der Inszenierung der idealen Humanistenfamilie übernehmen.

Wie alle ihre Geschwister wurde auch Margaret verheiratet, und zwar 1521, also im Alter von 16 Jahren, an den Juristen William Roper, der »vor allem reich, dann zuverlässig, sehr gut erzogen ist und schließlich unseren Studien nicht gleichgültig gegenübersteht«[24] – so Erasmus über den Ehemann –, der also die für die familienreformerischen Ambitionen seines Schwiegervaters notwendigen Voraussetzungen mitbrachte: Reichtum und Bildung. Äußerungen von Margaret More zu ihrer Ehe sind nicht überliefert. Anders als damals üblich kannte sie ihren Ehemann schon vor ihrer Verheiratung. Er hatte als ihr Mitschüler in ihrem Elternhaus gewohnt, wo sie auch mit Mann und Kindern wohnen blieb. Mit dieser Lebensform war sie vermutlich einverstanden.

Darüber hinaus bildete die Ehe, zunächst wenigstens, keinen Hinderungsgrund für die Fortführung ihrer humanistischen Studien, denen sie sich nach wie vor mit großem Eifer widmete. »Darum bin ich hoch erfreut zu lesen«, so beantwortete der Vater einen Brief der jungen Ehefrau, »daß Du Dich jetzt entschlossen hast, Dich so eifrig der Philosophie zu widmen, um durch künftigen Fleiß das aufzuholen, was durch frühere Nachlässigkeit versäumt worden ist. Gewiß habe ich Dich, geliebte Margaret, noch nie müßig gefunden. Im Gegenteil, Dein emsiges Streben zeigt, daß Du nicht nur in die üblichen, sondern in fast alle Zweige der Wissenschaft gründlich eingedrungen bist. Darum fasse ich Deine Worte als Beispiel allzu großer Be-

Titelseite von Erasmus von Rotterdam, »A deuout treatise vpon the Pater noster ...« Übersetzt von Margaret Roper, London 1526.

scheidenheit auf, weil Du Dich lieber fälschlich der Trägheit bezichtigst als der Wahrheit gemäß des Fleißes rühmst. Du meinst vielleicht, daß Dein früherer Fleiß, wie groß auch immer, mit dem künftigen verglichen wie Faulheit wirkt!«[25] Die Studien boten Margaret sogar die Möglichkeit, die (nicht nur) in der Ehe geforderte Unterordnung unter den (Ehe-)Mann zu kompensieren. »Ich pflegte Dir zu raten«, schrieb More im gleichen Brief, »in allem Deinem Mann zu folgen, jetzt aber gebe ich Dir im Gegenteil die Freiheit, daß Du Dich bestrebst, ihn in der Astronomie zu übertreffen.«[26] Im vom wohlmeinenden Vater autorisierten Wettbewerb konnte Margaret nur einen Pyrrhussieg erringen. Die Trümpfe behielt der Ehemann in der Hand.

Für William Roper stellte die Ausbildung im Hause More nur eine Durchgangsstation dar auf seinem Weg zum Politiker (Parlamentsmitglied) und erfolgreichen Rechtsanwalt der Londoner City. Daneben studierte er selbstverständlich an einer der führenden Londoner Rechtsschulen. Für Margaret More-Roper wurde der eheliche Wettbewerb zur Endstation ihrer Gelehrtenkarriere. In den ersten Ehejahren (1523/24) übersetzte sie noch den Erasmus-Text. Später fand sie offenbar keine Zeit mehr für größere wissenschaftlich-literarische Projekte. Wie sollte es auch anders sein? 1523 wurde ihr erstes Kind geboren. Weitere Kinder folgten, von denen fünf überlebten (Elizabeth, Mary, Margaret, Thomas und Anthony – die Geburtsdaten sind nicht bekannt).

Und selbst wenn sie ihre Fähigkeiten weiter in den Dienst der humanistischen Sache hätte stellen wollen und können (Ammen und Dienstboten standen zu ihrer Verfügung) – eine solche Entscheidung wäre nur gegen die väterliche Autorität durchzusetzen gewesen. Nicht nur seiner Meinung nach fand die Gelehrte in Ehe und Familie statt auf dem Feld von Wissenschaft und Literatur ihre intellektuelle und moralische Vollendung. Also übenahm Margaret ebenso selbstverständlich, wie sie eine vorbildliche Gelehrte geworden war, die Erfüllung der neuen Rollenpflichten. Belohnt wurde sie auch hier wieder mit der Achtung und Bewunderung der Männerwelt, die in ihrer Person den gelungenen Beweis jener Politik sah, die ihnen die Vorteile einer Synthese von weiblicher Bildung, Tugend und häuslicher Tätigkeit bringen sollte: »Diese junge Dame, ... ihre tugendhafte Konversation, Lebensweise und Haltung, liefert einen ausreichend klaren Beweis dafür, was gutes Lernen dort bewirkt, wo es richtig Fuß faßt. An ihr mögen sich andere Frauen ein Beispiel nehmen für kluges, bescheidenes und weibliches Benehmen, für Nächstenliebe und wahre christliche Tugend, der sie sich mit Gottes Hilfe verschrieben hat ... Und es besteht kein Zweifel, daß sie jede noch so kleine Gelegenheit ergriffen hat und ergreift, um ihre Tugend zu vergrößern. Dadurch hat sie auch andere ebenso vielfältige wie außerordentliche Fähigkeiten entwickelt, unter denen nicht zuletzt die ist, wie sie mit ihrem tugendhaften, verehrungswürdigen, klugen und gelehrten Ehemann dank ihrer Gelehrsamkeit und seinem Vergnügen daran solche Behaglichkeit, Freude und Gemeinsamkeit erlebt, daß es einem ungebildeten Ehepaar weder möglich wäre, so zusammenzuleben, noch sich vorzustellen, welches Vergnügen darin zu finden ist.«[27]

Wie schon vorher Thomas More, so begründete auch Richard Hyrde (und andere mit ihnen – ähnliche Äußerungen zum Thema sind Legion) die für notwendig gehaltene Ehereform mit einer Reform der Beziehungen zwischen den Geschlechtern. Wo die Frau – so sollte es Margarets zum Idealtypus hochstilisierte Ehe demonstrieren – dank Bildung einen denkbar hohen Grad weiblicher Vernunft und Tugend erreicht hatte, war die geforderte Beherrschung der Leidenschaften in so offensichtlicher Weise realisiert, daß man das leidige Thema gar nicht mehr zu explizieren brauchte. Schon aus diesem Grunde mußte die Aufwertung der Ehe dem gebildeten Mann einleuchten, versprach sie ihm doch, die eigenen Unzulänglichkeiten im Umgang mit den Begierden endgültig zu verdrängen und gleichzeitig – unter dem Deckmantel der Proklamation weiblicher Keuschheit – die sexuelle Ausbeutung der Frau ungehindert fortzusetzen. Dieses Ehemodell funktionierte – so wollen es die diesbezüglichen Abhandlungen suggerieren – auf der Basis liebevoller Zuneigung der Ehepartner, einer Kombination von christlicher Gottes- und Nächstenliebe mit vernünftiger statt leidenschaftlicher Liebe. Und so ist es durchaus folgerichtig, daß Erasmus die Geburt von Margaret und William Ropers erstem Kind mit der Publikation eines Buches, den Weihnachtshymnen des Prudentius, vergleicht.

Aber es ging um mehr. Die schwere Arbeit in Wissenschaft und Politik, die Kompensation beruflicher Anspannung konnten unsere Humanisten allein nicht bewältigen. Es entstand ein Bedürfnis nach Kommunikation, das die Mitglieder der respublica litteraria, die trotz aller Freundschaftsbeteuerungen untereinander in hartem Konkurrenzkampf standen, dazu auch oft nur auf dem Wege der Korrespondenz erreichbar waren, nicht befriedigen konnten. Diese Funktion übernahm die gelehrte Ehefrau. Ebenso gebildet wie die gelehrten Kollegen, bot sie ihnen gegenüber den Vorteil absoluter Verfügbarkeit, erhob sie keine Ansprüche auf bedrohliche Gleichberechtigung. Man gewann eine Diskussionspartnerin für eigene Probleme, ohne sich auf die Probleme anderer einlassen zu müssen – und das alles bei leiser Lautenmusik.

Dieses Modell »geistiger« Interaktion zwischen Ehemann und Ehefrau, gereinigt von aller Sexualität, ließ sich ohne weiteres auf andere Familienmitglieder applizieren, vor allem auf Vater und Tochter. Die enge verwandtschaftliche Beziehung, väterliche Liebe, Autorität und die Möglichkeit, die Tochter nach den eigenen Erziehungsprinzipien von Kindheit an zu formen, ließen hier einen besonders hohen Grad an Interessenidentität erwarten. Und tatsächlich war es Margaret More-Roper, die für Thomas More die Rolle spielte, die Lady Alice mangels Gelehrsamkeit nicht übernehmen konnte. Da Margaret seinem Ideal der gelehrten und tugendhaften Frau in fast vollkommener Weise entsprach, war und blieb sie die Lieblingstochter und wurde im Laufe der Jahre, begünstigt durch politische Umstände, zu ihres Vaters einziger Vertrauten.

Der politische Aufstieg des Thomas More – er brachte es bis zum Lordkanzler, dem höchsten Beamten im Königreich – fiel zusammen mit einer wachsenden Verbreitung protestantischer Kirchen- und Sozialkritik.[28] In den Augen vieler Humanisten, unter ihnen auch More, die eine bessere Gesellschaft auf dem Wege friedlichen Wandels realisieren wollten, stellte das Luthertum einen Aufruf zur Revolution dar, die es mit allen Mitteln zu verhindern galt. Je mehr sich auf dem Kontinent, vor allem in den deutschen Fürstentümern und Städten, der Bruch mit der römischen Kirche abzeichnete, desto größere Energien setzte More in den Kampf gegen die »Ketzerei«. Er publizierte jede Menge religiöser Propagandaschriften, um die protestantischen Glaubensartikel zu widerlegen, und scheute nicht davor zurück, Ketzer hinter Schloß und Riegel zu bringen und, wenn sie hartnäckig blieben, auch hinrichten zu lassen, alles zunächst im Einklang mit der englischen Politik.

Diese änderte sich allerdings, als der Hof im deutschen Vorbild eine Lösung fand für das Problem, wie die vom Papst abgelehnte Scheidung Heinrichs VIII. von Katharina von Aragon zu bewerkstelligen wäre (die männliche Erbfolge!). 1532 bis 1535 wurden im Parlament diverse Gesetzesvorlagen durchgesetzt, die dem König alle Vollmachten über die englische Kirche und ihre Reichtümer übertrugen, die bisher der Papst besessen hatte. Der Erzbischof von Canterbury erklärte die Ehe mit Katharina von Aragon zugunsten der Verbindung mit Anna Boleyn für ungültig. Um den Zugewinn an staatlicher Macht abzusichern, sollten alle des Widerstandes verdächtigen Personen auf die Suprematie des Königs und die Rechtmäßigkeit der neuen Ehe eingeschworen werden. Eidesverweigerung zog eine Anklage wegen Hochverrats nach sich. Darauf stand die Todesstrafe.

More, inzwischen vom Lordkanzleramt zurückgetreten, geriet in eine prekäre Lage. In bezug auf die Ehefrage war er zwar zu Konzessionen bereit, mit der öffentlichen Anerkennung weltlicher Autorität im geistlichen Bereich aber meinte er die Prinzipien christlich-humanistischer Moral zu verraten, deren Durchsetzung ihm als sein Lebenswerk gegolten hatte. Und wenn er hier schon gescheitert war, wollte er sich doch wenigstens seine moralische Glaubwürdigkeit und persönliche Integrität erhalten. Er lehnte also den geforderten Eid auf die königliche Suprematie ab und wurde 1534 im Tower in Einzelhaft genommen.

Margaret More-Roper billigte die Entscheidung nicht, die ihr Vater nach langen Überlegungen gefällt hatte. Sie leistete (vermutlich) den Eid.[29] Gleichwohl verweigerte sie ihm bei der Konfliktbewältigung nicht ihre Hilfe, die er um so nötiger brauchte, als jedes Wort zu dem brisanten Thema hochverratsverdächtig war. Bei ihr fand er die erforderliche Diskretion und vor allem emotionales und intellektuelles Verständnis. Margaret diskutierte mit ihm das Für und Wider seiner Argumente, bis er die mit der lebensbedrohlichen Entscheidung unvermeidlich einhergehenden Zweifel einigermaßen überwunden hatte.

Trotz allem Verständnis bewertete Margaret das Leben ihres geliebten Vaters höher, dessen Rettung sie nun mit allen Mitteln versuchte. So schrieb sie ihm sofort nach der Verhaftung einen (nicht erhaltenen) Brief, in dem sie ihn zur Eidesleistung aufforderte, offensichtlich mit so überzeugenden Argumenten, daß More seine Selbstsicherheit nur mühsam wiedergewinnen konnte – doch er blieb standhaft: »Aber es hat mich wirklich noch nichts so tief und so schmerzlich getroffen, als zu sehen, wie Du, mein so sehr geliebtes Kind, Dich in leidenschaftlichem Erbarmen abmühst, mich zu überreden, das zu tun, worauf ich Dir aus reiner Notwendigkeit zur Rettung meiner eigenen Seele schon so oft eine klare Antwort gegeben habe. So kann ich, was die einzelnen Punkte Deines Briefes angeht, nicht antworten, zweifle ich doch nicht, daß Du Dich genau erinnerst, daß ich Dir die Dinge, die mein Gewissen bewegen... mehrmals dargetan habe und keinem anderen Menschen sonst eröffnen kann.«[30] Daraufhin hielt Margaret es für geboten, dem Vater brieflich Mut zu machen: »Vater, was meinst Du, was uns getröstet hat, seit Du von uns fortgingst? Wirklich das Miterlebnis Deines bisherigen Daseins, Deine gottesfürchtigen Reden, dein heilsamer Rat, Dein großes Beispiel und die Gewißheit, daß alles das nicht nur fortdauern, sondern durch die Güte unseres Herrn die große Ruhe und Heiterkeit Deines Herzens noch erhöht wird, damit es frei von allem irdischen Ballast werde, angetan mit dem Adelsgewand himmlischer Tugenden, ein lieblicher Ort, darin der Geist Gottes wohnt, der Dich behüten möge... Doch wir leben in der Hoffnung, daß wir Dich bald wiederhaben werden.«[31]

Sie setzte ihre Hoffnung nicht nur in Gott, sondern bat den Staatssekretär Thomas Cromwell um die Erlaubnis, ihren Vater im Tower sprechen zu dürfen. Da dem Hof nicht daran gelegen war, sich einen prominenten Märtyrer zu schaffen und man dank der Briefzensur wußte, daß, wenn überhaupt, niemand außer Margaret den Gefangenen umstimmen könnte, gab der König sein Einverständnis für mehrere Besuche. Bei den Gesprächen mit ihrem Vater mußte Margaret zu ihrem Kummer einsehen, daß er den Eid nicht leisten würde. Sie akzeptierte nun gehorsam die väterliche Entscheidung und konzentrierte ihre Kräfte darauf, ihm den Aufenthalt in der Towerzelle soweit wie möglich zu erleichtern. Zusammen mit seinem Diener besorgte Margaret ihm Papier und Tinte (More blieb auch hier nicht müßig) und schmuggelte Briefe und Manuskripte aus dem Gefängnis.

Die Rettung des Vaters versuchte sie jetzt über einflußreiche Persönlichkeiten aus dem Freundes- und Familienkreis zu erreichen, die bei Hof für die Interessen Mores eintreten sollten. Auch dieses Unternehmen scheiterte. Der drohenden Lebensgefahr wollte sich kein Realpolitiker aussetzen, zumal Mores Überzeugung nur noch von John Fisher, Bischof von Rochester, und einigen Mönchen geteilt wurde, die sich ebenfalls bereits im Tower befanden. Die Stiefschwester Alice brachte im Gegensatz zu vielen Männern den Mut auf, den Nachfolger Mores im Amt des Lordkanzlers um Hilfe zu bitten, doch vergeblich, wie sie Margaret in einem Brief mitteilte.

Margarets Antwortbrief schildert einen Dialog zwischen Vater und Tochter. Margaret tritt hier als advocata diaboli oder, wie Thomas More es nennt, als Eva auf, die durch kurze Statements für den Eid, welche mit ihrer Meinung zugleich auch diejenige vieler gelehrter Staatsmänner wiedergeben, Gelegenheit bietet zu ausführlichen Begründungen für seine Eidesverweigerung: »Bestimmt, Vater ... ich finde, das kannst du ohne jedes Bedenken schwören. Aber, Vater, daß man meint, du solltest den Suprematseid nicht verweigern, zumal du so viele gute und gelehrte Männer schwören sahst, heißt nicht, du sollst schwören, um ihnen Gesellschaft zu leisten ... Sondern der gute Glaube, den du Ursache hast, wegen der genannten Eigenschaften ihnen entgegenzubringen, soll dich bewegen, den Eid als solchen zu betrachten, wie ihn jedermann leisten kann, ohne Schaden zu nehmen an seiner Seele, wenn sein persönliches Gewissen keinen Anlaß gibt. Und ferner: Du hättest eigentlich guten Grund, dein eigenes Gewissen zu ändern, indem du es dem Gewissen vieler angleichst, beziehungsweise wenn du so wärst, wie du weißt, daß sie sind. Und da es auch von einem vom Parlament gemachten Gesetz befohlen wird, meinen sie, daß du um der Gefahr deiner Seele willen gehalten bist, dein Gewissen zu wandeln und zu erneuern und es an denen anderer Menschen, wie ich sagte, auszurichten.«[32]

Wenn also die Suprematsakte rechtmäßig sein soll, weil viele Gelehrte sie dafür halten, nimmt More für sich in Anspruch, daß mindestens genauso rechtmäßig ist, was die Christenheit seit über tausend Jahren dafür hält: den Papst als alleiniges Oberhaupt der Kirche anzuerkennen. Ein Christ, der von der Rechtmäßigkeit der päpstlichen Autorität überzeugt ist, darf nicht gezwungen werden, ein dem widersprechendes Gesetz zu akzeptieren. Er würde ja gegen sein Gewissen handeln und so sein Seelenheil riskieren. Was im Brief von Margaret an Alice Alington formuliert wurde, konnte More im Hochverratsprozeß nicht äußern. Er hätte damit den noch fehlenden Beweis geliefert, daß er darauf abzielte, die königliche Suprematie in Frage zu stellen. Da er bei den Verhören notgedrungen schweigen mußte, wurde dieser Brief ebenso wie die weiteren Briefe an die Tochter, die von den Verhören berichten, geschrieben, um sein Verhalten zu rechtfertigen gegenüber den Verleumdungen, die seine politischen Gegner in Umlauf brachten. Vermutlich kursierten die Briefe im Familien- und Freundeskreis (sie sind in englischer Sprache geschrieben). Sie waren aber auch für die Nachwelt gedacht, der More seine eigene Fassung vom Leben eines vorbildlichen Humanisten und Staatsmannes überliefern wollte, der seinen Überzeugungen bis zuletzt treu blieb. Auch für diesen Zweck eignete sich die Tochter am besten: Sie besaß genug Bildung, ihn durch Gegenargumente zur Begründung seiner Position zu veranlassen, aber wenig Autorität, so daß sein Wahrheitsanspruch nie gefährdet wurde.

Doch zurück zu Margarets Brief an die Stiefschwester Alice. Der Dialog zwischen Margaret More-Roper und Thomas More ist so elegant in Szene gesetzt, daß Rastell, der 1557 Mores Werke und auch diesen Brief druckte, sich fragte, ob Margaret oder Thomas ihn verfaßt hätte. Da sich einzelne Partien im von More verfaßten *Dialogue of Comfort against Tribulation* (Dialog vom Trost im Leid) wiederfinden, hat die Forschung die strittige Frage zu seinen Gunsten entschieden.[33] Das ist nicht unmöglich; es spricht aber auch nichts dagegen, Margaret als Verfasserin anzunehmen. Und ebenso wahrscheinlich erscheint, daß beide zusammen für den Brief, sei er nun eine literarische Fiktion oder nicht, verantwortlich sind.

Rastell druckte auch eine Sammlung von Gebeten ab. Das letzte der Gebete, gleichzeitig der letzte von More verfaßte Text, schrieb Rastell More als alleinigem Verfasser zu. Er hätte es besser wissen müssen, enthält seine Ausgabe des Moreschen Œuvres doch einen Brief an Margaret, in dem der Vater aus einem Gebet der Tochter zitiert: »Unser Herr sende mir die Gnade, daß ich mein Leben bessere und immerfort ein Auge auf mein Ende habe, ohne mich gegen den Tod zu sträuben. Ist er doch denen, die in Gott sterben, das Tor zu einem reichen Leben, zu dem Gott uns alle in Seiner endlosen Gnade geleiten möge. Amen.«[34] Diese sowie eine andere Passage aus Margarets Gebet (das nicht komplett überliefert ist) finden sich mit geringfügigen Variationen in »Mores« Text wieder.[35] Die tragischen Umstände mögen diesen Fall eigennützigen Umgangs mit Margarets geistigem Eigentum entschuldigen – er wirft jedoch ein letztes Licht auf die männlichen Interessen an weiblicher Gelehrsamkeit.

Thomas More wurde am 1. Juli 1535 zum Tode durch Enthaupten verurteilt. Auf dem Weg vom Gericht zurück in den Tower sah Margaret ihren Vater zum letzten Mal. Hier ein Augenzeugenbericht: »... als der Herr Morus gefürt wardt wider zur gefencknus, trang mitten durch seiner töchter eine mit namen Margaretha die scharn des volcks, und des Richters gesinde, auß bewegnus übermessig schmertzens und vätterlicher lieb, unangesehen, menigklichs zu irem vatter, fiel im mit den armen umb seinen hals, hielt in lang umbfangen ee sy (sie, G.H.) zu irem lieben vatter ein wort reden kundt. Und als im ein wort von schergen zugelassen ward, sy ein wenig zu trösten, sagt er, tochter Margretha hab gedult, und berkümer dich nit, dann das ist der will Gottes, das es also beschehe. Es ist ein lange zeyt, das du mein gemüt und mein natur erkennest. Und als die tochter auff zehen oder zwölff schritt vom vatter gangenn ward, kam sy wider ihn zu halsen ...«[36]

Nach der Hinrichtung beerdigte Margaret zusammen mit Margaret Gigs-Clement (die inzwischen mit ihrem Lehrer John Clement verheiratet war) und mit Dorothy Coley,

Margaret Roper
Miniatur, vermutlich von Hans Holbein d. J.
ca. 1536/1540.

ihrer Dienerin, Mores Körper. Der Kopf wurde aus Gründen der Abschreckung einen Monat lang an der London Bridge ausgestellt und hätte nach dem in diesen Fällen üblichen Verfahren in die Themse geworfen werden sollen. Margaret erreichte es aber, daß sie den Kopf als Reliquie mitnehmen durfte. 1558 wurde er im Roperschen Familiengrab beigesetzt. Aufgrund dieser Aktivitäten und weil sie im Besitz von Schriften ihres Vaters war, wurde sie vor den königlichen Rat zitiert, konnte sich aber so verteidigen, daß sie nicht inhaftiert wurde. Sie blieb, zusammen mit Margaret Clement, ein Dorn im Auge der Überwachungsbehörden, die sie wohl nicht zu Unrecht im Verdacht hatten, einer altkirchlichen Widerstandsgruppe anzugehören und an »konspirativen« Treffen teilzunehmen. Die beiden Frauen schwiegen nicht zu dem, was sie für Unrecht hielten. Geoffrey Pole sagte 1538 in einem Hochverratsverhör aus, er hätte sie äußern hören, sie würden die Zerstörung der Abteien, der Bilder und Wallfahrtsorte nicht billigen und bäten Gott um Abhilfe. Als William Roper 1542 verhaftet werden sollte, trafen die Beamten Margaret Roper an, die nicht in Tränen ausbrach, wie sie es von einer Frau erwarteten, sondern mit dem Unterricht ihrer Kinder fortfuhr. William verbrachte einige Zeit im Tower, ebenso John More. Beide wurden dann freigelassen. Der Schwager Giles Heron erlitt das gleiche Schicksal wie Thomas More. Margaret More-Roper starb 1544, die Todesursache ist unbekannt.

Ihre Tochter Mary (?–1572) übersetzte die Kirchengeschichte des Eusebius aus der griechischen in die lateinische und englische Sprache. Dieses Manuskript wurde, worüber frau sich nicht wundern wird, nicht veröffentlicht. Mary Roper-Bassets englische Übersetzung des lateinischen Teils von Mores *Treatise of the Passion* übernahm immerhin Rastell in seine Ausgabe von Mores Werken.

Marys Bildung war ebenso wie die ihrer Mutter die berühmte Ausnahme von der Regel. Und so sollte es noch einige Zeit bleiben. Warum auch nicht? Schließlich war es schon besonders Einsichtigen unter den Zeitgenossen unserer Humanisten aufgefallen, daß Frauenbildung nicht unbedingt zur Stabilisierung patriarchalischer Macht beitragen mußte. Sie fürchteten nämlich, gebildete Frauen könnten ihnen weniger gehorsam sein als ungebildete.[37] Von daher war und ist es kein Zufall, daß weibliche Gelehrsamkeit suspekt blieb: »Spielt aber ein Weib sich einmal doch als Philosophin auf, so ist der Erfolg nur der, daß es als zwiefache Närrin dasteht, nicht anders, als wenn eine Kuh der Natur zum Trotz sollte klettern lernen.«[38] Laut Erasmus, dessen Meinung sich die geneigte Leserin hier anschließen kann, spricht da die Torheit.

1 *Dictionary of National Biography*. Repr. der Ausgabe 1917. Vol. 17. London 1960, S. 214.

2 Ich beschränke mich darauf, das vorerst letzte Werk dieser Richtung zu nennen: *Berglar*, Peter: Die Stunde des Thomas Morus. Einer gegen die Macht. Olten, Freiburg/Br. 1978. Nicht ganz so ehrfürchtig nähert sich seinem Darstellungsobjekt: *Heinrich*, Hans Peter: Thomas Morus in Selbstzeugnissen und Bilddokumenten. Reinbek 1984. Dort findet sich die einschlägige Literatur.

3 Hier die Bibliografie der Schriften von Margaret *More-Roper*:
a) *A deuout treatise*/vpon the Paterno=ster/made fyrst in latyn by the moost fa=mous doctour mayster Erasmus/Roterodamus and tourned in to· englisshe by a young vertous and well lerned gentylwoman of XIX.yere of age. London ca. 1524, 2. Aufl. ca. 1530. (= engl. Übersetzung von *Erasmus*: Precatio dominica in septem portiones distributa. Basel 1523 u.ö.) Wiederabgedruckt (ohne das Vorwort des Herausgebers Richard Hyrde) in: *Moreana* 7 (1965), S. 9–63.
b) *Brief an Erasmus von Rotterdam vom 4. 11. 1529*. Das lateinische Original findet sich in: *Erasmus*: Opus Epistolarum. Ed. by P.S. Allen. Vol. 8. London, Oxford 1934, Nr. 2232, S. 299f.; die englische Übersetzung in: *Reynolds*, E.E.: Margaret Roper. Eldest Daughter of Sir Thomas More. London 1960, S. 54f.; die deutsche Übersetzung (Auszug) in: *Thomas Morus*. Lebenszeugnis in Briefen. Hrsg. v. R. u. W.F. Schirmer. 2., verb. Aufl. Heidelberg 1984, S. 90f. (Im folgenden zitiert als *Schirmer*.)
c) *Brief an Thomas More, Mai (?) 1534*. Englisches Original: *More*, Thomas: The Correspondence. Ed. by Elizabeth Frances Rogers. Princeton 1947, Nr. 203, S. 510f.; deutsche Übersetzung: *Schirmer* S. 107–109.
d) *Brief an Alice Alington, August 1534*. *More*, Correspondence, a.a.O., Nr. 206, S. 504–532; *Schirmer* S. 113–143.
e) *Brief an Thomas More, 1534*. *More*, Correspondence, a.a.O. Nr. 209, S. 538f.; *Schirmer* S. 149–151.

Der Brief an Erasmus blieb als Autograph im Nachlaß des Adressaten erhalten. Die Briefe von 1534 wurden 1557 gedruckt, und zwar in der ersten Sammlung von Thomas Mores Werken, einem Unternehmen, das der Rehabilitierung des Hingerichteten diente.

4 Das mußte in qualitativer Hinsicht kein Nachteil sein. Aber Frauen waren damit vollständig von den Erfahrungen und Außenkontakten abgeschnitten, die sich Männern an Universitäten und anderswo boten. Anna Maria Schürmann und Elena Cornaro, die im 17. Jahrhundert den Fuß in eine Universität setzten – nicht, um zu studieren: die eine durfte Vorlesungen zuhören, die andere Doktorin der Philosophie werden –, hatten ihre außergewöhnliche wissenschaftliche Bildung, die Voraussetzung für diese Ehre, im familiären Bereich erworben. Vgl. dazu: *Bovenschen*, Silvia: Die imaginierte Weiblichkeit. Exemplarische Untersuchungen zu kulturgeschichtlichen und literarischen Präsentationsformen des Weiblichen. Frankfurt/M. 1979, S. 80–91; *Kristeller*, Paul Oskar: Learned Women of Early Modern Italy: Humanists and University Scholars. In: *Beyond Their Sex*. Learned Women of the European Past. Ed. by Patricia H. Labalme. New York, London 1980, S. 91–116.

5 *Schirmer* S. 80f.

6 *Harpsfield*, Nicholas: The Life and Death of Sir Thomas More. Ed. by E.E. Reynolds. London 1963, S. 99.

7 zitiert nach: *Reynolds*, Margaret Roper, a.a.O. S. 36. »Would that he had«, so Reynolds Kommentar dazu.

8 Zu dieser Ansicht tendieren einige neuere Arbeiten mit feministischem Anspruch: *Hogrefe*, Pearl: Tudor Women. Commoners and Queens. Ames 1975; The *Paradise* of Women. Ed. by Betty Travitsky. Westport, London 1981; *Emerson*, Kathy Lynn: Wives and Daughters. The Women of Sixteenth Century England. Troy, New York 1984. Differenzierter argumentiert: *Warnicke*, Retha M.: Women of the English Renaissance and Reformation. Westport, Conn., London 1983.

9 Der Zusammenhang, in den Frauen hier gestellt werden, spricht für sich.

10 zitiert nach: *Emerson*, Wives and Daughters. a.a.O. S.V.

11 vgl. dazu: *King*, Margaret L.: Book-Lined Cells. Women and Humanism in the Early Italian Renaissance. In: *Beyond Their Sex*. a.a.O. S. 66–90; *Marx*, Barbara: Zwischen Frauenideal und Auto-

renstatus. Zur Präsentation der Frauenliteratur in der Renaissance. In: *Frauen – Literatur – Geschichte*. Hrsg. v. Hiltrud Gnüg u. Renate Möhrmann. Stuttgart 1985, S. 35–57.

12 deutsche Übersetzung in: *Schirmer* S. 84f.; 89f.

13 zitiert nach: *Reynolds*, Margaret Roper, a.a.O. S. 55.

14 *Schirmer* S. 83.

15 ebd. S. 69.

16 *Vives*, Juan Luis: On the Duty of Husbands (1529). In: *Vives and the Renascence Education of Women*. Ed. by Foster Watson. London 1912, S. 202.

17 *Erasmus von Rotterdam*: Enchiridion militis christiani/Handbüchlein eines christlichen Streiters. Hrsg. v. Werner Welzig. Darmstadt 1968, S. 341.

18 *Vives*, Juan Luis: Instruction of a Christian Woman (1523). In: *Vives and the Renascence Education of Women*. a.a.O. S. 53.

19 *Hyrde*, Richard: Vorwort zu: Erasmus, A Devout Treatise... Übers. von Margaret Roper. In: *Vives and the Renascence Education of Women*, a.a.O. S. 166f.

20 Dabei erschienen zwei ihrer Werke 1489 und 1521 in englischer Übersetzung. Zu Christine de Pisan: *Pernoud*, Régine: Christine de Pisan. Paris 1982.

21 Die Geburtenfolge der Kinder von Jane und Thomas More (1505, 1506, 1507, 1509) zeigt, welche Bedürfnisse befriedigt werden mußten.

22 *More*, Thomas: Epigramme. Hrsg. v. Uwe Baumann. München 1983, S. 122f.

23 Da Alice More so gar nicht dem Bild der gelehrten Ehefrau entsprach, ihre Vorstellungen von der Rolle einer Ehefrau auch nicht immer mit denen ihres Mannes übereinstimmten, fiel dessen Freunden und Biografen eine positive Wertung der Lady Alice schwer. Man tröstete sich aber damit, daß sie, wenn schon nicht die verständnisvolle und gehorsame Ehefrau, so doch eine vorbildliche Stiefmutter und Hausfrau gewesen wäre.

24 *Erasmus von Rotterdam*: La correspondence d'Erasme et de Guillaume Budé. Ed. par Marie-Madeleine de la Garanderie. Paris 1967, S. 230. More entwickelte ein beträchtliches Talent darin, durch seine und seiner Kinder Ehen eine Allianz von Geld und Bildung herzustellen. Cicely und John z.B. wurden mit den verwaisten

Erben großer Vermögen verheiratet. Die Vermögensverwaltung lag in Mores Händen, da die Ehepartner Giles Heron und Anne Cresacre als seine Mündel in seinem Haus lebten. Anne Cresacre war als Sechsjährige nach dem Tode ihres Vaters von einem Nachbarn entführt worden, der sie mit seinem Sohn »verheiratete«. Als Anne alt genug war, sich dagegen zu wehren, nutzte ein zweiter Nachbar, ebenfalls an ihrem Vermögen interessiert, die Gunst der Stunde und brachte die Entführung vor das königliche Gericht. Doch der Fall nahm eine unerwartete Wendung: Lordkanzler Wolsey übertrug More die Vormundschaft als Belohnung für treue Dienste am Hof.

25 *Schirmer*, S. 76f.

26 ebd. S. 77.

27 *Hyrde*, Vorwort... a.a.O. S. 167f.

28 vgl. dazu: *Guy*, J.A.: The Public Career of Sir Thomas More. Brighton 1980; *Elton*, G.R.: Reform and Reformation. England 1509–1558. London 1977. (The New History of England, Vol. 2.)

29 Das scheint mir aus folgendem Dialog zwischen Margaret und Thomas More, der in ihrem Brief an Alice Alington überliefert wird, hervorzugehen: »›Warum aber solltest du dich weigern zu schwören. Denn ich selbst habe geschworen.‹ Da lachte er und sagte: ›Das Wort paßt auch zur Eva, denn sie bot Adam keine schlechtere Frucht als sie selbst gegessen hatte.‹« (*Schirmer*, S. 138.) Da die zitierte Passage aber in einem ironischen Kontext steht und im allgemeinen nur Männern der Eid abverlangt wurde, kann nicht mit Sicherheit geklärt werden, ob Margaret den Eid tatsächlich leistete. Falls sie die königliche Ehe und Suprematie beschwören mußte, war sie vermutlich wegen ihrer exponierten Position als Tochter des ehemaligen Lordkanzlers, der wegen Eidesverweigerung im Tower saß, dazu aufgefordert worden.

30 *Schirmer* S. 105.

31 ebd. S. 108f.

32 ebd. S. 129f.

33 *More*, Thomas: The Complete Works. Vol. 12: Dialogue of Comfort Against Tribulation. Ed. by Louis L. Martz and Frank Manley. New Haven, London 1976, S. IXf.

34 *Schirmer* S. 160.

35. Vgl. dazu: *More*, Thomas: The Complete Works. Vol. 13: Treatise

of the Passion... Ed. by Garry E. Haupt. New Haven, London 1976, S. CIVIf.; *More*, Thomas: Gebete und Meditationen. Hrsg. v. Hubertus Schulte-Herbrüggen. München 1983, S. 48f., 92–96.

36 *Beschreybung* des vrtheyls vnd todts/weiland des Groß Cantzlers in Engenlandt/Herrn Thomas Morus/Darumb das er desselben Reichs Ratschlag vnd newen Statuten nit hat wöllen anhangen. Auß einem welschen truck verteutscht. o.O. (1535, Bl. AIv.)

37 vgl. dazu: *Kelso*, Ruth: Doctrine for the Lady of the Renaissance. Urbana 1956.

38 *Erasmus von Rotterdam*: Das Lob der Torheit. Hrsg. v. Wendelin Schmidt-Dengler. Darmstadt 1975, S. 39.

Die Zitate Nr. 7, 10, 13, 16, 18, 19, 24 und 27 wurden von Gudrun Honke ins Deutsche übersetzt.

LEONORA CHRISTINA

1621–1698

Die Tochter von König Christian IV. von Dänemark und Norwegen: Dänemarks erste Feministin?

Von Katrin Lunde und Luise F. Pusch

Leonora Christina.
Gemälde von Gerrit van Honthorst
1647.

1. *Die Heldin wird vorgestellt*

Leonora Christina, die in Skandinavien als Autorin von höchstem Rang gilt, ist im deutschen Sprachraum so gut wie unbekannt. Es gibt keine moderne Übersetzung ihrer Werke[1], in den beiden umfangreichsten deutschen Konversationslexika, Brockhaus und Meyer, ist sie nicht verzeichnet, und was *Kindlers Literaturlexikon* über ihre Werke bringt, kann nur als herablassend-arrogante Desinformation bezeichnet werden.[2]

Auch die deutschsprachige Frauenforschung hat Leonora noch nicht für sich entdeckt[3]: Das schweizerische *Lexikon der Frau in zwei Bänden* (1953f.) z.B., die noch immer einzige umfassende (und leider vergriffene) deutschsprachige Quelle zur Geschichte der Frau, bringt unter dem Stichwort *Ulfeld* folgende Information:

Leonora Christina, Gräfin zu Schleswig u. Holstein, dän. Kunststickerin, Schnitzerin, Bildhauerin u. Malerin, *Schloß Frederiksborg 8. 7. 1621, † Kloster Maribo auf der Insel Laaland 16. 3. 1698. Tochter König Christians IV. von Dänemark, ∞ mit dem Reichshofmeister Reichsgraf Corfitz U. Die dän. Königin Sophie Amalie hielt sie 1663–85 wegen angebl. Mitwissens am Landesverrat ihres Gatten im Blauen Turm des kgl. Schlosses zu Kopenhagen gefangen. Nach ihrer Haftentlassung zog sie sich ins Kloster Maribo zurück. Ihre Erlebnisse hat sie in »Jammersminde«, einem trag. Dokument ihres Lebens, niedergeschrieben. Werke von ihr im Schloß Rosenborg zu Kopenhagen, im Nationalmuseum Frederiksborg u. auf Schloß Ovesholm in Schonen. Ihre Tochter *Ellen Christine* *Kopenhagen 1643, † Brügge 11. 12. 1677, war auch Malerin.[4]

Leonoras Hauptwerk, *Jammers Minde*, das ihren *literari-*

schen Ruhm begründete und sie »unsterblich machte«, wird hier als »Niederschrift« und »Lebensdokument« verunkenntlicht, also als eine Arbeit von bestenfalls historisch-biographischem Interesse. Außerdem findet sich verwirrenderweise im selben Lexikon unter dem Stichwort *Leonore Christine* ein wesentlich kürzerer Text, der sie wiederum nur als bildende Künstlerin einordnet und ihr schriftstellerisches Werk gänzlich unerwähnt läßt.[5]

In Skandinavien hingegen wird das Andenken an Leonora hochgehalten und gepflegt, was angesichts des Ranges, der ihr dort zugewiesen wird, nicht verwundert:

»Leonora Christines *Jammersminde* ist das bedeutendste Prosawerk der dänischen Literatur im 17. Jahrhundert.«[6]

»... auf sprachlich-literarischer Ebene ein Durchbruch zu einem neuen künstlerischen Realismus, der in diesem Jahrhundert ohne Beispiel ist.«[7]

»*Jammers Minde* ist das ergreifendste Memoirenwerk unserer Sprache und verleiht L.C. den Rang der größten Schriftstellerin Dänemarks.«[8]

Trotz dieser hohen Wertschätzung existiert allerdings bis heute keine definitive Biographie, obwohl Leonora Gegenstand zahlreicher (z.T. romanartiger) Abhandlungen war und ist. Im folgenden biographischen Abriß werden wir die Summe aus diesen (einander teils auch widersprechenden) Abhandlungen zu ziehen versuchen und uns im übrigen weitgehend auf Leonoras eigene Darstellungen ihres Lebens stützen, da diese letztlich die wichtigste Quelle auch aller bereits existierenden biographischen Darstellungen sind.

Leonora schrieb *Jammers Minde* (etwa: »Erinnerung an das Elend«) während ihrer fast 22jährigen Gefangenschaft in *Blåtårn*[9], dem »Blauen Turm« des Kopenhagener Schlosses, der als Staatsgefängnis diente. *Jammers Minde* ist nicht nur ein Zeugnis ihrer Gefängnishaft, es war auch das Mittel, diese 22 Jahre psychisch zu überleben.

Ihr Mann, Corfitz Ulfeldt, ein dänischer Adliger, war des Landesverrats beschuldigt und sie daraufhin gefangengenommen und der Mitwisserschaft bezichtigt worden. Sie hätte vielleicht freikommen können, wenn sie die Anschuldigungen gegen ihren Mann bestätigt hätte, aber sie wollte lieber sterben als ihn verraten.

Leonoras Leben – ein »Hoheslied der Gattinnentreue«? – Nicht gerade das, was sie für die heutige Zeit als Feministin qualifizieren würde. Und doch wurde sie – von einem Mann – »Dänemarks erste Feministin« genannt.[10]

Leonora war eine außergewöhnliche und sehr starke Frau, und sie wußte es. Sie sah und porträtierte sich (zu Recht, wie wir meinen) als »Heldin«. Und sie betrieb, mitten im Elend, »Heldinnenforschung« – wahrscheinlich aus ganz ähnlichen Gründen wie wir es heute tun: zur Stärkung des Selbst und des weiblichen Selbstbewußtseins allgemein und zur Durchsetzung der Idee der Ebenbürtigkeit der Geschlechter in einer patriarchalischen Gesellschaft. Leonoras Werk *Hæltinners Pryd* (»Heldinnen-Zier«), eine Sammlung von Biographien großer Regentinnen, zeigt sie als Kämpferin für das Ansehen ihres Geschlechts. Rechtfertigt das die Bezeichnung »Dänemarks erste Feministin«? Diese Frage wollen wir bei der Darstellung ihres Werks, besonders von *Hæltinners Pryd*, erörtern.

2. *Ein Heldinnenleben*

Die Familie. Kindheit und Jugend (1621–36)[11]

Leonora wurde wahrscheinlich am 8. Juli 1621[12], drei Jahre nach Beginn des Dreißigjährigen Krieges, auf Schloß Frederiksborg/Hillerød geboren, im selben Jahrzehnt wie Königin Kristina von Schweden (1626–89). Ihre Mutter war Kirsten Munk (1598–1658), eine dänische Adlige, die den Vater, König Christian IV. von Dänemark und Norwegen,

Kirsten Munk mit vier ihrer Kinder. Außen rechts Leonora Christina. Gemälde von Jacob van Doort, 1622.

1615 als 17jährige geheiratet hatte. Vor Leonora waren schon 2 Töchter geboren worden, nach ihr gebar Kirsten Munk noch 5 Töchter und 2 Söhne.[13] Aus der ersten Ehe des Vaters hatte Leonora drei Halbbrüder; der zweite von diesen, Frederik (III.), ließ sie als König 1663 ins Gefängnis werfen. Leonora überlebte alle ihre Geschwister.

König Christian IV. (1577–1648), obwohl im Dreißigjährigen Krieg strategisch glücklos, gilt als »volkstümlichster König Dänemarks«.[14] Er war der typische »Landesvater« (auch Vater etlicher unehelicher Landeskinder): »streng aber gerecht« und fürsorglich. In seiner 60 Jahre langen Regierungszeit nahm er in für die Zeit ganz untypischer Weise an allen Belangen seines Volkes persönlichen Anteil. Er *ließ* nicht nur Reformen durchführen und zahlreiche Renaissance-Schlösser bauen, sondern war praktisch und mitgestaltend an all diesen Projekten beteiligt. Er bereiste seine

Länder bis zur äußersten Nordspitze Norwegens und baute nach dem Brand Oslos 1624 die Stadt (die daraufhin für 300 Jahre Christiania hieß) an besser geschützter Stelle wieder auf.

König Christian war künstlerisch und technisch begabt und interessiert, wissensdurstig, sehr redegewandt und ein ausgezeichneter Briefschreiber. Er war warmherzig und temperamentvoll (»ein Stimmungsmensch«) und körperlich schier unverwüstlich. Leonora, sein Lieblingskind, soll ihm in vielem sehr ähnlich gewesen sein.

Leonoras Mutter, Kirsten Munk, wird gelegentlich mit Bezeichnungen wie »selbstisch«, »genußsüchtig«[15], »schamlos«[16] charakterisiert[17], was wahrscheinlich zu lesen ist als »stark, eigenwillig, sinnlich«. Kirsten Munk scheute sich nicht, nach 11 Geburten in 13 Jahren dem mehr als 20 Jahre älteren Gatten einen deutschen Adligen vorzuziehen, was Christian in arge Verlegenheit brachte, denn einfach verstoßen konnte er sie nicht, um keine Verschlechterung der ohnehin labilen Beziehungen zum Adel zu riskieren. Die Aufsässigkeit seiner jungen, lebenslustigen Gattin ging sogar so weit, daß sie einen Hamburger Alchemisten und »Zauberer« konsultierte, damit er »Böses über den Gemahl brächte«.[18] Christian bekam Wind von der Sache und verstieß sie schließlich doch (1630).

In ihren Schriften erwähnt Leonora ihre Eltern nur kurz, aber der Ton ist sehr innig.[19] Zu ihrer Mutter muß sie eine vertraute Beziehung gehabt haben, da sie ihr in Zeiten schwerer Bedrängnis chiffrierte Briefe schrieb.[20]

Als Tochter eines Königs (wenn auch nur aus morganatischer Ehe) bekam Leonora eine hervorragende Ausbildung, in Schreiben, Rechnen, Religion, Geschichte, Französisch, Deutsch, Latein, Zeichnen, Malen, Handarbeit, Musik und Tanz.[21]

Drei Anekdoten aus ihrer Kindheit, die sie selbst überliefert hat[22], werden immer wieder zitiert:

Als Sechsjährige[23] fuhr Leonora mit dem Schiff nach Friesland zu ihrer (wesentlich älteren) Cousine. Unterwegs brach ein Sturm los, und der Erzieher Hasebard nahm die Kleine auf den Arm und erklärte ihr weinend, der liebe Gott sei erzürnt, und sie müßten nun alle sterben. Leonora aber küßte und streichelte und tröstete ihn: Nein, Gott sei nicht böse mit ihnen, er würde sie erretten. Tatsächlich legte sich der Sturm, und das Schiff konnte nach einiger Zeit die Reise fortsetzen.

Die Cousine in Friesland hatte einen elfjährigen Sohn, mit dem Leonora sich anfreundete. Er brachte ihr lateinische Vokabeln bei, und sie erklärten einander ihre Liebe und daß sie später heiraten wollten. Plötzlich erkrankte Leonora an Windpocken, und der ältere Bruder des Freundes führte diesen in ihr Krankenzimmer, um ihn zu necken: Das durch die Windpocken entstellte Gesicht des Mädchens sollte den jungen Liebhaber abkühlen. Diese Wirkung blieb aber aus; er geriet vielmehr schlagartig in heftige Erregung und erkrankte, und neun Tage danach starb er. Man verheimlichte Leonora zunächst seinen Tod, führte die Genesene dann aber doch an den Sarg. Als sie den geliebten Freund sah, wurde sie ohnmächtig. Er war mit Rosmarin bekränzt, und noch als alte Frau konnte sie den Geruch nicht ertragen und fing beim Anblick von Rosmarin an zu weinen.

In der dritten Anekdote geht es um einen Konflikt zwischen der Hofmeisterin der jungen Königstöchter und einem der Lehrer. Die Hofmeisterin hatte dem König gemeldet, der Lehrer schlage die Kinder und bringe ihnen auch nichts bei. Der König schickte seinen ältesten Sohn, um die Sache untersuchen zu lassen. Die eine der Schülerinnen schien tatsächlich nichts gelernt zu haben und bestätigte auch den Vorwurf der Prügel, Leonora jedoch zeigte sich bestens präpariert und bestritt, jemals geschlagen worden zu sein. Der Lehrer hatte nämlich von der bevorstehenden

Untersuchung gehört und sie weinend um Hilfe angefleht. Leonora wollte zuerst nicht mitmachen, aber auf das Argument hin, es würde Gott wohlgefallen, wenn sie einen Menschen errette, auch wenn sie dabei lügen müsse, half sie ihm schließlich doch. Die Hofmeisterin war natürlich böse auf das Mädchen, das sie Lügen gestraft hatte, und sie vergalt es ihr, indem sie sie derart verprügelte, daß sie »4 Wochen lang weder tanzen noch richtig gehen konnte«, und es dauerte über 2 Monate, bis die Wunden geheilt waren. Leonora aber blieb dabei, daß sie richtig gehandelt habe (worin sie auch vom Kronprinzen und vom König selbst bestätigt wurde), und sie war bis ins Alter stolz auf ihre Tat.

In allen drei Vorfällen werden Leonoras Beziehungen zu männlichen Personen beleuchtet. Zweimal tröstet bzw. »errettet« sie als Kind einen erwachsenen Mann: Sie ist eindeutig die Stärkere – und legt Wert auf die Überlieferung *dieser* Sicht der Dinge. Was sie einmal versprochen hat, das hält sie und dazu steht sie. Koste es sie, was es wolle – sie ist bereit, die Konsequenzen zu ertragen.

Die Geschichte vom Tod ihres jungen Freundes zeigt etwas von der großen Liebesfähigkeit und Empfindsamkeit Leonoras schon im frühsten Kindesalter, auch von ihrer Treue und der auch nach Jahrzehnten nicht verblassenden Intensität ihres Gefühlsgedächtnisses.

Glanz und Elend:
Die Ehe mit Corfitz Ulfeldt (1636–64)[24]

Im Alter von 9 Jahren wurde Leonora von ihrem Vater offiziell mit Corfitz Ulfeldt, dem damals 23jährigen Sohn des Kanzlers, verlobt. Die Heirat fand 6 Jahre später statt. Leonora war 15 Jahre, Corfitz fast doppelt so alt wie sie.

Corfitz Ulfeldt war ein sehr attraktiver, hochgebildeter, charmanter und weltgewandter Mann. Seit seinem zwölften

Lebensjahr im Ausland erzogen, hatte er in der Schweiz, in Frankreich und Italien u.a. Politik und Finanzwesen studiert und beherrschte fließend die damals wichtigsten Sprachen.[25] Kurz, er besaß alle Voraussetzungen für eine glänzende Karriere als Diplomat und Staatsmann, die er nach seiner Rückkehr in die Heimat auch antrat. Er avancierte bald zum Günstling des Königs und wurde mit wichtigen Aufgaben betraut und mit hohen Staatsämtern geradezu überhäuft. Schließlich war er nach dem König der mächtigste Mann im Staat.

Die Ehe zwischen Leonora und Corfitz war allem Anschein nach sehr glücklich.[26] Er war ihr geistig ebenbürtig, ja sie konnte ihre schon immer ausgeprägten intellektuellen Interessen, z.B. das Sprachenstudium, mit ihm vertiefen.[27] Außerdem rührte er möglicherweise – trotz allen äußeren Glanzes und Erfolgs – im tiefsten an ihren Sinn für weiblich-mütterliches Helfen und Überlegensein, denn er laborierte seit seiner Jugend an einer schwärenden Wunde am Bein, die niemals ausheilte. Jedenfalls hatte Leonora schon als kindliche Verlobte andere potente Bewerber ausgeschlagen: Sie wollte *ihn* heiraten.[28]

Die beiden führten ein großes Haus in Kopenhagen, und Leonora begleitete ihren Mann mehrmals auf seinen diplomatischen Reisen, trotz ständiger Schwangerschaften. Sie gebar in den ersten 15 Jahren der Ehe mindestens 10 Kinder[29], von denen 3 Söhne als Kleinkinder starben. Von den übriggebliebenen 7 Kindern haben nur 3 sie überlebt.

Anfang der vierziger Jahre des 17. Jahrhunderts war Leonora somit, als Lieblingstochter des von seiner Frau getrennt lebenden Königs und Ehefrau seines erklärten Günstlings, die erste Dame ihres Landes. Diese offensichtliche Bevorzugung der beiden Ulfeldts erweckte natürlich den Neid vieler Menschen, auch der Geschwister, und vor allem des übrigen Adels.

Eigentlich hatte die Heiratspolitik des Königs das Ziel

Graf Corfitz Ulfeldt, Hofmeister des Reiches
Gemälde von Fredericksborg.

gehabt, den Adel enger an sich zu binden, in seinen Schwiegersöhnen sozusagen ein Bollwerk und zugleich eine vermittelnde Instanz zu errichten, denn der Adel konnte ihm durchaus gefährlich werden. Aber mit oder durch Corfitz, seine herausragende Begabung wie auch seinen unbändigen Ehrgeiz, scheiterte diese Ausgleichspolitik. Zu Beginn seiner Amtszeit war Corfitz sehr loyal dem König gegenüber. Später nahm er eine selbständigere Rolle ein, z.B. im Zusammenhang mit dem Krieg 1643–45 gegen Schweden. Auch setzte er sich, zusammen mit den anderen Schwiegersöhnen, für eine Aussöhnung zwischen dem König und Kirsten Munk ein. Beides nahm ihm der König übel, und bei mehreren Gelegenheiten kritisierte er offen sowohl seine Amtsführung wie auch die Ergebnisse seiner Diplomatie. 1647 spitzte sich der Konflikt zu. Der König rechnete Corfitz u.a. vor, er habe während einer diplomatischen Mission einen Aufwand getrieben, der sich durch das dürftige Ergebnis kaum rechtfertigen lasse – worauf Corfitz sich gekränkt vom Hofe fernhielt und der König ihn dann kurzerhand entließ. Der Reichsrat griff jedoch diesmal vermittelnd ein, und nach einigem Hin und Her wurde Corfitz vom König voll rehabilitiert, so daß er nach dessen Tod (1648) wieder eine führende Stellung innehatte und bei den Verhandlungen zwischen dem designierten Nachfolger, Frederik III., und dem Adel mitwirkte. Dabei soll er dazu beigetragen haben, daß sehr harte Bedingungen gestellt wurden, was den neuen König bleibend ungnädig stimmte.

Im Jahre 1650 befahl der König (jetzt Frederik III.), Untersuchungen über Corfitz' Amtsführung einzuleiten. – Wenige Monate später ließ Dina Vinhofvers, eine jüngere Witwe »zweifelhaften Lebenswandels«, durch ihren Geliebten, einen Günstling der Königin, den König wissen, daß die Ulfeldts ihm nach dem Leben trachteten; sie behauptete, Corfitz' Geliebte zu sein und unter seiner Bettdecke liegend mitangehört zu haben, daß Corfitz und Leonora planten, den König zu vergiften.[30] Das Königspaar reagierte panisch und ließ Untersuchungen anstellen, ohne die Ulfeldts über die Anklage zu informieren. Erst Monate später, als Dina – man weiß nicht, warum – plötzlich ihre Taktik änderte und nun einen Anschlag auf die Ulfeldts »offenbarte«, woraufhin diese den König um Schutz baten, erfuhren sie von den Beschuldigungen gegen sie selbst. In den folgenden Prozessen wurden sie aber völlig freigesprochen: der Vergiftungsplan erwies sich als pure Verleumdung. Dina Vinhofvers wurde 1651 geköpft; ihr Geliebter hingegen, der nach ihrer Aussage vor Gericht sie zu der ursprünglichen Anklage bewogen hatte, bloß des Landes verwiesen.[31] Die wahren Hintergründe wurden nie aufgedeckt.

In dieser gespannten Atmosphäre wagten es die Ulfeldts nicht, das Ergebnis der Untersuchungen über Corfitz'

Amtsführung abzuwarten. Sie flohen über Holland an den schwedischen Hof. Königin Kristina gewährte ihnen Schutz; Corfitz wurde sogar ihr Günstling, während die Beziehungen zwischen Leonora und ihr eher kühl gewesen zu sein scheinen. – 1652 wurde Corfitz als dänischer Reichshofmeister abgesetzt, und 1653 wurde der gesamte Besitz der Ulfeldts in Dänemark beschlagnahmt. Die Untersuchungen über Corfitz' Amtsführung jedoch wurden aufgeschoben.

Kristina dankte 1654 zugunsten ihres Vetters Karl Gustav ab. Beiden hatte Corfitz beträchtliche Summen geliehen, und als Pfand erhielt er einen Landsitz in Schwedisch-Pommern. Dort lebten die Ulfeldts mit ihren Kindern von 1655 bis 1657. Leonora beschäftigte sich u.a. mit Handarbeiten, Einmachen, Destillation von Likören, Lektüre und Übersetzungen aus dem Französischen und Spanischen, während Corfitz Kriegsvorbereitungen betrieb.[32]

1657 tritt Corfitz offiziell in schwedische Kriegsdienste gegen Dänemark; seine Kenntnisse der dänischen Verhältnisse tragen nicht unwesentlich zu Karl Gustavs Sieg bei. Als schwedischer Unterhändler bei den Friedensverhandlungen erwirkt er die Wiedererstattung der Ulfeldtschen Besitzungen in Dänemark, und vom schwedischen König erhält er zum Dank für seine Dienste Ländereien in Schonen und Blekinge. Dennoch fühlt er sich nicht nach Verdienst entlohnt und von Karl Gustav kaltgestellt. Der Krieg mit Dänemark bricht erneut aus, und Corfitz wird 1659 in Malmö verhaftet. Man wirft ihm verräterische Beziehungen zu Dänemark vor. Corfitz erscheint nicht zur Verhandlung, als Grund nennt er einen Schlaganfall. Leonora ist es, die ihn verteidigt, und sie tut es mit großem rhetorischem Geschick. Trotzdem wird er des Hochverrats für schuldig befunden, und es geht das Gerücht, die Ulfeldts sollten nach Finnland deportiert werden. Leonora flieht nach Kopenhagen, um sich unter den Schutz ihres Halbbruders, des Königs, zu stellen. Zu ihrer Bestürzung findet sie dort Corfitz vor, der eigentlich nach Lübeck fliehen sollte. Frederik III. läßt beide festnehmen und im Herbst 1660 in Hammershus auf Bornholm inhaftieren. Dort unternehmen sie im März 1661 einen Fluchtversuch, der jedoch mißlingt und zur Verschärfung der Haftbedingungen führt.

Den Fluchtversuch schildert Leonora folgendermaßen[33]: Die Ulfeldts bekamen während der Haft den Eindruck, daß der Kommandant sie verhungern lassen wollte und sahen sich zur Flucht gezwungen. Corfitz und seinem Diener gelang es, Ruder herzustellen, während Leonora aus drei Laken, die ihnen die Kinder geschickt hatten, ein langes Seil knüpfte. Sie ließ sich bei Nacht als erste in einer Holzkiste etwa 13 Meter tief hinunter; nach ziemlich langem Warten folgten der Diener und Corfitz. Um in den Wallgraben zu kommen, müssen sie weitere 13 Meter tief hinunterklettern. Als sie dort angekommen sind, hat sich der Himmel bedeckt, es ist stockfinster und regnet. Corfitz rät zum Abwarten, man würde sich sonst den Hals brechen, aber der Diener rutscht voraus und stürzt ab. Leonora wirft ihm das Lakenseil zu und zieht den Wimmernden allein wieder hoch, Corfitz ist von den Strapazen schon zu geschwächt. Nach gelungener Aktion erkennt sie im Mondschein, daß sie selbst dabei in höchster Gefahr geschwebt hat: Rechts und links von ihrem Standort gähnen Abgründe. (An dieser Stelle greift die Autorin voraus und teilt mit, daß der Kommandant und später die Königin ihre Heldinnentaten als Teufelswerk und Hexerei auslegten.) Corfitz bittet, ihn zurückzulassen, er kann nicht mehr, aber unsere Heldin stützt ihn und bringt ihn zusammen mit dem Diener sicher zu den Booten. Aber da ist es schon Tag, sie werden entdeckt und wieder zurück ins Gefängnis verfrachtet. –

Im Herbst schickte der dänische König einen Unterhändler mit dem Angebot der Freilassung, vorausgesetzt, die Ulfeldts unterschrieben eine umfassende Unterwerfungs-

und Verzichtserklärung. Corfitz mußte einen Treueid auf den König leisten, und sie mußten all ihre Besitzungen in Norwegen, Jütland und auf Seeland aufgeben. Sie durften Seeland nie wieder betreten, bekamen als alleinigen Aufenthaltsort Schloß Ellensborg auf Fünen (einen Besitz von Kirsten Munks Mutter) zugewiesen und durften fortan innerhalb und außerhalb Dänemarks nur mit Erlaubnis des Königs reisen.[34]

Nach kurzem Aufenthalt auf Ellensborg gestattete der König Corfitz wegen seines schlechten Gesundheitszustandes eine 18monatige Badereise nach Frankreich. Im Juni 1662 brach man auf und landete zunächst in Amsterdam. Von dort ging es über Brügge nach Frankreich, wo die Ärzte jedoch von einer Badekur abrieten. Also wieder zurück nach Brügge.[35] Über das, was dann geschah, schreibt Leonora[36]:

Corfitz hatte sie gebeten, nach England überzusetzen, um von König Charles II. Schulden einzutreiben. Charles empfing sie und zeigte sich sehr kooperativ. Auf der Rückreise jedoch wurde sie auf Veranlassung des dänischen Gesandten – sie nennt ihn einen Judas – in Dover verhaftet, von dort nach Dänemark überführt und im August 1663 in *Blåtårn* eingesperrt. Als Gründe für ihre Verhaftung nannte man ihr zunächst nur: erstens unerlaubtes Reisen im Ausland, zweitens Mitschuld am Tod ihres früheren Bornholmer Gefängniskommandanten, den einer ihrer Söhne erdolcht hatte. Die eigentlichen Hintergründe ihrer Verhaftung erfuhr sie erst bei den Verhören in Kopenhagen; sie bestritt dabei alle Anschuldigungen.

Die Hintergründe ihrer Verhaftung waren folgende: Der dänische König war vom Kurfürsten von Brandenburg über neuerliche Umtriebe Corfitzens informiert worden. Corfitz soll diesem angeboten haben, unter dem zu der Zeit gerade wieder einmal mit dem König unzufriedenen dänischen Adel darauf hinzuwirken, daß *er* die dänische Krone bekomme. Manche Historiker urteilen, dieser Plan könne nur einem kranken Hirn entsprungen sein[37], aber Frederik III. nahm die Sache sehr ernst und reagierte entsprechend. Leonora wurde aufgrund von Aussagen eines Gesandten des Großen Kurfürsten vorgeworfen, sie habe von den Umsturzplänen ihres Mannes gewußt.

Corfitz gelang es zu fliehen; er wurde in absentia zum Tode verurteilt. Gegen Ende des Jahres 1663 war er mit vieren seiner Kinder in Basel, mußte jedoch von dort Anfang 1664 vor Spitzeln bei Nacht rheinabwärts fliehen. Er starb auf der Flucht. – Nach Leonoras Gefangennahme hatte er erklärt, »das Herz würde ihm zerspringen«, denn er könne und wolle ohne sie nicht leben.

Blåtårn (1663–85)
Die ersten Wochen, August 1663

Die Schilderung der ersten Wochen in *Blåtårn* nimmt fast ein Viertel von *Jammers Minde* ein; vor allem die Verhöre beschreibt Leonora in allen Einzelheiten, denn es ging ihr ja nicht zuletzt um ihre Rechtfertigung.

Am 8. August 1663, nachmittags um halb fünf, wurde Leonora in jenes Verlies gebracht, das ihr für die nächsten zehn Tage zermürbender Untersuchungen und Verhöre als Aufenthaltsort zugedacht war. Es war *Den mørke Kirke* (die »Dunkle Kirche«), das finsterste und berüchtigtste Loch im Turm:

»Ich fand einen kleinen, niedrigen Tisch vor, auf dem ein Messingleuchter mit einer brennenden Kerze stand, einen hohen Stuhl, zwei kleine Stühle, ein Bett aus Kiefernholz mit Pfosten und mit altem, hartem Bettzeug drin, einen Nachtstuhl und einen Nachttopf. Von allen Seiten schlug mir Gestank entgegen. Kein Wunder, denn drei Bauern, die dort eingesessen hatten, waren am selben Tag entlassen und

Blåtårn, das Gefängnis von Leonora Christina.

anderswo untergebracht worden. Sie hatten ihre Notdurft an den Wänden entlang verrichtet.«[38]

Den mørke Kirke wimmelte von Ratten, die besonders nachts Lärm machten und so ausgehungert waren, daß sie das Wachs von der brennenden Kerze fraßen.[39]

Gleich nach Leonoras Ankunft betraten vier hohe Staatsbeamte das Verlies und begannen mit dem Verhör: Ob sie ihren Mann nach Frankreich begleitet habe, was er dort getan habe, was sie in England gewollt habe, wer sie dorthin begleitet habe, welche Personen ihr Mann in Brügge empfangen habe, ob sie mit Dänemark korrespondiert habe, ob sie noch Juwelen bei sich habe, usw. Auf ihre Beschwerde über die Gefangennahme und die Erbärmlichkeit ihrer Zelle beschied man sie, der König habe seine guten Gründe; wenn sie aber die Wahrheit sage, sei vielleicht Gnade zu erwarten.[40]

Als die Beamten fort waren, versteckte sie einige Kostbarkeiten in den Löchern der Wände. Die Tür öffnete sich wieder, und drei Frauen vom Hof traten ohne Begrüßung ein. Sie brachten einfache Kleider und Wäsche und begannen sie auszuziehen und dabei nach versteckten Juwelen oder Schriftstücken zu durchsuchen, sogar »an einem geheimen Ort«, wo sie aber nichts fanden. Zwar stellten sie noch allerlei Wertsachen sicher, aber keine Schriftstücke, und »Gott machte sie blind für die Diamant-Ohrringe und einige Dukaten«, die Leonora in Leder eingenäht am Knie trug. Einen Diamanten, den sie im Mund versteckt hielt, konnte sie auch retten; die soeben in den Wänden versteckten Sachen wurden jedoch entdeckt.[41]

Danach kam der Schloßvogt, und ihr Tisch wurde mit vier Gerichten gedeckt. Sie aß davon nichts. Als Dienerin wurde ihr Maren Bloks, eine mitfühlende Seele, zugeteilt, die über Nacht bei ihr blieb.[42]

Zwei Tage später, am 10. August, wurde sie von denselben vier Beamten zum zweitenmal verhört, fast drei Stunden lang. Man eröffnete ihr endlich den wahren Grund für ihre Festnahme: Verdacht der Mitwisserschaft am vorgeblichen Plan ihres Mannes, Dänemarks Krone einem »fremden Herrn« anzubieten. Sie verteidigt sich und ihn, jedoch ohne Erfolg. Sie fragt z.B. die Herren, wie denn Corfitz etwas hätte anbieten sollen, das ihm doch gar nicht gehöre – sie kennten ihn schließlich alle als Mann von klarem Verstand. Überdies sei er körperlich schwer krank – was ebenfalls kaum mit der großen Arbeit des ihm angelasteten geplanten Umsturzes zusammenstimme. – Stereotyp drängt man sie, alles zu gestehen. Sie: Das würde sie gern tun, aber da sei nichts zu gestehen. Abschließend wird das Protokoll verlesen und nach ihren Angaben korrigiert.[43]

Das dritte Verhör, diesmal mit fünf Staatsbeamten, findet am 13. August statt; es dauert über vier Stunden.[44] Leonora verlangt wieder und wieder die gebührende Berücksichtigung ihrer Aussagen sowie Einsicht in die angeblich vorhandenen belastenden Dokumente. Als Höhepunkt der Quälerei verliest man ihr das Todesurteil ihres Mannes, das bereits vor ihrer Verhaftung verfaßt wurde: Wenn man seiner habhaft wird, soll er geköpft und sein Körper gevierteilt werden. Der Kopf soll aufgespießt und öffentlich als Schand- und Mahnmal aufgestellt werden. Alle Besitzungen sollen beschlagnahmt werden. Das Ulfeldtsche Haus in Kopenhagen soll dem Erdboden gleichgemacht werden. Die Kinder sollen ihre Adelstitel verlieren und dürfen Dänemark nie wieder betreten. Wird Corfitz jedoch nicht gefaßt, soll die Hinrichtung und Vierteilung symbolisch, *in effigie*, in Kopenhagen vollzogen werden, usw. – Die belastenden Dokumente, die angeblich vorliegen, bekommt sie nicht zu sehen.

Leonora bricht zusammen und verfällt in stumpfe Verzweiflung. Ihr Geist jedoch bleibt klar und läßt sie um so besser die Ausweglosigkeit ihrer Lage erkennen:

»Was ich dachte, wagte ich nicht zu sagen. Ich wußte wohl, wie es in solchen *absoluten* Regierungen zugeht; es darf nicht widersprochen werden, es heißt: Unterschreib, der König will es so, und frag nicht warum, sonst bist du verloren... Ich schwieg und beweinte mein Unglück, es war *irremediable*.«[45]

Gott bewirkt ein »Mirakel«, er läßt sie trotz allen Schmerzes nicht ihre Haltung und Würde verlieren.

In den folgenden Tagen verweigert sie alle Nahrung und will sterben. Sie hadert und ringt tagelang mit Gott:

»Mir schien, ich hatte es nicht verdient... Hatte ich nicht meine Pflicht getan? Hätte ich für meinen Mann weniger tun sollen? Sollte das mein Lohn sein dafür, daß ich ihn im Unglück nicht verlassen wollte?«[46]

Ende August jedoch, nach dreiwöchigem Hungerstreik (sie hat nur Zitrone mit Zucker zu sich genommen), hat das Ringen mit ihm ein Ende:

»[Ich] erwachte... mit den folgenden Worten im Munde:

›Mein Kind, verzage nicht, wann du von Gott gestrafet wirst; dann welchen der Herr lieb hat, den züchtiget er. Er stäupet aber einen jeglichen Sohn, den er aufnimmt.‹«[47]

Weinend bereut sie ihre Auflehnung, und sie bittet Gott um Gnade und darum, daß er ihr Geduld gibt.

Leonora beginnt wieder zu essen und akzeptiert ihr Los.

Die ersten sieben Jahre, 1663–70

Die Darstellung der ersten sieben Jahre nach diesen anfänglichen Wochen umfaßt etwa die Hälfte von *Jammers Minde*. Das erste Drittel der Gefängniszeit war schlimmer als die beiden letzten, nicht nur wegen des tiefen Sturzes, der erst einmal zu verkraften war, sondern vor allem wegen der Härte der Haftbedingungen, die erst ab 1670, nach dem Tod Frederiks III., allmählich gemildert wurden. Der neue König, Christian V. (Leonoras Neffe), und besonders seine Frau hätten sie sogar am liebsten freigelassen. Dem widersetzte sich aber Sophie Amalie, die Witwe Frederiks III., aufs schärfste. Sie war als junge Königin vom Glanz Leonoras überstrahlt und gedemütigt worden und vergaß es ihr nie, heißt es. Sophie Amalie starb im Februar 1685; drei Monate später war Leonora frei.

Leonora erzählt von ihrem Alltag, dem Leben einer Frau, die einst die erste Dame ihres Landes war, unter den erbärmlichsten Bedingungen, und davon, wie sie diesen Alltag meisterte und ihm sogar freundliche Seiten abgewann. Die Tochter eines Königs, auf unbestimmte Zeit gefangengehalten, wußte ihre Würde zu bewahren und sich zugleich ihrer Umgebung so weit anzupassen, daß sie nicht daran zerbrach.

Als Dame von Stand hatte Leonora auch als Gefangene einen selbstverständlichen Anspruch auf eine Dienerin, die sie umsorgte, d.h. beim An- und Auskleiden half, die Zelle reinigte usw. Leonora durfte die Zelle nie verlassen, mußte also dort sogar ihre Notdurft verrichten. Die Fäkalien wurden von der Dienerin samstags hinausgeschafft.[48]

Der Dienst bei der Gefangenen machte auch die Dienerin mehr oder weniger zur Gefangenen, aber er wurde relativ gut entlohnt, und diesen Frauen aus den ärmsten Schichten bot sich sonst kaum eine vergleichbare Verdienstmöglichkeit.[49]

Ihre ersten Dienerinnen bekam Leonora ohne Einspruchsmöglichkeit einfach zugewiesen; sie hatten auch der Königin, Sophie Amalie, täglich Bericht zu erstatten.[50] Später durfte Leonora in Grenzen mitbestimmen, wer ihr Leben auf engstem Raum mit ihr teilen sollte, d.h., sie äußerte ihre Wünsche auf Empfehlungen hin, niemals aufgrund persönlicher Kenntnis der jeweiligen Frau.

Die erste Dienerin war die schon erwähnte freundliche Maren Bloks, die zunächst nur eine Nacht blieb. Danach kamen zwei Dienerinnen auf einmal, weil die eine, Cathrina, Angst vor der »Hexe« Leonora hatte und nur zu zweit Dienst tun wollte.[51] Cathrina war eine nette Frau, aber die andere, Anna, war bösartig und quälte Leonora z.B. mit Andeutungen darüber, daß es sich bei einem gerade eingelieferten Gefangenen um Corfitz handle.[52]

Nach 5 Tagen wurde Cathrina von Maren Bloks abgelöst. Maren blieb diesmal, zusammen mit Anna, 3 Tage, dann kam Karen Oles-Daatter und blieb für Jahre.[53] Mit ihr verstand Leonora sich nicht besonders, aber frau arrangierte sich.

Insgesamt hatte Leonora im Laufe der 22 Jahre 12 Dienerinnen. Sie führt sie alle namentlich auf, und die meisten

Königin Sophie Amalie mit ihrem Hofzwerg.
Gemälde von Jacob d'Agar.

von ihnen schildert sie genau und einfühlsam, oft mit Humor. Es würde im vorliegenden Zusammenhang zu weit führen, auf die – meist erbärmlichen – Schicksale dieser Frauen der Unterschicht, die wir durch Leonoras Bericht kennenlernen, genauer einzugehen. Es seien hier nur einige kurze Charakterisierungen angeführt[54]:

Die drei ersten Dienerinnen arbeiteten am Hofe. Anna und Cathrina waren verheiratet – mit dem königlichen Schuhmacher bzw. dem königlichen Sattelknecht. Auf sie folgten:

Karen Oles-Daatter, zweimal verwitwet; ein Kind aus der ersten Ehe hatte sie anscheinend selbst umgebracht, da es »immer krank war und der [zweite] Mann deswegen immer verdrießlich«;

Karen Nels-Daatter, Witwe mit 2 erwachsenen Kindern, gutmütig und somit leicht zu täuschen;

Cathrina, verarmte Leutnantswitwe, Trinkerin; sie hatte dem Schloßvogt die Hälfte ihres Lohns versprechen müssen, wohl um überhaupt eingestellt zu werden;

Margrete, Leibeigene aus Holstein, sie war ihrem Ehemann davongelaufen;

Inger, eine sogenannte »verführte Frau«;

Barbra, verwitwet; ihre 2 Kinder hatte sie offenbar selbst umgebracht, da sie »deren Vater nicht liebte«;

Sidsel Klemmings-Daatter, eine »verführte Frau«;

Margrete, schwanger, hatte schon 2 uneheliche Kinder geboren; in *Blåtårn* nahm sie eine Abtreibung vor;

Jonatha, Witwe mit einem erwachsenen Sohn; in ihrer Ehe hatte sie anscheinend Infantilität und Wahnsinn vorgetäuscht, um auf diese Weise der Ehe zu »entkommen«.

Leonora ist keineswegs immer von ihren Dienerinnen angetan. Aber sie porträtiert sie mit großer Charakterisierungskunst, und einige dieser Schilderungen gehören zu ihren besten Situations- und Personenbeschreibungen überhaupt.[55]

Die Zelle

Neun Tage nach ihrer Einlieferung kam Leonora aus *Den mørke Kirke* in eine andere Zelle[56], in der sie fast 22 Jahre hausen mußte und die sie bis 1670 nur verließ, um in einem Vorzimmer die Mahlzeiten einzunehmen. Ihre Beschreibung dieses Raumes verdient es, hier in vollem Wortlaut zitiert zu werden:

»Anno 1666 [Leonora lebt also schon 3 Jahre dort!], gleich nachdem die Frau Karen Nels-Daatter zu mir gekommen war, bemerkten wir zum erstenmal, daß unsere Zelle einen Steinfußboden hatte. Sie hatte ein Stück festgebackenen Unrats losgebrochen und da erkannten wir die Steine. Ich hatte es für einen Fußboden aus Leder gehalten. Die andere Karen, Oles-Daatter, war eine von denen gewesen, die Unrat festtrampeln, statt ihn fortzutragen. Diese nun quälte mich unaufhörlich, fast jeden Tag, alles wegbrechen zu dürfen – und das auf einmal. Sie sagte, es wäre schnell getan. Ich meinte, es würde uns schlecht bekommen, wenn es auf einmal geschähe, denn man würde Wasser brauchen, um es aufzuweichen, und der Gestank in dem engen Loch würde uns krank machen. Ein Stück nach dem anderen zu lösen wäre leichter. Sie blieb bei ihrer Meinung und ihrer Bitte und glaubte, den Schloßvogt oder den Abschließer dazu überreden zu können, die Türen so lange geöffnet zu lassen, bis saubergemacht worden wäre. Aber als der Abschließer ihr eine Schüssel Wasser gegeben hatte, schloß er die Türen. Ich legte mich ins Bett, deckte mein Gesicht zu, und sie schrubbte und kämpfte mit dem Unrat. Die Masse von Unrat, die da zusammenkam, ist unglaublich. Sie hatte sich über Jahre angehäuft, denn es war ein Verbrechergefängnis gewesen, und sie hatten auf dem Boden ihre Notdurft verrichtet. Sie stapelte die Garstigkeit in eine Ecke, eine ganze Heuwagenladung. Es blieb bis zum Abendessen liegen, dann erst wurden die Türen geöffnet. Es kam, wie ich befürchtet hatte: Wir wurden krank. Die Frau genas aber vor mir, denn sie kam an die frische Luft; ich aber blieb in dem engen Loch, wo es fast kein Licht gab. Auch hatten wir erreicht, daß uns nun bei Tag und Nacht Unmengen von Flöhen plagten, und sie hingen mehr an ihr als an mir, so daß sie oft fast weinte. Ich lachte und neckte sie damit und sagte, sie hätte doch etwas zu tun haben wollen, und nun hätte sie ja ihren Zeitvertreib. Wir konnten jedoch nicht arbeiten. Die Flöhe saßen so dicht auf unseren Strümpfen, daß die Farbe der Strümpfe nicht mehr zu erkennen war, und wir strichen sie ab in das Wasserbecken.«[57]

Die Zelle war etwa 9 Quadratmeter groß und 5,7 Meter hoch (das Vorzimmer etwa 13 Quadratmeter groß). Sie enthielt zwei Betten, zwei Stühle und einen Tisch. Die einzige Lichtquelle war eine vergitterte Luke von etwa 63 x 63 cm.

Nahrung

Leonora durfte sich aus Küche und Keller des Königs und aus der Zuckerbäckerei bestellen, was immer sie wollte.[58] Diese üppige Kost teilte sie mit ihrer Dienerin, die aber erst nach ihr aß. Nach Leonoras Gutdünken bekamen auch andere Gefangene davon ab, aber dies durfte nicht offen geschehen.[59] Das Wachpersonal war jedoch leicht zu bestechen: Im Tausch gegen Bezahlungsmittel wie Wein und Kerzen (und natürlich Geld, wenn das vorhanden war) konnte Leonora sich mit der Zeit kleine Vergünstigungen, Schmuggeldienste oder Kostbarkeiten wie z.B. Zwirn erhandeln.[60]

Beschäftigung

Langeweile, Eintönigkeit, Sinn- und Hoffnungslosigkeit sind wohl die furchtbarsten Belastungen jeder Gefangenschaft. Die Strukturierung der endlosen Zeit ist das Hauptproblem. Für Leonoras körperliches Überleben war gesorgt, wie aber sollte sie geistig und psychisch überleben? Sie hatte zunächst weder Bücher noch Werkzeug für Schreib- oder Handarbeiten.[61] Aber sie machte sich »Tinte« aus Kerzenruß mit Bier, als »Tintenfaß« diente ihr ein Stück eines Zinndeckels und als »Schreibfeder« ein Knochen eines Hühnerflügels, und sie schrieb auf dem Einwickelpapier ihres Streuzuckers.[62] Einmal hatte sie auch ein Stückchen Kreide und schrieb damit Verse auf ihren Tisch, wischte sie wieder aus, schrieb die nächsten Verse, und so weiter.[63] Außerdem betrieb sie zoologische Studien zum Fortpflanzungsverhalten von – Flöhen und Kohlwürmern.[64]

In ihrem Bettzeug fand Leonora eine Nadel[65] und begann mit Fäden, die sie aus ihrem Nachthemd zog, auf einem Stoffrest Stickereien anzufertigen.[66] Sehr genau beschreibt sie zwei kleine Webgeräte zur Herstellung von Bändern, die sie sich aus den unmöglichsten Materialien zusammenbastelte.[67] Beim Bau eines Ofens in ihrer Zelle fiel ein Klumpen Lehm ab, aus dem sie kleine Figuren und Gefäße knetete, die sie alsdann wieder zusammenklumpte, da ihr Werkstoff begrenzt war.[68]

Kurz, unsere Heldin verfiel keineswegs in Apathie, sondern wußte sich zu helfen. Not macht erfinderisch, besonders wenn sie – wie hier – auf einen starken und kreativen Menschen trifft, der die Herausforderung annimmt.

Das Wachpersonal

Das Wachpersonal bestand aus einem Schloßvogt, seinem Bevollmächtigten und einem Abschließer sowie einem Kutscher, der gelegentlich auch bei der Arbeit im Turm mithalf.

Im Laufe der 22 Jahre erlebte Leonora 3 verschiedene Schloßvögte, 5 Abschließer und auch mehrere Kutscher. Wir hören aber von nur einem Bevollmächtigten.

Diese Männer bestimmten weitgehend den Alltag Leonoras. Besonders die Schloßvögte scheinen unangenehm gewesen zu sein, mit Ausnahme des mittleren, der sehr nett zu ihr war, aber – wohl deswegen – nur 20 Wochen im Amt bleiben durfte.[69] Der Bevollmächtigte des Schloßvogts jedoch, Peder Jensen Tøtzløf, wurde Leonora ein wirklicher Freund, und diese Freundschaft hielt ein Leben lang.

Die anderen Gefangenen

In *Blåtårn* saßen außer politischen Gefangenen auch gewöhnliche Kriminelle. Wie viele es genau waren, erfahren wir nicht. Ihre Anzahl kann aber, angesichts des spärlichen Wachpersonals, nicht sehr groß gewesen sein.

Leonora bekam ihre Mitgefangenen nicht zu Gesicht, da

sie ja nie aus ihrer Zelle durfte. Mit einer Ausnahme: Der Gefangene Christian hatte nach und nach einen Sonderstatus bekommen und lief schließlich frei im Turm herum, ja er half sogar manchmal beim Auf- und Abschließen der Zellen.[70] Mit einem der anderen Gefangenen, dem früheren Hausarzt der Ulfeldts, Otto Sperling, konnte sie geschmuggelte Briefe wechseln.[71] Der arme Mann, ebenfalls im Zusammenhang mit der Ulfeldt-Geschichte angeklagt, saß über 17 Jahre und starb als fast 80jähriger elendiglich in *Blåtårn*.[72]

Auch über andere Mitgefangene berichtet Leonora ausführlicher. So erfahren wir z.B., daß ihr alter Feind Jørgen Walter, Komplize Dina Vinhofvers, verhaftet wird und im Turm stirbt[73], daß ein Dieb, der gefoltert werden soll, sich aus Angst davor im Turm erhängt[74], daß Jungfrau Agneta Sophie Budde, des Giftmordes angeklagt, laut und lustig ist bis zum Tag ihrer Hinrichtung[75], daß das Dienstmädchen Lucia, die angeblich im Auftrag ihrer Herrin Jungfrau Budde zum Mord überredet und das Gift gekauft hat, sogar unter Folter nichts bekennt, sondern stets ihre Herrin verteidigt (sie hat deswegen Leonoras volle Sympathie)[76], und daß der Abschließer Gert von einem Dieb, dem er zu große Freiheiten eingeräumt hat, ermordet wird.[77]

Nachrichten von draußen

Ende 1663 fand die symbolische Hinrichtung Corfitz Ulfeldts auf dem Schloßplatz vor *Blåtårn* statt. Der Schloßvogt zwang Leonora, alle Einzelheiten mitzuvollziehen, indem er nachher, im Vorzimmer, der Dienerin sehr laut über alles berichtete und seine Erzählung dreimal wiederholte. Leonora rang sich – bei allem Entsetzen – jedoch zu einer positiven Sicht durch: Immerhin war die Hinrichtung *in effigie* der Beweis, daß Corfitz nicht gefaßt worden war.[78]

Im März 1664 teilte ihr der Schloßvogt mit, sie sei nunmehr Witwe. Zum Beweis brachte er eine Zeitung. Leonora war verzweifelt und doch auch froh, daß es für Corfitz nun vorüber war. Ihre Trauer galt vor allem den jüngeren Kindern, die jetzt niemanden mehr hatten.[79]

Leonora lebte nicht hermetisch abgeriegelt im Turm. Schon kurz nach ihrer Inhaftierung erhielt sie, obwohl dies natürlich verboten war, Grüße, kleine Geschenke und Nachrichten von draußen:

»Maren Bloks ließ mich oft durch den erwähnten Kutscher grüßen und sie schickte mir etliche Sorten Kandiszukker und Zitronen, sie ließ mich auch jeweils wissen, was sie Neues wußte.«[80]

Die Dienerinnen durften gelegentlich Besuch von einer Tochter oder Schwester empfangen[81], und auf diese Weise erfuhr auch Leonora Neuigkeiten. Außerdem bekam sie nach einiger Zeit jede Woche – gegen Kerzen – die Zeitungen von ihrem Mitgefangenen Christian geliefert.[82]

Nach ihrem eigenen Bericht zu urteilen, gelang es ihr nur ganz selten, Briefe an ihre Kinder herauszuschmuggeln. Einmal wird erzählt, daß sie ihren Kindern in Schonen schrieb und daß sie von ihnen und ihrer dort lebenden Schwester auch Antwort erhielt.[83] Man vermutet jedoch, daß sie mit ihrer ab 1665 in Brügge lebenden ältesten Tochter Anna Cathrine in Briefwechsel stand[84]; hierüber aber schreibt Leonora selbst nichts.

Zwei der Kinder starben während der Haftzeit, ohne daß Leonora dies in *Jammers Minde* erwähnt. Erfuhr sie es nicht?[85]

Von Leonoras vier noch lebenden Schwestern nahmen drei anscheinend kaum Anteil. Ihre Schwester Hedvig in Schonen jedoch versuchte im März 1670, nach dem Tod Frederiks III., Leonoras Entlassung zu erwirken.[86]

Nach dem Tod Frederiks III. im Februar 1760[87] besserten sich, wie erwähnt, Leonoras Lebensbedingungen ganz allmählich. Schon Ende April bekam sie erstmals Besuch von vier verschleierten Hofdamen, unter ihnen die junge Königin, die sich tief betroffen zeigte.[88]

Am 16. Juli 1671, kurz nach ihrem 50. Geburtstag, erhielt Leonora ein zweites Zimmer (dasjenige, das bisher als Vorzimmer gedient hatte).[89] Im Juli 1674 wurde die kleine Luke in der ursprünglichen Zelle zu einem ordentlichen Fenster erweitert, und die Zelle wurde zudem mit einem neuen Ofen ausgestattet.[90] Außerdem setzte 1672 der neue König Leonora eine Jahresrente von 200 Reichstalern aus, die er 1676 auf 250 Reichstaler erhöhte. Von dieser Rente sollte sie 200 Taler für Kleidung und 50 für ihren »Zeitvertreib«, z.B. Bücher, verwenden.[91] Das Recht einer Gefangenen auf »Zeitvertreib« war somit offiziell anerkannt. In den ersten Jahren hatte sie bei plötzlichen Visiten des Schloßvogts ihre paar Arbeitsutensilien ängstlich verstecken müssen.[92]

Leonora ließ sich also Bücher kommen, u.a. erwarb sie bei einer Auktion auch eines, das sie von ihrem früheren Beichtvater immer vergeblich als Leihgabe erbeten hatte.[93] Nun konnte sie mit den Studien für *Hæltinners Pryd* beginnen, und diese neue Aufgabe rückte anscheinend die Arbeit an *Jammers Minde* in den Hintergrund. Jedenfalls nehmen die letzten beiden Drittel ihrer Haftzeit nur gut ein Viertel ihres Berichts in Anspruch.

Leonora kaufte sich auch ein Clavichord und konnte nun sogar kleine »Hauskonzerte« mit ihrer Dienerin Barbra, die gerne sang, veranstalten. Dieselbe Barbra übrigens, Tochter, Schwester und Witwe von Buchbindern, brachte Leonora das Buchbinden bei.[94]

Im September 1671 bekam Leonora Besuch von der Mut-

Hedwig Sophie von Brandenburg, Landgräfin von Hessel-Cassel, die Mutter von Königin Charlotte Amalie.

ter der Königin, der Landgräfin von Hessen. Auch diese war tief erschüttert und versprach, »zu tun, was sie könne«. Die Königin war gerade schwanger, und Mutter und Tochter handelten dem König das Versprechen ab, Leonora freizulassen, wenn ein Sohn, der Kronprinz, geboren würde. Die Königin gebar einen Sohn, im Oktober, aber Leonora kam trotzdem nicht frei, denn Sophie Amalie, die Königinmutter, widersetzte sich mit allen Mitteln, die ihr zu Gebote standen: Dem Argument der beiden Fürsprecherinnen Leonoras, ein König dürfe sein Wort nicht brechen, hielt sie entgegen, er habe *ihr*, seiner Mutter, schon zuvor sein Wort gegeben.[95]

Den beiden Frauen blieb nichts weiter übrig, als auf andere Weise zu versuchen, Leonoras Lage zu verbessern. Sie verschafften ihr Aufträge und Material für feine Stickereien, die sie trotz der schlechten Lichtverhältnisse aufs kunstvollste ausführte und die ihr große Bewunderung einbrachten.[96] Die Königin schickte ihr auch zweimal »große Mengen von Seidenraupen«, einerseits »zum Zeitvertreib« (zoologische Studien!), andererseits für die Rohstoffproduktion der Kunststickereien.[97]

Für Leonoras geistiges und psychisches Überleben war seit 1671 also auch – einigermaßen – gesorgt, aber nun näherte sie sich ihren Sechzigern, und es stellt sich die umgekehrte Frage wie für die ersten Haftjahre: Wie hielt sie all dies körperlich aus? Vom 16. bis zu ihrem 31. Lebensjahr hatte sie nicht nur mindestens 10 Kinder geboren, sondern auch ein aufreibendes Leben der ständigen Reisen und Repräsentationspflichten als erste Dame geführt. Danach folgten 12 Jahre der Fluchten, Verfolgungen, Inhaftierungen und Demütigungen, und schließlich: *Blåtårn*.

Corfitz war den Strapazen mit 57 Jahren erlegen. Wie kommt es, daß *sie* überlebte? Leonora selbst sieht es so:

»Gott hat Wunderdinge an mir getan, denn es ist mehr als unbegreiflich, daß ich das mannigfache große Unglück, das über mich gekommen ist, habe überleben können und nicht den Verstand verloren habe. Es ist ein Wunder, daß meine Glieder nicht krumm und schief sind vom Liegen und Sitzen, daß meine Augen nicht stumpf, ja blind sind vom Weinen, vom Rauch und vom Dunst, daß ich nicht kurzatmig bin vom ewigen Ruß und Qualm und Gestank und der stickigen Luft. Gott allein die Ehre.«[98]

Am Morgen des 19. Mai 1685, genau 21 Jahre, 9 Monate und 10 Tage nach ihrer Inhaftierung, teilt man Leonora mit, sie sei frei und könne das Gefängnis verlassen, wann es ihr beliebe.

Leonora zeigt keine Hast, denn sie will »ud med Manér«, will hinaus mit Anstand. Gelassen trifft sie alle Vorbereitungen für einen würdigen Abgang. Sie verspricht ihrer Dienerin Jonatha, sich um sie zu kümmern. Erst am Abend, in der Dunkelheit, läßt sie sich verschleiert von ihrer Nichte auf den überfüllten Schloßplatz hinausgeleiten.[99]

Kloster Maribo (1685–98)[100]

Maribo, der Altersruhesitz, den der König Leonora zugewiesen hatte, war ein ehemaliges Kloster. Leonora bewohnte ein relativ kleines Gebäude innerhalb der weiträumigen, halb verfallenen Anlage, die seit 1621 nicht mehr bewirtschaftet worden war. Sie hatte eine Jahresrente von anfangs 1000, später 1200 Reichstalern, dazu vier Pferde aus dem königlichen Stall und an Brennmaterial bis zu 100 Wagenladungen Holz pro Jahr (es war kalt in dem Gemäuer!). Mehrmals im Jahr bekam sie frische Fische und Wild geliefert. Die Dienerschaft war »standesgemäß«: Eine Hausverwalterin, zwei Kammerfrauen und vier andere Dienerinnen, zwei Pagen (die sie u.a. als Vorleser beschäftigte), ein Lakai, ein Kutscher und ein Knecht.

Die Hausverwalterin, Fräulein Dorthea Sophie Urne, die diese Informationen überliefert hat, schreibt über ihre Herrin:

»Die vornehmste Occupation der Gräfin war Gottesfurcht, indem sich ihre Domestiken in einem Zimmer neben ihrer Bettkammer versammelten. In ihrem täglichen Morgengebet stand: Gott helfe allen Gefangenen und tröste alle Schuldigen und errette alle Unschuldigen! Danach blieb sie in ihrer Bettkammer den ganzen Vormittag, den sie zum Lesen und Schreiben verwendete. Sie schrieb ein Buch zusammen, genannt *Heltinders Pryd*, das Komtesse A.C. Ulfeldt und Graf Leon [Leonoras Kinder, L&P] zusammen mit vielen anderen merkwürdigen Schriften mit sich nahmen. Ihre Arbeit ist fast unbeschreiblich und ohne Gegenstück, z.B. in Flammen sticken, goldene Arbeit wirken, Bernstein und Elfenbein drechseln.«[101]

Obwohl die Ausarbeitung von *Hæltinners Pryd* einen großen Teil der Zeit beansprucht haben dürfte, die Leonora in Maribo »zum Lesen und Schreiben verwendete«, trug ihr Aufenthalt dort auch andere literarische Früchte. Außer Briefen[102], Bittschriften[103] und einem »Memorial«[104] sind jedoch nur zwei Gedichte erhalten.[105] Aber es ist überliefert, daß sie auch eine Verskomödie schrieb (die sie am 27. Februar 1688 vom Hauspersonal aufführen ließ).

Leonoras verwitwete älteste Tochter, Anna Cathrine (1639–1707), lebte seit 1688 bis zum Tod der Mutter auf Maribo. Der jüngste Sohn, Leo (1651–1716), durfte sie zweimal besuchen[106], das zweite Mal, zu ihrer großen Freude, für 14 Tage. Außer diesen beiden lebte von ihren 10 Kindern nur noch die Zweitjüngste, Leonora Sophie (1649–98), die in Schonen/Schweden verheiratet war und hin und wieder zu Besuch kam.

Bei bestimmten Anlässen empfing Leonora den örtlichen Adel und die örtliche Geistlichkeit. Besonders Thomas Kingo, Bischof von Odense und ein berühmter Dichter geistlicher Lieder, die Leonora sehr schätzte, war ein gerngesehener Gast. Die willkommensten Gäste jedoch, abgesehen von den Kindern, waren wohl zwei Freunde, die mit ihrem früheren Leben eng verbunden waren: Otto Sperling d. J., dessen Vater, wie erwähnt, wie Leonora in *Blåtårn* gefangensaß, besuchte sie mehrmals in Maribo, und Peder Jensen Tøtzløf, früher Bevollmächtigter des Schloßvogts in *Blåtårn*, der ihr im Gefängnis viele Dienste erwiesen hatte und der sehr an ihr hing, kam öfter zu Weihnachten und Silvester. – Auch Leonoras letzte Dienerin in *Blåtårn*, Jonatha, soll sich gelegentlich auf Maribo aufgehalten haben.[107]

Leonora starb am 16. März 1698, im Alter von 76 Jahren, auf Maribo. Über die Umstände ihres Todes ist nichts überliefert. Sie wurde in der Klosterkirche beigesetzt, nicht mit Gepränge, wie es der König geplant hatte, sondern nach ihrem eigenen Wunsch in aller Stille.

Schon in *Blåtårn* hatte Leonora sich ein Totenkleid und ein Totenkissen angefertigt. Auf das Kissen, das mit ihrem eigenen Haar gestopft war, hatte sie gestickt:

»Wenn hier mein Haupt auf mein Haar niedergelegt wird, dann ist mein Band gelöst, meine Seele steht in Freuden.«[108]

3. Zur Überlieferungs- und Rezeptionsgeschichte

Das Andenken an die »unglückliche Gefangene königlichen Geblüts« lebte im 18. und 19. Jahrhundert im dänischen Volk fort; sie war auch Gegenstand diverser biographischer Schriften[109], ihre Werke aber blieben unbekannt. Ludvig Holberg[110] veröffentlichte 1745 eine Sammlung von Biographien berühmter Frauen, *Heltinde-Historier*; ein Kapitel widmete er Leonora Christina.[111] Sehr aufschlußreich für das Bild, das man sich mit der Zeit von der »leidenden, zu Tränen rührenden Königstochter«[112] gemacht hatte, ist eine Stelle in H.C. Andersens Erzählung *Holger Danske* (1845):

[Ein alter Bildschnitzer erklärt seinem Enkel das dänische Wappen:] »›Die Löwen sind Kraft, und die Herzen Milde und Liebe‹. Als er aber auf die roten Herzen schaute, strahlten sie noch mehr als zuvor, sie wurden zu Flammen, die sich bewegten, und seine Gedanken folgten jeder von ihnen.

Die erste Flamme führte ihn in ein enges, dunkles Gefängnis; dort saß eine Gefangene, eine herrliche Frau, die Tochter Christians des Vierten: *Eleonora Ulfeldt*; und die Flamme setzte sich als eine Rose auf ihre Brust und blühte zusammen mit ihrem Herzen, sie, die edelste und beste aller dänischen Frauen.«[113]

Das Manuskript von *Jammers Minde* wurde erst 1868 im Familienarchiv der Waldsteins (Nachkommen von Leonoras jüngstem Sohn Leo) in Wien entdeckt und 1869 von Sophus Birket Smith, Bibliothekar an der Königlichen Bibliothek Kopenhagen, herausgegeben.[114] Eine deutsche Übersetzung erschien 1871[115], eine englische 1872.

»[M]it einem Schlag änderte sich [das Bild Leonoras. Nun] wurde sie als die bekannt, die sie war, ... als die starke, mutige, unzerstörbare Frau, die im Unglück aufrecht blieb.«[116]

Jammers Minde erlebte noch im Erscheinungsjahr eine zweite Auflage; weitere Auflagen erschienen 1885, 1887 und 1900, alle herausgegeben von Birket Smith, der 1879 und 1881 auch eine zweibändige Biographie Leonoras vorlegte.[117] Schon 1872 hatte er einen Band über ihre Zeit in Maribo veröffentlicht (hier war die Quellenlage vermutlich einigermaßen übersichtlich).[118] 1887 erschien eine gekürzte Volksausgabe seiner zweibändigen Leonora-Biographie.[119] Birket Smith hat, das läßt sich ohne Übertreibung sagen, »Leonora zu seiner Lebensaufgabe gemacht« und alle Quellen so gründlich aufgearbeitet, wie es zu seiner Zeit überhaupt möglich war. Er verehrte, wie so viele vor und nach ihm, unsere Heldin und war überzeugt von ihrer Unschuld, als Forscher aber war er gewissenhaft und vergleichsweise nüchtern, wenn auch – natürlich – nicht frei von einigen durch seine Zeit und sein Geschlecht bedingten Vorurteilen.[120]

Leonora war also, nicht zuletzt dank Birket Smiths unermüdlichen Wirkens, ihrem Volke wiederauferstanden, und es entwickelte sich rasch ein förmlicher Leonora-Kult. In Scharen verliebten sich die männlichen Leser in sie, und der Leonora-Stoff wurde veropert, dramatisiert und illustriert. Erwähnenswert sind hier vor allem die berühmten detailgenauen und einfühlsamen Illustrationen Kristian Zahrtmanns zu Leonoras Leben und Werk.[121]

Als nunmehr von neuem »legendäre Figur« wirkt Leonora auch noch in Kaj Munks[122] gereimter Geschichte Dänemarks für Kinder (1943) fort. Munk widmet ihr dort fast zwei Strophen, während sich die literarischen Größen Oehlenschläger, Grundtvig und H.C. Andersen eine Strophe teilen müssen:

Aber in fast heil'gem Glanz
strahlet Leonor' Christine
groß wie eine Königin
Gattin, die trotz ALLEM treu,
das ist mehr als Königin.

Sie bekommt Ulfeldt zum Manne
Ach, doch er verriet sein Land,
Zweiundzwanzig Jahre lang
saß sie im Turm, bewundernswert.
Seht, ihr Kinder: Wenn groß der Sinn –
bewirkt Gewalt nur noch mehr Größe.
Stolz ist Jammersminde.[123]

Neben der Tradition der Heiligenverehrung gab es jedoch auch kritische Auseinandersetzungen mit der historischen Leonora. Vor allem ging es um ihre Glaubwürdigkeit als Berichterstatterin und mithin um die Frage: »Schuldig oder nicht schuldig?« Schon 1888 veröffentlichte Julius Lange einen Aufsatz, »Contra Leonora Christina«, in dem er die Auffassung vertritt, *Jammers Minde* sei, was die Darstellung der Rolle Leonoras bei den politischen Aktivitäten ihres Mannes betrifft, historisch nicht zuverlässig, sondern sie habe von den Umsturzplänen ihres Mannes gewußt.[124] 1926 gelang es Svend Aakjær, die chiffrierte Korrespondenz zwischen Leonora und ihrer Mutter zu entziffern. Seiner Meinung nach enthält sie klare Beweise für Leonoras Schuld. Allerdings wurden seine Folgerungen in bestimmten Punkten von C.O. Bøggild-Andersen widerlegt, aber auch dieser fand, daß die betreffenden Passagen ein neues Indiz für Leonoras Mitwisserschaft, ja vielleicht sogar Mittäterschaft sind.[125] In medizinisch-historischen Arbeiten wurde die

Frage erörtert, ob Ulfeldt Syphilitiker war (Symptome wären etwa: die nicht heilende Wunde am Bein, der Schlaganfall, seine megalomanen Wahnvorstellungen) und seine politischen Aktivitäten die Taten eines Wahnsinnigen (und somit Unschuldigen).[126]

Wir wollen diese Problematik, den »Fall Leonora«, hier nicht aufrollen, es würde zu weit führen. Wichtig scheint uns jedoch der Hinweis, daß von »Schuld«, »Landesverrat« usw. in diesem Fall überhaupt nur unter Voraussetzung der Begriffe »Nation« und »Nationalgefühl« gesprochen werden kann. Ein Nationalgefühl wie etwa im 19. Jahrhundert war aber den beiden Ulfeldts und ihrer Zeit fremd. Der dänische König wurde damals vom Adel *gewählt*, und ein Adliger mit der Machtstellung Ulfeldts konnte sich durchaus seinerseits, als quasi Ebenbürtiger, vom König (und von seinem Land) gedemütigt und verraten fühlen und – subjektiv mit vollem Recht – nach Vergeltung und Wiederherstellung seiner Ehre trachten.

Die Wahrnehmung Leonoras als Nationalheilige oder aber als geheimnisumwitterte Akteurin in einem historisch-politischen Kriminalfall hat bisher verhindert, daß sie als Schriftstellerin wirklich ernstgenommen wurde. Anders läßt es sich kaum erklären, daß die literaturwissenschaftliche Forschung über sie mehr als spärlich ist und daß *Hæltinners Pryd* erst 1977 ediert wurde.

4. Das literarische Werk. Kleinere Schriften

Leonoras literarische Produktion, soweit sie bekannt ist, begann im Jahre 1654. Sie war damals 33 Jahre alt. Ihre Beschreibung der Hochzeit Karl Gustavs von Schweden[127] (an der sie nicht teilgenommen hatte) war, so wird vermutet, gedacht als Teil einer größeren Arbeit über ihren Aufenthalt in Schweden.[128] Der Text umfaßt in der Ausgabe der autobiographischen Schriften[129] eine Seite.

Ihre zweite Schrift, *Rejsen til Korsør 1656* (gut 9 Seiten[130]), schildert die mutig überwundenen Fähr- und Hemmnisse während einer Reise Leonoras von Pommern nach Dänemark: Bei den Auseinandersetzungen mit z. T. rangniedrigeren, aber mächtigeren Männern beweist unsere Heldin großes psychologisches und rhetorisches Geschick und obsiegt bravourös.

Confrontationen i Malmø 1659 (17 Seiten[131]) behandelt Leonoras Verteidigung ihres wegen Krankheit verhandlungsunfähigen Mannes bei seinem Hochverratsprozeß in Malmö. Unsere Heldin weiß sich als ihren Widersachern moralisch und rhetorisch weit überlegen darzustellen.

Um 1673 entstand in *Blåtårn* (wir erinnern uns: Die Haftbedingungen hatten sich bereits gebessert) *Den franske Selvbiografi* (46 Seiten[132]), eine Auftragsarbeit für Otto Sperling d. J. Er plante die Herausgabe einer Biographiensammlung gelehrter Frauen, *De foeminis doctis*, die allerdings nie erschien, und Leonora lieferte ihm das Material zu ihrer Person.[133] Warum sie es auf Französisch schrieb, ist nicht bekannt.

Das Originalmanuskript wurde erst 1952 in einer Bibliothek in Altona gefunden[134]; bis dahin war das Werk nur in Abschriften, Auszügen usw. bekannt.[135]

Leonora erzählt frisch drauflos, da das Material ohnehin von Sperling überarbeitet werden sollte. Sie berichtet von sich in der dritten Person, und »unsere Dame« oder »unsere Heldin«, reich begabt mit Charme, Geist, Mut und Humor, besteht Abenteuer, erleidet Unbill und vollbringt Heldinnentaten ganz im Stil zeitgenössischer französischer Romane.

Den franske Selvbiografi verdanken wir die berühmten drei Kindheitsanekdoten und die spannende Schilderung der Flucht aus Hammershus. Auch die »Reise nach Korsør« ist eingearbeitet, desgleichen, allerdings kürzer, der Prozeß in Malmö. Die zehn bis 1673 durchlebten Gefängnisjahre werden auf die eher heroischen Aspekte komprimiert: Schilderungen des Alltags und der Dienerinnen fehlen weitgehend, die Verhöre sind dagegen ausführlich dargestellt.

Den von Sperling vorgegebenen Rahmen (»gelehrte Frauen«) ignoriert Leonora souverän. Er muß sich mit gelegentlichen Bemerkungen folgender Art zufriedengeben:

»Um Ihnen über die Verrichtungen unserer jungen Frau zu berichten, als sie ihr 21. Jahr oder so passiert hatte, werde ich erzählen, daß sie am Lateinlernen Gefallen fand. Sie hatte einen ganz ausgezeichneten Lehrer, den Sie kennen [es war Otto Sperling d. Ä., L&P] und der sie aus Freundschaft und Gutartigkeit unterrichtete. Aber sie hatte so viele Eisen im Feuer, oft mußte eine Reise gemacht werden, und jedes Jahr pflegte sie das Wochenbett herzurichten, bis sie zehn Kinder beisammen hatte, abgesehen von weiteren Hindernissen, so daß ich Ihnen sagen kann, daß sie im Lateinischen keine Fortschritte machte.«[136]

Verschollene Schriften

Es ist überliefert, daß Leonora während der Haft in Malmø 1659–60 sorgfältig Tagebuch führte und daß sie einen ausführlichen Bericht über die Gefangenschaft auf Hammershus 1660–61 schrieb.[137] Diese Aufzeichnungen sind verlorengegangen. Dasselbe scheint für ein 1675 in *Blåtårn* verfaßtes Dialog-Gedicht zu gelten, ein gereimtes Streitgespräch zwischen der Vernunſt und der Empfindung, genannt *Den fangen Enkes Tviste-Tanker, eller Fornuftens og Sindets Strid.*[138]

Auf Maribo hat Leonora Gedichte und eine Verskomödie geschrieben, die verlorengegangen sind. Sie selbst fühlte sich auf ihrem Ruhesitz sehr wohl, aber für ihre Bediensteten war es offenbar *zu* ruhig und abgeschieden: Es fehlte an Unterhaltung. Und so veranstaltete Leonora des öfteren kleine Feste mit lustigen Theater-Einlagen.[139] Für einen solchen Anlaß war auch die Verskomödie gedacht, von der nicht einmal der Titel überliefert ist. Die Aufführung durch ihre kleine Belegschaft soll ein voller Erfolg gewesen sein.[140]

Der Verlust der Verskomödie ist aus zwei Gründen besonders schmerzlich: Von den Gedichten Leonoras sind etliche überliefert, und wenn auch der zweite und dritte Teil von *Hæltinners Pryd* verschollen sind, so besitzen wir doch immerhin den ersten Teil und die Vorrede. Ihre Fähigkeiten auf dem Gebiet der Lyrik, der Essayistik und der Autobiographie sind somit dokumentiert, nicht aber die auf dem Gebiet des Dramas bzw. der Komödie. Nach allem, was wir über Leonora wissen, muß sie aber gerade dafür hervorragend begabt gewesen sein. Leonoras Prosawerk, vor allem *Jammers Minde*, ist u.a. berühmt wegen seiner Dialoge, seiner treffenden Charakterzeichnung und seines Humors. Es ist daher anzunehmen, daß wir mit dieser Komödie ein sehr gelungenes, wenn nicht großes Werk verloren haben, dessen bescheidener, höchst privater (und damit so typisch weiblicher) Entstehungsanlaß und Verwendungszweck es für uns nur um so interessanter gemacht hätte.

Jammers Minde

Leonora schrieb *Jammers Minde*, um ihren Kindern ein Dokument ihres Lebens und Leidens im Gefängnis zu hinterlassen. Sie wußte ja nicht, ob sie sie jemals wiedersehen würde, und mußte damit rechnen, daß sie von feindlicher Seite ein haßverzerrtes Bild ihrer Eltern vermittelt bekommen würden. Daher auch die breite, »objektive« Darstellung der Verhöre in direkter Rede und Gegenrede, fast ohne Erzählerinnenkommentar: Die Kinder sollten sich selbst ein

Die erste Seite von Leonora Christinas »Jammersminde«.

Bild machen – dabei aber doch den »richtigen« Eindruck gewinnen.

Die übrige »Nachwelt« hatte Leonora bei der Abfassung ihres Textes vermutlich weniger im Sinn. Zwar ziehen Dalager & Mai (1982) aus der Tatsache, daß das Manuskript mehrfach umgearbeitet wurde und zahlreiche nachträgliche Korrekturen von Leonoras Hand aufweist, den Schluß, daß sie beabsichtigte, ein auch literarisches Werk zu gestalten[141], aber diese Argumentation ist nicht zwingend. Es ist ebensogut denkbar, daß Leonora einfach keine fehlerhafte Prosa hinterlassen wollte, genausowenig wie sie wohl Fehler in ihren Handarbeiten unkorrigiert gelassen hätte.

Leonora *sah* ihre Kinder wieder – warum verbrannte sie ihr Manuskript dann nicht einfach, da es sich doch – im wahrsten Sinne – überlebt hatte?[142] Vermutlich, weil sie *Arbeit* hineingesteckt hatte (von allem anderen zu schweigen!), und sie warf ja ihre Stickereien auch nicht in den Ofen.

Die Literaturwissenschaft und -kritik rühmt, *Jammers Minde* sei herausragend, einmalig, menschlich ergreifend, seine Aussage von überzeitlicher Gültigkeit. Was ist nun dies so Einmalige, Ergreifende, etc.? Ergreift uns das Schicksal Leonoras (es ist ja ergreifend genug!) oder das sprachliche Kunstwerk (»[E]ine begnadete Erzählerin ist sie in jeder Zeile«[143]; »*Jammersminde* [ist] eine Prästation, die von einer einmaligen Beherrschung der entstehenden dänischen Schriftsprache zeugt«[144])? Die Frage ist wohl falsch gestellt. Ergreifend ist sicher gerade die Art und Weise, wie gerade dieses Schicksal sprachlich gestaltet wurde: Das (weitgehende) Fehlen der heroischen Attitüde in einer heroischen Situation (wenn denn je eine heroisch war) – mit anderen Worten: die Echtheit dieses Dokuments. Denn der wirklich leidende Mensch – das wissen wir alle aus Erfahrung – produziert keine Kunstwerke, sondern er leidet. Er weint oder brütet dumpf vor sich hin oder wird verrückt. Der *echte* Ausdruck des Leidens kann also nicht kunstvoll sein, sondern nur kunstlos, roh, nackt, hilflos, stammelnd – und was dergleichen Attribute mehr sein mögen.

»Roh« ist nun *Jammers Minde* keineswegs (denn Leonora war hochbegabt und gebildet), aber eben auch nicht »kunstvoll« im herkömmlichen und schon gar nicht im zeitgenössischen Sinn. Die Komposition scheint nicht von einem überlegenen künstlerischen Gestaltungswillen diktiert, sondern vom Leben = Alltag selbst, von den Bedingungen, die der Leidenden aufgezwungen wurden. Ihre größte Leistung besteht darin, daß sie diese Bedingungen *überhaupt* schildert und nicht bloß erleidet, daß sie sie »objektivieren«, sich schreibend von ihnen distanzieren kann. Sie schildert sie so, wie sie (sie) »anfallen« und sie mit ihnen fertigwerden muß. Die Unterschiede zwischen dem Hohen und dem Trivialen sind eingeebnet – in Leonoras Situation ist eben eine Verstopfung von gleicher Bedeutung wie das Dichten geistlicher Lieder.[145]

Und je besser ihre Bedingungen werden, um so weniger schreibt sie darüber. Auch das ist »echt«, stimmt mit unseren eigenen Leid-Erfahrungen überein.

Dies zum einen: »Kunstlosigkeit« als Echtheitsbeweis. – Wir sind ergriffen, statt uns von Sentimentalität – »künst«-lich, zum Zweck der Wirkungssteigerung aufbereiteten Leiderfahrungen – abgestoßen zu fühlen.

Zum anderen war dieser leidende Mensch eine Frau. Es ist nicht unwahrscheinlich, daß der vielgerühmte »Realismus« und damit ein zentraler Aspekt der »Einmaligkeit« von *Jammers Minde* nichts anderes ist als die in der traditionell von Männern beherrschten Kunstszene immer unterdrückte weibliche Stimme, der – notgedrungen – »realistische« weibliche Blick auf den Alltag und das scheinbar »Unwesentliche«, »Geringe«. Um es provokant zu sagen: die Stimme des gesunden Menschenverstands, wie der gesunde Frauenverstand vereinnahmend genannt wird. Ein an Heldenepen und hochgradig stilisierten Tragödien geschulter männlicher Kunstverstand gerät ins Staunen über das »Unerhörte«, das nichts anderes ist als das Un*ge*hörte (weil mann nie zugehört hat): der ganz normale weibliche Stil des Wahrnehmens und Gewichtens, der Blick aufs Praktische (»Niedrig-Alltägliche«), Nüchternheit und zugleich mitmenschliche Wärme des Urteils und der Beobachtung.

Es war wahrscheinlich ein Glück für *Jammers Minde* und uns, daß es erst 170 Jahre nach dem Tod der Verfasserin entdeckt wurde. Wäre es kurz nach der Entstehung publiziert worden, hätte es kaum Furore gemacht, sondern wäre als mißglückt abgetan und vergessen worden. Es wich zu sehr ab von allem, was damals in Mode war, denn die Schöpfer und Diktatoren dieser literarischen Moden waren Männer. Es war die Zeit Corneilles, Racines und Molières, Grimmelshausens und der englischen Restaurationskomödie mit Dryden an der Spitze. Auf uns Heutige wirken die meisten ihrer Werke in ihrer Stilisierung eher künstlich, nicht zeitlos, sondern extrem zeitgebunden. Realistische Schilderungen, gar von Frauenschicksalen der Unterschicht, gab es nicht. Sie waren kein Thema (allenfalls für die zeitgenössische holländische Genremalerei).

Als der erste große Realist gilt in den Standardnachschlagewerken der Literaturgeschichtsschreibung Defoe. Er schrieb ein halbes Jahrhundert nach Leonora Christina. Es scheint mithin, daß es Frauen waren – zu erinnern ist hier auch an Leonoras Zeitgenossinnen Aphra Behn, Glückel von Hameln, Marie Madeleine de Lafayette und Liselotte von der Pfalz – die den »Realismus« in die Literatur einführten und damit die literarische Moderne begründeten.

Jammers Minde ist hinsichtlich seines Inhalts wiederholt mit Defoes *Robinson Crusoe* (1719) verglichen worden[146]: Beide Werke schildern extreme Ausnahmesituationen, in denen der Mensch, plötzlich sich selbst überlassen, einerseits diesen jähen Sturz verkraften und andererseits fürs Überleben sorgen muß. Und sie tun es in einem unerhört modernen realistischen Stil. *Robinson Crusoe* ist ein Klassiker der Weltliteratur, während der Ruhm von *Jammers Minde* sich auf den skandinavischen Raum beschränkt. Dies hat wahrscheinlich vorwiegend folgende Gründe:

1. *Robinson Crusoe* ist in der »Weltsprache« Englisch geschrieben, *Jammers Minde* in der »Minderheitensprache« Dänisch.

2. *Robinson Crusoe* erschien sofort nachdem es verfaßt wurde. Es ist also schon 150 Jahre länger »auf dem Markt« als *Jammers Minde*.

3. *Robinson Crusoe* ist fiktiv (das erleichtert den Zugang). *Jammers Minde* beruht auf historischen Tatsachen und ist deshalb »komplizierter«.

4. *Robinson Crusoe* wurde von einem Mann geschrieben, *Jammers Minde* von einer Frau.

5. Bei Defoe gibt es einen männlichen Helden, der exemplarisch »das Ausgesetztsein« »des Menschen« symbolisie-

ren kann: »... eines der großen, Don Juan, Faust oder Don Quijote vergleichbaren, zeitlosen Leitbilder der Weltliteratur«.[147] Eine Held*in* kann, wie auch diese Männer-Liste klarmacht, in unserer Kultur nicht *den* Menschen symbolisieren. Sie kann höchstens als Heilige verehrt werden.

Hæltinners Pryd

Leonora erwähnt ihr Werk *Hæltinners Pryd* mehrmals in *Jammers Minde*; in der letzten Eintragung dazu heißt es:

»Am 12. August dieses Jahres [1684] vollendete ich das Werk, das ich mir vorgenommen hatte. Da meine Entwürfe lobenswerte Frauen aller Art berücksichtigten – sowohl streitbare, kluge, treue, keusche, fromme, tugendhafte, unglückliche, gelehrte als auch standhafte – schien es mir, daß sie nicht alle als *Heldinnen* angesehen werden konnten. Deswegen wählte ich einige aus und teilte sie in drei Teile unter dem Titel *Heltinders Pryd.* Der erste Teil führt die streitbaren *Heldinnen* in ihrer Zier vor. Der zweite Teil berichtet über die treuen und keuschen *Heldinnen.* Der dritte Teil zeigt die Standhaften. Jeder Teil hat einen Appendix. Ich hoffe zu Gott, daß diese meine Gefängnisarbeit Euch, meinen herzlieben Kindern, in die Hände kommt. Hiernach, so Gott will, werde ich die anderen versammeln, als da sind: Kluge, Gelehrte, Gottesfürchtige und übriggebliebene Tugendhafte, und sie nach ihren Verhältnissen einkleiden und ausstaffieren.«[148]

Die Reihenfolge dieser Auswahl – erstens Streitbare, zweitens Treue und Keusche, drittens Standhafte – entspricht wohl der persönlichen Rangfolge Leonoras. »In Mode« waren zu ihrer Zeit nämlich mehr die gelehrten Frauen (vgl. auch Sperlings Vorhaben einer Publikation *De foeminis doctis*).[149] Die »Streitbaren«, d.h. in der heutigen Sprache die »Mutigen«, »Tapferen«, das sind bei ihr die

Regentinnen, Frauen, die Macht hatten und auch Kriege führten.[150] Sie sind am ehesten ihresgleichen, diejenigen, denen Leonora sich nach Herkunft und Neigung am meisten verwandt fühlt. Die zweite Gruppe – Treue und Keusche – verkörpert Ideale, die Leonora selbst hochhielt und verteidigte, wie ihr Leben (Treue!) und auch ihre Texte beweisen: Die teils sehr eigenwillige Art, wie sie ihre Heldinnen »einkleidet« und »ausstaffiert«, d.h. wie sie mit den Quellen umspringt, zeigt dies deutlich. Die letzte Gruppe, »Standhafte«, repräsentiert ebenfalls eine Tugend, die, wie wir wissen, unsere Heldin selbst am meisten »zierte«.

Wie erwähnt, ist von den drei Teilen von *Hæltinners Pryd* nur der erste erhalten geblieben. Er enthält eine Vorrede (4 Seiten), 15 längere Biographien (insgesamt 79 Seiten) und 11 Kurzbiographien (insgesamt 8 Seiten). Ausführlich behandelt Leonora folgende Herrscherinnen (in dieser Reihenfolge; die Charakterisierung ist der Übersichtlichkeit halber dem vom Herausgeber aufgestellten Inhaltsverzeichnis entnommen[151]):

Deborah, Richterin in Israel,
Margrete, Königin von Dänemark,
Tyre, Königin von Dänemark,
Elisabeth, Königin von England,
Thomyris, Königin der Massageter,
Isabella, Königin von Spanien,
Zenobia, Kaiserin von Palmyra,
Johanna, Gräfin von Montfort,
Artemisia, Königin von Karien,
Svanvita, Königin von Schweden,
Lathgertha, Regentin von Norwegen,
Berenguela von Kastilien und Leon,
Hetha, Regentin von Dänemark,
Margretha von Österreich,
Regentin der Niederlande,
Semiramis, Königin von Assyrien.

Die Kurzbiographien behandeln:

1. Amage, Königin der Salmater,
Victorina, gallische Regentin,
Voada, Königin von Britannien,
Olafa, Königin von Sachsenland,
Camilla, Königin der Volsker,
2. die Amazonen Marpesia, Lampedon,
Antiopa, Oritia, Pentesilea und Talestris.

Etwa zwei Fünftel dieser Namen waren uns bis zum Studium von *Hæltinners Pryd* völlig unbekannt – ein bemerkenswerter Erfolg patriarchalischen Geschichtsunterrichts.

Die Überlieferungsgeschichte des Textes ist nur oberflächlich recherchiert. Im Erstdruck von 1977 (!) weiß der Herausgeber Maaløe nicht mehr anzugeben, als daß sein Text auf der Abschrift in Karen Brahes Bibliothek in Odense basiert.[152] Schon Birket Smith kannte diese (schlechte) Abschrift[153] und edierte 1872 Leonoras Vorrede sowie die Biographie der dänischen Königin Tyre, die, seiner Meinung nach, zu den gelungensten gehörte.[154] Eine Gesamtpublikation hielt er vielleicht für überflüssig, wenn nicht gar dem Ansehen Leonoras abträglich. Ihre Arbeit entsprach nicht den modernen Standards hinsichtlich historisch-biographischer Exaktheit, denn Leonora gestaltete ihre ganz eigenen Heldinnen-Epen, und das nicht ohne Grund, wie Hiorth Lervik feststellt:

»[I]hre Portraits ... sind Vorbilder, Ideale, die so positiv gezeichnet werden müssen, damit sie auch zur Nachahmung anregen.«[155]

Weiter schreibt Hiorth Lervik über *Hæltinners Pryd*, das im Vorwort zum Erstdruck als »Kompilation«[156] abqualifiziert wird:

»Wir können nur bedauern, daß *Hæltinners Pryd* nicht als Ganzes bewahrt und so früh herausgegeben wurde, daß es in eine dänisch-norwegische Gelehrtentradition hätte eingehen und diese beeinflussen können. Heute muß es den meisten kurios vorkommen, von kaum mehr als historischem Interesse.«[157]

Diesem abgewogenen Urteil aus weiblicher Sicht können wir nur zustimmen. Zu differenzieren ist allerdings die Qualifikation »von kaum mehr als historischem Interesse«. *Hæltinners Pryd* steht in einer (von Männern begonnenen und getragenen) Tradition der »Frauenverteidigung mittels historischer Beispiele«[158] und ist das erste Werk dieser Art in dänischer Sprache[159] und insofern sicher »von historischem Interesse«, besonders für die Skandinavistik.

Von ganz aktuellem Interesse ist es aber für die Rekonstruktion einer *weiblichen* Ideengeschichte, für die Erforschung von Vorstufen des heutigen Feminismus, die oft nur zeitlich »Vorstufen« sind, nicht aber, was ihren Reflexionsstand betrifft, wie Spender (1983) gezeigt hat.

Leonoras *Hæltinners Pryd* sagt ebensoviel über die Autorin selbst aus wie über die porträtierten Heldinnen. Es gibt – z. T. indirekt, aber deutlich – Auskunft u. a. über Leonoras »feministische Philosophie«. Diese ist *nicht radikal* wie etwa die ihrer englischen Zeitgenossin Mary Astell (1666 bis 1731).[160] Aber auch dieses Wissen ist wichtig für die heutige feministische Forschung: Es differenziert unser Bild von der Vergangenheit und gibt reichlich Stoff zum Nachdenken über die Verformung auch genialer weiblicher Geister durch die patriarchalischen Maximen ihrer Zeit und ihres Standes.

In der Vorrede argumentiert Leonora dafür, daß Frauen sich genauso zum Regieren eignen wie Männer. Ihre Biographien »streitbarer Heldinnen« sollen diese These beweisen und illustrieren. Neben der expliziten Argumentation der Vorrede erlauben folgende Strukturmerkmale der Biographien in *Hæltinners Pryd* Rückschlüsse auf Leonoras feministische Philosophie:

1. Leonora trifft eine ganz bestimmte Auswahl aus schriftlichen Quellen, die ihr vorlagen, sowohl hinsichtlich der Personen als auch ihrer Taten, Charakterzüge, usw.

2. Sie formt bestimmte Aspekte oder sogar ganze Lebensgeschichten um.

3. Sie zeigt sich in der Regel solidarisch mit ihren Heldinnen, äußert aber manchmal auch Kritik.

Es stellt sich bei einer genaueren Untersuchung heraus, daß Leonoras Auswahl, Umformung und Bewertung der Biographien, die ihr vorlagen, Prinzipien gehorcht, die als Ganzes ein Wertsystem darstellen, das z. T. zu den eher radikalen Anschauungen der Vorrede im Widerspruch steht.

Leonoras feministische Philosophie

Als Theoretikerin (in der Vorrede) und auch beim Thema Krieg/Gewalt ist Leonora ziemlich radikal[161]:

1. Die Frau ist dem Mann an Klugheit ebenbürtig, also zum Regieren genauso befähigt wie er, denn zum Regieren bedarf es der Klugheit, nicht der Körperkraft, sonst wäre der stärkste Muskelprotz der beste Regent.[162]

2. Die Frau ist von Gott zum Regieren ermächtigt, denn er sagt zu Mann *und* Frau: »Machet *Euch* die Erde untertan.«[163]

3. Die Frau ist nicht friedfertiger als der Mann, sondern genauso tapfer und wehrhaft wie er. Sie hat ein Recht, sich notfalls mit Waffengewalt zu verteidigen und zu rächen.[164]

Kommentar: Leonoras Heldinnen führen alle Krieg. Die meisten nehmen persönlich an der Kriegführung teil und mehrere sind ungewöhnlich mutige und tüchtige Heerführerinnen. Und obwohl Leonora es generell gut findet, daß man bemüht ist, den Frieden zu bewahren bzw. Frieden zu stiften[165], schildert sie dennoch auch kriegerische Tapferkeit und Siege ihrer Heldinnen mit offensichtlichem Genuß.[166]

»Legitim« ist, Land und Volk von fremder Herrschaft zu befreien und gegen drohende Gewalt zu verteidigen. Und

Aufruhr von Untertanen gegen die jeweilige Obrigkeit ist in jedem Fall niederzuschlagen; hier urteilt Leonora mit kompromißloser Härte. Glaubenskriege verdammt sie aber entschieden. Margretha von Österreich z.B. wird explizit dafür gelobt, daß sie den Religionskrieg in den Niederlanden beendete.[167] Angriffskriege führen bei Leonora nur die Amazonen und Semiramis.[168] Semiramis kritisiert sie, den Amazonen aber läßt sie es kommentarlos durchgehen, vielleicht weil ihnen (nach Leonoras Version[169]) ein besonders extremes Unrecht geschah: Alle ihre Männer wurden ermordet.[170] Überhaupt tritt die Frau als – durchaus auch grausame – Rächerin bei Leonora dann auf den Plan, wenn dem Gatten oder Sohn etwas angetan wurde. Zenobia z.B. verfolgt den Mörder ihres Mannes und ihres Sohnes und schlägt ihn in kleine Stücke (die Vorlage erwähnt nur »Stücke«[171]). Wenn aber der Mann die Frau verstößt, hört die Loyalität auf (Berenguela[172]), und sie darf gegen den Ungetreuen sogar Krieg führen (Lathgertha[173]). Töchter, Schwestern oder Mütter, die von Frauen gerächt werden, kommen nicht vor – offenbar ist das die Sache der jeweiligen Männer, denen sie – selbstverständlich – zugeordnet sind. Eine Heldin allerdings, Lathgertha, zieht in den Krieg, um »ihr Geschlecht zu rächen«: Der Feind hatte Frauen vergewaltigt.[174]

Ansonsten führt Leonora jedoch bei der praktischen Gestaltung ihrer Heldinnen-Portraits gravierende Beschränkungen ein:

4. Regieren darf nur die Frau, die durch Geburt legitimiert ist.

Kommentar: Die 15 Heldinnen der längeren Biographien erfüllen alle, so wie Leonora sie schildert, diesen Anspruch, mit 2 Ausnahmen: Deborah und Hetha. Deborahs Herkunft aber ist in diesem Zusammenhang ohne Bedeutung, da sie als Prophetin und Richterin in Israel aufgrund ihrer Qualitäten *von Gott berufen* war. Über Hetha heißt es in den Vorlagen, sie sei eine »dänische Jungfrau« gewesen. Leonora beklagt hier die Dürftigkeit ihrer Quellen.[175]

Über Lathgertha schreibt Leonora, sie sei mütterlicherseits von königlichem Geblüt. Die Vorlage weiß davon nichts und nennt Lathgertha nur »hochgeboren«.[176]

5. Die Frau darf nur dann regieren, wenn sie nicht die Geburtsansprüche eines Mannes verletzt.

Kommentar: Alle 15 Heldinnen der längeren Biographien gehorchen, so wie Leonora sie schildert, diesem Gesetz.

Die historische Margrete von Dänemark, Norwegen und Schweden (1353–1412) herrschte über alle drei Länder zeitweise oder ganz »auf Kosten von Männern«. Leonora läßt ihr diesen unschönen Zug nicht durchgehen und schreibt die Geschichte um, wobei sie sogar mit Daten herumtrickst. Zum Beispiel: Leonora schreibt, daß Margretes Sohn Oluf um Margretes willen, aufgrund ihrer Qualitäten, als dänischer König gewählt wurde: damit *sie* regieren konnte, bis er volljährig wurde.[177] In der Vorlage steht nichts darüber.[178] In Wirklichkeit war die Wahl von Oluf ziemlich problematisch. Sein Vetter Albert von Mecklenburg stand der Krone näher: Er war der Sohn von Margretes älterer Schwester, und ihm hatte König Valdemar die Krone versprochen, was Leonora unerwähnt läßt. – Sie verschweigt auch, daß Oluf 1385 für volljährig erklärt wurde und Margrete trotzdem weiter regierte. Und Margretes Angriffskrieg gegen König Albert von Schweden, der mit ihrer Machtübernahme in Schweden endete, liest sich bei Leonora wie folgt: Zwar betrachtete sich Margrete als rechtmäßige Thronfolgerin Schwedens, aber sie war so friedliebend, daß sie es deswegen nicht zum Krieg kommen lassen wollte. Die schwedischen Adligen baten sie jedoch inständig, Alberts »Mißregierung« zu beenden. Daraufhin erklärte ihr Albert den Krieg und verlor ihn ...[179]

Die Lathgertha der Vorlage ermordete ihren Gatten, weil sie lieber allein regieren wollte. Leonora verschweigt diesen dunklen Punkt und auch Lathgerthas erwachsenen Sohn, der nach geltendem Recht hätte herrschen sollen.[180]

In der Biographie von Svanvita wird von Thorild, der Witwe des Schwedenkönigs, erzählt.[181] Sie »hatte sich des Reichs bemächtigt und die zwei Stiefsöhne Regner und Thorald, die rechtmäßigen Erben, verjagt«. Leonoras Charakteristik ist dementsprechend: »eine untugendhafte und ungerechte Besitzerin«.

6. Die richtige Frau ist verheiratet und ihrem Gemahl treu ergeben.

Kommentar: Die 15 Heldinnen der längeren Biographien haben alle geheiratet, bis auf Elisabeth und Hetha.[182] Elisabeth wollte, so Leonoras Quelle, aus Angst vor dem Tod im Kindbett nicht heiraten.[183] Eine solche Einstellung versteht/akzeptiert Leonora offenbar nicht und erfindet einen anderen Grund: Eine Ehe hätte innere oder äußere Unruhen über England gebracht, denn der Ehemann, ob Engländer oder Ausländer, hätte der Gattin das Herrschaftsrecht streitig gemacht. Ehe und herrscherliche Gewalt der Frau sind also – das sieht Leonora ganz realistisch – unvereinbar. Erst wenn der Gatte tot ist oder die Frau böswillig verlassen hat, kann sie an die Macht kommen. Die echte Heldin ist aber ferne davon, dem Gatten aus Machtstreben den Tod zu wünschen; vielmehr akzeptiert sie ihre Unterordnung als natürlich und unterstützt ihn in allem, auch gegen eigene Interessen (z. B. Isabella[184]). Wenn es ein guter Ehemann war, kann sie sich bei seinem Tod auch wohl zu Tode trauern (Svanvita[185]) oder gar ihm freiwillig in den Tod folgen (Artemisia schluckte die Asche ihres verstorbenen Gatten hinunter und »beendete somit ihre Tage«[186]). Diese Fälle schildert Leonora mit Sympathie. Übertriebene Trauer um verstorbene Söhne findet weniger Zustimmung (Tyre[187]), und von Trauer beim Tode weiblicher Personen wird überhaupt nichts berichtet (wohl auch nicht in Leonoras Quellen).

7. Die richtige Frau ist sexuell passiv, schamhaft und keusch.

Kommentar: In der Regel ist das Sexualleben ihrer Heldinnen für Leonora überhaupt kein Thema, hingegen lobt sie wiederholt die Keuschheit und schildert sie, auch in der Ehe, als Tugend. Zenobia z. B. verweigerte sich ihrem Gatten während Schwangerschaften.[188] Leonora findet das offenbar gut und erwähnt es deshalb. Nicht erwähnt wird hingegen Semiramis' in den Quellen vermerkte »Wollustigkeit«[189]; auch daß die Amazone Talestris Alexander aufgesucht haben soll, um mit ihm ein Kind zu zeugen, wird nicht verraten.[190] Eine derartige sexuelle Autonomie paßt nicht zu Leonoras Heldinnen-Ideal, wohl aber Schamhaftigkeit, sogar, wenn sie tödlich ist: Isabella litt an »Geschwüren an den Brüsten«, aber sie starb lieber, als sich einem Arzt zu zeigen.[191] (Leonora selbst reagierte in einem ganz ähnlichen Fall zum Glück weniger schamhaft und konnte geheilt werden.)[192]

Fazit:

Leonoras feministische Philosophie ist sehr widersprüchlich. Einerseits ist die Frau dem Mann an Klugheit und Tapferkeit ebenbürtig, andererseits soll sie ihm ergeben sein. Einerseits ist sie (von Gott!) genauso zum Regieren ermächtigt wie er, andererseits soll sie nur dann regieren, wenn »Not am Mann« ist. Und so weiter. – Wie schon erwähnt, schreibt Leonora in einer *von Männern* initiierten und getragenen Tradition der »Frauenverteidigung«, und hier liegt auch die Ursache der Widersprüchlichkeit – von heute aus betrachtet: der Kardinalfehler. Wer »Frauen verteidigt«, hat noch nicht begriffen, daß es da nichts zu verteidigen gibt, denn die Frau ist gut, so wie sie ist: ein durchaus »vollkommenes Geschöpf«. Was not tut, um ihrem offenkundigem Elend abzuhelfen, ist keine Verteidigungs-, sondern eine Anklageschrift – gegen die Männer. Es ist klar, daß Männer sich eine solche schwerlich abringen konnten (oder werden). Und es ist ebenso klar, daß eine Frau, die in einer solchen Tradition denkt und schreibt, die Widersprüche reproduzieren muß, auch wenn sie noch so gute Absichten hat.

Anders als die Frauenverteidiger vor und nach ihr ist Leonora mit ihrem Werk nie fertiggeworden, und das nötigt uns Resepkt ab. Sie schrieb daran und schrieb es wieder um bis zuletzt. Leonora hatte sich eine Aufgabe vorgenommen, mit der sie nicht fertigwerden *konnte*, solange sie nicht alles über Bord warf, was ihrem Leben bis dahin »Sinn« und Halt gegeben hatte.

5. *Schlußbetrachtung: Leonora als Tochter*

Als Leonora acht Jahre alt war, verstieß ihr Vater ihre Mutter wegen Treulosigkeit, stellte sie unter Hausarrest und verbot ihr den Umgang mit den Kindern. Etwa zur selben Zeit verlobte er Leonora mit Corfitz und band in der Folgezeit die Tochter immer enger an sich. Leonora war sein erklärter Liebling, »auserwählt« – und damit isoliert, von ihrer Mutter sowieso, aber auch von ihren (überwiegend weiblichen) Geschwistern.

Leonora selbst hat sich schon früh als bevorzugt, als »auserwählt« empfunden.[193] Und bezeichnenderweise sah sie, rückblickend, einen Zusammenhang zwischen dem Tod des Vaters und dem Ende ihres eigenen Wohlergehens:

»[36 Jahre ist es her, seit] der hochgelobte König Christian der Vierte der Welt gute Nacht sagte, und ich meiner weltlichen Wohlfahrt.«[194]

Unter elf Geschwistern auserwählt zu sein, vom Mächtigsten im ganzen Land – das ist schon etwas! Zumindest stärkt es das Selbstbewußtsein (und das Standesbewußtsein). Aber die Auserwähltheit hatte ihren Preis: totale, weil früheste Verinnerlichung des väterlichen Wertsystems mit dem ersten Gebot der bedingungslosen Treue. Treue als *alles* bestimmende Richtschnur des Lebens. Leonora war an Corfitz sozusagen doppelt und dreifach gebunden: Da war das erschreckende Beispiel der Mutter (Treulosigkeit führt ins Verderben!), die Verpflichtung zur stellvertretenden Wiedergutmachung (*ich* bin anders als Mutter, ich bin *deine* Tochter, *ich* bin treu) und schließlich die Tatsache, daß Corfitz ihr von ihm, dem geliebten Vater, bestimmt worden war.

Leonora, die Gefangene. Gefangen nicht erst in *Blåtårn*, sondern schon viel eher, als Kind. *Aber* – eine Gefangene von Geblüt, mit höchsten Privilegien, von höchster Begabung und Charakterstärke – die sie allerdings dann vorwiegend zum Überleben und Überwinden nutzen mußte (wobei als »Nebenprodukt« ein Werk der Weltliteratur entstand).

Es wäre interessant, das Leben Leonoras mit dem einer anderen Königstochter zu vergleichen: Königin Kristina von Schweden, Tochter Gustav Adolfs, geboren fünf Jahre nach Leonora. Auch sie privilegiert und hochbegabt, aber aufgewachsen fast ohne Bindungen: Der Vater starb, als sie knapp sechs war, mit der Mutter verstand sie sich nicht, Geschwister hatte sie nicht, und geheiratet hat sie auch nicht. Sogar des Throns und des väterlichen Glaubens entledigte sie sich noch und führte ein für die damalige Zeit geradezu skandalös ungebundenes Leben.[195] Leonora und Kristina haben sich kennengelernt; offenbar hatten sie einander wenig zu sagen.

Kristina lebte »wie ein Mann« und hinterließ Maximen voller Frauenverachtung.[196] Leonora dagegen lebte »wie eine Frau«, schuf die ersten realistischen Frauenschilderungen ihrer Zeit und quälte sich 25 Jahre damit ab, den richtigen Ton für ein langes Loblied auf die Frauen zu finden.

Die Übersetzungen aus dem Dänischen und dem Norwegischen in dieser Arbeit sind von uns, K.L. und L.F.P.

1 Vgl. *Literaturverzeichnis: Deutsche Übersetzungen der Werke Leonora Christinas.*

2 *Kindlers Literaturlexikon* 1970: 3661 und 4957.

3 Das gilt vermutlich auch für die internationale feministische Forschung, soweit wir sie überblicken (gemeint ist hier vor allem die des englischen Sprachraums).

4 *Lexikon der Frau in zwei Bänden*, Bd. 2 1954: 1504.

5 *Lexikon der Frau in zwei Bänden*, Bd. 2 1954: 400.

6 Traustedt 1967: 203.

7 Dalager & Mai 1982: 45f.

8 Bøggild-Andersen 1938: 256f. In der Neuausgabe des *Dansk biografisk Leksikon* ist das Zweitkonjunkt gestrichen: »[*Jammers Minde*] ist das ergreifendste Memoirenwerk unserer Sprache« (Bøggild-Andersen 1981: 691).

9 Genauer gesagt, sie stellte Notizen und längere Aufzeichnungen dafür zusammen und schrieb den ersten Teil fertig. Den zweiten Teil vollendete sie erst nach ihrer Entlassung (vgl. Dalager & Mai 1982: 46).

10 Brøndsted 1983: 120.

11 Dieser Abschnitt basiert, wenn nicht anders angegeben, auf den Darstellungen folgender Aufsätze in *Dansk biografisk Leksikon*: Bøggild-Andersen 1981, Heiberg 1979, Tandrup 1982; sowie auf Bøggild-Andersen 1949.

12 Nach den Aufzeichnungen ihrer Mutter sowie dem Tagebuch ihres Vaters wurde sie am 8. Juli geboren, nach eigener Aussage jedoch (vgl. z.B. *Den franske Selvbiografi*: 3) am 11. Juni. Vgl. hierzu Brøndum-Nielsen & Bøggild-Andersen 1960: 255f.

13 Vgl. Birket Smith 1879: 6f. Zwei dieser Kinder, eine Tochter und ein Sohn, starben sehr früh. Außerdem hatte Kirsten Munk in diesen Jahren zwei Totgeburten.

14 So z.B. *Meyers großes Taschenlexikon in 24 Bänden*, Bd. 4 1983: 307.

15 Brøndum-Nielsen & Bøggild-Andersen 1960: VIII.

16 Hartmann 1981: 78.

17 Birket Smith ereifert sich: »Sie scheint eine nicht bloß stark sinnliche, sondern durchaus grobe und unedle Natur gewesen zu sein, ohne sonderliche Intelligenz oder Moral, und leicht zu unbändiger Leidenschaft zu wecken, die sich dann ebenso leicht in Worten und Handlungen von geradezu empörender Roheit ausließ« (1879: 6).

18 Bering Liisberg & Larsen 1890–91: 375f.

19 Vgl. z.B. die Stellen in *Den franske Selvbiografi*, wo sie den Tod des Vaters und den Tod der Mutter beschreibt (S. 14 und 21).

20 Vgl. z.B. Lundgaard Simonsen 1980: 261.

21 Vgl. z.B. Birket Smith 1887: 8, Petersen 1928: 16f., Dalager & Mai 1982: 36.

22 *Den franske Selvbiografi*: 3f. und 6–9.

23 Nach eigenen Angaben war sie damals 4½ Jahre alt. Vgl. aber hierzu z.B. Brøndum-Nielsen & Bøggild-Andersen 1960: 256.

24 Dieser Abschnitt basiert, wenn nicht anders angegeben, auf den Darstellungen folgender Aufsätze in *Dansk biografisk Leksikon*: Bøggild-Andersen 1979, Bøggild-Andersen 1981, Heiberg 1984.

25 Petersen 1928: 27.

26 Leonora selbst schreibt darüber, daß Corfitz sie »liebte und verehrte« und »wie ein Liebhaber, nicht wie ein Ehemann« zu ihr war (*Den franske Selvbiografi*: 10).

27 Petersen 1928: 37.

28 *Den franske Selvbiografi*: 5f.

29 Wie viele Kinder sie wirklich geboren hat, ist unklar, wahrscheinlich weil viele als Kleinkinder starben. Nach eigenen Angaben waren es 10 (*Den franske Selvbiografi*: 13). 10 Kinder sind auch verzeichnet in der Übersicht in Brøndum-Nielsen & Bøggild-Andersen 1960 (333f.); demnach wäre Leo, geboren 1651 in Dänemark, ihr jüngstes Kind. In Bang 1743 aber – von Birket Smith allerdings als »fabriziertes Machwerk« bezeichnet, was von Brøndum-Nielsen & Bøggild-Andersen bestätigt wird (1949: 304) – ist angeführt, daß Leonora in Stockholm eine Tochter gebar, »Christina genannt, die im selben Jahr starb« (S. 134). Und auch Birket Smith schreibt, daß sie auf der Flucht nach Stockholm schwanger war (1879: 228). – Er schildert sogar, wie Leonora, gerade als das Schiff von Travemünde auslaufen sollte, plötzlich große Lust auf Kirschen bekam und wie Corfitz trotz der damit verbundenen Gefahr und obwohl er be-

fürchtete, das Schiff werde ohne ihn absegeln, tatsächlich wieder an Land ging und ihr Kirschen kaufte (1879: LXXX).

30 Birket Smith 1887: 52f.

31 Birket Smith 1887: 63.

32 *Den franske Selvbiografi*: 16 und 20.

33 *Den franske Selvbiografi*: 27–30.

34 Petersen 1928: 85–88.

35 *Den franske Selvbiografi*: 33f.

36 *Den franske Selvbiografi*: 34–45 und *Jammers Minde*: 98–128.

37 Vgl. S. 83.

38 *Jammers Minde*: 102.

39 *Jamers Minde*: 114.

40 *Jammers Minde*: 102f.

41 *Jammers Minde*: 104f.

42 *Jammers Minde*: 105–108.

43 *Jammers Minde*: 110–113.

44 *Jammers Minde*: 117–121.

45 *Jammers Minde*: 120f.

46 *Jammers Minde*: 131.

47 *Jammers Minde*: 132. – Leonora zitiert aus der deutschen Bibel; sie benutzte in der Regel diese.

48 Vgl. z.B. *Jammers Minde*: 135.

49 Der Lohn war 2 Reichstaler pro Woche, plus Kost (Brøndum-Nielsen & Bøggild-Andersen 1960: 313). – Unverheiratete Frauen und Witwen aus den niedrigen Schichten bildeten im Dänemark des 17. Jahrhunderts eine Pariakaste der Gesellschaft. Ihre Erwerbsmöglichkeiten waren sehr beschränkt. Die meisten arbeiteten unter sehr harten Bedingungen als Dienstmädchen, einige auch als Krankenpflegerinnen, Ammen, Marktfrauen oder Handwerkerinnen (z.B. Klöpplerinnen). Arbeitslosigkeit, Prostitution und in der Regel auch Bettelei wurden bestraft (Bjørn m. fl. 1974: 72–78 und 87–91).

50 *Jammers Minde*: 123f.

51 *Jammers Minde*: 109.

52 *Jammers Minde*: 117.

53 *Jammers Minde*: 124–129.

54 Vgl. *Jammers Minde*: 105f., 109, 141, 172, 176, 192, 208, 217, 220f., 225ff., 234f.

55 Vgl. z.B. *Jammers Minde*: 196f. – Bezüglich Leonoras Verhältnis zu ihren Dienerinnen sowie ihrer Darstellung von ihnen verweisen wir auf die – sich gut ergänzenden – Untersuchungen in Schmalensee & Torp (1980) und Dalager & Mai (1982: 53–58).

56 *Jammers Minde*: 128f.

57 *Jammers Minde*: 244f.

58 *Jammers Minde*: 153.

59 Vgl. z.B. *Jammers Minde*: 170.

60 Vgl. z.B. *Jammers Minde*: 173 und 180.

61 *Jammers Minde*: 143.

62 *Jammers Minde*: 153.

63 *Jammers Minde*: 145.

64 *Jammers Minde*: 245f.

65 *Jammers Minde*: 123.

66 *Jammers Minde*: 143.

67 *Jammers Minde*: 143 und 158.

68 *Jammers Minde*: 154.

69 *Jammers Minde*: 159–163.

70 *Jammers Minde*: 163f.

71 *Jammers Minde*: 165f.

72 Für seine Kinder schrieb er in *Blåtårn* – auf Deutsch – eine ausführliche Darstellung seines Lebens bis 1659, mit einem Anhang über die Verhaftung und die Gefangenschaft (vgl. Birket Smith 1885).

Eine eigenartige Situation: Leonora und Otto Sperling, beide im Zusammenhang mit der Ulfeldt-Geschichte angeklagt, sitzen in ihren jeweiligen Verliesen in *Blåtårn* – ohne andere Verbindung miteinander als hin und wieder ein geschmuggeltes Zettelchen – und schreiben ihre Autobiographien; dabei behandeln sie z.T. dieselben Ereignisse, wenn auch auf ganz unterschiedliche Weise.

73 *Jammers Minde*: 193ff. und 199.

74 *Jammers Minde*: 207f.

75 *Jammers Minde*: 222.

76 *Jammers Minde*: 222.

77 *Jammers Minde*: 222ff.

78 *Jammers Minde*: 139f.

79 *Jammers Minde*: 142.

80 *Jammers Minde*: 134.

81 Vgl. z.B. *Jammers Minde*: 184.

82 *Jammers Minde*: 183.

83 *Jammers Minde*: 179f.

84 Brøndum-Nielsen & Bøggild-Andersen 1960: 320.

85 Leonora vermerkt, daß ihre Schwester Elisabeth Augusta 1677 gestorben ist (*Jammers Minde*: 221), aber nicht, daß ihre eigene Tochter Ellen Christina im selben Jahr starb.

86 Brøndum-Nielsen & Bøggild-Andersen 1960: 322. – Leonoras Kinder bemühten sich immer wieder um ihre Entlassung, z.T. unterstützt vom englischen König sowie von der kaiserlichen Regierung in Wien (vgl. z.B. Brøndum-Nielsen & Bøggild-Andersen 1960: 324).

87 Leonora weinte, als sie vom Tod ihres Halbbruders erfuhr, und verlangte nach Trauerkleidern (*Jammers Minde*: 198f.).

88 *Jammers Minde*: 202ff. (Leonora irrt sich wahrscheinlich, was den genauen Zeitpunkt betrifft, vgl. Brøndum-Nielsen & Bøggild-Andersen 1960: 322f.).

89 *Jammers Minde*: 204. Ihr Fürsprecher beim König war ihr neuer Beichtvater, Hofprediger Rudolf Moth, den sie, anders als seinen Vorgänger, sehr positiv schildert.

90 *Jammers Minde*: 217.

91 *Jammers Minde*: 220.

92 Vgl. *Jammers Minde*: 144, 173, 178.

93 *Jammers Minde*: 204.

94 *Jammers Minde*: 217 und 220; das Originalmanuskript von *Jammers Minde* hat wahrscheinlich Leonora selbst eingebunden (Brøndum-Nielsen & Bøggild Andersen 1960: 326).

95 *Jammers Minde*: 205f.

96 *Jammers Minde*: 230f.

97 *Jammers Minde*: 218 und 231.

98 *Jammers Minde*: 88.

99 *Jammers Minde*: 243f.

100 Die Darstellung der letzten Lebensjahre Leonoras basiert auf Birket Smith 1872, wo in einem Anhang u.a. auch eine kurze Schilderung dieser Jahre durch ihre Hausverwalterin nachgedruckt ist; vgl. Urne 1748.

101 Urne 1748: 82.

102 Nachgedruckt in Birket Smith 1872: 87–91, 93–96, 98–106, 108–112, 118–121.

103 Nachgedruckt in Birket Smith 1872: 92f. und 107.

104 1697 für ihre Tochter Leonora Sophie geschrieben. Leonora spricht sich mit bemerkenswerter Schärfe dagegen aus, daß der Schwiegersohn die Unterhandlungen über Zurückführung der beschlagnahmten schwedischen Besitztümer der Familie Ulfeldt übernehmen soll; sie will sich um ihre Angelegenheiten selbst kümmern. (Nachgedruckt in Birket Smith 1872: 122–125.)

105 Nachgedruckt in Birket Smith 1872: 135–139.

106 Der König hatte offenbar zunächst befürchtet, daß er für seine Eltern Rache üben würde.

107 Brøndum-Nielsen & Bøggild-Andersen 1960: 330.

108 *Jammers Minde*: 231.

109 Vgl. hierzu Aasen 1982: 148f., und vor allem die sehr informative Darstellung in Brøndum-Nielsen & Bøggild-Andersen 1949: 297–305.

110 (1684–1754), bedeutender norwegischer Historiker und Schriftsteller, lebte in Kopenhagen.

111 Holberg 1745: 34–52. Diese Darstellung ist in den Hauptzügen identisch mit Holbergs Leonora-Biographie im 3. Band seiner Geschichte Dänemarks (erschienen 1735). Seine Hauptquelle soll eine erweiterte Version eines Auszuges von *De foeminis doctis* von Otto Sperling d.J. gewesen sein (vgl. S. 84f.; Brøndum-Nielsen & Bøggild-Andersen 1949: 303).

112 Petersen 1928: 198.

113 Zitiert nach Brøndum-Nielsen & Bøggild-Andersen 1960: VII.

114 Birket Smith 1869.

115 Vgl. *Literaturverzeichnis: Deutsche Übersetzungen der Werke Leonora Christinas*.

116 Petersen 1928: 198.

117 Birket Smith 1879 und 1881.

118 Birket Smith 1872.

119 Birket Smith 1887.

120 Vgl. Anmerkung 17.

121 Z.B. in Petersen 1928 wiedergegeben.

122 (1898–1944), bekannter dänischer Dramatiker. Er wurde von der Gestapo ermordet.

123 Zitiert nach Schmalensee & Torp 1980: 7.

124 Lange 1888.

125 Lundgaard Simonsen 1980: 261.
126 Vgl. z.B. Helweg 1913 und Tobiesen 1922 sowie Lange 1931; letzterer argumentiert entschieden dagegen, daß Ulfeldt an »dementia paretica«, einem Spätstadium von Syphilis, litt.
127 *Kong Karl X. Gustavs Bryllup 1654.*
128 Dalager & Mai 1982: 39.
129 Brøndum-Nielsen & Bøggild-Andersen 1960.
130 Brøndum-Nielsen & Bøggild-Andersen 1960.
131 Brøndum-Nielsen & Bøggild-Andersen 1960.
132 Brøndum-Nielsen & Bøggild-Andersen 1960.
133 vgl. z.B. Dalager & Mai 1982: 42f.
134 Brøndum-Nielsen & Bøggild-Andersen 1960: 251.
135 Vgl. Brøndum-Nielsen & Bøggild-Andersen 1949: 297–305 sowie Brøndum-Nielsen & Bøggild-Andersen 1960: 251ff.
136 Brøndum-Nielsen & Bøggild-Andersen 1960: 13.
137 Birket Smith 1900: 2, sowie Brøndum-Nielsen & Bøggild-Andersen 1960: XIV.
138 »Die Zwist-Gedanken der gefangenen Witwe, oder der Streit zwischen der Vernunft und der Empfindung« (*Jammers Minde*: 218f.). Vgl. hierzu Brøndum-Nielsen & Bøggild-Andersen 1960: 326.
139 Birket Smith 1872: 64.
140 Birket Smith 1872: 54f.
141 Dalager & Mai 1982: 46.
142 Leonoras Tochter Anna Cathrine soll nach dem Tod der Mutter erwogen haben, das *Jammers-Minde*-Manuskript zu verbrennen, hat es dann aber doch dem Bruder Leo zur Aufbewahrung übergeben. In einem beigefügten Brief schreibt sie u.a.: »[E]s sollte nicht in fremde Hände kommen, denn es gibt wahrscheinlich immer noch Leute, die uns hassen und denen es nur Anlaß zur Schadenfreude wäre« (Brøndum-Nielsen & Bøggild-Andersen 1960: 298). Dieses Verhalten zeugt mehr von Pietät als von der Auffassung, in *Jammers Minde* ein literarisches Kunstwerk zu besitzen. Dieser Gedanke scheint ja den Nachkommen Leonoras über Generationen nicht in den Sinn gekommen zu sein – vielleicht auch, weil die Verfasserin selbst eine solche Einordnung nie nahegelegt hatte.
143 Beyer, Billeskov Jansen, Stangerup & Traustedt 1972: 490.
144 Dalager & Mai 1982: 46f.
145 *Jammers Minde*: 229.

146 Vgl. z.B. Brøndum-Nielsen & Bøggild-Andersen 1960: XVII, Traustedt 1967: 203, Lungaard Simonsen 1980: 272.

147 *Kindlers Literaturlexikon* 1970: 5709.

148 *Jammers Minde*: 233f.

149 Die Idee, eine Reihe hervorragender Frauen zu schildern und durch diese Schilderungen für die Gleichwertigkeit von Frau und Mann zu argumentieren, hat eine lange Tradition. Die älteste Schrift dieser Art ist Plutarchs *Gynaikon aretai*. An späteren Arbeiten sind Boccaccios *De claris mulieribus* (1362) sowie Bergamos *De plurimis claris selectisque mulieribus* (1497) zu nennen. Weitere Schriften dieser Art entstanden in Spanien und Frankreich im 16. Jahrhundert. Zu dieser Zeit bekam auch das Frauenideal andere Facetten. Bisher waren die angesehensten Eigenschaften unter dem Begriff »Mannhaftigkeit«, d.h. Mut und Tapferkeit, zusammengefaßt worden (die ursprüngliche Bedeutung auch von lat. *virtus*). Im Renaissancehumanismus entstand dann neben der *virago*, der »mannhaften Frau«, ein neues Ideal: *mulier docta*, die »gelehrte Frau«. In Nordeuropa wurde vorwiegend die gelehrte Frau als Ideal aufgestellt. (Vgl. hierzu z.B. Brøndsted 1983: 109ff.).

150 Hiorth Lervik 1978: 13.

151 Maaløe 1977: 7.

152 Maaløe 1977: 12f.

153 Birket Smith 1872: 42f.

154 Birket Smith 1872: 139–152.

155 Hiorth Lervik 1978: 20.

156 Maaløe 1977: 5.

157 Hiorth Lervik 1978: 20. – Vgl. auch die sehr umsichtige Beurteilung Birket Smiths (1872: 46–52); er erwähnt u.a., daß dieses Werk im 18. Jahrhundert von vielen sehr positiv bewertet wurde (S. 51).

158 Vgl. Anmerkung 149.

159 Birket Smith 1872: 50f.

160 Vgl. Spender 1985: 50 68.

161 Die Kurzbiographien sind allesamt sehr knapp und abrißartig. Sie wurden deswegen im vorliegenden Zusammenhang nur insofern berücksichtigt, als sie die Folgerungen aus dem übrigen Material explizit bestätigen oder diesen explizit widersprechen.

162 *Hæltinners Pryd*: 19ff.

163 *Hæltinners Pryd*: 20f. Dieses Argument scheint neu zu sein in der Debatte; vgl. Brøndsted 1983: 113.
164 *Hæltinners Pryd*: 21f.
165 Vgl. z.B. Margretes Biographie.
166 Vgl. z.B. die Schilderung Lathgerthas (*Hæltinners Pryd*: 82). – In Artemisias Biographie läßt Leonora sogar Xerxes mit Artemisias Hilfe die Schlacht bei Salamis gewinnen (*Hæltinners Pryd*: 76f.).
167 *Hæltinners Pryd*: 95.
168 Was Margrete betrifft, schreibt Leonora diesbezüglich die Geschichte um; vgl. S. 97.
169 *Hæltinners Pryd* 104f.; vgl. hierzu Brøndsted 1983: 119.
170 Männer jedoch dürfen offensichtlich Angriffskriege führen, sofern sie sich als erbberechtigt ansehen, jedenfalls erwähnt Leonora mehrmals Beispiele hierfür, ohne zu kritisieren; vgl. Tyres Biographie (ihre Söhne; *Hæltinners Pryd*: 39), Johannas Biographie (ihr Mann; *Hæltinners Pryd*: 73), sowie Berenguelas Biographie (ihr Sohn: *Hæltinners Pryd*: 90).
171 Maaløe 1977: 125.
172 Vgl. z.B. *Hæltinners Pryd*: 91.
173 *Hæltinners Pryd*: 83. Leonora hat hier die Geschichte umgeschrieben, vgl. Maaløe 1977: 133.
174 *Hæltinners Pryd*: 82. Daß Lathgertha aus diesem Grund in den Krieg zieht, ist eine Ergänzung Leonoras; vgl. Maaløe 1977: 132.
175 *Hæltinners Pryd*: 92.
176 Vgl. *Hæltinners Pryd*: 83 und Maaløe 1977: 132.
177 *Hæltinners Pryd*: 27.
178 Maaløe 1977: 12.
179 *Hæltinners Pryd*: 30–33.
180 Vgl. *Hæltinners Pryd*: 83 und Maaløe 1977: 133.
181 *Hæltinners Pryd*: 79.
182 Was Thomyris betrifft, ist dies zwar unspezifiziert, aber jedenfalls hat sie einen Sohn (*Hæltinners Pryd*: 55).
183 Maaløe 1977: 119.
184 *Hæltinners Pryd*: 61f.
185 *Hæltinners Pryd*: 81.
186 *Hæltinners Pryd*: 78.
187 *Hæltinners Pryd*: 39.
188 *Hæltinners Pryd*: 69.

189 Maaløe 1977: 139.
190 Maaløe 1977: 144.
191 *Hæltinners Pryd*: 65 f.
192 Birket Smith 1885: 83 f.
193 Vgl. *Den franske Selvbiografi*, z. B. S. 4 und 9.
194 *Jammers Minde*: 239.
195 Vgl. z. B. Friis 1896.
196 Vgl. z. B. Nilsson 1973: 94ff. und 118.

LITERATURVERZEICHNIS

Benutzte Werkausgaben

Leonora Christina. »Kong Karl X. Gustavs Bryllup 1654. Ded som jeg singulier udi Kong Karls Regering i Sverrig haver funden«. In Brøndum-Nielsen & Bøggild-Andersen (1960: 49–52). [Zitiert als *Kong Karl X. Gustavs Bryllup 1654*.]

Leonora Christina. »Rejsen til Korsør 1656«. In Brøndum-Nielsen & Bøggild-Andersen (1960: 53–64). [Zitiert als *Rejsen til Korsør 1656*.]

Leonora Christina. »Confrontationen i Malmø 1659. Hvad som *passeret* udi den *Confrontation* her udi mit Hus i Malmø den 17. Dec. 1659«. In Brøndum-Nielsen & Bøggild-Andersen (1960: 65–84). [Zitiert als *Confrontationen i Malmø 1659*.]

Leonora Christina. »Leonora Christinas franske Selvbiografi. Oversat til Dansk«. In Brøndum-Nielsen & Bøggild-Andersen (1960: 1–48). [Zitiert als *Den franske Selvbiografi*.]

Leonora Christina. »Jammers Minde«. In Brøndum-Nielsen & Bøggild-Andersen (1960: 85–248). [Zitiert als *Jammers Minde*.]

Leonora Christina. »Hæltinners Pryd«. In Maaløe (1977: 17–109). [Zitiert als *Hæltinners Pryd*.]

Leonora Christina. »En Memorial, opsat af Leonora Christina for Datteren Leonora Sophie«. In Birket Smith (1872: 122–125).

Aasen, Elisabeth. 1982. »Grevinnen i fangetårnet – Leonora Christina«. In Vogt (1982: 132–149).

Bang, Oluf. 1743. *Samling af Adskillige Nyttige og Opbyggelige Materier saa vel Gamle som Nye*. Bd. 1. Kopenhagen.

Bering Liisberg, H.C. & Axel Larsen. 1890–91. *Christian IV. Danmarks og Norges Konge*. Kopenhagen.

Beyer, Edvard, Billeskov Jansen, F.J., Stangerup, Hakon & P.H. Traustedt. Hg. 1972. *Verdens litteraturhistorie*. Bd. 4. Oslo. J.W. Cappelens forlag A/S.

Birket Smith, Sophus. Hg. 1869. *Jammers Minde. En egenhændig Skildring af hendes Fangenskab i Blaataarn i Aarene 1663–1685, udgivet efter det originale Haandskrift i Grev J. Waldstein Wartembergs Eje af Soph. Birket Smith*. Kopenhagen.

Birket Smith, Sophus. 1872. *Leonora Christina (Ulfeldt) på Maribo Kloster. Et Bidrag til Oplysning om hendes sidste Leveår*. Kopenhagen. Gyldendalske Boghandel (F. Hegel).

Birket Smith, Sophus. 1879 und 1881. *Leonora Christina Grevinde Ulfeldts Historie. Med Bidrag til hendes Ægtefælles og hendes nærmeste Slægts Historie*. Kopenhagen. Gyldendalske Boghandels Forlag (F. Hegel & Søn).

Birket Smith, Sophus. Hg. 1885. *Dr. med. Otto Sperlings Selvbiografi (1602–1673), oversat i Uddrag efter Originalhaandskriftet med særligt Hensyn til Forfatterens Ophold i Danmark og Norge samt Fangenskab i Blaataarn af S. Birket Smith*. Kopenhagen. Andr. Fred. Høst & Søns Forlag.

Birket Smith, Sophus. 1887. *Leonora Christina Grevinde Ulfeldts Levned. Til Almenlæsning fremstillet*. Kopenhagen. Gyldendalske Boghandels Forlag (F. Hegel & Søn).

Birket Smith, Sophus. Hg. 1900. *Leonora Christina Grevinde Ulfeldt's »Jammers Minde«. En egenhændig Skildring af hendes Fangenskab i Blaataarn i Aarene 1663–85. Udgivet med en Indledning og oplysende Anmærkninger af S. Birket Smith*. Folkeudgave med nyere Retskrivning. Kopenhagen. Gyldendalske Boghandels Forlag.

Bjørn, Anders m.fl. 1974. *Ugift eller lykkelig. Kvinden i 15-16-tallet*. Kopenhagen. Gyldendal.

Brøndsted, Mogens. 1983. »En dansk virago«. In Paget et al. (1983: 109–120).

Brøndum-Nielsen, Johs. & C.O. Bøggild-Andersen. Hg. 1949. *Leonora Christina. Jammers Minde og andre selvbiografiske skildringer*. Kopenhagen. Rosenkilde og Bagger.

Brøndum-Nielsen, Johs. & C.O. Bøggild-Andersen. Hg. 1960. *Leonora Christina. Jammers Minde og andre selvbiografiske skildringer*. Zweite, umgearbeitete Ausgabe. Kopenhagen. Rosenkilde og Bagger.

Bøggild-Andersen, C.O. 1938. »Leonora Christina«. In *Dansk biografisk Leksikon*. Bd. XIV (1938: 251–260).

Bøggild-Andersen, C.O. 1949. »Christian IV. 1577–1648«. In *Store danske personligheder. I. Fra Knud den store til Christian X*. (1949: 67–86).

Bøggild-Andersen, C.O. 1979. »Dina Vinhofvers«. In *Dansk biografisk Leksikon*. Bd. 3 (1979: 638).

Bøggild-Andersen, C.O. 1981. »Leonora Christina«. In *Dansk biografisk Leksikon*. Bd. 8 (1981: 688–692).

Christensen, Aksel E. 1981. »Margrete I«. In *Dansk biografisk Leksikon*. Bd. 9 (1981: 414–417).

Dalager, Stig & Anne-Marie Mai. 1982. *Danske kvindelige forfattere*. Bd. 1. Kopenhagen. Gyldendal.

Dansk biografisk Leksikon. 1933–44. Kopenhagen. J.H. Schulz Forlag.

Dansk biografisk Leksikon. 3. Ausgabe. 1979–84. Kopenhagen. Gyldendalske Boghandel/Nordisk Forlag A/S.

Friis, H.E. 1896. *Dronning Christina af Sverrig. 1626–1689*. Kopenhagen. Andr. Fred. Høst & Søns Hofboghandel.

Hartmann, Godfred. 1981. *Kongens børn*. Kopenhagen. Gyldendal.

Heiberg, Steffen. 1979. »Christian IV«. In *Dansk biografisk Leksikon*. Bd. 3 (1979: 303–309).

Heiberg, Steffen. 1984. »Ulfeldt, Corfitz«. In *Dansk biografisk Leksikon*. Bd. 15 (1984: 137–143).

Helweg, Johannes. 1913. »Var Korfitz Ulfeldt sindssyg?« In *Tilskueren* (1913: 1020–1037).

Hiorth Lervik, Åse. 1978. »Leonora Christina som kvinnehistoriker«. In *Edda* (Heft 1. 1978: 11–21).

Holberg, Ludvig. 1745. *Adskillige Heltinders og Navnkundige Damers sammenlignende Historier efter Plutarchi Maade*. Kopenhagen.

Kindlers Literaturlexikon. 1970. Zürich. Kindler Verlag.

Lange, Julius. 1888. »Contra Leonora Christina«. In *Tilskueren* (1888: 721–739).

Lange, Victor. 1931. *Corfitz Ulfeld. Fra Rigshovmester til Landsforræder*. Kopenhagen. Jacob Lunds Boghandel.

Lexikon der Frau in zwei Bänden. 1953–54. Zürich. Buchclub ex libris.

Lundgaard Simonsen, Vagn. Hg. 1980. *Leonora Christina. Jammers Minde. Udgivet med efterskrift af Vagn Lundgaard Simonsen*. Gyldendal.

Maaløe, Christopher. Hg. 1977. *Leonora Christina. Hæltinners Pryd. Udgivet efter afskriften i Karen Brahes Bibliotek af Christopher Maaløe*. Kopenhagen. C. A. Reitzels Boghandel/Det Danske Sprog – og Litteraturselskab.

Meyers großes Taschenlexikon in 24 Bänden. Aktualisierte Neuausgabe. 1983. Mannheim/Wien/Zürich. Bibliograph. Institut/Meyers Lexikonverlag.

Nilsson, Ruth. 1973. *Kvinnosyn i Sverige. Från drottning Kristina till Anna Maria Lenngren*. Lund. C.W.K. Gleerup Bokförlag.

Paget, Birgitta, Svanberg, Birgitta, Werkmäster, Barbro, Wirmark, Margareta & Gabriella Åhmansson. Hg. 1983. *Kvinnor och skapande. En antologi om litteratur och konst tillägnad Karin Westman Berg*. Malmö. Författarförlaget.

Petersen, Margrethe. 1928. *Kongedatteren Leonora Christina Ulfeldt og hendes Husbond*. Kopenhagen. C. A. Reitzels Forlag.

Schmalensee, Lisa & Lene Torp. 1980. »Leonora Christine Ulfeldt: Jammersminde 1663–1685«. In *Analyser af dansk kvindeliteratur* (= literatur & samfund 31. 1980: 6–29).

Spender, Dale. 1983. *Women of Ideas (and what Men have done to them). From Aphra Behn to Adrienne Rich*. London/Boston/Melbourne/Henley.

Store danske personligheder. I. Fra Knud den store til Christian X. 1949. Kopenhagen. Berlingske forlag.

Tandrup, Leo. 1982. »Munk, Kirsten«. In *Dansk biografisk Leksikon*. Bd. 10 (1982: 120–123).

Tobiesen, Fr. 1922. »›En steenig Materie‹. Oplysninger om Leonora Christina Ulfeldts Helbred«. In *Ugeskrift for læger* (1922: 501–506).

Traustedt, P.H. Hg. 1967. *Dansk litteraturhistorie*. Bd. 1. Kopenhagen. Politikens forlag.

Urne, Dorthea Sophie. 1748. »Frøken Urnes Meddelelser om Leonora Christinas Liv på Maribo Kloster« [nach ihrem mündlichen Bericht niedergeschrieben]. In Birket Smith (1872: 74–86).

Vogt, Kari, Hg. 1982. *Den skjulte tradisjon – skapende kvinner i kulturhistorien*. Bergen. Sigma Forlag A/S.

Deutsche Übersetzungen der Werke Leonora Christinas (zitiert nach Kindlers Literaturlexikon, S. 3661 und 4957f.)

Leben Eleonorä Christinä, Gräfin v. Ulfeld, Philander v.d. Weistritz [d.i. C.G. Mengel], Kopenhagen/Lpzg. 1754.

Denkwürdigkeiten der Gräfin zu Schleswig-Holstein Leonora Christinas aus ihrer Gefangenschaft im Blauen Turm des Königsschlosses zu Copenhagen 1663–1685, J. Ziegler, Wien 1871.

Leidensgedächtnis: das sind Denkwürdigkeiten der Gräfin zu Schleswig-Holstein, Leonora Christina vermählten Gräfin Ulfeldt aus ihrer Gefangenschaft im Blauen Turm des Königsschlosses zu Kopenhagen, 1663–1685, C. Prieß, Lpzg. 1911.

Jammersminde, E. v. Baudissin, Bln. o.J. [1917].

DIE TÖCHTER
VON
JOHANN SEBASTIAN BACH

Von Swantje Koch-Kanz und
Luise F. Pusch

Catharina Dorothea Bach (1708–1774)
Elisabeth Juliana Friederica Bach (1726–1781)
Johanna Carolina Bach (1737–1781)
Regina Susanna Bach (1742–1809)
und ihre fünf Schwestern.

1. *Alle Neune*

Johann Sebastian Bach hatte zwanzig Kinder – neun Töchter und elf Söhne aus seinen beiden Ehen mit Maria Barbara Bach (1684–1720) und Anna Magdalena Wülcke (1701–1760).

»Die Bach-Söhne« als typisches, wenn nicht *das* Beispiel für die Vererbung spezieller Begabungen sind auch denjenigen ein Begriff, die sich nicht für Musik interessieren. Aber Bach-Töchter?? Wer hätte je von einer gehört? Sogar Bach-Spezialisten reagieren auf die Frage nach Bachschen Töchtern mit Überraschung, nach einigem Nachdenken dann mit Achselzucken.[1] »Man« weiß, daß Bach »eine große Kinderschar hatte«. Natürlich – unter so vielen werden sicher auch Töchter gewesen sein. Aber Namen, Zahlen, Daten? Man kennt und nennt sie nicht. Die Töchter Bachs sind anscheinend spurlos dahingegangen. Ihre Existenz ist, dank einer immer akribischer auch »das Nebensächlichste« beforschenden Bach-Biographik, heute zwar nachweisbar, d.h., ihre Geburts- oder Taufdaten und die Todes- oder Begräbnisdaten sind gesichert, aber das ist auch schon fast alles.

Es hat sie also gegeben. Bachs erstes Kind war – eine Tochter.[2] Auch sein letztgeborenes, das zwanzigste, war eine Tochter. Die Lebensspanne dieser beiden umfaßt mehr als ein Jahrhundert: die Zeit von 1708 bis 1809. Was aber die erste und die letzte Bach in diesen 101 Jahren geleistet, erlebt und erlitten haben, darüber wissen wir so gut wie gar nichts, während die Nachrichten über die Söhne und über die anderen Männer der Familie Bach (Vor- und Nachfahren) die Bibliotheken füllen.

Es hat sie gegeben, neun Töchter, und vier haben das

Säuglings- und Kindheitsalter überlebt. Fünf starben früh. Es starben auch fünf der elf Söhne Bachs sehr früh.[3]

Es hat vier Töchter Bachs gegeben, die ziemlich lange gelebt haben: Sie starben mit 65, 55, 43 und 67 Jahren, d.h., zwei von ihnen wurden ebenso alt bzw. älter als Johann Sebastian. Wir müssen uns diesen Satz einprägen: »Es hat sie gegeben« – wenn nötig durch gebetsmühlenartige Wiederholung. Das ist wichtig, damit wir die Nachrichten über »die Familie Bach« – die überkommenen wie auch die der biographischen Bach-Literatur – überhaupt falsch verstehen können. Und wir müssen sie »falsch« verstehen, um sie richtig zu verstehen, d.h., um die verfälschten Fakten erkennen zu können.

»Alle Neune!« heißt es, wenn die Kugel alle neun Kegel umgelegt hat. Ein ähnlicher Wurf gelingt dem Bach-Biographen Dahms (1924: 13) mit seinem »Auszug aus dem Stammbuch der Familie Bach«. Alle neun sind eliminiert, selbst die vier Töchter, die die Kindheit überlebten. Sie haben jenen fünf Nachkommen Bachs Platz gemacht, die zwar den Tag ihrer Geburt kaum (im Höchstfall um drei Jahre) überlebt haben, dafür aber männlichen Geschlechts waren. Der zweite Bach-Sohn, Johann Christoph, starb am Tag der Geburt, seine vor ihm geborene Zwillingsschwester Maria Sophia erst drei Wochen später.[4] Er war würdig, in diese Stammtafel aufgenommen zu werden, sie nicht.

Diese Art »Bach-Familienforschung« ist einem Sieb vergleichbar, durch das die weiblichen Familienmitglieder glatt hindurchfallen, seien sie Säuglinge oder gestandene Frauen. Noch Wolff (1976: 53) gibt in seiner »Genealogischen Übersichtstafel« 79 Bachs an – von 1561 bis 1846. Frauen tauchen hier (wie in den Stammtafeln anderer Bachforscher) nicht auf, auch nicht »in eckigen Klammern«, wie die »Namen wichtiger Familienmitglieder, die nicht als Musiker nachweisbar sind«. Frauen sind offenbar keine wichtigen Familienmitglieder.

Veit Bach
16. Jahrhundert

Hans Bach
geb. …, gest. 1626

? Bach
16. bis 17. Jahrh.

Johann
geb. 1604, gest. 1673

Christoph
geb. 1613, gest. 1661

Heinrich
geb. 1615, gest. 1692

Georg Christoph
geb. 1642, gest. 1697

Johann Ambrosius
geb. 1645, gest. 1695

Johann Christoph
geb. 1645, gest. 1694

Johann Christoph
2. Hälfte 17. Jahrh.

Johann Sebastian
geb. 1685, gest. 1750

Johann Jacob
geb. 1682, gest. …

Wilhelm Friede-mann	Johann Christoph	Carl Philipp Emanuel	Johann Gottfried Bernhard	Leopold August	Gottfried Heinrich	Christian Gottlieb	Johann August Abraham	Ernst Andreas	Johann Christoph Friedrich	Johann Christian
geb. 1710	geb. 1713	geb. 1714	geb. 1715	geb. 1718	geb. 1724	geb. 1725	geb. 1733	geb. 1727	geb. 1732	geb. 1735
gest. 1784	gest. 1713	gest. 1788	gest. 1739	gest. …	gest. …	gest. 1728	gest. 1734	gest. 1727	gest. 1795	gest. 1782

Auszug aus dem Stammbaum der Familie Bach, Dahms 1924.

Die siebende Bach-Forschung hat die ehrwürdigste Tradition, die sich denken läßt. Den Grundstein legte Johann Sebastian persönlich im Jahre 1735 mit seiner berühmten Genealogie »Ursprung der musicalisch-bachischen Familie«.[5] In dieser Stammtafel finden Frauen zwar hin und wieder eine Art beiläufige Erwähnung, aber sie werden nicht systematisch erfaßt und beziffert wie die Bach-Männer bzw. -Knaben (53 an der Zahl). Die letzten sechs sind die im Jahre 1735 noch lebenden Bach-Söhne; der jüngste, Johann Christian, war soeben geboren. Dieser Säugling und sein dreijähriges Brüderchen Johann Christoph Friedrich waren kraft ihres männlichen Geschlechts würdig, vermerkt zu werden; ihre damals 27jährige Schwester Catharina Dorothea, Bachs älteste Tochter, sowie die neunjährige Elisabeth Juliana Friederica waren nicht würdig (so wenig wie Bachs Ehefrauen Maria Barbara und Anna Magdalena). Sie hätten in diesem Männer-Stammbaum auch störend gewirkt. Aber dennoch: Es hat sie gegeben, und es gab nach diesen noch zwei weitere Töchter, die Bach überlebt haben.

2. *Die Sprache und die Fakten*

Betrachten wir einmal, ausgehend von Grundbegriffen der Vererbungslehre und vom Normalverständnis deutscher Wörter, folgende Texte:

1. »Bach kriegte einmal einen Besuch von Hurlebusch, einem Klavier- und Orgelspieler, welcher damals sehr berühmt war. Dieser ... machte Bachs Kindern mit seinen gedruckten Sonaten ein Geschenk, damit sie daran, wie er sagte, studiren sollten, ohngeachtet Bachs Söhne schon damals ganz andere Sachen zu spielen wußten.« (Carl Philipp Emanuel Bach um 1734)[6]

2. [»Joh. Seb. Bach wurden] in der ersten Ehe 7 und in der zweyten 13 Kinder geboren ..., nehmlich 11 Söhne und

9 Töchter. Die Söhne hatten sämmtlich vortreffliche musikalische Anlagen...« (Forkel 1802: 27) (Kommentar: Fünf dieser elf Söhne starben wie gesagt als Säuglinge bzw. Kleinkinder.)

3. »Hier [in Leipzig] lebt er... als ehrenfester Bürger und Hausvater einer zahlreichen Familie. Von 11 Söhnen sterben 4 jung, die übrigen erzieht er in seiner Kunst, und sechs überleben ihn, alle gründliche Musiker.« (Bürkli 1839: 4./7.)

4. »Auch mit Bach selbst war die musikalische Bewegung bekanntlich noch nicht erschöpft, auch er vererbte sie weiter auf seine Söhne. Die Familie Bach ist ein berühmtes Beispiel für die Theoretiker der Vererbungslehre.« (Cranach-Sichart 1955: 11)

5. »Johann Sebastian... sah sich... soweit als Glied in dieser Kette [von Generationen von Musikern], daß er seinen Kindern gar keine Wahl für einen anderen Beruf ließ. Die drei Söhne aus seiner ersten Ehe waren ebenso für den Musikerberuf vorbestimmt wie die drei aus seiner zweiten Ehe.« (Dadelsen 1976: 145)

6. »Auch die Kinder, sobald das entsprechende Alter erreicht war, wirkten bei den Aufführungen des Vaters mit, vor allem als Instrumentalisten. Werke wie die Konzerte für zwei und mehr Cembali dienten wahrscheinlich in erster Linie dem gemeinsamen solistischen Auftreten von Vater und Söhnen.« (Wolff 1976: 64)

7. »...das Familienleben [war] von Musik durchzogen,... und auch die Kinder machten sich an kleine Stückchen, Kompositionsversuche, in denen gelegentlich die korrigierende Hand des Vaters sichtbar wird. Er kümmerte sich auf das sorgfältigste um die musikalische Ausbildung seiner Söhne.« (Wolff 1976: 64)

Wir haben es hier mit einer Sprache und Überlieferung zu tun, die

a) Grundtatsachen der Biologie/Vererbungslehre und

Erfahrungstatsachen, die Normalzusammensetzung von »Familien« betreffend, ignoriert bzw. auf den Kopf stellt,

b) ein Wissen über Tatsachen, das *nicht* aus Naturgesetzen ableitbar ist (z.B. darüber, daß Bach auch Töchter hatte), *unmöglich* macht. Die Textbeispiele (3) bis (7), verfaßt von Bachforschern der Vergangenheit und Gegenwart, lassen, wenn sie als normales Deutsch interpretiert werden, nur den Schluß zu, daß Bachs Kinder gleich Bachs Söhne waren, daß er also *keine Töchter hatte*.

Wenn wir diese Sprache, die Sprache des Patriarchats, richtig verstehen, erkennen wir die Fakten nicht mehr. Es scheint, daß wir das auch nicht sollen. Denn wenn wir erst einmal wissen, daß Bach vier überlebende Töchter hatte, ergeben sich einige sehr unbequeme Fragen:

1. Vorausgesetzt, das ganze Gerede von der Vererbung soll weiterhin ernstgenommen werden – wie hat dann der treusorgende Vater Johann Sebastian das Genie seiner Töchter gefördert, das er, notgedrungen, wohl auch ihnen vererben mußte??

2. Wenn unbestreitbares (obwohl aus den Vererbungsgesetzen nur erschließbares) musikalisches Genie derart niedergehalten werden kann, daß es nirgends, in keiner noch so kleinen Komposition »manifest« wird – was ist dann von dem Begriff »Genie« überhaupt noch zu halten? Gibt es vielleicht zwei Arten von Genies, erstens die schmarotzenden männlichen und zweitens die diesen bedenkenlos geopferten weiblichen?

3. Was ist von »objektiven« Beiträgen zur Forschung zu halten, die den hanebüchenen Unsinn von der Vererbung der Musikalität ausschließlich über die männliche Linie seit über zwei Jahrhunderten wiederkäuen?[8]

Eine graphische Übersicht über die zehn überlebenden Kinder Bachs findet sich bei Irene und Karl Geiringer (1958: 513). Die Geiringers sind praktisch die einzigen neueren Bach-Forschenden, die der Frage nach den weiblichen Nachkommen Sebastians nachgehen. »Meine Gattin«, heißt es im Vorwort Karl Geiringers, »hat bei der Abfassung des vorliegenden Buches weitgehend mitgewirkt; dies gilt vor allem für die biographischen Abschnitte dieser Familiengeschichte« (1958: IX). Trotz ihrer offensichtlichen[9] und vom Gatten attestierten »weitgehenden Mitwirkung« erscheint Irene Geiringer nicht als Co-Autorin. Zitiert wird das hinsichtlich seiner Frauen-Interessiertheit[10] in der Bachforschung ganz ungewöhnliche Werk unter dem Namen Karl Geiringer. Dank an Irene Geiringer, der das Buch höchstwahrscheinlich seinen ungewohnten Blick auf die weibliche (Ab)Seite der Bachschen Familiengeschichte verdankt.

Catharina Dorothea Bach

(getauft in Weimar am 29. 12. 1708 –
gestorben in Leipzig am 14. 1. 1774)

Catharina Dorothea, das erste Kind von Maria Barbara und Johann Sebastian Bach, war beim Tode ihrer Mutter elf, bei der zweiten Heirat ihres Vaters dreizehn und bei der Geburt der ersten Tochter Anna Magdalenas fünfzehn Jahre alt. Ihre Stiefmutter war nur sieben Jahre älter als sie und gebar in den Jahren 1723–1733 zehn Kinder, von denen sieben nach kurzer Zeit starben.

»Als Bach 1723 nach Leipzig übersiedelte, begleiteten vier Kinder ihn und seine junge Frau. Die einzige Tochter, Catharina Dorothea, war fünfzehn Jahre alt und daher eine wertvolle Stütze bei der Hausarbeit. Die drei Knaben, Wil-

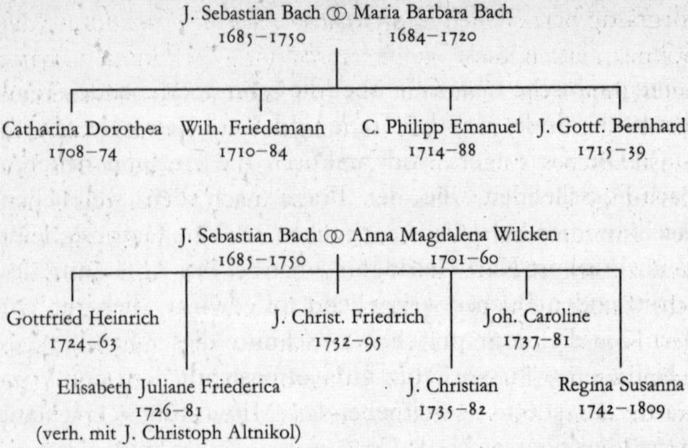

Sebastians Kinder und die Familie Bach, Geiringer 1958.

helm Friedemann, Carl Philipp Emanuel und Gottfried Bernhard, die damals dreizehn, neun und acht Jahre alt waren, wurden Schüler der Thomasschule und bewährten sich dort... Sebastian war entschlossen, seinen Söhnen zu den akademischen Studien zu verhelfen, die ihm selbst nicht vergönnt waren.« (Geiringer 1958: 210f.)

Die hier erwähnten Söhne Maria Barbara Bachs gelten in der Bachforschung allgemein als die genialeren Bache, war doch Maria Barbara selbst eine *geborene* Bach.[11]

Quasi verdoppelte Bach-Genialität wird sogar in Gottfried Bernhard vermutet, obwohl sie wegen seines frühen Todes (1739 im Alter von 23 Jahren) nicht zur Reife kommen konnte.[12] Genügend Lebenszeit für das Ausreifenlassen ererbten Doppelgenies hätte es bei Catharina Dorothea gegeben: Sie wurde genauso alt wie ihr Vater. Aber die Jahre, da das junge Genie hätte aus- und herangebildet und gefördert werden müssen, verbrachte es als »wertvolle Stütze« im Haushalt. Von einer geregelten musikalischen oder auch nur »sonstigen« Ausbildung dieser wie auch aller anderen Bach-Töchter ist nichts bekannt – im Gegensatz zu der sorgfältig betriebenen und vielfach belegten Ausbildung der Söhne. Hätten diese keine Ausbildung bekommen, hätte auch ihnen die späterhin so bewunderte Bach-Genialität nichts genützt: Sie wäre »fruchtlos verkümmert«. Denn musikalisches Talent führt nicht von selbst zu musikalischer Leistung. Hochkomplizierte Techniken der Gesangskunst, des Instrumentalspiels und/oder der Kompositionslehre sind zu erlernen und zu beherrschen, bevor das musikalische Talent überhaupt erkennbare Früchte tragen kann. Mit der Kunst des Schreibens verhält es sich diesbezüglich grundsätzlich anders. Hier kann selbst das unausgebildete Naturtalent zum Zuge kommen (vgl. etwa die »Karschin«, eine Zeitgenossin der Bach-Töchter), weshalb auf diesem Gebiet auch die meisten genialen weiblichen Leistungen erbracht wurden.

In einem Brief an seinen früheren Schulkameraden Erdmann aus dem Jahre 1730 (Catharina Dorothea ist fast 22) schreibt Sebastian:

»... die älteste Tochter ist ... noch unverheurathet ... Insgesamt aber sind sie gebohrne Musici, u. kan versichern, daß schon ein Concert Vocaliter u. Instrumentaliter mit meiner Familie formiren kan, zumahln da meine itzige Frau gar einen sauberen Soprano singet, auch meine älteste Tochter nicht schlimm einschläget.«[13]

Wenn Sebastian bescheiden mitteilt, daß Catharina Dorothea »nicht schlimm einschläget«, so ist dies wohl als Aussage über eine hohe sängerische Begabung zu bewerten. Immerhin war seine Frau Anna Magdalena, der er auch nur einen »sauberen Soprano« bescheinigt, vor ihrer Heirat Hofsängerin in Zerbst und Köthen gewesen.

Wir wissen nicht, ob Catharina Dorothea das Zeug zu einer großen Komponistin gehabt hat, jener Komponistin, deren eklatantes Fehlen in der Musikgeschichte uns Frauen bis heute vorgehalten wird als schlagender Beweis unserer angeborenen Unfähigkeit zur hohen Tonsetzerkunst. Aber wenn auch ihre musikalische Begabung alles bis dahin Dagewesene in den Schatten gestellt hätte– es hätte dennoch nichts anderes aus ihr werden können als eine »wertvolle Stütze bei der Hausarbeit«. Es war ihr Pech, daß sie die Erstgeborene war und die einzige, die als Stütze überhaupt in Frage kam. Nach ihr kamen nur Söhne – und dann: Säuglinge. Im Sommer 1726 beispielsweise, Catharina Dorothea ist 17 Jahre alt, sind von ihr und der Stiefmutter Anna Magdalena zu versorgen: Die beiden selbst, eine unverheiratete Schwester Maria Barbaras[14], Bach und drei halbwüchsige Knaben, vier Säuglinge und Kleinstkinder, dazu diverse Schüler Bachs und regelmäßig die durchreisenden Gäste. Das Heim hatte »das Gepräge eines Taubenhauses«.[15] Im Sommer 1732, Catharina Dorothea ist 23 Jahre alt, leben im Haushalt außer den zahlreichen Erwachsenen drei kleine Kinder und zwei Säuglinge.

Anna Magdalena war in diesen ersten Leipziger Jahren mit unablässigen Schwangerschaften, Geburten, Kinderkrankheiten und Notenkopieren für Sebastian so ausgelastet, daß Catharina Dorothea vermutlich die Rolle des »Mädchens für alles« im Hause zufiel. Ihre leibliche Mutter war, wie die Stiefmutter, vor der Ehe Hofsängerin gewesen. Catharina Dorothea mag für diesen Beruf (und mehr) die Begabung gehabt haben; es fand sich aber niemand, der sie in einer solchen Rolle hätte sehen wollen. Ihre Mutter war gestorben, und ihre junge Stiefmutter hätte ihr übermenschliches Maß an Arbeit und Verantwortung ohne die Hilfe ihrer fast erwachsenen Stieftochter nicht bewältigen können.

Friedemann, Catharina Dorotheas zwei Jahre jüngerer Bruder, Bachs genialischer, später elend heruntergekommener »Lieblingssohn«, hat den Biographen Anlaß zu manch einfühlsamem Nachdenken gegeben: Waren es nicht vielleicht der frühe Tod der Mutter, die Schwierigkeit der Anpassung an die neue Mutter und die so »fruchtbare« zweite

Ehe des Vaters, die früh eine tiefe Verstörung bewirkten, welche sich dann letztendlich zu seiner bekannten Haltlosigkeit und Lebensuntüchtigkeit auswuchs?[16]

Und Catharina Dorothea, die Älteste? Gingen diese für sie weit ungünstigeren familiären Entwicklungen an ihr etwa spurlos vorüber? Danach fragt niemand. Für eine immerhin vorstellbare Sängerinnen-Karriere Catharina Dorotheas[17], so möchten wir behaupten, waren diese Entwicklungen so verheerend, daß eine Karriere, deren Brüche Späteren dann Anlaß zu einfühlsamem Nachdenken hätten geben können, gar nicht erst stattfand.

Beim Tode Sebastians 1750 ist Catharina Dorothea 42 Jahre alt, Anna Magdalena 49. Es findet sich kein Testament, und das Erbe fällt zu einem Drittel an die Witwe, die restlichen zwei Drittel werden zu gleichen Teilen unter den neun noch lebenden Kindern Bachs aufgeteilt. Catharina Dorothea, unter den fünf weiblichen Mitgliedern der Bachfamilie zu dem Zeitpunkt die einzige »alte Jungfer«, erbt u.a. eine Ehe-Schule.[18]

Liest frau das Dokument dieses Erbvergleichs, so ist sie immer von neuem überrascht, daß die vier Töchter tatsächlich, auf Heller und Pfennig sozusagen, dieselben Werte zugesprochen bekamen wie die Söhne.[19] Sie, die zu Sebastians Lebzeiten gegenüber den Söhnen immer ganz selbstverständlich zurückstehen mußten, hier erfahren sie plötzlich Gleichbehandlung. Allerdings ist diese durchaus folgenlos; sie konnte niemals die zuvor erlittene Benachteiligung gegenüber den Brüdern wiedergutmachen. Deren gründliche, vor allem musikalische Ausbildung war ein Kapital, das sich auszahlte und ihnen zu angesehenen und auskömmlichen Stellungen verhalf (bei deren Erkämpfung der Vater übrigens mit Bittschreiben, Empfehlungen und Aktivierung seiner Beziehungen tatkräftig geholfen hatte).[20]

Anna Magdalena bleibt mit drei Töchtern – den unmündigen, zwölf und acht Jahre alten Mädchen Johanna Carolina und Regina Susanna sowie der Stieftochter Catharina Dorothea – in Leipzig. Der fünfzehnjährige Johann Christian kommt zu seinem Bruder Carl Philipp Emanuel nach Berlin, und die verheiratete älteste Tochter Anna Magdalenas, Elisabeth Juliana Friederica, nimmt ihren zwei Jahre älteren schwachsinnigen Bruder Gottfried Heinrich bei sich in Naumburg auf. Friedemann ist Organist in Halle, Johann Christoph Friedrich seit kurzem Kapellmeister am Bückeburger Hof.

Anna Magdalena stirbt 1760, zehn Jahre nach Sebastians Tod, als »Almosenfrau« in Leipzig. Vierzehn Jahre später stirbt Catharina Dorothea 65jährig. Über die 65 Jahre ihres Lebens »wissen« wir lediglich, daß sie getauft wurde[21], musikalisch »nicht schlimm einschlug«, daß in der amtlichen Aufstellung des Nachlasses ihr jüngerer Bruder Friedemann als ihr »Curator« zeichnet[22], daß sie ihren gerechten Erbanteil bekam, am 14. 1. 1774 in Leipzig gestorben ist und am 17. 1. als Jungfer auf dem Neuen Kirchhofe begraben wurde.[23]

Elisabeth Juliana Friederica Bach

(getauft in Leipzig am 5. 4. 1726 – gestorben in Leipzig am 24. 8. 1781)

Elisabeth Juliana Friederica ist das vierte Kind Anna Magdalenas und ihre erste Tochter, die die Kindheit überlebt hat. Außer ihr überlebten von den ersten zehn Kindern Anna Magdalenas nur der zwei Jahre ältere Bruder Gottfried Heinrich, der während der Pubertät schwachsinnig wurde, und der sechs Jahre jüngere Bruder Johann Christoph Friedrich, der spätere »Bückeburger Bach«. Die drei Jüngsten Anna Magdalenas überlebten; es waren Johann Christian, der spätere »Mailänder« bzw. »Londoner« Bach, sowie Johanna Carolina und Regina Susanna.

Elisabeth Juliana Friederica bekam wahrscheinlich dieselbe Ausbildung wie schon ihre 18 Jahre ältere Halbschwester Catharina Dorothea, nämlich gar keine. Wieder stand, ähnlich wie schon bei den Kindern Maria Barbaras, an der Spitze einer ständig wachsenden Kinderschar eine ältere Schwester, die die Aufsicht über die Kleinen übernehmen konnte. An Elisabeths sechzehntem Geburtstag sind ihre jüngeren Geschwister zehn, sieben und fünf Jahre bzw. knapp zwei Monate alt, und die Mutter kränkelt seit ihrer letzten Schwangerschaft (Regina Susanna). Zwar gab es außer Elisabeth noch Bachs Älteste, Catharina Dorothea, damals 34 Jahre alt, aber ihr fielen aufgrund höheren Alters und damit größerer Autorität zu der Zeit vermutlich »verantwortungsvollere« Aufgaben in der Verwaltung des komplexen Bachschen Hauswesens zu.

Trotzdem ist Elisabeth Juliana Friederica die einzige Bach-Tochter, über die aus den Dokumenten wenigstens die Vermutung ableitbar ist, sie könnte (musikalische?) Unterweisung genossen haben. In einem Zeugnis für seinen Schüler Ludewig aus dem Jahre 1737 schreibt Sebastian nämlich, dieser habe sich

»überhaupt ... so signalisieret, daß ich dannenhero bewogen worden, Ihme nicht allein meine kleine Familie zur treüfleißigen Information zu untergeben ...«[24]

In den Anmerkungen zu diesem Dokument heißt es: »die von Ludewig unterrichteten Kinder Bachs dürften Gottfried Heinrich und Elisabeth Juliana Friederica gewesen sein.«[25] Sie waren nämlich im Jahre 1737 die einzigen im Unterrichtsalter (13 bzw. 11 Jahre). Ihre jüngeren Geschwister waren noch zu klein (5 und 2 Jahre), die älteren zu alt.

In einem weiteren Dokument (Briefentwurf des im Bachschen Hause als Hauslehrer lebenden Theologiestudenten und Cousins Sebastians, Johann Elias Bach, vom 21. 4. 1739[26]) heißt es, Elias Bach habe seine »beyden ältesten Untergebene zum Tisch des Herrn praepariren sollen«. Der Kommentar vermerkt dazu, mit diesen »beyden ältesten Untergebenen« dürften Gottfried Heinrich (damals 15 Jahre alt) und Johann Christoph Friedrich (damals 7 Jahre alt) gemeint gewesen sein. Daß die damals 13jährige Elisabeth solche Unterweisung hätte bekommen können, kommt den Kommentatoren nicht in den Sinn – für uns ergibt sich daraus die Frage: Haben auch die Kommentatoren Elisabeth »einfach vergessen«, obwohl sie doch eher in dem Alter war, »zum Tisch des Herrn (= Abendmahl) praepariret« zu werden, als ihr 7jähriger Bruder und außerdem, im Gegensatz zu diesem, tatsächlich zu den beiden Ältesten (von Anna Magdalenas Kindern) gehörte? Oder schließen die Kommentatoren, daß Elisabeth Juliana Friederica, da weiblichen Geschlechts und somit der Unterweisung unwürdig, einfach nicht gemeint sein kann? (Auch die Verzeichnisse der Leipziger Thomaskirche führten ja von den jährlich 10–20000 Abendmahlsgästen »in der Regel nur einen Teil der männlichen Kommunikanten namentlich auf«[27], so z.B. neben dem Vater auch ihre Brüder.) Man vergleiche hierzu auch Geiringer (1958: 217): »Sebastian schlug vor, daß Elias bei ihm Kost und Quartier empfange und als Gegenleistung seine jungen *Söhne* unterrichte...« (unsere Hervorhebung).

Am 19. Januar 1749, für die damaligen Gepflogenheiten recht spät, nämlich im Alter von fast 23 Jahren, heiratet Elisabeth Juliana Friederica den ehemaligen Bachschüler Altnikol, der in Naumburg eine Organistenstelle hat. Neun Monate später, am 4. Oktober 1749, gebiert sie einen Sohn, Johann Sebastian, der nach 17 Tagen stirbt. Im Taufeintrag werden u.a. der Vater und als Pate der Großvater Johann Sebastian genannt[28], nach der Mutter fahndet man vergeblich.

Elisabeth gebar noch zwei Töchter (1751 und 1754), die beide heirateten und 1809 bzw. 1815 starben. Nach dem Tod des Vaters bekam auch Elisabeth ihr Neuntel des Rest-Erbes und überdies ihren schwachsinnigen Bruder Gottfried Heinrich zur Pflege. Er starb 1763. Über dieses belastende Erbe berichten die Biographen meist mit verschiedenen Variationen des Satzes: »Gottfried Heinrich kam zu seinem Schwager Altnikol«.[29]

Nach 10jähriger Ehe starb 1759 Elisabeths Mann, und sie fand sich damit in ganz ähnlicher Lage wie ihre Mutter: Eine fast mittellose Witwe, die zwei Mädchen großzuziehen hatte. In Leipzig und Naumburg nahezu dasselbe Bild: Ein Vier-Personen-Haushalt ohne jede Erwerbsmöglichkeit, weil die Mitglieder weiblich oder unmündig oder beides oder schwachsinnig waren.

Anfang der 60er Jahre, wohl nach dem Tode Gottfried Bernhards, zog Elisabeth nach Leipzig; 1771 wohnt sie am Neukirchhof im Blauen Stern.[30] Sie bekam regelmäßig finanzielle Unterstützung von Carl Philipp Emanuel, die möglicherweise für den Haushalt ihrer Mutter, später ihrer Schwestern, mitbestimmt war.[31]

Elisabeth Juliana Friederica starb nach 22jähriger Witwenschaft am 24. 8. 1781 in Leipzig im Alter von 55 Jahren, 6 Tage nach ihrer 43jährigen Schwester Johanna Carolina.

Johanna Carolina Bach

(getauft in Leipzig am 30. 10. 1737 –
gestorben in Leipzig am 18. 8. 1781)

Über Bachs neunzehntes Kind, seine zweitjüngste Tochter, ist nichts überliefert, außer daß sie getauft wurde[32], ihr Neuntel aus dem Rest-Erbe bekam, nach dem Tod des Vaters bei der Mutter in Leipzig blieb[33], dort im Alter von 43 Jahren unverheiratet starb und am 19. 8. 1781 auf dem Neuen Kirchhofe begraben wurde.[34]

Während der zwei Jahre ältere Johann Christian, der »Liebling Sebastians«, zwecks Fortsetzung seiner durch den Tod des Vaters jäh unterbrochenen Ausbildung zu Carl

Philipp Emanuel, dem inzwischen wohlbestallten Hofcembalisten Friedrichs des Großen, nach Berlin kam, von wo aus er die wohl glänzendste Karriere aller Bach-Söhne antrat, blieb Johanna Carolina »zur Unterstützung«[35] bei der in armseligste Verhältnisse gestürzten Witwe Anna Magdalena. Für Johanna Carolina war ja auch keine Ausbildung fortzusetzen, weil nie eine begonnen wurde.

In keinem der erhaltenen Schriftstücke des Vaters oder der Brüder wird sie jemals erwähnt.

Regina Susanna Bach

(getauft in Leipzig am 22. 2. 1742 – gestorben in Leipzig am 14. 12. 1809)

Für Bachs jüngstes Kind gilt fast dasselbe wie für seine zweitjüngste Tochter: Über die Lebensdaten wissen wir lediglich, daß sie getauft wurde[36], ihr Neuntel des Rest-Erbes bekam, nach dem Tod des Vaters bei der Mutter in Leipzig blieb[37], dort 1809 im Alter von 67 Jahren unverheiratet in der Quergasse am 14. 12. 1809 um 11 Uhr starb und drei Tage später begraben wurde.[38] In keinem der erhaltenen Schriftstücke des Vaters oder der Brüder wird auch sie jemals erwähnt – »von den beiden Brüdern kümmerte sich ... keiner um sie. Bei der Hamburger Erbteilung nach Emanuels Tod ging sie leer aus, das wenig rühmliche Verhalten des Londoner Bachs (gest. 1782) ist bekannt«.[39] Auch der »in direktem Kontakt zu Nachkommen«[40] arbeitende erste Bach-Biograph Forkel (1802) wußte offenbar nichts von ihr.

Aber es gibt doch einen Unterschied zwischen unseren Informationen über die beiden jüngsten Töchter, nur besagt der nichts über ihre Persönlichkeiten. Die Information betrifft lediglich die äußeren Lebensumstände der jüngsten und letzten Überlebenden der stolzen Bachschen Kinderschar um das Jahr 1800.

Johann Friedrich Rochlitz erhält Kenntnis davon, daß Regina Susanna seit April 1780 aus einer Stiftung 8 Groschen pro Quartal als öffentliche Fürsorge bekommt. Also veröffentlicht er im Mai 1800 im 13. Intelligenzblatt der von ihm geleiteten Leipziger »Allgemeinen musikalischen Zeitung« folgenden Aufruf:

»Fast noch nie habe ich die Feder mit so viel Freudigkeit ergriffen, als jetzt; denn fast noch nie durfte ich, im Vertrauen auf gute Menschen, so fest überzeugt seyn, etwas Nützliches damit zu schaffen, als jetzt. Die Familie der Bache... ist nun ausgestorben, bis auf eine einzige Tochter des großen Sebastian Bach. Und diese Tochter, jetzt im hohen Alter – *diese Tochter darbt*. Sehr wenige wissen es; denn sie kann – nein, sie soll, sie wird auch nicht betteln! Sie wird es nicht: denn gewiß hört man auf dies bittende Wort um ihre Unterstützung; gewiß giebt es noch gute Menschen, welche, nicht auf mich – wie könnte ich das verlangen: – aber auf eine anständige Veranlassung achten, den lezten Zweig eines so fruchtreichen Stammes nicht ohne Pflege eingehen zu lassen. Gäbe nur jeder, der von den Bachen gelernet hat, die geringste Kleinigkeit: wie sorglos und bequem würde das gute Weib ihre letzten Jahre hinbringen können!«[41]

Nach sechs Wochen sind von Leipziger Bürgern zwei Spenden eingegangen: im Wert von 16 und 17 Groschen. Schließlich aber, im Dezember, bedankt sich »die gute Alte« (so Rochlitz)[42] für die eingegangenen Spenden in der »Allgemeinen musikalischen Zeitung« mit dem folgenden Text, der allerdings wohl von Rochlitz formuliert bzw. redigiert wurde:

»Es ist mir durch die Verwendung der Herren Breitkopf-Härtel, und Hrn. Fr. Rochlitz beym Publikum gelungen, eine so ansehnliche und gütige Unterstützung meines Alters und meiner Schwäche zu erhalten, daß mein inniger Dank dafür nur mit mir selbst aufhören kann. 96 Thaler 5 Groschen sind es, die ich von der Güte meiner Unterstützer durch die Hände jener Herren erhalten habe. Wenn es den Geistern meines verdienten Vaters und meiner verdienten Brüder vergönnet ist, an meinen Schicksalen Antheil zu nehmen: Wie sehr muß ihr bisheriges Mitleid in Mitfreude verwandelt worden seyn!«[43]

Das beschämende Spendenergebnis regt 1801 Andreas Streicher zu einer Sammlung in Wien an; sie erbrachte weitere 307 Gulden (200 Reichstaler), und Regina Susanna bedankt sich – mit dem einzig erhalten gebliebenen handschriftlichen, ja sogar einzigen überkommenen persönlichen Dokument einer Bach-Tochter[44]:

»Denen Hochedelgeborenen Wohlthätern gewittmet.

Mit gerührtem Herzen statte ich denen Hochzuverehrenden und großmüthigsten Wohlthätern den gehorsamsten Dank ab, und wünsche Ihnen für die große und gütige Understützzung zur Linderung meiner Armuth ein glückliches und ungestöhrtes ruhiges Leben.

Dero dankbarlige Dinnerin
Regina Susanna Bachin.«

Auch Beethoven hatte sich über das Leipziger Sammelergebnis empört und spontan Hilfe zugesagt, vergaß aber, »ungestöhrt« trotz wiederholter Anmahnungen, »dann offenbar die Sache rasch«[45].

In ihrem ersten Dankschreiben beschwört Regina Susanna die Geister »meines verdienten Vaters und meiner verdienten Brüder« – Geister, die, als sie noch auf Erden wandelten, anscheinend herzlich wenig »Antheil an ihren Schicksalen« genommen haben, ja die sie kaum gekannt haben wird, im Gegensatz zur Mutter und den Schwestern, mit denen sie jahrzehntelang in großer Armut zusammenlebte.

Aber es ist eben nur die Berühmtheit der männlichen

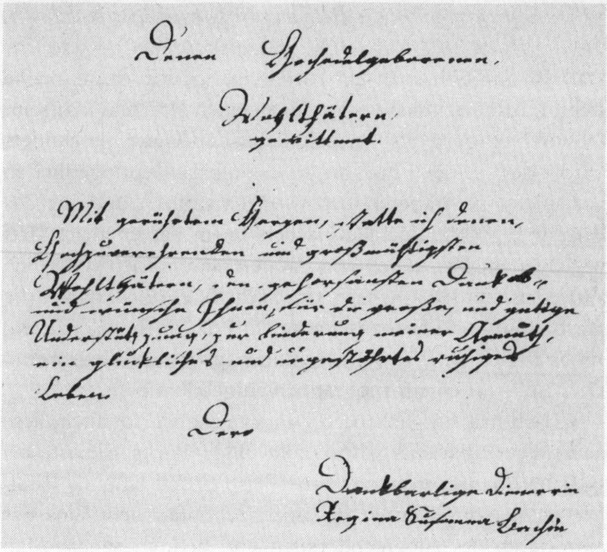

Denen Hochedelgebornen.
Wohlthätern.
[illegible]

Mit gerührtem Herzen, statte ich denen,
Hochzuverehrenden und großmüthigsten
Wohlthätern, den gehorsamsten Dank ab
und wünsche Ihnen, für die große, und gütige
Unterstützung, zur Linderung meiner Armuth,
ein glückliches und ungestörtes ruhiges
Leben.

Der

Dankbarlige Dienerin
Regina Susanna Bachin

Brief von Regina Susanna Bach.

Familienmitglieder, der sie das plötzliche öffentliche Interesse an ihrer Lage zu verdanken hat.[46] Allerdings verdankt sie jenen großen Geistern nicht nur die späte Linderung ihrer Not, sondern auch die Notlage selbst.

4. *Die Ursachen der Misere*

Das selbst für die extrem patriarchalischen Verhältnisse des 18. Jahrhunderts ungewöhnlich schwere Los der Bach Töchter wie auch Anna Magdalenas verlangt nach einer Erklärung. Hätte ihr Leben auch anders verlaufen können? Was hätte geschehen oder anders sein müssen?

Daß Johann Sebastian ein Patriarch war, wie er im Buche steht, dürfte nach den vorausgegangenen Kapiteln klar sein. Obwohl er gern als zärtlich liebender Gatte geschildert wird, der seine Frau entgegen allen Gepflogenheiten kostspielig porträtieren ließ (von Cristofori) und ihr das berühmte »Notenbüchlein« schenkte (in das er gleich drei verschiedene Fassungen von Paul Gerhardts Lied »Gib dich zufrieden und sei stille« eintrug), scheint es doch, daß er die Ausbeutung und Hintansetzung der Frau noch weiter trieb, als es üblich war, zumindest unter »geistigen Menschen«. Dies ist sogar einem Biographen aufgefallen:

»/Bach hat/ im ganzen 20 Kinder gehabt ... – auch diese naive Fruchtbarkeit gehört zum Bilde Bachs; sie ist, bei genialen Menschen, wohl ohne Beispiel und läßt, als Parallele zu der ungeheuren geistigen Schöpfermacht, uns das eine durch das andere begreifen und bedingt sehen. Man muß ans Mittelalter denken, wo auch ein sinnenstarkes Erdenleben die überschwengliche Vergeistigung des Dienstes am Jenseitigen trug. Wir möchten meinen, daß in solchen Zeiten die Stellung der Frau dann das entbehrte, was dem modernen Menschen die persönlich-gebundene Seelenliebe bedeutet; und in der Tat ist in der ersten Hälfte des 18. Jahrhunderts wenig hiervon die Rede; es scheint keine Rücksicht auf die Frau als auf ein individuelles Wesen zu geben; denn es ist fast die Regel, daß die Männer zwei-, ja dreimal sich verheiraten, da die Frauen diese Art patriarchalischer Ehe nur kurze Zeit aushalten.« (Benz 1950: 40)

Bachs erste Frau, Maria Barbara, hielt seine »naive Fruchtbarkeit«, sein »sinnenstarkes Erdenleben« tatsächlich nur kurze Zeit aus: nach 13jähriger Ehe starb sie mit 35 Jahren. Im Gegensatz zu Anna Magdalenas 10 Geburten in 10 Jahren waren es bei ihr zwar nur 6 Geburten bzw. 7 Kinder in 13 Jahren; es wird aber, wohl sehr zu Recht, vermutet, daß ihr »ungleichmäßiger Zyklus von Geburten« durch Fehlgeburten unterbrochen wurde (Young 1970: 185), daß also auch sie ebenso pausenlos schwanger war wie Anna Magdalena. Wie heißt es bei Luther über die Weiber? »Ob sie sich aber auch müde und zuletzt todt tragen, das schadt nicht, laß nur todt tragen, sie sind darum da.«[47] Bach war ein glaubensstarker Anhänger der lutherischen Lehre. Überhaupt ist anzunehmen, daß die Behandlung, die seine weiblichen Familienmitglieder erfuhren[48], auf seine tiefe Verbundenheit mit der spezifisch lutherischen Spielart des Patriarchats zurückgeht, die den Kult Marias, des im Christentum einzig verbliebenen positiven Weiblichkeitssymbols, abgeschafft hatte. Damit gab es nurmehr den Mann als Vertreter des Göttlichen auf Erden. Die Frau hatte ihm zu dienen, so wie er seinem Herrn diente (dem weltlichen wie dem göttlichen). Im übrigen war sie nicht der Rede wert. Ein »beredtes« Zeugnis dieser Auffassung Bachs vom Rang des Weiblichen ist neben seiner Männer-Genealogie der Bachschen Familie eine briefliche Mitteilung an Johann Elias Bach vom 6. 10. 1748:

»Mein Sohn in Berlin hat nun schon 2 männliche Erben, der erste ist ohngefehr um die Zeit gebohren, da wir leider! die Preussische Invasion hatten; der andere ist etwa 14 Tage alt.«[49]

Zwischen diesen »2 männlichen Erben« war 1747 eine für den Großvater nicht erwähnenswerte Enkelin geboren worden: Anna Carolina Philippina, die – ironischerweise – später als rechte Hand und Sekretärin ihres Vaters (Carl Philipp Emanuel) das Bachsche Erbe mit- bzw. weiterverwaltete und diejenige vollständige Abschrift der Bachschen Männer-Genealogie anfertigte, die erhalten geblieben ist. Schade, daß wir niemals erfahren werden, was diese Bach-Enkelin beim »treüfleißigen« Kopieren der ihr eigenes Geschlecht so restlos eliminierenden Genealogie empfunden und gedacht hat.

Aber: Es hat die Frauen gegeben, und Anna Magdalena hat ihren Ehemann/ihre Ehe sogar überlebt. Ihr Gatte dankte ihr die Aufopferung, indem er kein Testament hinterließ. Er, der selbst zweimal, jeweils kurz vor seinen Eheschließungen, von Verwandten *mütterlicherseits* Summen erbte, die ihm die Gründung des neuen Hausstandes ermöglichten[50] bzw. erleichterten, der in seinen Geldangelegenheiten äußerst gewissenhaft, um nicht zu sagen penibel war, er sorgte nicht dafür, daß seine Ehefrau ein Testament in Händen hatte, als er starb, obwohl er genau wußte, in welche finanzielle Not seine Mutter und ihre Kinder nach dem Tod seines Vaters geraten waren[51] und welcher Kampf ums nackte Überleben eine Musikerwitwe damals generell erwartete.[52] Es trat die gesetzliche Erbfolge in Kraft. Es wäre gerechter und Anna Magdalenas Erwerbsmöglichkeiten im Vergleich zu jenen der bereits wohlbestallten älteren Söhne angemessener gewesen, ihr den Besitz zu übermachen. Die Söhne hatten vom Vater bereits zu dessen Lebzeiten das Wertvollste bekommen, was er ihnen geben konnte: eine hervorragende musikalische Ausbildung, die beste, die damals überhaupt zu haben war. Da er diese den Töchtern vorenthalten und Anna Magdalena seinetwegen ihren Beruf aufgegeben hatte, hätte er wenigstens nach Kräften dafür sorgen müssen, daß ein finanzieller »Ausgleich« geschaffen würde, obwohl dies natürlich niemals ein wirklicher Ausgleich hätte sein können.

Es bleibt nur ein Schluß: Die weiblichen Mitglieder seiner Familie waren ihm entweder nicht einmal diese letzte minimale Fürsorge wert, oder er verließ sich darauf, daß seine Söhne bzw. der Schwiegersohn die Verantwortung für die unversorgten Hinterbliebenen übernehmen würden. Sollte letzteres der Fall gewesen sein, so erfüllten sich seine Hoffnungen nur bezüglich der unversorgten Söhne, Gottfried Heinrich und Johann Christian.

Die Bach-Hagiographik weiß übrigens eine andere,

»klassische« Entschuldigung für Bachs Verhalten. Sofern das peinliche Thema überhaupt berührt wird, argumentiert mann gern wie folgt: Bach verkörperte »den klassischen Typus /!/ des Künstlers, /in dessen/ Dasein und Schaffen für menschliche Problematik kein Raum mehr bleibt.«[53]

Eine höchst unglückselige Verkettung von Umständen? – Die Fürsorge der Söhne bzw. Brüder und der übrigen »Nächsten«

»Nach dem Tode Johann Sebastian Bachs begannen trübe Zeiten für die hinterbliebenen weiblichen Mitglieder seiner Familie. Heute, wo die Forschung Bachs Lebensumstände bis weit in die Einzelheiten klargelegt hat, mag eine derartige Feststellung ... paradox erscheinen. Ist doch bekannt, daß der Thomaskantor in seinen Leipziger Jahren in mehr als auskömmlichen Verhältnissen gelebt hat, daß er in reichem Maße Gastfreundschaft gewähren und sich einen erheblichen Besitz an Musikinstrumenten (z.B. acht Klaviere!) leisten konnte.«[54]

»In mehr als auskömmlichen Verhältnissen« lebten später auch die Söhne Bachs; auch dies ergibt ein »Paradox« – allerdings wohl kaum für eine feministisch aufgeklärte Forschung. Die Frage, warum sich die Söhne nicht um ihre Mutter und die drei Schwestern in Leipzig gekümmert haben, wird in der Bachforschung kaum einmal gestellt. Eine rühmliche Ausnahme ist wieder das Ehepaar Geiringer. Die beiden kommen zu folgendem Schluß:

»Um dieses erstaunliche Benehmen der Bach-Söhne im rechten Licht zu sehen, müssen wir immerhin die geographischen Entfernungen in Betracht ziehen, die nunmehr die verschiedenen Familienmitglieder trennten und wohl zur Lockerung der alten Blutsbande beitrugen... Es waren große Entfernungen, die Halle, Bückeburg, Berlin und

Leipzig trennten, von Mailand ganz zu schweigen. Die Söhne hatten keine Gelegenheit, Magdalena und ihre Töchter zu besuchen, denn den Luxus von Vergnügungsreisen /wieso »Luxus«, wieso »Vergnügungsreisen«? K.-K. & P./ konnte sich keiner leisten; anderseits ist es auch zweifelhaft, ob die Gattin und die Töchter Bachs von Leipzig aus eine Korrespondenz mit der Familie aufrechterhielten. So waren sich die Männer wohl kaum der Schwierigkeiten bewußt, gegen die ihre nächsten Angehörigen anzukämpfen hatten; sie waren von ihren eigenen Angelegenheiten völlig in Anspruch genommen und werden dem Weibervolk in Leipzig wenig Beachtung geschenkt haben... Als 1756 der Krieg ausbrach, wurde Leipzig zum Feindesland für die Bewohner von Bückeburg, Halle und Berlin, und für sie schwer zugänglich. Es ist unwahrscheinlich, daß eine Bitte Magdalenas um Unterstützung um diese Zeit ihre Söhne erreicht hätte, wie es auch für diese unendlich schwierig gewesen wäre, Geld zu senden. So verursachte eine höchst unglückliche Verkettung von Umständen die Tragik der letzten Jahre der Witwe Sebastian Bachs.

Wie es ihren Töchtern erging, ist unbekannt geblieben.« (Geiringer 1958: 515f.)

Diese Apologie überzeugt nur zum Teil, denn es gilt trotz allem der Satz: Wo ein Wille ist, ist auch ein Weg. Ähnlich wie oben Bachs erschöpfende (tödliche?) Ausübung seiner eheherrlichen Rechte zu »naiver Fruchtbarkeit« verniedlicht, dann gar als Pendant seiner »Schöpfermacht« verherrlicht wurde, so mögen hier die Geiringers, trotz tapferer Ansätze (»werden dem Weibervolk wenig Beachtung geschenkt haben«), die nötigen Schlußfolgerungen aus den häßlichen Tatsachen auch nicht recht ziehen: Aus Lieblosigkeit, Egoismus und Gleichgültigkeit der Verantwortlichen wird schließlich »eine höchst unglückliche Verkettung von Umständen«.

Mag es für die Söhne bzw. Brüder aus geographischpolitischen Gründen auch schwer gewesen sein, Anteil zu nehmen und zu helfen[55], so kann doch dies nicht gelten für die Freunde und Bekannten der Familie Bach und die Bach-Schüler in Leipzig selbst. Eine so große Familie eines so bedeutenden Mannes existiert nicht im luftleeren Raum, ohne irgendeine Art von »sozialem Netz«, das sich im Laufe 27jähriger Ansässigkeit in der Stadt doch entwickelt haben muß. Als Repräsentanten dieses Kreises von möglichen Helfern seien hier die Taufpaten erwähnt, weil sie alle – die meisten von ihnen angesehene Bürger der Stadt bzw. deren Ehefrauen – in den Tauf-Einträgen der Bach-Kinder vermerkt sind. Offenbar haben auch sie Anna Magdalena das Schicksal einer »Almosenfrau« nicht ersparen können oder wollen. Warum das so war, ob es wirklich so war, darüber können wir nur spekulieren. Entweder bekamen die Witwe und die Töchter Bachs von ihnen doch Unterstützung, ohne daß dies überliefert wäre – aber auch ohne daß es das Ende als »Almosenfrau« verhindert hätte. Oder sie bekamen tatsächlich nichts, weil sie eben »nichts« waren, nichts als Weibervolk ohne jeden Einfluß. Denn ein soziales Netz basiert mehr auf Gegenseitig-, als auf Barmherzigkeit. Und die hochmögenden Pat*innen*, von denen wir noch am ehesten eine natürliche Solidarität mit den Bach-Frauen erwartet hätten – ihr Einfluß reichte vermutlich nur so weit wie der Ehemann oder Vormund (für unverheiratete oder verwitwete Frauen) gestattete (z.B. auch derjenige der verheirateten Elisabeth Altnikol in Naumburg). Damit schließt sich der patriarchalische Kreis.

Die Untersuchung der weiblichen Seite der Bachschen Familiengeschichte hat uns mit Zorn und Trauer, manchmal mit Abscheu erfüllt. »Aber«, wird man uns entgegenhalten, »Bach war ein Kind seiner Zeit – konnte er da überhaupt anders handeln?« Unser Zorn gilt dieser Zeit und ihren Grundmaximen nicht weniger als Bach, der nur ein besonders typischer Vertreter seiner Zeit war. Am meisten aber macht es uns wütend, daß unsere Zeit sich von der damaligen kaum unterscheidet. Gut, es gibt viele Sängerinnen und Instrumentalistinnen, aber wo sind die Dirigentinnen, Generalmusikdirektorinnen, Opern-Intendantinnen und Komponistinnen? Das führende bundesdeutsche Orchester, die Berliner Philharmoniker: ein elitärer Männerclub, der die Aufnahme einer erstklassigen Klarinettistin als unzumutbar empfindet – 300 Jahre nach Bachs Zeit.

Der zweite Einwand, mit dem wir rechnen, ist der Hinweis auf die Spärlichkeit der persönlichen Lebensspuren Johann Sebastians selbst:

»/Das lebensgeschichtliche Dokumentenmaterial/ bleibt trotz zahlenmäßiger Fülle weiterhin aussagedürftig, bruchstückhaft, ergebnisarm, zufallsgebunden ... Fehlen doch nahezu alle Dokumente aus Bachs privatem Lebensbereich.« (Neumann, zit. nach Blankenburg 1983: 52)

Wenn selbst über das Leben eines der größten oder sogar des größten Genies der Musikgeschichte kaum Wesentliches überliefert ist, wie können wir uns da über das Fehlen von Zeugnissen ausgerechnet über die Töchter beschweren?

Der Punkt ist aber der, daß der Strom der Überlieferung über die Söhne sehr reichlich fließt. Gleiche Chancen vorausgesetzt, hätte der Strom für die Töchter genauso reichlich fließen müssen. Und gleiche Chancen wie für ihre Mütter vorausgesetzt, hätten sie – trotz aller widrig-patriarchalischen Zeitumstände – immerhin Sängerinnen werden und drei es sogar bleiben können, da sie nicht heirateten. Natürlich erfordert dieser Beruf nicht nur Musikalität, sondern auch eine gute Stimme, aber wir sind nun einmal davon überzeugt, daß auch die – nachweislich stimmbegabten – Mütter der Bach-Kinder etwas zu deren Erbgut beitrugen (vgl. Anm. 17).

Schließlich könnte noch der Einwand kommen, daß es zweien der sechs Söhne Bachs, die die Kindheit überlebten, überlieferungsmäßig auch kaum besser erging als den Töchtern. Was weiß man denn heute schon von der Existenz eines Johann Gottfried Bernhard oder Gottfried Heinrich Bach?? Sie sind vergessen, haben einfach nichts vom Familiengenie abbekommen, wie das ja bei den Nachkommen von Genies meistens der Fall ist. Und genauso verhält es sich dann wohl mit diesen Töchtern.

»Man« weiß zwar nichts von diesen Söhnen, aber wenn man will, kann man durchaus sehr fündig werden, ganz anders als bei den Töchtern. Der Grund, weshalb »man« heute nichts mehr von ihnen hört, läßt sich präzise ermitteln: Der eine, Johann Gottfried Bernhard, starb zu früh, mit 23 Jahren. Wäre Sebastian in diesem Alter gestorben, wüßten wir heute wohl auch nichts von ihm. Der andere, Gottfried Heinrich, wurde schwachsinnig. Die Töchter aber starben weder zu früh noch waren sie schwachsinnig – oder waren sie es vielleicht doch? Nicht einmal dies läßt sich ermitteln bezüglich der beiden Jüngsten. Sie waren eben weiblich, und das ist im Patriarchat, was die Mühe betrifft, die auf die Ausbildung verwendet wird, sowieso ziemlich gleichbedeutend mit schwachsinnig: »Galt es, den Kindern ihre Lebenswege zu ebnen, so scheute Bach keine Mühe... Für die Erziehung der Kinder sorgte er gewissenhaft.«[56]

Bleibt als letztes die Musik Johann Sebastians. Sollten wir nicht dankbar sein für dieses grandiose Geschenk, das er uns hinterlassen hat, statt kleingeistig an ihm herumzumäkeln? Es hätte ja durchaus sein können, daß uns seine

Musik und somit auch dieser mögliche Einwand kalt läßt. Dies ist aber nicht der Fall, vielmehr sind wir seit Jahrzehnten glühende Anhängerinnen dieser Musik. Beim Schreiben unseres Artikels haben wir sie oft gehört und meinten jeweils reuig, ihn gänzlich umschreiben zu müssen.

Was dagegen die Musik der Söhne betrifft, so könnten wir darauf vielleicht eher verzichten. Wenn die Theorie von der Vererbung innerhalb der Bach-Familie stimmt, so muß sich das wahre Bachsche Genie auf jemand anders vererbt haben. Vielleicht auf eine der Töchter? Wir tippen auf Catharina Dorothea, die Älteste.

Wir möchten Herrn Hans-Joachim Schulze (Leipzig) herzlich für seine Auskünfte und freundliche Hilfe danken.

1 Manche besannen sich nach Anfragen allerdings auf »eine Bach-Tochter, die den Bach-Schüler Altnikol geheiratet hat« (d.i. Elisabeth Juliana Friederica Bach, die zweite Bach-Tochter).

2 Spitta (1916 1: 620) bemerkt dazu: »Den Platz des [!] Erstgeborenen nahm eine Tochter ein, Katharina Dorothea...; sie blieb unverheiratet. [Es folgt Nennung von Wilhelm Friedemann, Carl Philipp Emanuel und Johann Gottfried Bernhard.] Allen diesen Söhnen werden wir später noch begegnen.«

3 Zu den Lebensdaten vgl. Basso (1979: 723–4 *et passim*). Die *tavola genealogica* p. 742–3 aber führt nur Bach-Männer, von 1520 bis 1968, auf.

4 *Bach-Dokumente* 2.56: 45; 57: 46

5 *Bach-Dokumente* 1.184: 255–61

6 *Bach-Dokumente* 3.927: 443

7 Bei Bürkli (1839) kommen weder die Töchter Bachs noch seine Ehefrauen vor, auch nicht implizit (Erwähnung von Hochzeiten oder Geburten). Wenn frau also nicht wüßte, daß Söhne auch eine Mutter haben...

8 Vgl. etwa Forkel (1802: 17, 27), Spitta (1916 1: 326), Reeser (1947: 1), Geiringer (1958: 153) u.v.a. Explizite Ausnahmen sind Wolfrum (1906: 61) und – natürlich – Lämmerhirt (1925: 101), ein Nachfahre der mütterlichen Linie Bachs.

9 Familiengeschichte ist ja zumeist »biographisch«!

10 Monographien zum Thema Frauen in der Bach-Familie sind Ninck (1939) und Lämmerhirt (1925). Über Anna Magdalena Bach gibt es einiges an romanartiger Literatur. All diese Arbeiten berücksichtigen jedoch die Frauen nur als Gattinnen bzw. Sohnes-Mütter – wie auch Benz (1950). Eine Ausnahme ist Bernhardt (1930), dem das Schicksal Regina Susannas, der jüngsten Bach-Tochter, nachgeht.

11 Vgl. z.B. Terry (1933: 72), Cherbuliez (1957: 64) sowie Geiringer (1977: 369f.). Weitaus typischer ist in der Bachforschung allerdings die Ignorierung der Vererbung über die weibliche Linie; vgl. z.B. Anmerkung 8 und deren Bezugstext.

12 C.P.E. Bach über seinen Bruder: »...ein großes Genie, welches aber nicht entwickelt ward.« (*Bach-Dokumente* 1.184: 267)

13 *Bach-Dokumente* 1.23: 68

14 *Bach-Dokumente* 2.162: 127; vgl. 2.45: 39

15 C.P.E. Bach in einem Brief an Forkel vom 13. 1. 1775 (zit. nach Geiringer 1978: 37). Es gab allerdings sowohl in Köthen (*Bach-Dokumente* 2.106: 81) als auch in Leipzig (*Bach-Dokumente* 2.627: 497; Terry 1933: 168) eine Magd im Bachschen Haushalt.

16 Vgl. z.B. Geiringer (1958: 178) oder Young (1970: 184-5).

17 Im Bachschen Umfeld gab es allein fünf Hof- bzw. Berufssängerinnen (unter ihnen seine zwei Frauen und zwei seiner vier Schwiegertöchter):

Maria Barbara Bach (*1684)

Anna Magdalena Wülcke (*1701)

Cecilia Grassi (*1746), Frau des »Londoner« Sohnes Johann Christian

Lucia Elisabeth Münchhausen (*1732), Frau des »Bückeburger« Sohnes Johann Christoph Friedrich (»Hat eine musicalische Frau u. Kinder, welche musicalisch sind.« notiert C.Ph.E. Bach; *Bach-Dokumente* 1.184: 267)

Faustina Hasse-Bordoni (*um 1700), gefeierte Opernsängerin und anerkannte Musiksachverständige/-kritikerin in Dresden

Lucia und Faustina behielten ihre hochbezahlten Stellen auch nach ihrer Heirat bei.

18 *Bach-Dokumente* 2.628 § 13: 506

19 Vorangegangen waren allerdings Streitigkeiten zwischen den Geschwistern – nicht nur, wie z.B. Wolff (1976: 66) und die Geiringers immer wieder schreiben, zwischen den ältesten Söhnen. In dem Erbvergleich blieben z.B. die Noten, Bücher und Handschriften unberücksichtigt, die sich Friedemann und Carl Philipp Emanuel gleich nach dem Tod des Vaters angeeignet hatten, sowie die von Bach für Johann Christian bestimmten drei wertvollen Klaviere. Vgl. *Bach-Dokumente* 2.627: 498 Anm. II; 2.628 § 8: 504, § 14: 508; Geiringer 1958: 513f.

20 Es ist unverständlich, wie Bernhardt (1930: 167) behaupten kann, daß »drei von den Söhnen noch zu seinen [J.S. Bachs] Lebzeiten in normalen [?] Verhältnissen auf verschiedenen Universitäten ihre Studien absolvierten, ohne daß die Familie sich Einschränkungen

aufzuerlegen brauchte, oder die Töchter benachteiligt worden wären.«

21 *Bach-Dokumente* 2.42: 37

22 *Bach-Dokumente* 2.627: 497. Durch einen Curator vertreten wurden Anna Magdalena als Witwe und außer der zwar bereits 42jährigen, aber nicht verheirateten Catharina Dorothea der »blöde« Gottfried Heinrich und die unmündigen Schwestern.

23 *Bach-Dokumente* 3.783: 262f.

24 *Bach-Dokumente* 1.73: 141

25 *Bach-Dokumente* 1.73: 142

26 *Bach-Dokumente* 2.443: 363

27 *Bach-Dokumente* 2.162: 126

28 *Bach-Dokumente* 2.587: 459; Terry (1933: 277)

29 Geiringer (1958: 514)

30 Vgl. Bernhardt (1930: 169)

31 Vgl. Geiringer (1978: 115)

32 *Bach-Dokumente* 2.405: 291

33 *Bach-Dokumente* 2.625: 488

34 *Bach-Dokumente* 3.850: 341

35 Bernhardt (1930: 168)

36 *Bach-Dokumente* 2.505: 400

37 *Bach-Dokumente* 2.625: 488

38 *Bach-Dokumente* 3.1044: 617

39 Bernhardt (1930: 169)

40 Felix (1984: 178)

41 *Bach-Dokumente* 3.1034: 595f.

42 Vgl. Bernhardt (1930: 172) *et passim*

43 *Bach-Dokumente* 3.1044: 616

44 Bernhardt (1930: *s.p.* [nach p. 174]). Rochlitz macht aus diesem Dankesbrief folgende Version, die er im Juni 1801 im 9. Intelligenzblatt seiner »Allgemeinen musikalischen Zeitung« abdruckt:

Leipzig, den 20. May 1801.

Mit Thränen der Freude empfange ich diese, alle meine Erwartungen weit übersteigende Summe. Keiner von den Tagen, die mir die Vorsehung noch schenkt, soll vergehen, ohne daß ich dieser, meiner Wohlthäter mit innigem Danke gedächte.

Regina Susanna Bach

(zitiert nach Bernhardt 1930: 174)

45 Vgl. Bernhardt (1930: 176)

46 Eher eigennützige Interessen als solche an ihrer Lage oder gar Person sprechen aus einem Brief Hans Georg Nägelis an Breitkopf & Härtel vom 18. März 1801: Als Trägerin des Namens Bach soll sie ihm u.a. zu ›Reklamezwecken‹ für seine Edition Bachscher Kompositionen dienen – »unter günstigen Umständen« werde er sie dann »auch gewiß bedenken« (Gojowy 1970: 71).
Einen Monat später wird der Plan fallengelassen. Nägeli bekam aber augenscheinlich Kompositionen J.S. Bachs aus Regina Susannas Besitz. – Anna Carolina, die Nichte Regina Susannas (vgl. unten p. 76), war cleverer als ihre Tante: Sie achtete peinlich genau darauf, nur Abschriften der Bach-Kompositionen aus ihrem Besitz an Nägeli gelangen zu lassen, denn »Abschriften kosteten über den Kopistenlohn hinaus Lizenzgebühren an den Besitzer« (Gojowy 1970: 100, vgl. 72–3).

47 Luther, *Werke*, Erlanger Ausgabe, Bd. XX 84. Zitiert nach Wolf-Graaf (1981: 350).

48 Vgl. auch in seinem Brief an Erdmann (*Bach-Dokumente* 1.23: 68) die konsequente Erstnennung der Söhne: die erstgeborene Catharina Dorothea folgt ihren Brüdern (so auch im Erbteilungsdokument *Bach-Dokumente* 2.628: 498, 500).

49 *Bach-Dokumente* 1.49: 117

50 Vgl. u.a. Spitta (1916 I: 336, 760–3) und Geiringer (1958: 152)

51 Geiringer (1977: 1985)

52 Auch Bachs Mutter mußte, wie Anna Magdalena, 1695 einen Antrag auf Gewährung/Zahlung des Gnadenhalbjahres an die Hinterbliebenen ihres Mannes (d.h. an sich selbst und ihre zwei unmündigen Kinder Joh. Jacob und Joh. Sebastian) stellen (vgl. *Bach-Dokumente* 2.3: 3).
Immerhin waren andere Frauen ihren Musikergatten fürsorgliche Überlegungen wert: Im Protokoll einer Ratssitzung zu Anna Magdalenas Bitte um Gewährung eines Gnadenhalbjahres (*Bach-Dokumente* 2.617) vom 15. 8. 1750 heißt es, »Herr Harrer [Bachs Nachfolger als Thomaskantor] habe bey seiner Abreiße declariret, daß er sich deßen wolle gefallen laßen, wenn dereinst seiner Wittbe dießes beneficium ebenfallß zu hoffen hätte« (p. 483 *sub* II).
Geiringer (1977: 215–6) muß die sparsame, jedoch als geizig geltende Johanna Maria Dannemann (Frau von Carl Philipp Emanuel)

wie folgt verteidigen: »es mag doch erwähnt werden, daß in Johann Sebastian Bachs Gesellschaftskreisen das Schicksal alternder Witwen ein sehr trauriges war. Das Gehalt hörte einige Monate nach dem Tode des Gatten auf, Versicherungen oder Pensionsgelder gab es nicht, und die kümmerlichen Ersparnisse, welche ein Musiker in der Regel zusammenbringen konnte, waren nur zu schnell aufgebraucht. Natürlich [war Johanna Maria Dannemann] daran gelegen, von solcher Not verschont zu bleiben«.

53 Meynell (130: 6, Vorwort der Herausgeber)

54 Bernhardt (1930: 167)

55 Händel allerdings war es z.B. durchaus möglich, von England aus seine Mutter in Halle zu besuchen, Briefe zu wechseln und sie bis an ihr Lebensende zu unterstützen.

56 Spitta (1916 2: 752, 753)

LITERATURVERZEICHNIS

Bach-Dokumente, herausgegeben vom Bach-Archiv Leipzig:

Band 1: *Schriftstücke von der Hand Johann Sebastian Bachs*, vorgelegt und erläutert von Werner Neumann und Hans-Joachim Schulze. Kassel, Basel, Paris, London, New York: Bärenreiter 1963.

Band 2: *Freundschaftliche und gedruckte Dokumente zur Lebensgeschichte Johann Sebastian Bachs 1685–1750*, vorgelegt und erläutert von Werner Neumann und Hans-Joachim Schulze. Kassel, Basel, Paris, London, New York: Bärenreiter 1969.

Band 3: *Dokumente zum Nachwirken Johann Sebastian Bachs 1750–1800*, vorgelegt und erläutert von Hans-Joachim Schulze. Kassel, Basel, Tours, London: Bärenreiter; Leipzig: VEB Deutscher Verlag für Musik 1972.

Band 4: *Bilddokumente zur Lebensgeschichte Johann Sebastian Bachs*, herausgegeben [...] von Werner Neumann. (= Supplement zu *Johann Sebastian Bach; Neue Ausgabe sämtlicher Werke*). Kassel, Basel, Tours, London: Bärenreiter 1979.

Basso, Alberto. 1979. *Frau Musika; la vita e le opere di J.S. Bach (1685–1750)*. Turin: Edizioni di Torino.

Benz, Richard. 1950. *Das Leben von J.S. Bach.* Hamburg: Christian Wegner.

Bernhardt, Reinhold. 1930. »Das Schicksal der Familie Johann Sebastian Bachs«. *Der Bär; Jahrbuch von Breitkopf & Härtel auf die Jahre 1929/1930.* Leipzig: Breitkopf & Härtel. 167–176.

Bitter, Carl Hermann. 1880–82. *Johann Sebastian Bach.* 2. umgearbeitete und vermehrte Auflage, 1: (Berlin: Baensch 1882); 2–4: (Dresden: Baensch 1880).

Bitter, Carl Hermann. 1979. Reprint der 2. Aufl. Kassel: Bärenreiter.

Blankenburg, Walter. 1978–83. »Die Bachforschung seit etwa 1965; Ergebnisse – Probleme – Aufgaben«, *Acta Musicologica* (Basel) 55 (1983) 1: 1–58.

Bürkli, J.G. 1839. *Biographie von Johann Sebastian Bach und seinen Söhnen* (= Siebenundzwanzigstes Neujahrsstück der allgemeinen Musikgesellschaft in Zürich). Zürich: Orell, Füßli & Co.

Cherbuliez, Antoine-E. 1957. *Johann Sebastian Bach, sein Leben und sein Werk* (= Fischer Taschenbuch 179). Frankfurt, Hamburg: Fischer Bücherei. – Zuerst erschienen 1947.

Cranach-Sichart, Eberhard von. 1955. *Johann Sebastian Bach; eine Einführung in sein Leben und seine Musik.* Königstein i.T.: Langewiesche. o.J.

Dadelsen, Georg von. 1976. »Johann Sebastian Bachs Nachwirken: Die Söhne und die Schüler«, in: Schwendowius & Dömling (1976: 145–76).

Dahms, Walter. 1924. *Johann Sebastian Bach, ein Bild seines Lebens.* München: Musarion.

Felix, Werner. 1984. *Johann Sebastian Bach.* Leipzig: VEB Deutscher Verlag für Musik.

Forkel, Johann Nikolaus. 1802. *Johann Sebastian Bach; Leben, Kunst und Kunstwerke.* Leipzig: Hoffmeister und Kühnel (Bureau de Musique). – Zitiert nach: 4., neubearbeitete Auflage der Neuausgabe von Josef Müller-Blattau (Kassel, Basel: Bärenreiter 1950).

Geiringer, Karl. 1958. *Die Musikerfamilie Bach; Leben und Wirken in drei Jahrhunderten*, unter Mitarbeit von Irene Geiringer. München: Beck.

Geiringer, Karl. 1977. *Die Musikerfamilie Bach; Musiktradition in sieben Generationen*, unter Mitarbeit von Irene Geiringer. München: Beck. = Sonderausgabe von Geiringer (1958).

Geiringer, Karl. 1978. *Johann Sebastian Bach.* 2., überarbeitete Auflage. München: Beck.

Gojowy, Detlev. 1970. »Wie entstand Hans Georg Nägelis Bach-Sammlung?«, *Bach-Jahrbuch* 56 (Leipzig): 16–104.

Lämmerhirt, Hugo. 1925. »Bachs Mutter und ihre Sippe«, *Bach-Jahrbuch* 22 (Leipzig): 101–37.

Marpurg, Friedrich Wilhelm. 1752. »Vorbericht« zum Nachdruck von *Die Kunst der Fuge durch Herrn Johann Sebastian Bach ehemaligen Capellmeister und Musicdirector zu Leipzig*. Berlin. – Zitiert nach *Bach-Dokumente* 3.648: 14–6.

Meynell, Esther. 1930. *Die kleine Chronik der Anna Magdalena Bach*. Leipzig: Koehler & Amelang. – Zitiert nach der 20. Aufl. 1936.

Neumann, Werner. 1979. *Aufgaben und Probleme der heutigen Bachforschung* (= Sitzungsberichte der sächsischen Akademie der Wissenschaften zu Leipzig, philologisch-historische Klasse 120.6). Berlin: Akademie-Verlag.

Ninck, Johannes. 1939. *Die beiden Frauen Johann Sebastian Bachs; Blicke in das Familienleben des großen Tonmeisters*. Leipzig, Hamburg: Schloeßmann.

Reeser, Eduard. 1947. *Die Söhne des Joh. Seb. Bach* (= Symphonia-Bücher; Beiträge zur Kenntnis der Musikgeschichte). Stockholm, Bern: The Continental Book Company. o. J.

Salmen, Walter. Hg. 1971. *Der Sozialstatus des Berufsmusikers vom 17. bis zum 19. Jahrhundert; gesammelte Beiträge im Auftrag der Gesellschaft für Musikforschung* (= Musikwissenschaftliche Arbeiten 24). Basel, Tours, London: Bärenreiter.

Schulze, Hans-Joachim. 1961. »Marginalien zu einigen Bach Dokumenten«, *Bach-Jahrbuch* 48 (Leipzig): 79–99.

Schulze, Hans-Joachim. 1975. *Johann Sebastian Bach, Leben und Werk in Dokumenten* (= dtv dokumente 2946). München: dtv. Kassel, Basel, London: Bärenreiter. – Zitiert nach der 2. Aufl. 1984.

Schwendowius, Barbara & Wolfgang Dömling. Hg. 1976. *Johann Sebastian Bach; Zeit, Leben, Wirken*. Basel, Tours, London: Bärenreiter.

Spitta, Philipp. 1916. *Johann Sebastian Bach*. 2 Bände. 2. unveränderte Auflage. Leipzig: Breitkopf & Härtel.

Terry, Charles Sanford. 1933. *Bach; a biography*, 2nd and revised edition. London: Oxford University Press.

Wolff, Christoph. 1976. »Die Familie«, in: Schwendowius & Dömling (1976: 51–67).

Wolf-Graaf, Anke. 1981. *Frauenarbeit im Abseits: Frauenbewegung und weibliches Arbeitsvermögen.* München: Frauenoffensive.

Wolfrum, Philipp. 1906. *Johann Sebastian Bach* (= Die Musik 13–14). Berlin: Bard, Marquardt & Co. o. J.

Young, Percy M. 1970. *The Bachs 1500–1850.* London: J.M. Dent & Sons.

LYRIK, INZEST UND DIE LIEBE ZUR MATHEMATIK:

Ein schwieriges Erbe für Lord Byrons Töchter

Von Evelyne Keitel

Medora (1814–1849)
Ada (1815–1852)
Allegra (1817–1822).

Lord Byron (1788–1824) gilt als der »romantischste« aller Dichter der englischen Romantik. Ein Hauch des Geheimnisvollen umgab ihn; als junger Mann hatte er abenteuerliche Expeditionen bis ins östliche Mittelmeer unternommen, die weit über die damals üblichen Bildungsreisen hinausgingen. Byron sah gut aus, war Mitglied des englischen Hochadels, und er hatte Geld. Zudem verstand er es, sich in Szene zu setzen: Seine Kleidung, insbesondere die weiten Umhänge, die er trug, unterstrichen das Exotische an ihm und lenkten von seinem Klumpfuß ab. Seine soziale Position, sein Charme und der durchschlagende Erfolg seines Gedichts *Childe Harold's Pilgrimage* machten ihn in den Jahren 1812–1816 zum Liebling der Londoner Gesellschaft und zum Salonlöwen. Die Herzen aller Frauen flogen ihm zu. Kein Wunder, daß er unzählige Affären hatte[1]; viele davon waren unbedeutend, manche weiteten sich zum Skandal aus, und einige blieben nicht ohne Folgen.

Byron zeugte drei Töchter: Medora, Ada und Allegra. Jede hatte eine andere Mutter; sie wuchsen nicht zusammen auf. Über ihnen allen aber hing der Schatten eines schaurigen Familiengeheimnisses: Byron hatte seine Halbschwester, Augusta Leigh, verführt.[2] Und Inzest wurde von der vorviktorianischen Gesellschaft als eines der schändlichsten und verabscheuungswürdigsten Verbrechen gegen Gott und gegen die Ordnung der Welt geahndet.

Aus dem Verhältnis zwischen Byron und Augusta ging eine Tochter hervor. Byron war über die Geburt von Medora überglücklich, insbesondere da sie keinerlei körperliche Mißbildungen aufwies (dem damaligen Aberglauben zufolge resultierte Inzest nahezu zwangsläufig in der Geburt von affenartigen Monstern). Augusta war verheiratet[3], Medora war ihr viertes Kind. Augusta und Byron sahen sich aufgrund der Geburt ihrer gemeinsamen Tochter gezwungen, etwas gegen das aufkommende Gerede zu unternehmen. Byron wollte mit Augusta durchbrennen.[4] Augusta hingegen versuchte, ihr Verhältnis mit Byron zu vertuschen. Und was wäre dafür besser geeignet gewesen als Byron zu verheiraten?

Byron wollte nicht heiraten, obwohl es an passenden Ehekandidatinnen nicht mangelte. Erst nach langem Hin und Her gab er dem Drängen von Augusta nach und verlobte sich mit Annabella Milbanke, einer gesellschaftlich unerfahrenen und sehr intelligenten jungen Frau, die mathematisch begabt war. (Byron nannte sie »my Princess of Parallelograms«.[5]) Die Verlobungszeit war ungewöhnlich lang. Byron war der bloße Gedanke an eine Heirat mit Annabella verhaßt. Und es gab viele strittige Punkte im Ehevertrag. Schließlich aber fand die Hochzeit statt.[6]

Als die Byrons Augusta unmittelbar im Anschluß an die Hochzeitsreise besuchten, erzählte Byron seiner jungen Frau, daß er der Vater von Medora sei. Außerdem gestand er ihr, daß er Augusta noch immer liebe.

Bald schon hielt er es bei seiner tief religiösen und sittenstrengen Frau nicht mehr aus; er wurde mißmutig, streitsüchtig und verreiste oft. Zeit seines Lebens war Byron immensen Stimmungsschwankungen unterworfen, nach seiner Heirat aber wurden sie unerträglich. Fast ständig war er betrunken, fluchte und tobte. Annabella glaubte, sie habe einen Geistesgestörten geheiratet. Die Ehe hielt nur ein knappes Jahr: Einen Monat nach der Geburt von Ada schickte Byron seine Frau zu ihren Eltern zurück. Er sah Frau und Tochter nie wieder.

Ada blieb bei der Mutter, ein Kuriosum im England des frühen 19. Jahrhunderts, nach dessen Gesetzgebung die Erziehungsgewalt und das Sorgerecht allein in den Händen des Vaters lag. Um zu verhindern, daß Byron Ansprüche auf Ada erheben würde, gab Lady Byron ihm zu verstehen,

Medora Leigh.

daß sie – sollte er versuchen, das Kind in seine Gewalt zu bekommen – seine Beziehungen zu seiner Schwester publik machen würde. Ada blieb bei der Mutter.

Aber es muß doch einiges durchgesickert sein, denn nach der Trennung von Lord und Lady Byron schlug sich die öffentliche Meinung auf die Seite von Lady Byron. Nicht Lady, sondern Lord Byron wurde gesellschaftlich geächtet. Ein höchst ungewöhnlicher Vorgang. Lord Byron sah sich sogar gezwungen, England zu verlassen, und zwar für immer. Er ging – der romantischen Tradition folgend – zunächst nach Italien, später dann nach Griechenland, wo er 1824 starb. Auch fern von England blieb er seiner alten Lebensweise treu. Er unternahm Reisen, schrieb Gedichte, liebte intelligente Unterhaltungen und gutes Essen, und er hatte weiterhin unzählige Affären. Aus einer davon ging seine dritte Tochter, Allegra, hervor. Nur Allegra wuchs bei Lord Byron auf.

Allegras Mutter, Claire Clairmont, war die Stieftochter des Philosophen William Godwin.[7] Als ihre Halbschwester Mary – mit der sie aufgewachsen war – sich in Percy Bysshe Shelley verliebte und mit ihm durchbrannte (Shelley konnte Mary nicht heiraten, da er bereits verheiratet war und zwei Kinder hatte), war die fünfzehnjährige Claire mit von der Partie. Zu dritt reisten sie durch Europa, zu dritt kehrten sie nach England zurück, zu dritt ließen sie sich in Bath nieder. Claire verehrte Shelley. Er entsprach ihren Vorstellungen von einem romantischen Helden. Shelley predigte unermüdlich seine Theorien von Atheismus, freier Liebe und, noch aufregender, von Frauenemanzipation.[8] Claire wollte diese Theorien unbedingt in die Tat umsetzen. Da Shelley nur Augen für die geistreiche und witzige Mary hatte, machte sich Claire auf die Suche nach einem anderen Objekt für eine Liaison. Lord Byron bot sich dafür geradezu automatisch an. Er übertraf ja selbst Shelley noch an romantischem Impetus.

Im Frühjahr 1816 verfaßte Claire einen ersten, keineswegs zurückhaltenden Liebesbrief an Byron. Er warf ihn, wie wohl viele andere, ähnlich lautende, ins Feuer. Ein einziger Mißerfolg konnte Claire jedoch nicht abschrecken, und weitere Briefe folgten. Schließlich arbeitete sie einen detaillierten Plan für ein erstes Treffen aus, das in einem kleinen Gasthaus einige Meilen vor der Stadt stattfinden sollte. Und genau nach Plan lief die Verführung auch ab. Claire und Byron konnten die sich daraufhin anbahnende Affäre nicht sehr lange genießen, denn schon im April 1816 (nach seiner chaotisch verlaufenen Ehe) verließ Byron England.

Percy Shelley und Mary Godwin waren inzwischen die vielfältigen Schmähungen leid, denen sie als unverheiratetes Paar in England ausgesetzt waren, und sie entschlossen sich

Allegra.

zu einer Europareise. Claire überredete sie, in die Schweiz, zu Byron, zu gehen. Die Vier verlebten einen glücklichen und produktiven Sommer am Genfer See. Sie segelten, machten Spaziergänge durch die Weinberge, und abends lasen sie sich gegenseitig Bücher vor oder erzählten Gespenstergeschichten. Während dieses Sommers begann Mary an ihrem Roman *Frankenstein* zu arbeiten, Byron und Shelley verfaßten Gedichte, und Claire schrieb alles ins Reine.

Bald jedoch wurde Byron der Affäre mit Claire überdrüssig. Sein Herz hing noch immer an Augusta, der er glühende Liebesbriefe schrieb.[9] Claires romantische Ader ging ihm auf die Nerven. Im September 1816 reiste Byron deshalb nach Italien weiter; Claire und die Shelleys[10] fuhren nach England zurück. Beim Abschied versprach Byron Claire, das Kind, das sie erwartete, anzuerkennen, es zu sich zu nehmen und aufzuziehen.

Claire und die Shelleys zogen nach Bath, und dort kam

im Januar 1817 Clara Allegra zur Welt. Sie hatte blaue Augen, dunkle Haare und – wie Byron – ein Grübchen auf dem Kinn. Byron empfand die nun auf ihn zukommende Verantwortung als lästig.[11] Er wollte Allegra abschieben, am liebsten in die ohnehin schon mit zahlreichen Kindern gesegnete Familie Augustas. Claire reagierte auf diesen Vorschlag mit Empörung, und Byron entschloß sich widerstrebend, Allegra doch selbst aufzuziehen. Seinem Freund Hobhouse schrieb er: »– ein Bote kann die Papiere bringen (und gleichzeitig auch mein Kind von Claire, ich bitte Euch, sorgen Sie dafür, daß Shelley es sorgfältig verpackt) zusammen mit Zahnpasta nur von der roten Sorte – Magnesium – Sodapulver – Zahnbürsten – Heftpflaster – und irgendwelchen neuen Romanen, halbwegs gut sollten sie sein.«[12] Die Shelleys waren entsetzt über die Anordnungen und machten sich schließlich selbst auf den Weg. Allegra war gerade 15 Monate alt und hatte ihren Vater noch nie gesehen.

Byron hielt Wölfe, Füchse, Hunde, Affen und Papageien in seinem Palast in Venedig, aber die Anwesenheit eines Kindes störte ihn. Seine Affäre mit »La Fornarina«, einer venezianischen Bäckersfrau, hatte gerade ihren Höhepunkt erreicht, und er hatte für nichts und niemanden sonst Zeit. Deshalb stimmte er freudig zu, als er das Angebot bekam, Allegra im Haushalt des britischen Konsuls in Venedig unterzubringen.

Erst als Allegra ungefähr 2½ Jahre alt war, fing Byron allmählich an, sich für sie zu interessieren. Er besuchte sie hin und wieder und brachte ihr ein paar italienische Worte bei. Er entdeckte in ihr all die guten und schlechten Eigenschaften, die er selbst zu haben glaubte. Immer wieder suchte er in ihrem Gesicht nach Byronschen Erbzügen; er meinte, etliche davon zu entdecken. Er war entzückt davon, daß Allegra – ebenso wie seine geliebte Augusta – das R nicht richtig aussprechen konnte. Wie Byron selbst war Allegra sehr eigen, alles mußte nach ihrem Willen gehen.

Claire Clairmont.

Byron entwickelte eine höchst widersprüchliche Beziehung zu ihr. Manchmal überschüttete er sie mit Geschenken, dann wieder ignorierte er sie völlig.

Im Sommer 1820 verlegte Byron seinen Wohnsitz nach Ravenna, in die Nähe seiner derzeitigen Geliebten, Contessa Teresa Guiccioli. Allegra nahm er mit. Meist war er gut gelaunt, und er hatte sogar ab und zu Zeit, mit ihr zu spielen. Auch Teresa kümmerte sich liebevoll um sie. Allegra wurde verwöhnt. (Mit ihren knapp vier Jahren verfügte sie über zwei Dienerinnen.)

Aber das politische Klima war angespannt, Unruhen standen unmittelbar bevor; Byron hatte sein Haus zu einem Munitionslager der italienischen Patrioten und Rebellen gemacht. Dabei erwies es sich als ungünstig, ein eigenwilliges kleines Kind im Haus zu haben. Byron steckte Allegra kurzerhand ins Kloster.[13]

Am Tag ihrer Ankunft – so erzählen sich die Nonnen

dort noch heute[14] – streckte Allegra jeder Nonne ihre Hand entgegen und erwartete einen Handkuß. Dann befahl sie ihnen, sich hinter sie zu stellen, denn sie seien ja jetzt ihre Dienerinnen. Allegra weigerte sich auch, Sandalen zu tragen »wie arme Leute«. Und sie glaubte nicht, daß Gott oder sonst irgend jemand »größer« sei als sie. Byrons Tochter, ein fröhliches und kapriziöses kleines Mädchen, wurde bald zum Liebling der gestrengen Frauen. Allegra aber sehnte sich nach dem heiteren und abwechslungsreichen Leben in Byrons unkonventionellem Haushalt mit seinen diversen Tieren. Sie schrieb Byron rührende Briefe, in denen sie ihn um Kleider bat, und sie ließ ihm ausrichten, er solle doch zu ihr kommen und ihre *Mammita* (Contessa Guiccioli) mitbringen. Byron interpretierte Allegras Zuneigung zu ihm als Habgier und Maßlosigkeit, die er nicht zu unterstützen bereit war. Er ignorierte ihre Briefe und zog von Ravenna nach Pisa, ohne sie auch nur ein einziges Mal besucht zu haben.[15]

Plötzlich bekam Allegra Fieber; in der Gegend war eine Typhusseuche ausgebrochen. Am 20. April 1822 starb sie im Alter von fünf Jahren.

Lord Byron scheint von der Seuche gewußt zu haben, auch von Allegras Krankheit, er hatte es aber nicht für nötig befunden, sie aus dem Kloster heimzuholen oder auch nur für eine ausreichende medizinische Betreuung zu sorgen. Allegra wurde in England (in Harrow) begraben. Weder eine Marmortafel noch ein Grabstein erinnern an ihr Leben.[16]

Die wenigen Beschreibungen, die von Allegra überliefert sind – etwa die Schilderung ihres Klostereintritts – lassen einen Charakter von bemerkenswerter Eigenwilligkeit erahnen. Eigenwillig waren auch ihre beiden Halbschwestern. Im Gegensatz zu ihren Halbschwestern hatte Allegra einen Vater, der *anwesend* war und aktiv in ihre Persönlichkeitsentwicklung eingriff. In Lord Byrons Verhältnis zu Allegra spiegelt sich aber vor allem seine eigene innerpsychische Zerrissenheit. Die Dynamik von Anziehung und Abstoßung, die das Muster seiner Beziehung zu ihr bildet, ist für ein heranwachsendes Kind fatal. In Allegras Fall erwies es sich letztendlich als tödlich. Ada und Medora waren diesem tödlichen Einfluß entzogen. Ihr Vater war *abwesend.* Das imaginierte, hybride Vorstellungsbild, das sich die Byron-Töchter von diesem abwesenden Vater machten, war allerdings faszinierend genug, um ihren jeweiligen Lebensweg entscheidend zu beeinflussen.

Ada oder die Liebe zur Mathematik

Augusta Ada Byron wuchs teils bei den Großeltern, teils bei der Mutter auf, vor der sie Angst hatte. Während ihrer ersten Lebensjahre fing sie regelmäßig an zu weinen, sobald ihre Mutter das Kinderzimmer betrat. Von ihrem Vater hatte sie eine lediglich vage Vorstellung, die geprägt war durch eine diffuse Furcht vor seinen finsteren Machenschaften. Es wurde nie von ihm gesprochen. Ihre Großmutter bestimmte sogar testamentarisch, daß Ada das Portrait ihres Vaters – das mit schwerem grünem Samt verhängt war – erst mit 21 Jahren sehen dürfe.

Byron schrieb in einem Brief, er hoffe, Ada habe keine Veranlagung zur Poesie, es reiche, wenn es *einen* solchen Dummkopf in der Familie gäbe.[17] Lady Byron war derselben Meinung. Die Erziehung von Ada wurde streng naturwissenschaftlich ausgerichtet und von Lady Byron peinlich genau überwacht. Romane, Dramen oder gar Gedichte gehörten nicht zum Lehrplan.[18] Und wie zu erwarten war, zeigte Ada bereits als Kind Interesse für Mathematik und Mechanik. (Die beiden Gegenstandsbereiche waren damals noch nicht voneinander zu trennen.) Sie entwarf Konstruktionspläne für Schiffe, Boote und allerlei Maschinen. Zahlreiche Professoren, Privatgelehrte und Gouvernanten hatten dafür zu sorgen, daß Ada umfassende Kenntnisse vermittelt wurden.[19] Darüber hinaus mußte sie die für eine adlige junge Dame notwendigen Fertigkeiten erlernen, Reiten, Malen, Singen und die Beherrschung mehrerer Instrumente. Freundinnen hatte sie keine; sie ging nicht zur Schule, und ihre Mutter zog oft um.

Mit zehn Jahren machte Ada ihre erste Bildungsreise durch Europa. Wo auch immer sie hinkam, wurde sie als die Tochter von Lord Byron mit unverhohlener Neugierde angestarrt. Zeichen jener Schönheit, für die ihr Vater ebenso berühmt wie berüchtigt war, waren an ihr – noch – nicht zu entdecken; Ada war ein scheues und ungelenkes Kind. Ihre Berühmtheit war und blieb ihr gründlich verhaßt.

Nach der Europareise erkrankte Ada an Masern. Seltsamerweise konnte sie deshalb auch nicht mehr laufen. Aus der Sicht der heutigen Medizin ist es schwierig, ihre Krankheit zu diagnostizieren. Kinderlähmung kann es kaum gewesen sein, denn später war Ada eine aktive Sportlerin; Reiten, Tanzen und Schlittschuhlaufen gehörten zu ihren Lieblingsbeschäftigungen. Es ist anzunehmen, daß ihre Krankheitssymptome hysterisch bedingt waren. Hysterie, insbesondere eine Lähmung der Beine, war ja *das* Mittel, mit dem junge Mädchen im 19. Jahrhundert gegen eine Umwelt protestierten, die ihre Bewegungsfreiheit beschnitt. (Die Krankheitsbilder von Sigmund Freuds ersten Patientinnen sind dafür ein gutes Beispiel.) Adas Lähmung zog sich über Jahre hin. Sie lief nur an Krücken, konnte keine Treppen steigen, und erst mit 17 Jahren lernte sie allmählich, an einem Stock zu gehen. Sie war blaß, farblos, wahrscheinlich anämisch (ihre Mutter glaubte an den Aderlaß als das umfassende Heilmittel für sämtliche Beschwerden) und äußerst furchtsam. Sie fürchtete sich vor Gewittern, vor Fremden, sogar vor Betten (die damaligen Betten waren wuchtige Gestelle mit vier Pfosten und schweren Vorhän-

Ada, Countess of Lovelace, geb. Byron.

gen); sie schlief nur auf der Couch. Sport konnte sie während ihrer Krankheit nicht treiben, aber dafür waren ihr auch all jene Beschäftigungen, die für eine junge Dame ihres Standes angemessen schienen, verschlossen. So konnte sie sich ganz den Bereichen widmen, die sie faszinierten: der Mathematik, der Astronomie und der Mechanik. Statt eines Tagebuchs führte Ada ein Heft mit mathematischen Rätseln, mit Formeln, Denkspielen und naturwissenschaftlichen Betrachtungen. Zeit ihres Lebens fand sie die Mathematik erholsam und beruhigend.

Ada fing an, mit vielen bekannten Naturwissenschaftlern zu korrespondieren. Sie füllte Briefseite um Briefseite mit Formeln und Spekulationen.[20] Eine ihrer Briefpartnerinnen (und ihr wissenschaftliches Vorbild) war Mary Somerville, eine hervorragende Mathematikerin und Autodidaktin, deren wissenschaftliche Abhandlungen auf allgemeine Bewunderung stießen. (Die *Royal Society* ließ ihr sogar die

Augusta Ada Byron.

Ehre zuteil werden, ihr bereits zu ihren Lebzeiten eine Büste zu errichten. Sehen konnte Mrs. Somerville ihre Büste allerdings nicht, denn als Frau durfte sie die *Royal Society* nicht betreten.)

1833 (also mit 17 Jahren) wurde Ada König William IV. vorgestellt, und von nun an bekam sie Einladungen zu Hofbällen, Empfängen und anderen gesellschaftlichen Ereignissen. Dabei lernte sie den Mann kennen, der ihr Schicksal nachhaltig beeinflussen sollte: Charles Babbage.

Babbage (1791–1871) war Mathematiker; er initiierte zahlreiche wissenschaftliche und soziale Reformen, und er war ein berühmter Erfinder. Von seinen Zeitgenossen wurde er gefeiert (nicht zuletzt wegen seiner schillernden Persönlichkeit, seiner Vitalität und seines Charmes). Die Nachwelt hingegen verbindet seinen Namen – und den von Ada – mit der Erfindung der ersten Generation von Computern.

Augusta Ada Byron.

Als Babbage und Ada sich zum ersten Mal trafen, war Babbage bereits 42 und auf dem Höhepunkt seines Ruhms. 1822 hatte er Pläne für die Konstruktion einer aufsehenerregenden Rechenmaschine (die fehlerfreie Zahlentafeln erstellen sollte) erarbeitet. Um die nötige Präzision zu gewährleisten, waren für den Bau dieser *Difference Engine* neue Herstellungsverfahren und Werkzeuge erforderlich, die Babbage ebenfalls erfand. Babbage war bekannt dafür, daß er neue naturwissenschaftliche Erkenntnisse mit deren Umsetzung in Technologie zu verbinden verstand, und das war damals eine Seltenheit. Obwohl die industrielle Revolution in England bereits weit fortgeschritten war, hatte die Weiterentwicklung der Naturwissenschaften weder mit der Forschung noch mit der Technologie anderer europäischer Staaten Schritt halten können. Die Methoden der angelsächsischen Mathematik waren hoffnungslos veraltet, und deshalb konnten die Naturwissenschaften der industriellen Revolution – zumindest während ihrer frühen Phasen – keine Impulse geben.

1833 war ein Teil von Babbages *Difference Engine* bereits fertiggestellt, und sie funktionierte erstaunlich gut. Dann aber tauchten schwerwiegende Produktions- und Finanzierungsprobleme auf. Die Arbeit an der Rechenmaschine mußte elf Jahre unterbrochen werden. Während dieser Zeit warf Babbage die gesamten Konstruktionspläne um und schuf ein neues System. Das neue System, die *Analytical Engine*, wird heute allgemein als Vorläufer unserer Computer anerkannt. Babbage kümmerte sich vor allem um die Herstellung seiner Maschinen; wissenschaftliche Veröffentlichungen wollte er dazu nicht verfassen. Die einzige Beschreibung von Babbages Rechensystemen stammt von Ada.

Das Gesellschaftsleben bot Ada viele Annehmlichkeiten; sie besuchte zum ersten Mal die Pferderennen in Doncaster und war wie berauscht von den prächtigen Pferden und von der Atmosphäre der prickelnden Spannung. Lady Byron beunruhigte sich wohl etwas über Adas Enthusiasmus für Doncaster. Kurz darauf unternahm sie jedenfalls – auf Babbages Rat hin – mit Ada eine Reise durch die mittelenglischen Industriestädte, um ihr einen Gegensatz zu dem ebenso frivolen wie verwerflichen Treiben der reichen Müßiggänger vor Augen zu führen. Ada ignorierte das Elend, das die industrielle Revolution verursacht hatte; sie interessierte sich ausschließlich für die Konstruktion der Maschinen.

Mit 19 Jahren lernte Ada William, den achten Lord King, kennen (der kurze Zeit später zum Earl of Lovelace ernannt werden sollte). William, ein asketisch strenger, aufrechter Herr (er war bereits über 30), hielt sofort um ihre Hand an.[21] Kaum einen Monat später waren die beiden verheiratet. Für Ada war die Entscheidung zu heiraten wohl mit beeinflußt durch den Wunsch, sich dem direkten Einfluß ihrer Mutter zu entziehen, die sie in ständiger Unmündigkeit hielt und die es ihr nicht gestattete, eigene Pläne zu verfolgen. Eine Heirat mußte Ada als der einzig mögliche Ausweg aus ihrer Misere erscheinen. Und William war in ihren Augen sicher ein geeigneter Partner: Er hatte in Cambridge Mathematik studiert und besaß deshalb einiges Verständnis für naturwissenschaftliche Zusammenhänge. Vielleicht erhoffte Ada sich eine Verbindung gleichgesinnter Geister, ein gemeinsames Leben für die Forschung. Aus der Art, wie sie ihre Ehe begann, ließe sich eine solche Konzeption jedenfalls durchaus ableiten: Nach ihrer Heirat blieb Ada zunächst weltfremd und nervös; praktische Dinge (wie Haushaltsführung) überließ sie am liebsten anderen, und für gesellschaftliche Ereignisse interessierte sie sich kaum. Sie lebte vor allem für ihre Studien.

Aber Adas Hoffnung, durch ihre Heirat etwas Distanz zu ihrer erdrückend dominierenden Mutter zu gewinnen, erwies sich als trügerisch. Jene Abgrenzung von der Umwelt, die für ein jung verheiratetes Paar so wichtig ist, fand nicht statt: Schon kurz nach der Hochzeit fingen Lady Byron, Ada und William damit an, sich gegenseitig ornithologische Kosenamen zu geben, William wurde *crow* (Krähe) genannt, Ada *bird* (Vogel) und Lady Byron *hen* (Glucke, Henne). Das deutet nicht gerade auf ein distanziertes Verhältnis hin. William begann jeden seiner Briefe an Lady Byron (die kaum zehn Jahre älter war als er) mit den Worten »Liebste Henne«. Jahrelang schrieb er ihr fast täglich. In allen Entscheidungen wurde sie um Rat gefragt. Über wichtige Fragen konnten sie sich immer schnell einigen. Ada wurde nicht konsultiert. Lovelace und seine Schwiegermutter verstanden sich prächtig. Er versuchte, ihr jeden Wunsch von den Augen abzulesen.

Ada hatte die erdrückende Nähe zur Mutter eingetauscht gegen die Beziehung zu einem Mann, der nun seinerseits diese Mutter hofierte und bald emotional sowie finanziell in

Abhängigkeit von ihr geriet. Ada und William vermochten nicht, klare Grenzen zwischen sich und Lady Byron zu etablieren. Nach und nach gelang es Lady Byron – einer wohl etwas gelangweilten Witwe[22] – in alle Bereiche des Lovelaceschen Haushalts einzudringen und damit implizit Ada zunehmend mehr zu entmündigen. Oft war Lady Byron zu Besuch. Wenn sie auf Reisen war, schrieb sie jeden Tag Briefe mit detaillierten Anordnungen.[23] Oder sie beorderte Ada zu sich, vor allem, wenn sie krank war. Und das war sie fast immer. Sie terrorisierte Ada mit den Visionen eines unmittelbar bevorstehenden Todes. (Wie viele Hypochonder starb sie erst in hohem Alter.) Es scheint fast so, als ob Ada mit dem, wovor sie durch ihre Heirat geflüchtet war, nun in verstärkter Form konfrontiert wurde: Sie mußte sich nicht nur gegen die Mutter, sondern gegen die Allianz zwischen Mutter und Ehemann wehren.

Allerdings scheint Ada nicht viel Energie darauf verwandt zu haben, ihren Platz in dieser merkwürdigen Dreierkonstellation abzusichern. Sie flüchtete in die Welt der Wissenschaft. Sie entwickelte Ehrgeiz. In einem ihrer Briefe an Babbage schrieb sie: »Ich glaube nicht, daß mein Vater ein ebenso guter Dichter war (oder hätte werden können) wie ich eine gute Mathematikerin ... sein werde.«[24] Es sollte anders kommen. Innerhalb kürzester Zeit brachte Ada drei Kinder zur Welt, 1836 Byron, 1837 Anne Isabella und 1839 Ralph. (Zwischen den letzten beiden Schwangerschaften erkrankte sie an Cholera.)

Ada war zutiefst unglücklich darüber, daß ihre schlechte Gesundheit, die gesellschaftlichen Ambitionen ihres Mannes und vor allem ihre Schwangerschaften ihr kaum Zeit für ihre Studien ließen. Ständige Schwangerschaften gehörten untrennbar zum Schicksal der Frauen im viktorianischen Zeitalter. Die Geburtenrate war hoch; die Lebensläufe von Mrs. Dickens, Mrs. Darwin, ja sogar von Queen Victoria zeigen, daß die Geburt von durchschnittlich einem Kind

Anne Isabella Lady Byron, geb. Milbanke.

pro Jahr durchaus normal war. (Erst gegen Ende des 19. Jahrhunderts sank die Geburtenrate wieder rapide ab.) Bemerkenswert ist allenfalls, daß Ada nach der Geburt von Ralph nicht mehr schwanger wurde. (Über die Kämpfe, die sie ausfechten mußte, um sich weiteren Mutterpflichten zu entziehen, lassen sich lediglich Vermutungen anstellen.) Immer wieder unternahm sie Anstrengungen dahingehend, ihre Liebe zur Mathematik in ihr Alltagsleben zu integrieren. Sie machte Pläne, wenigstens zwei Stunden pro Tag der Wissenschaft zu widmen. Sie bat Babbage, ihr Unterricht zu erteilen. Sehr zum Leidwesen ihres Mannes war sie zunehmend weniger bereit, ihren Platz in der Gesellschaft einzunehmen.

Sie kleidete sich achtlos in weiten und bequemen Kleidern; für enganliegende Roben und festgeschnürte Korsette hatte sie nichts übrig. Und das ist nicht weiter verwunderlich. Die damalige Mode diktierte für Frauen beispielsweise folgende Unterwäsche: ein Hemd, ein Korsett, ein kurzes Jäckchen über dem Korsett, an die sechs Unterröcke (angefangen mit einem kurzen, steifen und einem oder zwei aus Flanell zum Wärmen, dann kam ein einfacher und schließlich noch ein paar bestickte und verzierte), eine Weste, Strümpfe, Strumpfhalter und eine Krinoline aus Walfischbein. All das wurde zusammengehalten durch Schnüre, Schleifen, Bänder und unzählige Knöpfe, Haken, Häkchen und Ösen.

Ada war – wie ihr Vater – starken Stimmungsschwankungen unterworfen. Oft war sie völlig geistesabwesend und für ihre Umwelt nicht ansprechbar. Die Kinder, der Mann, der große Haushalt, ihre geliebten Pferde, die gesellschaftlichen Verpflichtungen und ihr schlechter Gesundheitszustand nahmen ihre Zeit in Anspruch und zehrten sichtbar an ihren Kräften. Nur bei Themen, die mit Naturwissenschaft oder Musik zu tun hatten, erwachte sie aus ihrer Trance; dann aber wurde sie zur geistreichen und amüsanten Unterhalterin. Am liebsten sprach sie mit Babbage. Immer und immer wieder lud sie ihn zu sich ein. In seiner Gesellschaft fühlte sie sich sichtlich wohl. Zwischen beiden entwickelte sich eine tiefgehende Freundschaft. In Babbage fand Ada einen intellektuellen Partner, der bereit war, sie in ihren Ambitionen ernst zu nehmen und zu unterstützen. Babbage übernahm allmählich die Rolle, die Ada wohl ursprünglich ihrem Mann zugedacht hatte.

Die Mathematik und die Musik bildeten für Ada Fluchtwelten, in denen sie sich vor der Bevormundung durch Ehemann und Mutter sicher wähnen konnte. Die Harfe war ihr Lieblingsinstrument, aber sie spielte auch Geige, und sie sang. Ihre Virtuosität war beeindruckend. Sie übte mit eisernem Willen, oft ununterbrochen mehrere Stunden am Tag. Nicht einmal durch die Notwendigkeit eines Spaziergangs ließ sie sich ablenken, lieber lief sie geigespielend um den Billardtisch herum.

Mit ebenso eisernem Willen versuchte Ada, ihre Mathematikstudien zu betreiben. 1842, also mit 27 Jahren, übersetzte sie ein Buch von L.F. Menabrea aus dem Französischen, das die Konstruktionsprinzipien von Babbages *Analytical Engine* erläutert. Babbage war sehr erfreut über die Übersetzung, gleichzeitig aber war er erstaunt darüber, daß Ada nicht lieber selbst eine Schrift verfaßt hatte. Der Gedanke war ihr nie gekommen. Nun aber erschien ihr eine eigenständige wissenschaftliche Karriere als eine realistische Möglichkeit dafür, sich einen intellektuellen Freiraum jenseits der so fatal erdrückenden Dreierkonstellation, in die sie eingeschnürt war, zu erkämpfen. Ada verfolgte diesen alternativen Lebensentwurf mit der ihr eigenen Zielstrebigkeit. Babbage schlug ihr vor, Menabreas Buch mit Anmerkungen und Illustrationen zu versehen. Ada war von dem Plan begeistert. Sie stellte umfangreiche eigene Berechnungen an und fand dabei einen gravierenden Fehler, der Babbage unterlaufen war. Schließlich nahmen die Anmerkungen dreimal mehr Platz ein als der ursprüngliche Text. Adas Ausführungen betonen vor allem die vielfältigen Verwendungsmöglichkeiten der *Analytical Engine*, und sie umreißen das Problem der Programmierung, das anhand von Beispielen erläutert wird. Dafür hatte Ada die ersten Computerprogramme geschrieben.[25]

Ada wurde nun zunehmend selbstsicherer im Umgang mit Wissenschaft, und bei der Drucklegung der Abhandlung ließ sie nicht einmal die Kritik von Babbage gelten. Sie schrieb ihm einen sechzehnseitigen wütenden Brief, weil er – ohne ihr Wissen – ihre Sätze verändert hatte. Und als Babbage wollte, daß sie den Artikel von der Veröffentlichung zurückzöge, um lieber ein eigenständiges Buch zu schreiben, lehnte sie entrüstet ab. Sie wollte ihre erste Publikation nicht endlos hinausgezögert sehen.

Adas Arbeit erschien 1843 in einer wissenschaftlichen Zeitschrift *(Taylor's Scientific Memoirs)* und war mit A.A.L.

signiert. Ada war stolz auf ihre erste Veröffentlichung, in die sie zwei Jahre intensiver Arbeit investiert hatte. Aber es ist schade, daß sie kein Buch über Babbages Erfindung schreiben konnte. Bis heute gibt es keine umfassende Darstellung und Würdigung seiner Errungenschaften, und ein Buch von Ada hätte das Unverständnis, auf das Babbage bei seinen Zeitgenossen stieß, zumindest zu relativieren vermocht. Adas Leistung besteht darin, Babbages Erfindungen einem breiteren (wissenschaftlichen) Publikum zugänglich gemacht zu haben. Ob sie auch selbst kreativ tätig war, läßt sich heute nicht mehr feststellen, denn die einzige verläßliche Quelle dafür – ihre Hefte mit mathematischen Aufzeichnungen – sind verloren.

Adas Gesundheitszustand war angegriffen, 1843 erkrankte sie von neuem. Sie litt unter einer Gastritis mit anhaltenden Verdauungsstörungen, außerdem bekam sie auch noch Asthma. Sie nahm rapide ab. Wahrscheinlich litt Ada an einer Anorexia nervosa. Sie ekelte sich vor allem Eßbaren, und sie weigerte sich zu trinken, weil sie glaubte, dadurch würde ihr Körper aufgedunsen und sie würde ihre klaren Gesichtszüge verlieren.[26] Adas Magersucht war wohl eine Symptomverschiebung, denn wie Hysterie ist ja auch Anorexia vor allem ein Protest gegen die Umwelt bzw. gegen die von der Umwelt aufgezwungene Frauenrolle.[27] Die Ärzte verschrieben Ada zahlreiche Aderlasse und Laudanum, ein Opiumderivat. Laudanum war im 19. Jahrhundert ein Allerweltsheilmittel, das ohne Schwierigkeiten zu bekommen war. Um die Müdigkeit zu bekämpfen, die durch das Opium hervorgerufen wurde, nahm Ada Aufputschmittel, vor allem trank sie große Mengen von Brandy. Allmählich bekam sie die Illusion, über eine ungeahnte intellektuelle Klarheit und nahezu überirdische Kräfte zu verfügen, tatsächlich jedoch entwickelte sie zu ihrer Magersucht hinzu noch eine massive Opiumabhängigkeit. Ihren vielfältigen Verpflichtungen wurde sie zuneh-

Augusta Ada, Countess of Lovelace, geb. Byron.

mend weniger gerecht. Die Familienverhältnisse bei den Lovelaces wurden unerträglich.[28] Lady Byron nahm die Gelegenheit wahr, die Kinder ganz zu sich zu nehmen. Von da an wuchsen sie bei der Großmutter auf. Zu ihren Eltern hatten alle drei eine sehr schlechte Beziehung.[29]

Adas Ehe stand wohl von Anfang an unter keinem guten Stern. Ihre Hoffnung, durch eine Heirat Distanz zu ihrer Mutter zu bekommen, hatte sich als ebenso trügerisch erwiesen wie ihre Vorstellung, daß sie und ihr Mann ein gemeinsames Leben für die Wissenschaft führen würden. Lovelace sah sich vor allem als Adligen und Großgrundbesitzer; er trachtete danach, seine gesellschaftliche Position zu festigen und seine Landgüter auszubauen (ein kostspieliges Hobby, zu dem er dringendst Lady Byrons Geld benötigte). Und er wurde im Alter engstirnig und geizig. Ada mußte sich schließlich eingestehen, daß sie die falsche Wahl getroffen hatte. Ob sie wohl Phantasien darüber hegte, wie anders ihr Leben verlaufen wäre, wenn sie William nicht geheiratet hätte? Eine Scheidung kam nicht in Frage. Es scheint aber, als ob sie Alternativen zu ihrer Existanz durchspielte, andere mögliche Lebenswege für sich zu inszenieren versuchte. Sie hatte Phasen, in denen sie sich völlig von der Welt zurückzog und nur rechnete und musizierte, dann wieder warf sie sich mit wildem Eifer ins Gesellschaftsleben; voll atemloser Hektik jagte sie von einer Einladung zur nächsten. Überall wurde sie bewundert. Überall stand sie im Mittelpunkt. Sie tanzte mit Begeisterung ganze Nächte durch, und tagsüber jagte sie zu Pferde durch die Wälder und auf Schlittschuhen über die zugefrorenen Seen. Wie ihr Vater fing sie an, am Flirten Gefallen zu finden. Und wie ihr Vater versuchte sie erst gar nicht, ihre Affären zu vertuschen. Gerüchte und Skandalgeschichten zirkulierten, und die meisten davon waren begründet. Ein paarmal hat sie sich ernsthaft in andere Männer verliebt. Und das ist nicht weiter verwunderlich. Schließlich war damals wie heute sich zu verlieben das klassische Mittel, um zu signalisieren, daß man die eigene Ehe als ungenügend empfindet.

Adas Gesundheitszustand war prekär, sie konnte sich nur mit einer Kombination aus Opium und Brandy aufrechterhalten. Wann immer sie Schmerzen oder Schwächeanfälle hatte, erhöhte sie ihre Opiumdosis. Ihre Stimmungsschwankungen wurden zunehmend schlimmer, sie hatte nun lange andauernde Phasen von Depressionen, denen sie mit Wein zu begegnen versuchte. Sie nahm immer mehr ab. Die medizinische Versorgung war (am heutigen Stand gemessen) im 19. Jahrhundert nicht sehr effektiv. Englands wohlhabende Bürger verstanden jedoch durchaus, aus der Not eine Tugend zu machen. Sie flohen vor dem rauhen englischen Winter in die Seebäder und Luftkurorte südlicherer Breiten.[30] Und hier stellt sich die Frage, warum sich nicht auch Ada diesem Pilgerstrom angeschlossen hat. Meine Vermutung ist, daß sie dazu einfach kein Geld hatte. Das mag zunächst als nicht plausibel erscheinen. Immerhin war ihre Familie steinreich. Ihr Mann verfügte über ausgedehnte Ländereien, ihre Mutter über mehrere Häuser, Grundbesitz und ein stattliches Vermögen. Ada selbst besaß nichts. Ihr wurde nur ein schmales Taschengeld zugestanden, das nicht einmal dazu ausreichte, ihren Schneider zu bezahlen.[31] Wiederholt flehte sie ihren Mann an, ihr mehr Geld zu geben, aber der war nicht zu erweichen.

Adas Begeisterung für Pferde paarte sich nun mit ihrer Leidenschaft für Zahlen, und sie fing an, auf Pferde zu wetten. Wahrscheinlich war das Wetten – ebenso wie ihre Flirts und ihre mathematischen Ambitionen – begründet in dem Versuch, alternative Lebensentwürfe durchzuspielen. Sie war von Pferderennen besessen, von der mit Spannung geladenen Atmosphäre während der Rennen ebenso wie vom mathematisch-analytischen Aspekt der Wetten. Pferderennen bestimmten nun ihr gesamtes Leben. Babbage unterstützte sie auch im Wetten. Er stellte ihr eine Dienerin aus seinem Haushalt zur Verfügung, die den Kontakt mit den Buchmachern aufrechterhielt. Es wird vermutet, daß Babbage und Ada gemeinsam an einem System für »unfehlbare« Pferdewetten arbeiteten. Gesichert ist, daß Ada innerhalb kürzester Zeit immense Schulden machte. Sie wurde oft erpreßt; ihre Leidenschaft für Männer und ihre Leidenschaft für Pferderennen boten dafür mehr als genug Anlaß. Delikaterweise war einer ihrer Erpresser gleichzeitig auch ihr Liebhaber. Sie hielt ihre Schulden, ihre Wetten, selbst die Erpressungen, denen sie ausgesetzt war, vor Mutter und Ehemann geheim und verpfändete wiederholt den Familienschmuck. Vielleicht hoffte sie auf einen Gewinn bei den Pferderennen, der ihr eine unabhängigere Existenz sichern würde. Sie gewann nicht, sie spielte weiter, sie verschuldete sich in unvorstellbaren Ausmaßen.

Ständig faßte sie neue Vorsätze, ihr Leben zu ändern und sich ganz der Wissenschaft zu widmen. Und »Wissenschaft«

bedeutete ab 1847 ausschließlich die Arbeit an einem mathematisch ausgefeilten Wettsystem. Babbage hatte in seiner Jugend ein Buch über Spieltheorien verfaßt. Gemeinsam wollten Babbage und Ada bestimmte Typen von Spieltheorien auf Pferderennen anwenden. Sie benützten das Codewort *the book* für ihr System; immer und immer wieder taucht diese Formel in ihrer Korrespondenz auf.

Opium, Aderlasse und Alkohol sollten Ada die für die Arbeit an ihrem Wettsystem nötige Kraft verleihen. Aber zu all ihren sonstigen Krankheiten bekam sie auch noch schwere Nierenstörungen, und 1851 wurde schließlich Krebs diagnostiziert.

Während ihrer letzten Lebensmonate litt Ada unter starken Schmerzen, Krämpfen und Schlaflosigkeit, sie war kaum noch bei klarem Bewußtsein. Sie starb mit 36 Jahren, im selben Alter wie ihr Vater. Gemäß ihrem letzten Willen wurde sie neben ihrem Vater begraben. Lady Byron war wütend darüber, aber es war einer der seltenen Fälle in ihrem Leben, in denen weder Geld noch Intrigen etwas ausrichten konnten. Sie mußte sich damit abfinden und Ada den Triumph gönnen, sich zumindest im Tode zu ihrem Vater bekennen und von ihrer Mutter abkehren zu können.

Medora – Variationen über das Inzestmotiv

Medora[32] war eigenwilliger als Ada; sie ließ sich nicht bevormunden, weder von ihrer Mutter noch von Lady Byron, und schon gar nicht von der Prüderie des viktorianischen Moralkodexes. Sie war das vierte der sieben Kinder von Augusta und wuchs gemeinsam mit ihren Halbgeschwistern auf. Zunächst ahnten nur wenige, wer ihr leiblicher Vater war.

Colonel Leigh, Augustas Ehemann, war stark verschuldet. Er spielte. Auch Augusta konnte nicht mit Geld umgehen; die Familie Leigh steckte ständig in finanziellen Schwierigkeiten. Medora kümmerte das wenig. Ihre Kindheit war unbeschwert. Sie hatte ein gutes Verhältnis zu all ihren Halbgeschwistern, insbesondere zu ihrer sieben Jahre älteren Schwester Georgina. Medora war stolz, selbstsicher und willensstark. Sie besaß den Charme und das strahlende Aussehen der Byrons. Zudem war sie auffallend groß, schlank, dunkelhaarig und von einer exotisch anmutenden Schönheit. Zeit ihres Lebens schienen ihr die Männer auf den ersten Blick hin zu verfallen.

Als Medora 15 Jahre alt war, zog sie nach Canterbury, zu Georgina und deren Mann Henry Trevanion. Das war keineswegs außergewöhnlich; Schwestern der Ehefrau wurden oft in die Familie aufgenommen.[33] Georgina war jetzt bereits drei Jahre verheiratet, hatte zwei Töchter, erwartete ihr drittes Kind (eine weitere Tochter) und kränkelte. Sie sehnte sich offensichtlich nach der Gesellschaft ihrer lebendigen, immer gut gelaunten Schwester.

In ihrer Autobiographie beschreibt Medora ihr Leben bei den Trevanions folgendermaßen: »Ich war viel allein mit Mr. Trevanion ... und vollständig auf seine Gesellschaft angewiesen ... ich war bei ihm, wenn er sich im Haus aufhielt, und wenn er ausging, bei Tag und bei Nacht, und oft wurde ich mit irgendwelchen Botengängen ... in sein Schlafzimmer geschickt, nachdem sich alle anderen im Haus zur Ruhe begeben hatten.«[34] Medora wurde schwanger. Das war schlimm, insbesondere da von der viktorianischen Gesellschaft ein sexuelles Verhältnis mit der Schwester der Ehefrau als Inzest gewertet wurde.[35] Medoras Schwangerschaft mußte um jeden Preis vertuscht werden. Im Januar 1830 verließen Medora, Georgina und Henry deshalb England und segelten nach Calais, wo das Kind im April auf die Welt kommen sollte. (Das Geld für die Reise stammte von Lady Byron.) Medora wurde krank, sobald sie französischen Boden betreten hatte. Die Überfahrt war ein einziger Alp-

Medora Leigh, 1829.

traum gewesen, und der psychische Druck, dem sie ausgesetzt war, äußerte sich in akuten Atemproblemen. Im Februar setzten vorzeitig die Wehen ein, Medora überlebte die Geburt kaum. Das Kind – ein Junge – wurde sofort weggegeben, zunächst zu einer Amme, dann zu Adoptiveltern.

Die Trevanions schickten Medora zu deren Mutter zurück. Augusta lebte als Hofdame der Königin in London und war eine der wenigen, die nichts von dem Verhältnis zwischen Medora und Henry wußten. Augusta wollte, daß Medora nun an den gesellschaftlichen Ereignissen teilnahm, Hofbälle besuchte und Ausschau hielt nach einem geeigneten Ehekandidaten. Jane Austen schildert in ihren Romanen ebenso anschaulich wie humorvoll, wie geschickt eine Frau im angehenden 19. Jahrhundert bei der Suche nach einem Ehemann vorgehen mußte. Hinter all ihrem Humor verbirgt sich allerdings eine tragische Wahrheit: Heiraten gehörte für Frauen zu den notwendigen Überlebenstechniken. Frauen mußten heiraten, um finanziell versorgt zu sein. Wenn sie Geld hatten und aus dem Hochadel stammten – wie Ada –, war ein Erfolg auf dem Heiratsmarkt gesichert. Ein Mißerfolg aber hatte fatale Folgen: Gouvernante oder alte Jungfer waren die Berufsbilder, die dann noch zur Auswahl standen. Und Medora hatte ihre Chancen auf dem Heiratsmarkt für immer verspielt.

Henry konnte sich ganz offensichtlich von Medora nicht lösen. Er besuchte sie oft, fast täglich. Gemeinsam vertrieben sie sich in London die Zeit, redeten, lachten und gingen spazieren. Für Medora waren Henrys Besuche wohl eine Erlösung; nun mußte sie nicht mehr ständig über ihre düstere Zukunft nachgrübeln. In der Gegenwart anderer verhielten sich die beiden sehr korrekt. Voller Eifer betrieben sie ihre Bibelstudien, und Medora wurde wieder schwanger. Dieses Mal konnte es nicht verhindert werden, daß auch Augusta davon erfuhr. Augusta (die offensichtlich pragmatischer veranlagt war als ihre Tochter Georgina) drängte auf eine Abtreibung. Dieses Ansinnen wies Medora weit von sich. Sie wollte Henry heiraten, und sie wollte ihr Kind bekommen. (In Anbetracht der Tatsache, daß ihr Verhältnis mit Henry als Inzest gewertet wurde, muß ihr Wunsch als reichlich unrealistisch erscheinen.) Schließlich wurde beschlossen, daß Medora mit den Trevanions in ein Landhaus in der Nähe von Bath ziehen sollte, um in ländlicher Abgeschiedenheit das Kind zur Welt zu bringen.

Das Leben in Bath war eine Neuauflage des Lebens in Canterbury. Allerdings war Georgina zunehmend unwilliger, gute Miene zum bösen Spiel zu machen. Sie fühlte sich ausgenützt. Sie wurde streitsüchtig. Während einer der unzähligen Auseinandersetzungen schleuderte sie Medora an den Kopf, daß auch sie in Ehebruch und – schlimmer noch – in Inzest gezeugt worden sei. Medora war schockiert, zunächst jedenfalls. Bald aber fand sie Gefallen daran, die

Augusta Leigh.

Tochter ihres Onkels, des ebenso berühmten wie berüchtigten Lord Byron zu sein.

Schließlich wurden die emotionalen Spannungen unerträglich. Georgina schrieb ihrer Mutter, daß sie Henry verlassen wolle. Augusta war entsetzt, denn das würde unausweichlich einen Skandal ungeahnten Ausmaßes nach sich ziehen, und den konnte sie sich als Hofdame nicht leisten. Sie wußte sich nicht anders zu helfen, als ihren Mann zu Rate zu ziehen. Ein paar Tage später fuhr eine Kutsche mit einem Polizisten, einem Rechtsanwalt und Colonel Leigh vor dem Haus der Trevanions vor. Henry sollte wegen Verführung verhaftet werden. Colonel Leigh ließ sich zwar erweichen, Henry nicht anzuklagen, aber er bestand darauf, Medora mitzunehmen. Während sie hektisch ein paar Sachen zusammenpackte, beschwor Henry sie, bei der ersten Gelegenheit mit ihm zu fliehen. Unter Tränen versicherte er ihr immer wieder, daß er ohne sie nicht leben könne.

Lord Byron, 1818.

Colonel Leigh sprach während der ganzen Reise kein einziges Wort. Er machte nirgendwo halt, ließ nur eilig die Pferde wechseln und fuhr bis in die späte Nacht hinein, eine Tortur für die hochschwangere Medora. Das war übrigens das einzige Mal, daß Colonel Leigh aktiv in Medoras Leben eingriff. Für gewöhnlich war er verreist. Er lebte sein eigenes Leben, um seine Familie kümmerte er sich nicht. Medoras Väter waren abwesend.

Schließlich erreichten Colonel Leigh und Medora London. Sie wurde in ein ihr fremdes Haus und zu ihr fremden Leuten gebracht, in ein winziges Zimmer mit Gittern an den Fenstern gesperrt und ohne jegliche Erklärung zurückgelassen. Am nächsten Morgen versuchte ihre Wirtin, sie zu einer Abtreibung zu überreden, und als sie sich weigerte, wurde ihr zu verstehen gegeben, daß man ihr Essen vergiften würde, um eine Abtreibung herbeizuführen. Fast unmittelbar darauf hatte Medora eine Totgeburt.

Als sie eines Tages zufällig aus dem Fenster schaute, sah sie Henry in einer Kutsche vorbeifahren. Von da an paßte sie auf. Er fuhr jeden Tag vorbei. Er machte ihr Zeichen, die sie nicht verstand. Sie wurde noch aufmerksamer, suchte alles nach geheimen Botschaften ab und fand schließlich im Saum eines Kleides, das aus der Wäscherei zurückgekommen war, eine Nachricht mit einem Fluchtplan. Henry gelang es, sie zu befreien. Bei Nacht und Nebel flohen Medora und Henry nach Frankreich.

Sie ließen sich in der Normandie nieder und nannten sich Monsieur und Madame Aubin. Endlich konnten sie das Leben führen, nach dem sie sich gesehnt hatten, wenn auch unter größten finanziellen Schwierigkeiten. Ob sie wohl glücklich waren?

Henrys Scheidungsgesuch zog sich hin. Schließlich wurde es abgelehnt.[36] Medora mußte ihren Wunsch, Henry zu heiraten, aufgeben.

Ihre Gesundheit verschlechterte sich immer mehr. Ihr Lungenleiden war nicht auskuriert, und sie hatte eine Fehlgeburt nach der anderen. Die Beziehung zu Henry litt darunter; sie fingen an, sich zu streiten. Es war keineswegs einfach, ein Leben völlig abseits aller Konventionen zu führen, verstoßen von der eigenen Familie, ohne Freundeskreis und in einem fremden Land. Gab es vergleichbare Schicksale? Mary Godwin und Percy Shelley zeigten eine ähnliche Verachtung für konventionelle Moralvorstellungen und verstanden es zudem, diese Verachtung theoretisch zu untermauern. (Was sie nicht davon abhielt zu heiraten, sobald Shelleys Ehefrau Selbstmord begangen hatte.) Die Shelleys gehörten allerdings mehr den Geistestraditionen des 18. Jahrhunderts an als denen des Viktorianismus. Sie waren älter als Medora und Henry, und sie wurden – ebenso wie auch George Eliot und George Lewes – vom Kreis ihrer gleichgesinnten Freunde durchaus geschätzt und anerkannt. Ihre Liaison bedeutete keinesfalls gesellschaftliche Ächtung.

Medora war eben auch die Tochter ihres Vaters. Die Tatsache, daß sie ihn nicht gekannt hat, daß er nicht in ihre Erziehung eingreifen konnte (was wohl – wenn man sich Allegras Schicksal betrachtet – nur gut war), ließ sie Phantasien über ihn anstellen und ihr Leben nach diesen Phantasien ausrichten. Lord Byron war einer der radikal denkenden und lebenden Romantiker, er drückte seine Unzufriedenheit mit dem Status quo immer wieder in seinen Gedichten aus. Aber die Zeiten hatten sich geändert. Die Liberalität der englischen Romantik hatte dem strikten Regime von Queen Victoria weichen müssen. Und die Situation von Medora und Henry war auch deshalb prekär, weil ihr Verhältnis als Inzest gewertet wurde. Ein Verstoß gegen die Gesetze der Welt war (zumindest in der Vorstellungswelt der englischen Romantiker) durchaus akzeptabel, die Gesetze von Gott hingegen durfte niemand ungestraft brechen.

Medora faßte schließlich den Entschluß, die untragbare Situation zu beenden, sich von Henry zu trennen und ein neues Leben zu beginnen. Der einzige Weg, der ihr noch offenstand, war, ins Kloster zu gehen, denn in ihre Familie zurück konnte und wollte sie nicht. Sie schrieb ihrer Mutter einen Brief, in dem sie ihren Gesundheitszustand schilderte und um Verständnis, Vergebung und finanzielle Unterstützung bat. Augusta versprach ihr Geld (das sie allerdings selbst nicht hatte). Mit knapp 19 Jahren trat Medora in ein Kloster in der Bretagne ein, zunächst nur als Gast, aber mit der festen Absicht, allem Weltlichen für immer zu entsagen. Es sollte anders kommen. Medora war wieder schwanger.

In diesem Zustand konnte sie nicht im Kloster bleiben. Sie durfte das Kloster aber auch nicht verlassen, wenn sie nicht riskieren wollte, die finanzielle Unterstützung ihrer Mutter zu verlieren. Zunächst verriet sie niemandem etwas von ihrer Schwangerschaft und hoffte, daß sich ihr Problem durch eine weitere Fehlgeburt von selbst lösen würde. Die Ruhe und Abgeschiedenheit des Klosterlebens taten ihr gut.

Sie hatte keine Fehlgeburt. Und Henry bedrängte Medora, wieder mit ihm zusammenzuziehen. Er freute sich auf das Kind. Er umwarb sie. Er versprach ihr, sich zu ändern. Schließlich gab sie seinem Drängen nach.

Henry mietete ein Wasserschlößchen, das sehr romantisch gelegen, aber feucht und verkommen war. Es wimmelte von Ratten und anderem Ungeziefer; kaum die passende Unterkunft für eine junge schwangere Frau. Durch die Aufregung des Umzugs setzten bei Medora frühzeitig die Wehen ein, und im Mai 1834 gebar sie eine gesunde Tochter, Anne Violette Leigh, die Marie genannt wurde. Medora war glücklich. Sie kümmerte sich voller Hingabe um das kleine Wesen. Henry ging unterdessen auf die Jagd, las beschauliche Bücher und lebte das müßige Leben eines englischen Landadligen, zu dem er erzogen worden war.

Inzwischen aber braute sich neues Unheil über Medora zusammen. Augusta hatte erfahren, daß Medora – ohne ihr davon Mitteilung gemacht zu haben – das Kloster verlassen und ein Kind geboren hatte. Sie schrieb ihrer Tochter wütende Briefe. Medora wußte nicht, was tun, fragte Henry um Rat, und der diktierte ihr schließlich ein Antwortschreiben. Es muß sehr unklug formuliert gewesen sein, denn die Korrespondenz versiegte, die spärlichen Geldsendungen ebenfalls.

Bisher aber hatten Henry und Medora ausschließlich von dem Geld gelebt, das Augusta in unregelmäßigen Abständen an das Kloster geschickt hatte; nun waren sie mittellos. Zudem verliebte sich Henry in eine andere Frau, die er zu sich auf sein Schloß holte. Um Medora zu demütigen, zwang er sie, ihre Nebenbuhlerin zu bedienen, und sie mußte sich fügen.

Das elende Leben, das sie nun führte, begann seine Spuren zu hinterlassen. Im Frühjahr 1838 bekam sie eine Lungenentzündung. Ihr Allgemeinzustand war durch zahlreiche

Fehlgeburten geschwächt. (Medora stellte keine Verbindung her zwischen ihren Fehlgeburten und ihrer Lungenkrankheit, oder wenn sie es tat, so beschwerte sie sich nicht darüber. Eine nicht enden wollende Serie von Schwangerschaften gehörte eben zum natürlichen Schicksal jeder Frau im Viktorianismus. Geburten und Fehlgeburten wechselten sich ab; man sprach nicht einmal über diese Selbstverständlichkeiten.)

Medoras Krankheit war ernst. Es bestand wenig Hoffnung auf Genesung. Ein Arzt, Dr. Carrel, wurde zu Hilfe gerufen. Er pflegte sie monatelang, und schließlich verliebte er sich in sie. Sie erzählte ihm ihre Lebensgeschichte. Sie flehte ihn an, sie vor Henry zu retten. Carrel tat nichts lieber als das.

Im August 1838 verließen Medora und die vierjährige Marie das Schlößchen und suchten sich in Pontivy eine bescheidene Unterkunft. Damit hatte Henry nicht gerechnet. Seine neue Geliebte erschien ihm nun lange nicht mehr so aufregend wie früher. Er wurde rastlos, unzufrieden, zog aus dem Schlößchen aus und ging ebenfalls nach Pontivy.

Im Frühjahr 1839 erkrankte Medora erneut und glaubte, sterben zu müssen. In einem Brief flehte sie ihre Mutter an, für Marie zu sorgen. Augusta änderte daraufhin ihr Testament und hinterließ Marie 3000 Pfund (die sie – gemäß einer Klausel im Vermächtnis von Lord Byron – selbst nur bekommen würde, wenn Augusta Lady Byron überleben würde. Und das sollte nicht der Fall sein.) Zunächst schien wenigstens Maries Zukunft gesichert.

Aber Medora brauchte sofort Geld. Es blieb ihr kein anderer Ausweg, als sich an Lady Byron zu wenden. Lady Byron war reich und gelangweilt. Selbst ihre umfangreichen Wohltätigkeitsprojekte, die Beaufsichtigung des Lovelaceschen Haushalts und die Mehrung ihres ohnehin großen Vermögens vermochten nicht, ihr Interesse auf die Dauer zu fesseln. Durch den Hilferuf von Medora hatte sie endlich wieder etwas, das ihre Phantasie anregte. Sie schrieb Medora einen einfühlsamen Brief und plante sofort eine Frankreichreise.

Als Lady Byron und die nun 26jährige Medora in Tours zusammentrafen, war Lady Byron positiv überrascht von Medoras Charme und von ihrer Eleganz, von ihren guten Manieren, ihrer Hilfsbedürftigkeit und ihrer offensichtlichen Dankbarkeit. Sie änderte sofort all ihre weiteren Pläne und beschloß, Medora selbst zu pflegen. Zunächst nahm sie sie mit nach Paris. Unterwegs erlitt Lady Byron eine Herzschwäche. Wie so oft in ihrem Leben wähnte sie sich plötzlich dem Tode nahe und erzählte Medora, was diese schon längst wußte, nämlich daß ein inzestuöses Verhältnis zu ihrer Geburt geführt hatte.

Lady Byrons Gesundheitszustand besserte sich bald, und auch Medora kam allmählich wieder zu Kräften. Paris war aufregend und stimulierend. Im April gesellten sich dort auch Lord und Lady Lovelace zu ihnen. (Sie waren von Lady Byron hinbeordert worden.) Ada erfuhr erst jetzt von der inzestuösen Beziehung zwischen Byron und Augusta. Allerdings war sie keineswegs erstaunt darüber; sie hatte die Zusammenhänge wohl schon geahnt. Nun hatte sie also plötzlich eine Halbschwester. Medora und Ada verstanden sich auf Anhieb; sie waren sich in vielem ähnlich. Beide waren temperamentvoll, beide hatten Charme, und beide versuchten – auf je unterschiedliche Weise – ihre eigenen Lebensentwürfe gegen die gesellschaftlichen Konventionen ihrer Zeit durchzusetzen.

Medora hatte nun zwar keine finanziellen Sorgen mehr, dafür aber war sie in eine noch unerbittlichere Vormundschaft geraten, als die von Henry jemals gewesen war. Lady Byron besaß wenig Toleranz, mußte in allem ihren Willen durchsetzen und erwartete von Medora unbedingten Gehorsam. Sie bestand darauf, daß Medora keinerlei Kontakt zu Augusta haben dürfe. Lady Byron hatte Augusta – aus verständlichen Gründen – immer gehaßt. Unmittelbar nach der Trennung von Lord Byron hatte Lady Byron versucht, Augusta zu Reue über ihr Verhalten und zu umfangreichen Geständnissen zu bewegen. Es war erfolglos. Augusta liebte Byron ebenso innig wie er sie. Schließlich brach Lady Byron verbittert jeden Kontakt zu Augusta ab. Nun aber hatte das Schicksal Augustas Tochter in die Hände von Lady Byron gespielt, und diese konnte Medora als eine Figur in einem ausgeklügelten Rachefeldzug gegen Augusta einsetzen, dessen Ziel es war, Augusta öffentlich als Rabenmutter bloßzustellen und damit gesellschaftlich zu demütigen. Lady Byrons Rache kam zwar spät, war aber keineswegs ineffektiv. Sie verstand es, ihre Ränke zu schmieden.

Lady Byron überredete Medora, ihre Mutter zu verklagen. Augusta sollte Medora eine Vollmacht über jene 3000 Pfund ausstellen, die für Maries Erziehung bestimmt waren. (Eine solche Vollmacht galt damals als finanzielle Sicherheit, auf die man Hypotheken aufnehmen konnte.) Die nun folgenden juristischen Auseinandersetzungen dauerten noch an, als Lady Byron und Medora im Mai 1841 nach England zurückkehrten und sich gemeinsam in London niederließen. Schließlich zogen Lady Byron und Medora in ein Landhaus in der unmittelbaren Nachbarschaft des Lovelaceschen Guts Oackham Park, und die beiden Schwestern hatten die Gelegenheit, sich näher kennenzulernen. Tagsüber trieben sie gemeinsam Sport, abends wurde musiziert: Medora spielte Klavier, Ada Geige.

Allmählich durchschaute Medora, daß Lady Byron sie als Werkzeug in ihrer Kampagne gegen Augusta mißbrauchte, aber sie war finanziell und wohl auch emotional so vollständig von ihr abhängig, daß sie sich dagegen zunächst nicht wehren konnte. Es belastete sie sehr. Medora wurde wieder krank.

Im Mai 1842, kurz vor dem Verhandlungsbeginn, wurde der Rechtsstreit zwischen Medora und Augusta – zum großen Ärger von Lady Byron – durch einen außergerichtlichen Vergleich beigelegt. Lady Byron zahlte die Kosten.

Je länger Medora bei Lady Byron wohnte, desto stärker wurde ihr Wunsch nach Unabhängigkeit. Sie hatte Heimweh nach Frankreich und beschwor Lady Byron, sie zurückgehen zu lassen. Und nachdem Lady Byrons Rachefeldzug beendet war, hatte sie kein Interesse mehr an Medoras weiterem Schicksal. Gemeinsam wurde beschlossen, daß Medora und Marie von nun an an der französischen Riviera leben sollten. Lady Byron versprach, die Reisekosten zu tragen, ihr ein Dienerpaar zur Verfügung zu stellen und 150 Pfund pro Jahr für ihren Lebensunterhalt zu zahlen. Aber das Arrangement hatte seine Probleme. 150 Pfund waren keineswegs ausreichend für einen Haushalt von vier Personen. Und Lady Byron schickte das Geld nicht Medora, sondern der Dienerin Nathalie Beaurepaire, die ihr zusammen mit detaillierten Abrechnungen auch Berichte über das Verhalten von Medora zu liefern hatte. Nathalie (und nicht etwa Medora) bekam die Bankvollmacht.

Im Juli 1842 erreichte die Reisegruppe die Riviera, erschöpft und ohne Geld.[37] Lady Byron schickte ihre Unterstützung in spärlichen Raten und nur, wenn Nathalie ihr Positives über Medoras Lebenswandel berichtet hatte. Die Schuldenlast wurde unerträglich.

Medora beschloß, nach Paris zu ziehen und dort den bekannten Rechtsanwalt Monsieur Antoine Berryer mit der Wahrung ihrer Interessen zu beauftragen. Damit aber verärgerte Medora Lady Byron, denn Teil der Abmachung war, daß Medora in Südfrankreich bleiben und weder juristische noch finanzielle Hilfe von Dritten annehmen solle. Zudem sah sich Medora gezwungen, wochenlang in Paris in einem Hotel zu wohnen, ohne je die Rechnung bezahlen zu können. Und das alles nur für die vage Hoffnung, durch den Rechtsanwalt eine Verbesserung ihrer Situation zu erreichen. Berryer unternahm nichts.

Wohl aber Lady Byron: Sie schickte Dr. King nach Paris. Dr. King war – was Medora nicht wußte – Direktor einer Irrenanstalt in Sussex und hatte sie in geheimer Mission auf ihre psychische Gesundheit hin zu untersuchen. Sein Urteil lautete, Medora sei völlig normal, sie litte nur unter »einem gewissen selbstgenügsamen und unbeugsamen Charakterzug, und sie (sei) zu stolz und zu willensstark, um sich irgendeiner Kontrolle zu unterwerfen«.[38]

Vor ihrer Abreise aus England hatte Medora die Urkunde, die Marie 3000 Pfund sichern würde (und die durch den Vergleich im Rechtsstreit in Medoras Besitz gelangt war), im Safe von Lord Lovelace hinterlegt und bei Lady Byron eine Schatulle mit wichtigen Dokumenten und Briefen. Berryer riet ihr dringend, diese Dokumente zurückzufordern. Lord Lovelace weigerte sich, die Papiere mit der Post zu schicken. Daraufhin reiste Medoras Dienerin Nathalie nach England, um die Papiere zu holen. Die Berichte, die Medora im folgenden aus England bekam, waren höchst alarmierend. Offensichtlich nutzte Nathalie die verworrene Situation zu ihrem eigenen Vorteil aus. Medora wußte nicht mehr ein noch aus.

Da tauchte plötzlich ein gewisser Captain Barrallier in Paris auf, den Medora in Südfrankreich kennengelernt hatte und der – wie so viele andere – ihrem Charme erlegen war. Medora vertraute ihm ihre Lebensgeschichte an. Barrallier war entzückt von der Aussicht, Medora beschützen und ihre Interessen vertreten zu dürfen. Im Sommer 1843 reisten sie zusammen nach England.

Lady Byron war überzeugt davon, daß Medora wahnsinnig sei. Auch Dr. Kings gegenteiliges Urteil konnte sie nicht von ihrer Meinung abbringen. Sie strich Medora die jährliche Unterstützung und wollte nichts mehr mit ihr zu tun haben. Alle Verhandlungs- und Vermittlungsversuche erwiesen sich als zwecklos.

Medoras Situation war nun äußerst prekär. Ihr Dienerpaar hatte inzwischen begonnen, Medoras gesamte Verwandtschaft zu erpressen. Man machte Medora dafür verantwortlich. Sie schrieb pausenlos Briefe, flehte alle möglichen Leute um Hilfe an, beschuldigte Lady Byron des Wortbruchs und Augusta des Geizes; sie fühlte sich in ihrem Elend völlig alleingelassen und von ihrer Familie verstoßen.

Medora war verzweifelt. Sie wußte sich nicht anders zu helfen, als erneut einen Rechtsanwalt zu Rate zu ziehen, einen gewissen Thomas Smith. Der Zufall wollte es, daß Smith ein glühender Bewunderer und Verehrer von Lord Byron war. Die beiden hatten sich 1823 in Korfu kennengelernt und prächtig verstanden. Sie hatten anregende Gespräche geführt und gemeinsame Spaziergänge unternommen. Als nun Byrons Tochter Smith um Hilfe im Kampf gegen ihren Familienclan bat, setzte er Himmel und Hölle in Bewegung, um ihr zu helfen. Er erreichte, daß Lord Lovelace die für Medora so wichtige Urkunde herausgab. Und er überredete Medora, ihre Lebensgeschichte aufzuschreiben. Sie schickte die »kurze Skizze eines langen, elenden und sorgenvollen Lebens«[39] an zahlreiche Verwandte und Bekannte. Der Duke of Leeds sandte ihr daraufhin zehn Pfund. Sonst kamen keinerlei Reaktionen. Als Medora ihre Mutter besuchen wollte, wurde sie von der Tür gewiesen. Alle ihre Briefe wurden ignoriert.

Schließlich schritt sie zum Äußersten und verpfändete im Mai 1844 die Urkunde, die die Erziehung von Marie sichern sollte. Mit dem Geld, das sie dadurch erhielt, zahlte sie ihre Schulden, verließ gegen Ende des Jahres England für immer und zog wieder nach Südfrankreich. Jetzt hatte sie endlich die Unabhängigkeit, nach der sie sich so gesehnt hatte.

Auch ihr zweiter Wunsch ging in Erfüllung. Im August 1848 heiratete sie den französischen Soldaten Jean-Louis Taillefer, dem sie im Januar 1847 einen gesunden Sohn,

Jean-Louis Elie (genannt Elie), geboren hatte. Die Ehe soll sehr glücklich gewesen sein. Und Medora wurde gesellschaftlich anerkannt, immerhin war sie die Tochter des Dichters Lord Byron und obendrein die einzige in der Stadt, die ein Klavier besaß. Bereits ein Jahr nach der Hochzeit starb Medora an Pocken.[40]

Coda

Zwei rote Fäden ziehen sich durch die Lebenswege von Ada und Medora – so unterschiedlich sie auch waren: Ihr Mangel an Geld und ihre ständig neuen Versuche, alternative Lebensentwürfe gegen die ihnen vorgezeichnete Frauenrolle durchzusetzen.

Finanzielle Unabhängigkeit ist eine unabdingbare Voraussetzung dafür, ein kreatives und selbstbestimmtes Leben führen zu können. Diese Einsicht ist allgemeingültig und somit abgelöst von den konkreten historischen Gegebenheiten, in die Byrons Töchter hineingeboren wurden.[41] Virginia Woolf hat in ihrem bereits 1928 geschriebenen Essay *A Room of One's Own* einen eigenen, privaten Bereich und ein geregeltes Einkommen – Errungenschaften, die in Woolfs schlagwortartiger Forderung nach »einem Zimmer für sich allein« und »500 im Jahr« impliziert sind – als die notwendigen Voraussetzungen für weibliche Kreativität herausgestellt. Das Schicksal von Byrons Töchtern könnte als Negativbeispiel Woolfs Argumentation stützen, wohingegen Lady Byrons Leben ein Exemplum dafür wäre, wie autonom finanziell abgesicherte Frauen zu handeln vermögen. (Lady Byrons persönliche Macht über die Menschen ihrer Umgebung war eine direkte Konsequenz ihres immensen Reichtums, den sie ererbt hatte und der nach dem Tod von Lord Byron an sie zurückgefallen war.)

Adas und Medoras je unterschiedlicher Kampf gegen gesellschaftliche Konventionen allerdings ist historisch bedingt und nicht loszulösen von der spezifischen Situation in England in der Mitte des 19. Jahrhunderts, einer Zeit, in der Frauen so wenig Selbstbestimmungsrecht zugestanden wurde wie sonst nur selten in der Geschichte. Ihr Lebensraum war eng. Sie waren eingeschnürt, nicht nur metaphorisch (in das herrschende Normensystem und in die juristischen Bestimmungen), sondern auch tatsächlich (man muß sich nur bestimmte Details ihres Alltagslebens – wie beispielsweise ihre Kleidung – vor Augen führen). Eingeschnürt waren Ada und Medora aber auch durch ihre Symptome, durch die nicht enden wollende Abfolge ihrer Krankheiten, in denen sie die Widersprüchlichkeit ihrer jeweiligen Existenz körperlich austrugen. Gleichzeitig sind diese Krankheiten Teil jener roten Fäden, die sich durch das Leben von Ada und Medora zogen und durch die sie gefesselt wurden: Weder Ada noch Medora hatten Geld, um Heilung, Abenteuer und Kultur in den südeuropäischen Heilbädern zu suchen; und die Frequenz ihrer Schwangerschaften ist typisch für Frauenschicksale im Viktorianismus.

Es sollte lange dauern, bis die starren gesellschaftlichen Normen des viktorianischen Zeitalters in England allmählich wieder durch liberalere Ansichten relativiert wurden. Aber noch die Generation vor den Byron-Töchtern, die Generation von Lord Byron selbst, war geprägt durch die Geistestraditionen der Romantik, in der alle durch Religion und Gesellschaft vorgeschriebenen Verhaltensweisen ständig kritisch hinterfragt und sämtliche Autoritäten sofort der Tyrannei verdächtigt wurden. Ein Generationenkonflikt besteht normalerweise im Kampf zwischen konservativen Eltern und radikalen Kindern. In der ersten Hälfte des 19. Jahrhunderts hingegen entstand eine Schicht von hart arbeitenden, ernsthaften, rechtschaffenen und erschreckend konservativen jungen Leuten, die sich voller Abscheu und moralischer Entrüstung vom verantwortungslosen Libertinismus ihrer Eltern abwandten. Gleichzeitig mißbilligten sie die progressiven Ideen der englischen Romantik, in der es zum guten Ton gehört hatte zu rebellieren. Damals war die Sehnsucht nach einer humaneren Welt allumfassend gewesen; Individualismus, Atheismus, Freiheit und Auflehnung hatten als Tugenden gegolten.

Ada und Medora wurden nicht zu früh geboren, allenfalls zu spät. In ihrem Drang, alternative Lebensentwürfe durchzuspielen, gehörten sie der Gedanken- und Vorstellungswelt der Romantik an. Zur Jahrhundertwende hätten sie ihre – trotz aller Unterschiedlichkeit – ähnlich unkonventionellen Lebenskonzepte gegen geringere Widerstände von seiten der Umwelt realisieren können. In der Generation ihres Vaters wären sie glücklicher gewesen.[42]

1812 Veröffentlichung von Lord Byrons Gedicht *Childe Harold's Pilgrimage*
1814 Geburt von Medora (am 15. April)
1814 Heirat von Lord Byron und Annabella Milbanke
1815 Geburt von Ada (am 10. Dezember)
1815 Trennung von Lord und Lady Byron
1816 Lord Byron verläßt England für immer
1816 Lord Byron, Claire Clairmont, Mary Godwin und Percy Shelley verleben einen Sommer in der Schweiz
1816 Heirat von Mary Godwin und Percy Shelley
1817 Geburt von Allegra (am 12. Januar)
1818 Allegra wird von den Shelleys nach Venedig gebracht
1821 Allegra kommt ins Kloster
1822 Allegra stirbt (am 20. April)
1824 Lord Byron stirbt in Griechenland (am 19. April)
1826 Heirat von Georgina Leigh und Henry Trevanion
1829 Medora zieht zu Georgina und Henry nach Canterbury
1830 Geburt von Medoras erstem Sohn
1831 Medora und Henry Trevanion fliehen nach Frankreich
1833 Ada wird bei Hof vorgestellt, in die Gesellschaft eingeführt und lernt Charles Babbage kennen
1834 Geburt von Medoras Tochter Anne Violette Leigh, genannt Marie
1835 Heirat von Ada Byron und William Lord King (später Lord Lovelace)
1836 Geburt von Adas Sohn Byron
1837 Victoria (1819–1901) wird Königin
1837 Geburt von Adas Tochter Anne Isabella
1838 Medora trennt sich von Henry Trevanion
1839 Geburt von Adas Sohn Ralph
1841 Medora und Ada lernen sich (in Paris) kennen
1843 Adas wissenschaftliche Arbeit wird veröffentlicht
1844 Medora verläßt England für immer
1847 Geburt von Medoras Sohn Jean-Louis Elie
1848 Heirat von Medora Leigh und Jean-Louis Taillefer

1849 Medora stirbt (am 28. August)
1852 Ada stirbt (am 27. November)
1857 *Matrimonial Causes Act* (das zivile Scheidungsgesetz) tritt in Kraft
1860 Lady Byron stirbt
1870 *Married Woman's Properties Act* tritt in Kraft – verheiratete Frauen dürfen erstmals über ihr Vermögen selbst verfügen

ANMERKUNGEN

1 Das englische Adjektiv *byronic* hat zwei Bedeutungen: es kann 1. einen bestimmten Sprachstil und 2. umfangreiche sexuelle Aktivitäten bezeichnen.

2 Augustas Mutter war Lady Carmathen, eine schöne und reiche Frau, die den Duke of Leeds geheiratet und ihm drei Kinder geboren hatte, bevor sie schließlich mit Captain John Byron (Lord Byrons Vater) durchbrannte. Der Duke ließ sich scheiden, John Byron heiratete die Baroneß, sie brachte Augusta zur Welt und starb. John Byron heiratete daraufhin eine weitere reiche Erbin, Catherine Gordon of Gight. Bald nach der Geburt ihres Sohnes, des späteren Lord Byron, trennte sich John Byron von ihr. Augusta Leigh und Lord Byron lernten sich erst als Erwachsene näher kennen.

3 Ihr Ehemann war ein Cousin ersten Grades, der Sohn von John Byrons Schwester. Auch John Byron (der Vater von Lord Byron und Augusta Leigh) und seine Schwester (die Mutter von Colonel Leigh) hatten ein inzestuöses Verhältnis gehabt, aus dem aber – soweit bekannt ist – kein Kind hervorgegangen ist.

4 Nach der damaligen Rechtsprechung bestand die einzige Möglichkeit, wie eine *Frau* ihre Ehe auflösen konnte, darin, mit einem Liebhaber – vorzugsweise nach Frankreich – durchzubrennen. (Augustas Mutter hatte diesen Weg gewählt.)

5 Brief vom 18. Okt. 1812 an Lady Melbourne, *Byron's Letters and Journals*, vol 2, p. 231.

6 Um die Orientierung in den vielfältig verzweigten Lebenswegen der Byrons zu erleichtern, habe ich dem Aufsatz eine Zeittafel mit einer Chronologie der wichtigsten Eckdaten angefügt (cf. p. 198f.).

7 Claire war die Tochter von Godwins zweiter Frau und deshalb weder mit Mary Wollstonecraft (Godwins erster Frau und der Autorin von *A Vindication of the Rights of Woman*) noch mit Mary Shelley (der Tochter von Wollstonecraft und Godwin und Autorin von *Frankenstein*) blutsverwandt.

8 Shelley und der sich um ihn scharende Kreis von Romantikern (zu denen auch Byron zählte) waren die geistigen Erben des ausgehenden 18. Jahrhunderts. Ihr Denken war durch die Revolutionen in Amerika und Frankreich inspiriert: Sie beharrten auf dem Selbstbestimmungsrecht des Individuums; politisch setzten sie sich für progressive Reformen ein. Ihr Sinn für Freiheit und intellektuelle Unabhängigkeit erforderte, daß auch die Rolle von Frauen neu definiert wurde. Und eine ganze Generation von Schriftstellerinnen schrieb im Geist der englischen Romantik: M. Wollstonecraft, D. Wordsworth und M. Shelley sind die bekanntesten. All diese Autoren und Autorinnen drückten immer wieder ihre Revolte gegen klassische Formschemata, autoritäre Regierungen und konservative Moralvorstellungen aus.

9 Und Lady Byron schmiedete Komplotte, die es ihr ermöglichten, all diese Briefe zu lesen, abzuschreiben und weiter zu verschicken.

10 Kurz nachdem Harriet, Shelleys erste Frau, Selbstmord begangen hatte, hatten Mary und Shelley geheiratet. Ihre Heirat stieß im Zirkel ihrer freidenkenden Freunde (cf. Anmerkung 8) auf erbitterte Ablehnung. Ihre gesellschaftlich nicht sanktionierte Liaison war zuvor ebenso heftig kritisiert worden.

11 In einem Brief an Augusta vom 30. Aug. 1811 hatte Byron zum Thema »Kinder« folgendes geschrieben: »Ich weiß nicht, was Scrope Davies gemeint hat, als er Dir erzählte, ich mag Kinder. Ich hasse ihren bloßen Anblick ...« *Byron's Letters and Journals*, vol 2, p. 84. (Alle Übersetzungen der englischen Originalzitate stammen von mir.)

12 Brief vom 25. März 1818, *Byron's Letters and Journals*, vol 6, p. 25.

13 Sie sollte eine italienische Schulbildung bekommen. Eine Klostererziehung würde – so meinte Byron – ihr eine keinesfalls zu weitreichende Ausbildung geben und sie vor allem zu einer guten Katholikin machen. Sein Wunsch war, daß sie früh heiraten solle, aber keinen Engländer, sonst (das hatte er testamentarisch festgelegt) würde er sie enterben.

Am 1. März 1821 kam Allegra nach San Giovanni Battista in Bognacavallo, einem Kapuzinerkloster armer Schulschwestern. Byron hatte Allegra großzügig mit Dienerinnen, Möbeln, Kleidung und Spielsachen ausgestattet und dem Kloster kostbare Geschenke gemacht. Das Kloster lag ungefähr 20 km von Ravenna entfernt neben ausgedehnten Sümpfen, war deshalb sehr kalt (nicht einmal im Winter wurde ein Feuer gemacht), und in regelmäßigen Abständen wurde es von Fieberepidemien heimgesucht. Die Verpflegung war dürftig, und das Leben im Kloster war karg und freudlos.

14 Zitiert nach Origo, p. 69.

15 Shelley hingegen besuchte Allegra im Kloster, schenkte ihr Süßigkeiten und ein goldenes Kettchen und spielte mit ihr. Er war entsetzt darüber, wie wenig Nützliches sie gelernt hatte. Detaillierte Kenntnisse besaß sie nur auf dem Gebiet der Heiligengeschichten. Claire schrieb daraufhin mehrere Briefe an Byron, in denen sie ihn um Erlaubnis bat, Allegra sehen zu dürfen und ihn anflehte, Allegra aus dem Kloster zu nehmen. Byron machte sich nicht einmal die Mühe zu antworten, und Claire schmiedete Pläne für eine Entführung. Vor allem die festungsartige Klosteranlage bereitete dabei Probleme. Die Ausführung von Claires Entführungsplänen zog sich jedenfalls hin.

16 Claire war völlig gebrochen. Sie konvertierte zum katholischen Glauben, wurde Gouvernante (u.a. in Rußland, Italien und Paris) und blieb unverheiratet. Wegen ihrer Verbindungen zu den Shelleys und zu Byron begannen sich bald Legenden um sie zu ranken. Man glaubte, sie besitze wertvolle Briefe und Dokumente der inzwischen berühmt gewordenen Romantiker. Das erwies sich zwar als falsch, aber aufgrund dieser Gerüchte nahm Henry James sie zum Vorbild für die Protagonistin seines Romans *The Aspern Papers*. Claire starb 1879 im Alter von 81 Jahren.

17 Brief vom 12. Okt. 1823 an Augusta, *Byron's Letters and Journals*, vol 11, p. 47.

18 Adas Erziehung kann somit interpretiert werden als eine extreme Reaktion gegen die poetischen Ambitionen des Vaters, in denen er – der romantischen Tradition folgend – seiner Unzufriedenheit mit der politischen Situation Englands und seiner Sehnsucht nach einer humaneren Welt Ausdruck verlieh (cf. Anmerkung 8). Für Lady Byron waren Lord Byrons lyrische Ergüsse ganz offensichtlich un-

trennbar verbunden mit seiner unkonventionellen Lebensführung und mit seinen sexuellen Ausschweifungen.

19 Adas Ausbildung ist nicht ungewöhnlich. Es war üblich, daß die wohlhabenden Schichten die Erziehung ihrer Kinder bis ins Detail selbst bestimmten und überwachten. Mill beispielsweise (ein Zeitgenosse von Ada) konnte schon mit drei Jahren Griechisch, Latein lernte er etwas später, und mit zehn Jahren las er philosophische Werke, deren Thesen er mit seinem Vater auf ihren täglichen gemeinsamen Spaziergängen diskutierte. John Stuart Mill wurde zu früh und zu rigoros in Logik geschult, Ada in Mathematik. Es ist typisch, daß die Ausbildung jeweils sehr eindimensional ausgerichtet war und die Interessengebiete der Eltern spiegelt. Für Frauen (selbst des Hochadels) war eine derart harte Schulung nicht unbedingt das Normale. Aber Ada war (wie auch ihre Mutter) ein Einzelkind, bekam deshalb die ungeteilte Aufmerksamkeit ihrer Bezugspersonen, und die Liebe zur Mathematik wollte Lady Byron unbedingt an sie weitergeben.

20 Adas Mutter zeigte zwar Verständnis für den wissenschaftlichen Ehrgeiz ihrer Tochter (den sie ja selbst geweckt hatte), aber ihre eigenen Ambitionen gingen bald in eine andere Richtung. Sie wollte ihre Tochter unbedingt bei Hof präsentieren und somit in die Gesellschaft einführen. Dazu mußte Ada tanzen lernen, Anstandsunterricht nehmen und endlos Kleider anprobieren. Mit der Ruhe und Ungestörtheit, die sie während ihrer Krankheit genießen konnte, war es nun vorbei. Das Leben einer jungen Adligen und das einer Mathematikerin schienen sich nur schwer miteinander vereinbaren zu lassen.

21 In den Augen der Gesellschaft, insbesondere aber in den Augen von Lady Byron, war das eine brillante Verbindung. Die Kings waren eine alte und angesehene Familie mit beachtlichem Grundbesitz.

22 Lady Byron ging im wesentlichen zwei Beschäftigungen nach: der Wohltätigkeit und der Selbstrechtfertigung. Insbesondere nachdem 1830 die erste Biographie Byrons, Thomas Moores *Life*, erschienen war, schrieb sie unzählige Briefe und Berichte über ihre Ehe. Sie zog fast alle ihre Bekannten ins Vertrauen, auch Harriet Beecher-Stowe (die Autorin von *Uncle Tom's Cabin*). Stowe veröffentlichte 1870 (also nach Lady Byrons Tod) den Inhalt ihrer Gespräche

unter dem Titel *Lady Byron Vindicated*. Stowes ebenso sentimentale wie infame Indiskretionen verursachten einen Skandal. Adas Sohn Ralph Milbanke, Earl of Lovelace, sah sich daraufhin gezwungen, ebenfalls ein Buch zu schreiben (*Astarte. A Fragment of Truth Concerning George Gordon, Sixth Lord Byron*), in dem er (vergeblich) den Ruf seiner geliebten Großmutter zu retten versuchte.

23 Ihre Briefe (die, die sie schrieb ebenso wie die, die sie erhielt) sind alle erhalten; das Leben von Lady Byron ist eines der bestdokumentierten des 19. Jahrhunderts.

24 Zitiert nach Moore, p. 76.

25 Als das United States Department of Defense 1975 anordnete, eine Computersprache zu entwickeln, auf die im Kriegsfall die unterschiedlichsten Computer sofort programmiert werden können, nannte man diese Sprache »Ada«. Das war alles, was bis vor kurzem noch an Adas Pionierleistung auf diesem Gebiet erinnerte. Im Zug der Diskussionen um Hymans Babbage-Biographie ist allerdings (insbesondere in England) das Interesse an der Person von Lady Lovelace erwacht.

26 Sowohl ihr Vater als auch ihre Mutter hatten ein neurotisches Verhältnis zum Essen. Byron war bekannt dafür, daß er wochenlang Freßorgien feierte und danach gewaltsame Abmagerungskuren machte, unter denen er sehr litt. Lady Byron ließ sich nach jedem Essen auf den See hinausrudern, um sich dort unbeobachtet erbrechen zu können.

27 Cf. hierzu Hilde Bruch, *Der goldene Käfig. Das Rätsel der Magersucht*, Frankfurt: Fischer, 1982.

28 Und das, obwohl der Viktorianismus eine Zeit war, in der Frauen ständig Kopfweh hatten und auf Sofas herumlagen. Dieses Verhalten war gesellschaftlich akzeptabel. Da aber Ada ihren Kopf zu etwas anderem als für Migräne benützen wollte, wurde – jedenfalls in den Augen von Lady Byron und Lord Lovelace – ihr Familienleben beeinträchtigt. Offensichtlich war die viktorianische Familienstruktur nicht flexibel genug, um andere Lebensentwürfe von Frauen integrieren zu können.

29 Der älteste Sohn beispielsweise lief wiederholt von zu Hause fort; er nahm den Namen John Okey an und fuhr als einfacher Matrose zur See, später arbeitete er als Zimmermann. Er starb bereits mit 26 Jahren.

Adas Tochter Lady Anne Isabella Noel King (1837–1917) war als einziger von Byrons weiblichen Nachkommen ein glückliches, langes und erfülltes Leben vergönnt. Sie war Linguistin und heiratete mit fast 32 Jahren (was für die damalige Zeit sehr spät war) den Dichter, Diplomaten und Freiheitskämpfer Wilfrid Scawen Blunt, den eine ähnlich romantische Aura umgab wie seinerzeit ihren Großvater Lord Byron. Gemeinsam unternahmen die Blunts ausgedehnte und höchst abenteuerliche Forschungsexpeditionen durch Algerien, Palästina und Indien. Ein arabischer Emir schenkte ihnen wertvolle Zuchtpferde, und Anne – die von ihrer Mutter die Leidenschaft für Pferde geerbt hatte – begann auf ihrem Landsitz Crabbet in Sussex eine Pferdezucht, die es bald zu Weltruhm brachte. Anne spielte, ebenso wie ihre Mutter, gerne Geige; sie besaß eine berühmte Stradivari (die heute noch *The Lady Blunt* genannt wird). In Crabbet führte sie außerdem einen literarischen Salon, in dem viele Berühmtheiten der damaligen Zeit ein- und ausgingen. Anne hatte eine Tochter, Judith Anne Dorothea Baroneß Wentworth. (Lady Wentworth ging in die Literaturgeschichte ein als eine exzentrische *grande dame*, die den gesamten unveröffentlichten Byron-Nachlaß besaß und gut verschlossen hielt. Sie kümmerte sich nur um Pferdezucht. Jahr für Jahr wehrte sie die zahlreichen Byron-Biographen ab. Erst Doris Langley Moore gelang es, zu dem umfangreichen und vollständig erhaltenen Briefwechsel von Byron und seinen Nachfahren Zutritt zu erhalten.)

Lady Blunt kämpfte gegen die englische Kolonialherrschaft, gegen Ungerechtigkeit und für den Frieden. Sie erwarb fundierte Kenntnisse über die arabische Welt und schrieb Bücher, die sich heute noch großer Beliebtheit erfreuen. Ihre Themen waren die Pferdezucht, ihre Reisen und Arabien. Die bekanntesten ihrer Werke sind *The Bedouin Tribes of the Euphrates* (2 vols, 1879) und *A Pilgrimage to Nedj* (2 vols, 1881). Bis ins hohe Alter war Anne gesund, sportlich und aktiv. Jeden Tag machte sie ihre Ausritte. Sie starb mit 80 Jahren in Kairo.

30 Harriet Taylor und John Stuart Mill, George Eliot und George Lewes, Mary Godwin und Percy Shelley, Charles Babbage und vielen anderen gelang es immer wieder, das Angenehme mit dem Nützlichen zu verbinden und auf ausgedehnten Europareisen Kultur ebenso wie die Segnungen der Heilbäder in sich aufzunehmen.

31 Laut Gesetz waren verheiratete Frauen keine Rechtspersonen, sondern gehörten – ebenso wie die gemeinsamen Kinder – zum Besitz des Mannes. Zudem durften sie selbst kein Vermögen haben oder verwalten. Lady Byron war – als einziges Kind – die Alleinerbin eines beachtlichen Vermögens, das bei ihrer Heirat Lord Byron überschrieben wurde. Und Lord Byron konnte auch nach der Trennung darüber frei verfügen. Erst mit Byrons Tod im Jahr 1824 erlangte Lady Byron das Recht, ihr eigenes Erbe anzutreten. Die Verhandlungen über den Ehevertrag von Lord und Lady Byron hatten sich vor allem deshalb so lange hingezogen, weil detailliert festgelegt werden sollte, was mit dem Milbankeschen Vermögen zu geschehen habe. (Die Notwendigkeit dazu ergab sich aus der Tatsache, daß keinerlei männliche Erben vorhanden waren, nicht einmal in Seitenlinien.) Lord Byron selbst besaß außer dem Titel – der ihm im Alter von acht Jahren von einem Onkel vererbt wurde – nur das zum Titel gehörende Landgut Newstead Abbey. Es war schon zu Byrons Lebzeiten eine Ruine, und er sah sich später gezwungen, es zu verkaufen, um Bargeld für seine Reisen zu bekommen.

32 Elizabeth Medora wollte Medora genannt werden. Das ist der Name der Heldin in Byrons Gedicht »The Corsair«. Byron hatte dieses romantische Gedicht verfaßt, als er im Januar 1814 zusammen mit der mit Medora schwangeren Augusta auf seinem Familiensitz Newstead Abbey wochenlang eingeschneit war.

33 Von Charles Dickens ist beispielsweise bekannt, daß er zutiefst unglücklich war, als Catherine Dickens Schwester, Mary Hogarth, die bei ihnen gelebt hatte, plötzlich und unerwartet starb. Die Dickens nahmen daraufhin Georgina Hogarth, eine andere Schwester von Catherine, zu sich. Sie sollte zeit ihres Lebens bei den Dickens wohnen. Ein ähnliches Arrangement hatten auch die Shelleys und Claire Clairmont. Meistens erwies sich diese Konstellation als sehr stabil und ermöglichte den Betreffenden größere Entfaltungsmöglichkeiten als eine Partnerschaft zwischen nur zwei Personen.

34 Zitiert nach Strickland, pp. 166f.

35 Offensichtlich wurde dadurch die Stabilität der so beliebten Dreierkonstellation erwachsener Personen in einem Haushalt – einem Mann, seiner Ehefrau und deren Schwester – gewährleistet.

36 Nach der damaligen Gesetzgebung konnte eine Ehe durch zwei

Instanzen geschieden werden: entweder durch ein kirchliches Gericht oder durch Parlamentsbeschluß. Das kirchliche Gericht konnte eine Ehe auflösen, wenn sie mindestens drei Jahre bestanden hatte, aber nicht vollzogen worden war. (Beispielsweise ließ Effie Ruskin 1854 ihre siebenjährige Ehe von einem kirchlichen Gericht aufgrund von John Ruskins »unheilbarer Impotenz« annullieren.) Diese Möglichkeit stand Henry und Georgina nicht offen.

Einen Parlamentsbeschluß herbeizuführen war äußerst langwierig, kostspielig und hatte kaum Aussicht auf Erfolg. Für Männer war Ehebruch akzeptabel und galt nicht als Scheidungsgrund. (Obwohl Percy Shelley und Mary Godwin gemeinsam durch Europa gereist waren, konnte sich Shelley aufgrund dessen nicht von seiner Frau scheiden lassen.) Für Frauen hingegen war Ehebruch sehr wohl ein Scheidungsgrund. (Die Mutter von Augusta Leigh wurde ohne weiteres geschieden, als sie mit John Byron durchbrannte.) Aber der betreffende Ehemann mußte die Scheidung sofort einreichen; wenn er – wie George Lewes – zu lange wartete, konnte er nicht mehr geschieden werden. (Lewes Frau brachte vier Kinder von Leigh Hunt zur Welt, zwei davon mit nur 14 Tagen Abstand von der Niederkunft von Leigh Hunts Ehefrau.) George Eliot und George Lewes konnten deswegen nicht heiraten.

Die Ablehnung von Henrys Scheidungsgesuch wurde mit seinem Inzest begründet.

Erst 1857, mit dem *Matrimonial Causes Act*, wurde in England die zivile Ehescheidung eingeführt. Gleichzeitig wurde auch ein spezielles Gericht geschaffen, das nur über Scheidungsverfahren zu urteilen hatte. Bis zum Ersten Weltkrieg wurde dieses neue Gesetz nur sehr selten in Anspruch genommen. Auch nach dem Inkrafttreten des *Matrimonial Causes Act* konnte sich eine Frau nicht einfach wegen eines Ehebruchs ihres Mannes scheiden lassen. Sie mußte noch weitere Gründe (wie Grausamkeit, Unzucht etc.) angeben können.

37 Über die Reiseroute nach Südfrankreich war es zu ernsthaften Auseinandersetzungen zwischen Lady Byron und Medora gekommen. Medora wollte unbedingt über Paris fahren, da sich dort – was Lady Byron nicht wußte – ein französischer Offizier aufhielt, von dem sich Medora erhoffte, daß er sie heiraten würde. Unabhängigkeit und eine gesellschaftlich akzeptable Heirat wurden immer

wichtiger für sie. Lady Byron ordnete an, daß sie direkt, ohne den Umweg über Paris, nach Südfrankreich zu reisen habe. Medora fuhr über Paris. Aus der ersehnten Heirat wurde nichts.

38 Zitiert nach Strickland, p. 181.

39 Zitiert nach Strickland, p. 184. Medora wollte ihre Autobiographie keinesfalls veröffentlichen. Sie war nur für ihre Familie gedacht. Aber 20 Jahre nach ihrem Tod überredete Smith den Dichter Charles Mackay, ihre Aufzeichnungen zu edieren und zu publizieren. Medoras Autobiographie heizte die Skandale, die sich um Harriet Beecher-Stowes Enthüllungen rankten, noch weiter an (cf. Anmerkung 22).

40 Marie war zu dem Zeitpunkt 15 Jahre alt und völlig mittellos. Sie verdingte sich als Landarbeiterin, schließlich wurde sie ins Kloster St. Germain-en-Laye aufgenommen, wo sie eine Ausbildung erhielt. 1855 wandte sie sich mit der Bitte um finanzielle Unterstützung an Lady Byron, die jedoch jede Hilfe versagte.

Über den weiteren Lebensweg von Marie gibt es keine Übereinstimmung in den diversen Biographien. Nach Moore ist sie früh gestorben. Manchmal wird behauptet, daß Marie John J. Lewis, den Bischof von Toronto und späteren Erzbischof von Ontario geheiratet und sich durch Hilfsbereitschaft und Wohltätigkeit um die Armenfürsorge verdient gemacht habe. Und Turney meint, Marie sei Nonne geworden, habe den Namen Schwester Saint-Hilaire angenommen und sei erst 1873 gestorben.

41 Das historisch Spezifische an ihrer Situation besteht darin, daß verheiratete Frauen in England erst lange nach Adas und Medoras Tod (nämlich 1870 mit dem *Married Woman's Properties Act*) das Recht erhielten, über ihr eigenes Vermögen selbst verfügen zu können (cf. Anmerkung 31).

42 Ich möchte Sylvia Braun und Anna Maria Stuby für ihre wertvollen Kommentare zu einer ersten Fassung dieses Aufsatzes danken. Meine Überlegungen zu den Möglichkeiten und Grenzen von Frauenleben im England des 19. Jahrhunderts wurden außerdem stark beeinflußt durch zwei stimulierende, kenntnisreiche und spannende Bücher: Phyllis Rose, *Parallel Lives. Five Victorian Marriages*, Harmondsworth: Penguin, 1985; und Diane Johnson, *The True History of the First Mrs. Meredith and Other Lesser Lives*, London: Heinemann, 1973.

Byron's Letters and Journals, vols 1–12, Leslie A. Marchand (ed), London: John Murray, 1973–1982.

Elwin, Malcolm, *Lord Byron's Family. Annabella, Ada and Augusta 1816–1824*, London: John Murray, 1975.

Hyman, Anthony, *Charles Babbage. Pioneer of the Computer*, Oxford: Oxford Univ. Pr., 1984.

Leigh, Medora, *A History and an Autobiography*, Charles Mackay (ed), London: Bentley, 1869.

Marchand, Leslie A., *Byron: A Biography*, vols 1–3, London: John Murray, 1957.

Moore, Doris L., *Ada Countess of Lovelace. Byron's Legitimate Daughter*, London: John Murray, 1977.

Origo, Iris, *Allegra*, London: Hogarth, 1935.

Stein, Dorothy K., »Lady Lovelace's Notes: Technical Text and Cultural Context«, *Victorian Studies* 28, 1984, pp. 33–67.

Strickland, Margot, *The Byron Women*, London: Peter Owen, 1974.

Turney, Catherine, *Byron's Daughter: A Biography of Elizabeth Medora Leigh*, New York: Scribner's, 1972.

GISELA VON ARNIM

1827–1889

»Sie ist wie ein Felsen ... und ich bin nur die Ranke darum«[1] *oder* Der Märchenaufstand

Von Ruth-Ellen Boetcher Joeres

Gisela von Arnim.

1. Einleitung: Die Welt des romantischen Märchens, leicht verspätet

Es war einmal ein kleines Mädchen, hineingeboren in eine angenehme, anregende und komfortable bürgerliche Welt. Der Name ihrer Eltern war gleichbedeutend mit der deutschen Romantik, ihr Zuhause voller Geist, Poesie und Phantasie. Und in dieser wundersamen Weise ging es weiter: Sie blieb umgeben von Witz und Klugheit; sie heiratete einen Sohn des Märchensammlers Wilhelm Grimm; sie und ihre Mutter schrieben zusammen Märchen. Sogar ihr Name grenzte ans Phantastische: Ottilie Beate Gisela Walpurgis Arnim.

Im ganzen betrachtet, erscheint uns ihr Leben jedoch merkwürdig unbewegt und unerfüllt. Das arme kleine Mädchen wurde anscheinend ein Opfer des Überflusses: Es gab genügend Geld und Geist sowie immerwährende liebevolle Unterstützung durch die Eltern und ihren Ehemann. Möglicherweise war sie auch eine zu spät Geborene, denn als sie ihre eigenen romantischen Märchen und Stücke schrieb, war deren Zeit vorüber. Die zweite Hälfte des 19. Jahrhunderts war in Deutschland eine Zeit zunehmender Industrialisierung und glühenden Nationalstolzes. Es war aber auch der Beginn der Ersten Frauenbewegung mit ihren praktischen Forderungen nach verbesserten Ausbildungs- und Arbeitsmöglichkeiten für Frauen oder den traditionelleren philanthropischen Anliegen der weniger kämpferischen, aber doch engagierten bürgerlichen Frauen jener Zeit. Von alldem finden wir nur wenig bei Gisela von Arnim – und das Wenige nur in indirekter Form: Ihr Beitrag zum Thema Nationalismus etwa nimmt die Form eines dramatischen

Märchens an und flüchtet sich in eine entschieden unrealistische Welt.

Aber diese Welt des Phantastischen war ihr Erbe, und sie gab es weiter. Daher müssen wir sie in dieser Welt aufsuchen, wenn wir das so beschauliche, oft eintönige Leben Gisela von Arnims richtig verstehen wollen. Ob sie glücklich und zufrieden bis an ihr Lebensende blieb, werden wir wohl nie erfahren. Aber wenn wir uns auf den Nährboden konzentrieren, in dem sie wurzelte, können wir immerhin ein differenzierteres, wenn auch unbequemes Bild dieser Tochter berühmter Eltern gewinnen.

2. *Ein Leben als Kind der Arnims*

»[. . .] wozu denn denken?
Ich bin blos lustig – selig!«[2]

Gisela von Arnim war das Nesthäkchen der Familie Arnim, die dritte Tochter unter den sieben Kindern von Bettine und Achim von Arnim und die Urenkelin der Romanschriftstellerin Sophie von La Roche.[3] Ihr Vater hat sie kaum gekannt: Nach der kurzen Mitteilung über ihre Geburt in einem Brief an seinen Schwager in Rom (»Den 30. August [1827] morgens 8 Uhr hat meine Frau ein gesundes und schönes Töchterlein, welches noch keinen Namen erhalten, an das Licht der Welt gesetzt. Hauck war Geburtshelfer und der Himmel wird weiterhelfen [. . .]«[4], erwähnt er sie nur noch selten, und er starb vor ihrem vierten Geburtstag. Während ihrer ersten Lebensjahre war sie abwechselnd in Wiepersdorf, auf dem Landsitz des Vaters, wohin dieser sich für gewöhnlich zum Arbeiten zurückzog, und Berlin, dem bevorzugten Aufenthaltsort ihrer Mutter. Sie und ihre Geschwister verbrachten so vermutlich beträchtliche Zeit (wenn auch nur unregelmäßig) mit beiden Eltern. Wie auch immer – da ihr Vater 1831 starb, ist zu

Ludwig Achim von Arnim
Zeichnung von Clemens Brentano.

vermuten, daß Gisela, die ihren Vater sehr bewunderte, ja geradezu vergötterte[5], sich dennoch eher als Tochter einer berühmten Mutter denn eines berühmten Vaters sah. Bettine begann erst nach Achims Tod ernsthaft mit dem Schreiben. Da Gisela bis zum Tod Bettines mit ihr zusammenlebte, konnte sie also die gesamte kreative Lebensphase der Mutter sowie ihren wachsenden Ruhm aus nächster Nähe miterleben.

Schon als Kind, aber auch als Erwachsene, galt Gisela als besonders intelligent und talentiert. Ihre Schwester Maxe charakterisiert sie, etwas ambivalent, als »ohne Zweifel die begabteste und geistvollste von uns Schwestern«, als »unserer Mutter an Genialität ähnlich [...]«, jedoch auch als ziemlich schwierig: »Aber – von den beiden Grundzügen des Wesens unserer Mutter: der immer hilfsbereiten Güte und der steten Kampfbereitschaft, überwog bei Gisel die letztere. Das gab, zumal Gisels Kritiklust selbst vor den nächsten Angehörigen nicht haltmachte, keinen rechten Zusammenklang sondern Verstimmungen.«[6] Wenngleich dieses zwiespältige Urteil vielleicht das Resultat einer Entfremdung zwischen Maxe und Gisela ist, die nach Giselas Verheiratung mit Herman Grimm eintrat, wird es doch unterstützt durch die Bemerkungen anderer über Giselas Launenhaftigkeit. Die Rolle der zweifellos begabten Tochter begabter Eltern hat offenbar ihr Leben eher kompliziert. Möglicherweise hing ihr Dilemma damit zusammen, daß sie zwar einerseits niemals ganz dem Muster der typischen bürgerlichen Frau des neunzehnten Jahrhunderts, mit seiner Betonung stiller Pflichterfüllung dem Mann und den Kindern gegenüber, entsprach, andererseits aber, im Gegensatz zu ihrer »exzentrischen« Mutter, auch nicht weit genug von dieser Norm abwich.

Das Haus der Arnims war ein angenehmer Ort für Kinder. Bettine selbst war kindlich, verspielt und offenbar sogar spontaner als ihre Kinder. Maxe entwirft ein Portrait der Mutter, das nicht weniger schillernd-komplex ist als das ihrer Schwester Gisela:

»Wir sind als Kinder wohl recht wilde Hummeln gewesen, die die Freiheit, die uns die Mutter gewährte, weidlich ausnutzten. Solange ihre Kinder noch äußerlich hilfsbedürftig waren, war die Mutter mit größter, ja übertriebener, ängstlicher Treue um sie besorgt, sobald sie aber flügge geworden, ließ sie sie frei fliegen. [...] Es hat wohl selten eine Mutter gegeben, die ihren Kindern so volle Freiheit ließ und deren Wille doch auch noch für die bereits erwachsenen so unbedingte Autorität, eine innerlich zwingende Macht war.«[7]

Bettines Macht äußerte sich auf verschiedene Weise. Im Fall der kleinen Gisela betraf sie deren Erziehung, die anscheinend ausschließlich zu Hause stattfand, dirigiert von der Mutter inmitten einer wortwörtlich spielerisch-verspielten Atmosphäre, mit häufigen Aufführungen und Lesungen eigener Gedichte und Märchen.[8] Die romantisierende Anekdote, daß Gisela erst mit siebzehn[9] richtig lesen konnte, hat Maxe in ihrer Autobiographie berichtigt: Sie erzählt, daß sie und ihre Schwester Armgart Gisela das Lesen und Schreiben beibrachten, als sie noch klein war. Später kam Unterricht in Mathematik, Geographie und Französisch hinzu sowie Musik- und Zeichenunterricht durch Lehrer, die hierfür eingestellt wurden. Im wesentlichen aber war Gisela Autodidaktin, wie die meisten deutschen Frauen des Bürgertums bis fast zum Ende des neunzehnten Jahrhunderts.

Giselas geringe Begeisterung für das Lernen lag wahrscheinlich an der Formlosigkeit ihrer Unterweisung: Bettine war fest überzeugt, daß Erziehung niemals aufgezwungen werden dürfe. Maxe berichtet, daß Gisela sich erst dann bequemte, das Schreiben zu erlernen, als ihre Mutter ihr versichert hatte, daß diese Fertigkeit zum Bücherschreiben unerläßlich sei. Mit der Orthographie stand Gisela zeitlebens auf Kriegsfuß – und war damit nicht allein: Wie ein Leitmotiv durchziehen die Klagen über Probleme mit der Rechtschreibung die Schriften der bürgerlichen Frauen des neunzehnten Jahrhunderts.

Wilhelmine Bardua, eine Freundin der Arnimschen Familie, schreibt 1840 in ihr Tagebuch (Gisela ist 12 Jahre alt):

»Sie ist ein selten liebenswürdiges Kind, dem die Natur Schönheit, Anmut, Gefühl, Geist und Talente wunderbar freigebig zugeteilt hat. Aber mit dem Lernen will es nicht recht gehen – [...] Sie ist zu wenig daran gewöhnt, und je ungezwungener sie sich in ihrer Lieblichkeit entwickelt, desto mehr erschrickt sie vor der Trockenheit des Unerläßlichen beim Lernen.«[9a]

Gisela war alles andere als geistig träge, nur bewirkte die verspielte Atmosphäre des Hauses Arnim, daß sie sich weit mehr für spielerische Produktivität als für passives Lernen und graue Theorie interessierte: »Gisel verstand alles, wußte viel, aber lernen wollte sie nichts«, konstatiert Maxe, »Statt dessen fing sie, als sie kaum notdürftig schreiben konnte, schon an, kleine Geschichten und Märchen, die manchmal wirklich ganz reizend waren, zu verfassen.«[10] Kinder lernen durch Nachahmung und lieben die Nachahmung, und die Aktivität und Kreativität der Mutter waren für das Kind Gisela wahrscheinlich ein nur allzu verführerisches Vorbild.

Die Berichte über Giselas Kindheit und Jugend zeugen von größter Lebendigkeit, wohingegen sich mit zunehmendem Alter Bettines anscheinend eine Art Monotonie breitmachte. Wie es sich für eine gehorsame Tochter gehörte, blieb Gisela offenbar ständig in der Nähe ihrer Mutter: Der Chronist Varnhagen von Ense, der über das gesellschaftliche Leben in Berlin genauestens Buch führte, berichtet häufig, daß Gisela in Begleitung ihrer Mutter diesen oder jenen Kreis besuchte, daß sie oder ihre Mutter an dieser oder jener Krankheit litten, daß Gisela gelegentlich fehlte. Varnhagen erwähnt auch Bettines Unzufriedenheit mit ihrer Mutterrolle: Nur wegen Gisela könnte sie nicht nach Paris gehen und dort ein interessanteres Leben führen oder nach Braunschweig fahren und sich die Erzählung einer alten Frau über Herzog Anton und die drei Türken, die er mit nach Hause gebracht hätte, anhören.[11] Trotzdem hatten Mutter und Tochter natürlich gemeinsame Interessen: Sie besuchten Theatervorstellungen, begeisterten sich für eine italienische Schauspielerin, die die Berliner Bühnen im Sturm erobert hatte, und bewegten sich überhaupt gern in der Berliner Gesellschaft. Einmal kommen die beiden »Unzertrennlichen« sogar in Varnhagens interessanten Träumen vor:

»Ungefüge Träume; ich hatte es mit Bettina von Arnim zu thun, und besonders mit ihrer Tochter Gisela, die mich vor Andern allzudreist neckte, dafür von mir scharf zurechtgesetzt wurde und sich erschrocken dann zur Mutter flüchtete; eben sollte es mit dieser zur ernsthaften Erklärung kommen, da wacht' ich auf.«[12]

Die drei Schwestern Gisela, Armgart und Maximiliane hatten es nicht eilig, den Schutz dieses Heims und dieser mächtigen Mutter zu verlassen: »Wir lebten ja so glücklich mit unserer Mutter und wünschten uns das Leben gar nicht anders. Es bestand übrigens damals nicht nur bei uns diese Abneigung gegen das Heiraten, sondern die meisten in unserem gesellschaftlichen Kreis dachten so.«[13] Das mangelnde Interesse am »Beruf der Frau«, wie es im neunzehnten Jahrhundert hieß, lag sicher an der unterhaltsamen Atmosphäre im Hause Arnim, dessen lebhafte Aktivität das Heiraten und Fortgehen zweifellos wenig attraktiv erscheinen ließ. Zu den anregendsten Zerstreuungen gehörte der sogenannte Kaffeter Kreis, den die Schwestern Anfang der 40er Jahre gegründet hatten. Zunächst war es ein literarischer Zirkel nur für Frauen. Ihre literarischen Arbeiten, überwiegend Märchen, wurden dort vorgelesen und manchmal sogar aufgeführt. Es war Gisela, die die Gruppe schließlich überredete, Männer zuzulassen, unter anderen den Freund der Familie Herman Grimm und Hans Christian Andersen. Damit war »das Princip der ausschließenden Weiblichkeit«, wie Maxe es nannte, zu Ende.[14]

Auf die Umwälzungen des Jahres 1848 reagierten die Arnims sehr unterschiedlich. Während die königstreue Maxe die Revolution als Katastrophe erlebte, waren Gisela und Bettine begeistert. Gisela war sogar in der Innenstadt, als die ersten Schüsse fielen. Der wichtigste Akt offener Parteinahme der beiden »Revolutionärinnen« bestand in ihrem Versuch, den König zur Begnadigung des Dichters Gottfried Kinkel zu bewegen. Kinkel, der als Revolutionär festgenommen und zum Tode verurteilt worden war, war der Mann der Komponistin und Schriftstellerin (und Musiklehrerin Giselas) Johanna Kinkel. An dem eigentlichen Abenteuer – Kinkels Befreiung und seiner Flucht nach

England – waren die Arnims nicht beteiligt. Ihr eher undramatischer Part umfaßte nur eine Reise nach Potsdam, wo Gisela, zusammen mit anderen Bittsteller/inne/n, dem König das Gesuch überbrachte. Sie wurde gesehen, die Zeitungen ergingen sich tagelang über ihre Teilnahme, und sogar der König schrieb Bettine über »den ehrlichen, lieblichen Blick Gisela's [...]«[15]

Während Bettine, belastet mit der Sorge um sieben Kinder und der alleinverantwortlichen Verwaltung ihres Berliner Haushalts, erst nach dem Tod Achims ihre schriftstellerische Arbeit aufgenommen hatte, schrieb Gisela, jung und ungebunden, nicht nur Märchen und Dramen vor 1859, dem Todesjahr ihrer Mutter – sie veröffentlichte auch einige Märchen und, im Jahre 1857, ihre erste zweibändige Ausgabe dreier Dramen. Giselas Heirat wurde verschoben bis nach Bettines Tod; ihre kreativen Tätigkeiten aber – darunter die Abfassung eines Märchens vom Umfang eines Romans zusammen mit Bettine – florierten während der Jahre, die Mutter und Tochter in Berlin zusammenlebten. Während also Bettine selbst als Schriftstellerin immer mehr Beachtung fand, trat ihre jüngste Tochter bereits in ihre Fußstapfen. Tatsächlich verfaßte Gisela etwa die Hälfte ihrer Werke vor dem Tod ihrer Mutter. Drei Dramen erschienen, zusammen mit ein paar Essays und Briefen, nach 1859.[16]

Gisela und Armgart blieben bei ihrer Mutter und pflegten sie während ihrer verschiedenen Krankheiten in den letzten Jahren. Auch Armgart heiratete erst nach dem Tod Bettines. Gisela, die hinsichtlich ihrer Begabung und politischen Überzeugungen oft mit der Mutter verglichen wurde, ahmte Bettine auch in der Art und Weise ihrer Heirat nach. Nachdem sie dem Wunsch Herman Grimms nachgegeben und ihre Beziehung zu seinem Freund, dem Komponisten und Geiger Joseph Joachim[17], gelöst hatte, nahm sie seinen Heiratsantrag an. Einige Monate nach dem Tod ihrer Mutter reiste sie in die Schweiz, traf sich dort mit Herman, und die beiden heirateten heimlich nach ihrer Rückkehr nach Berlin. Bettine und Achim hatten unter ähnlich geheimnisvollen Umständen geheiratet. Aber bei der Fortsetzung dieser Tradition durch Gisela gab es – anders als beim ersten Mal – keine amüsierte Reaktion seitens der anderen Familienmitglieder. Mehrere Arnim-Geschwister waren verärgert und brachen die Beziehung zu ihrer Schwester ab, und Maxe zumindest scheint Gisela entfremdet geblieben zu sein bis zu deren Lebensende.

Die Grimms hatten keine Kinder. Abwechselnd wohnten sie in Berlin und Italien. Gisela scheint oft krank gewesen zu sein und an Rheumaanfällen gelitten zu haben. Im übrigen verbrachten sie ihre gemeinsamen Jahre mit Reisen und Schreiben: Gisela fuhr fort, Stücke und Essays zu schreiben, Herman befaßte sich mit Kunstgeschichte und Literaturkritik. In späteren Jahren konzentrierte sich Gisela noch entschiedener auf eine romantisierte Vorstellung von der Vergangenheit sowie auf ihre Mißbilligung der materialistischen Gegenwart: Ihr letztes Drama, *Alt Schottland*, ist eine überladene und weitgehend konfuse Bearbeitung der Zeit von Bonnie Prince Charlie, und ihre letzten Essays polemisieren gegen den zunehmenden Materialismus der römischen Gesellschaft.

Gisela von Arnim starb am 4. April 1889 in Florenz – wie die Protagonistin ihres Stücks »Das Herz der Laïs« an einem »erweiterten Herzen«. Ihr Grabstein auf dem Neuen evangelischen Friedhof in Florenz trägt die folgende Inschrift von Herman Grimm: »Hier liegt fern von ihrem deutschen Vaterlande aber in Gottes Erde Giesela Grimm/ geboren zu Berlin 1827/ entschlafen zu Florenz 1889/ Die Tochter Achims und Bettinas von Arnim/ Die Lebensgefährtin Herman Grimms/ den sie allein zurückliess.«[18]

Eine andere Art Öffentlichkeit: das Persönliche wird das Politische wird das Persönliche

In seinem Gedenk-Vorwort zu Giselas posthum veröffentlichtem letzten Drama, *Alt Schottland*, greift Herman Grimm ein Thema auf, das Gisela selbst im Vorwort zu einem früheren Stück behandelt hatte, dasjenige der öffentlichen und der Privatsphäre und die Beziehung zwischen beiden in der deutschen Gesellschaft des neunzehnten Jahrhunderts. Die wesentliche Frage dreht sich indirekt um die Domäne der bürgerlichen Frau in einer Welt im Umbruch, die die offen proklamierte Sehnsucht männlicher romantischer Schriftsteller nach ihrer verlorenen Weiblichkeit durch die nüchterne Behauptung traditioneller männlicher Werte in einem prosperierenden Industriestaat ersetzt. Wie wurden die Bereiche, auf die man die Frau festlegte, vom Patriarchat definiert, und wie reagierte sie auf diese Definitionen? Gab es wirklich eine Verbindung zwischen der privaten (traditionell weiblichen) Sphäre und der öffentlichen (männlichen) Welt?

Herman Grimms Kommentare gelten weniger Gisela als vielmehr ihrer Mutter, deren Leben in vieler Hinsicht anfangs weit traditioneller als das ihrer Tochter verlief – wenigstens bis zu dem Zeitpunkt (1831), wo sie als Witwe, auf sich gestellt, zu schreiben und zu veröffentlichen begann. Grimm ist der Ansicht, daß Bettine ihren Privatbereich sogar in jener bedeutenden zweiten Phase ihres Lebens gewissermaßen kaum überschritten habe: Er behauptet, »daß Bettine's Dasein, auch wenn sie sich an das unbekannte Publicum wandte, doch stets nur im Kreise derer beschlossen war, die sie kannten, eine Gesammtheit, die von all dem, was wir heute Oeffentlichkeit nennen, weit entfernt war«.[19] Diese Verbindung zwischen dem Öffentlichen und dem Privaten ist laut Grimm weniger geschlechtsbedingt als vielmehr ein Spezifikum der intellektuellen Schicht, der Bettine angehörte. So zieht er Goethe als weiteres Beispiel eines Schriftstellers heran, der im allgemeinen innerhalb eines intimen Kreises von Freunden und Freundinnen blieb, denen er seine Werke widmete: »Wie Goethe der ihm vertrauten Gesellschaft sich unbefangen hingab, so Bettine der ihrigen. Auch als sie Bücher drucken ließ, waren es ihren Gedanken nach nur Freunde, die sie lesen würden, deren wohlwollendes Verständniß sie als sicher voraussetzte.«[20] Herman weist dann auf ähnliche Vorstellungen auch bei Gisela hin: »Es erfreute Giesela, ihre Arbeiten gedruckt zu sehen, aber es hätte ihr genügt, sie nur Wenigen, bei denen sie sicher war, Empfänglichkeit zu finden und Freude zu erregen, mitzutheilen. Sie las dann mit einem Genusse an der eigenen Schöpfung, mit einer Theilnahme an ihrem Werke, die den Eindruck zu einem unfehlbaren machten und denen unvergeßlich sein werden, die sie hörten.«[21] Herman Grimm sieht hier auch eine wesentliche Verbindung zwischen Gisela und ihrem Vater: Achims Tendenz zum Rückzug ins Privatleben, nach Wiepersdorf, die in seinen Werken so häufige Vertiefung in das Phantastische – all dies geht auf Züge zurück, die Vater und Tochter gemeinsam hatten.

Eindeutig klar ist, daß Gisela wie die Romantiker das Intime und Private bevorzugte, sowohl in ihren Stoffen als auch hinsichtlich des Publikums, das sie ansprach. Wie ihre Mutter lebte sie ihre Phantasien in ihren Werken aus: »Für Giesela war Dichten und Leben etwas, das sich nicht trennen ließ. Im unausgesetzten Zusammenleben mit ihrer Mutter wäre ihr unmöglich gewesen, die Welt anders zu nehmen als diese sie nahm. Ein Reich der Phantasie, das sich aus allem aufbaute, was sie las und was sie erlebte, umgab sie und vermischte sich mit dem Wirklichen, für das sie – dies war das Schöne dieses Lebens – zugleich den offenen Blick und genießende Empfänglichkeit bewahrte.«[22] Sie wollte das Phantastische und das Private zu einem Teil des Öffentlichen machen, gewissermaßen das Persönliche politisieren, aber noch mehr ihm den richtigen Stellenwert geben.

Giselas langatmige dramatische Verherrlichung des neuen deutschen Kaiserreichs, »Wie es unterdessen Daheim war« (1875), zeigt ebenfalls die Einflüsse des intimen privaten Bereichs auf ihre literarische Arbeit. Ursprünglich hatte sie der Königlichen Hofbühne eine Kurzfassung des Stücks angeboten, aber es wurde abgelehnt. Damit war es in den privaten Kreis ihrer Familie, Freundinnen und Freunde zurückgekehrt, und Gisela verlängerte es und fügte ein Vorwort hinzu, das sich auf die rein private Rezeption bezieht, die das Stück nunmehr haben würde. Berlin, schreibt sie, ist nicht wie München mit seinem Oktoberfest, oder wie Oberammergau mit seinen volkstümlichen Passionsspielen, »wo die Bratwürste in den Zwischen-Acten unter blauem Himmel gegessen werden«.[23] Als Reaktion auf eine Stadt ohne Sinn für volksnahe Kunst bietet Gisela daher drei Vorlese-Abende mit Bowle an und charakterisiert ihr Stück als »ein Kunstwerk der Zukunft: Roman, Erzählung, Schauspiel, Drama, Lustspiel, Oper, Ballet, transparente Bilder, Märchen, alles zusammen, dabei wird es durch die von der Bowle belebten Sinne wesentlich unterstützt!«[24] Während das Persönliche politisiert wird, wenn es die Öffentlichkeit erreicht, wie intim diese Öffentlichkeit auch immer gedacht sein mag, erlaubt die Privatsphäre die Verletzung der Regeln des literarischen Kanons: In der privaten Welt, in die dieses Stück zurückgekehrt ist, ist alles erlaubt, sogar die Erfindung neuer Formen, und das Öffentliche wird durch das Private verwandelt. Schon der Titel ihres Festspiels beschwört das Private, die andere Welt: Das »Daheim« soll gefeiert werden mitten in all den Haupt- und Staatsaktionen, die zum neuen Kaiserreich geführt haben. Vielleicht war diese Privatisierung des Öffentlichen ein unbewußter Versuch sowohl der Mutter als auch der Tochter, die Begrenzungen der ihnen normalerweise zugestandenen Bereiche zu verwischen und zu überwinden. Goethes Vorliebe für das Private speist sich sicher aus anderen Quellen als der Unterdrückung und Einschränkung, wie Frauen sie erlebt haben. Wie auch immer, diese Technik sollte nicht als Trivialisierung des Kanons unterschätzt werden – eines Kanons, der Weltereignisse nur an der Wirkung auf die von Männern definierte Öffentlichkeit mißt. Bettine von Arnim war als Künstlerin viel zu bewußt, um eine derartige Trivialisierung *ihrer* Absichten zu akzeptieren, und Gisela, die Epigonin ihrer Mutter, hätte ihr sicher zugestimmt. Die Übersetzung der inneren Welt Giselas in den Antirealismus ihrer Stücke und Märchen eröffnete neue Dimensionen und ermöglichte das dynamische Wechselspiel zwischen dem Öffentlichen und dem Privaten, das den Reiz ihres Werks ausmacht.

Gisela als Kind eines Kindes, als schreibende Tochter einer schreibenden Mutter

Wenn wir Gisela von Arnims Leben als Ganzes betrachten, ist die Tatsache, daß sie am Geburtstag ihrer Mutter starb, von mehr als zufälligem Interesse. Die langjährige enge Verbindung mit ihrer Mutter hat Giselas Leben entscheidend beeinflußt; sie waren nicht nur miteinander verwandt, sondern hatten auch ein gemeinsames intellektuelles und emotionales Erbe. Wir alle bleiben wesentlich Kinder unserer Eltern, zumindest so lange sie leben: Gisela aber hatte eine Mutter, die sich selbst im Alter von 50 Jahren, als Witwe mit sieben Kindern, in ihrer ersten Veröffentlichung als »Kind« bezeichnete – ein Kosename, der ihr bis zu ihrem Tod geblieben ist, zum Teil auf eigenen Wunsch. Dies war natürlich ein Teil des Bettine-Mythos und zugleich eine Charakterisierung ihres gesamten Lebensstils. Ein Modell des Goethe-Denkmals, das Bettine entworfen hatte, stand

Bettine von Arnims Entwurf zum Goethedenkmal.

jahrelang im Wohnzimmer der Arnims: Gisela hatte die massige Gestalt des Dichters und die zierliche Figur des Ariel (bzw. »des Kindes«) täglich vor Augen und konnte wohl kaum umhin, dieses – noch dazu von der eigenen Mutter gestaltete und propagierte – Bild tief zu verinnerlichen. Der Mann als gewaltiger und überwältigender Dichterkoloß – die Frau als zartes anbetendes Kind.

Bettine war allerdings stark genug, sich von dieser Sicht zu distanzieren, zu schreiben, zu veröffentlichen und sich in der Öffentlichkeit als eigenständig zu behaupten. Gisela dagegen scheint, sogar in den Jahren nach dem Tod der Mutter, Kind geblieben zu sein. Im Jahre 1863 schreibt Bernhard Stolz einen befremdeten Brief an Joseph Joachim über einen Besuch in Rom bei dem Ehepaar Grimm: Giselas Mann habe, anstelle seiner kindlichen Frau, sämtliche Hausfrauenpflichten übernehmen, ihr den Tee zubereiten, sie bedienen und sich ihren Launen und Stimmungen fügen müs-

Maxe und Armgart von Arnim.

sen. Giselas ständiges Kränkeln führt Stolz auf ihre Unfähigkeit zurück, sich wie eine normale (Ehe-)Frau zu benehmen.[25]

Es ist durchaus möglich, daß Giselas kindliches Wesen ihre Vorliebe für die Gattung des Märchens bestimmt hat: Der Brauch, Märchen zu schreiben, um sie im Kaffeter Kreis vorzulesen, führte sie nicht nur zwanglos zur Veröffentlichung dieser Märchen, sondern auch dazu, ihre Stücke mit vielerlei märchenhaften Elementen auszugestalten. Märchen gelten allgemein als Kinderlektüre, aber da Frauen im 19. Jahrhundert mit Kindern in einen Topf geworfen wurden (vgl. etwa die stehende Redewendung »Frauen und Jugendliche« in vielen Gesetzestexten), ist es wahrscheinlich, daß nicht nur Kinder mit Märchen assoziiert wurden, sondern auch Frauen. Nach Auffassung von Elisabeth Lenk enthalten die Märchen des neunzehnten Jahrhunderts auch eine Art didaktisch-moralisierender Botschaft, die mithelfen sollte, die bürgerliche Moral zu verbreiten und im Bewußtsein zu verankern.[26] Für Gisela allerdings waren die phantastischen Elemente sicher mehr ein Protest gegen den um sich greifenden Materialismus, den sie mit ständig wachsender Sorge beobachtete.

Gisela war keine Rebellin wie ihre Mutter, weder im politischen noch im gesellschaftskritischen Sinn: Ihre Aufmüpfigkeit wirkte eher wie kindischer Übermut und wurde von ihrer Umwelt meist als egoistischer Eigensinn bewertet. Ihren Geschwistern erschien Gisela lebenslang als verwöhntes Kind; daß sie Märchen und phantastische Stücke schrieb, muß ihnen wie eine bloße Fortsetzung der Vergnügungen und Spiele ihrer Kindheit und Jugend vorgekommen sein. Während Bettine, »das Kind«, neue Gattungen für ihre biographischen/autobiographischen Arbeiten erfand und ihre liberalen Ideen aktiv in die öffentliche politische Diskussion einbrachte, während Sophie von La Roche einen der ersten Briefromane in deutscher Sprache schrieb – blieb die Tochter/Urenkelin politisch wie literarisch vergleichsweise konservativ, bevorzugte eine literarische Gattung, die sie, eine kindhafte Frau, in die Nähe von Kindern rückte, schrieb Stücke, die schon wegen ihrer Länge unaufführbar und somit öffentlicher Kritik nicht zugänglich waren, und wirkte insgesamt weit mehr der Vergangenheit als der Gegenwart und Zukunft zugewandt. Dieser Tochter und Urenkelin bedeutender Schriftsteller/innen hätten wir den krönenden Abschluß einer kreativen Entwicklung verdanken können – statt dessen klammerte sie sich an die Romantik der Vergangenheit (im doppelten Sinn), ein Faktum, das ihr Mann genau erkannte: »Meinem Gefühle nach sind ihre Werke in eine Zeit gefallen, die anders geformte Phantasiearbeit verlangt als sie hier giebt, in den Kreis der Deutschen romantischen Dichtung aber fügen sie sich fest ein und werden als ihre wunderbaren letzten Blüthen neben den Werken ihres Vaters und ihrer Mutter das volle Ver-

Bettine von Arnim.

ständniß finden, das ihnen heute in weiterem Umfange nicht zu Theil werden kann. Unsere Zeit, im Banne dessen, was sie das Charakteristische nennt, unterscheidet die zarteren Regungen des hier sich entfaltenden Seelenlebens nicht, verlangt Licht und Schatten in scharfer Abgrenzung und spricht, wo beide zart ineinander fließen, von Formlosigkeit. Immer aber wird das allgemeine Menschliche dann doch glaubwürdig hervortreten und die Zeit ist vielleicht weniger fern, als wir denken, wo die gesammte Arbeit der deutschen Romantik als ein geistiges Element unserer Entwicklung dastehen wird, das, der Tiefe des nationalen Wesens entsprungen, die Epoche bezeichnet, ohne die der Ruhm und die Erfolge der letzten Tage nicht hätten gewonnen werden können.«[27]

In gewisser Hinsicht läßt sich Giselas Werk begreifen als ein Versuch, mit ihrer Mutter »zurandezukommen«. Es heißt ja[28], daß Frauen, die über Frauen schreiben – alle

Märchen und Stücke Giselas handeln überwiegend von Frauen –, dazu tendieren, damit die Mutter-Tochter-Beziehung, diese schwierigste und ambivalenteste aller Beziehungen, »durchzuarbeiten« in dem Wunsch, sie zu klären und zu revidieren. Wenn es sich dann noch um eine so mächtige und allgegenwärtige Mutter wie Bettine handelt – die aber für sich selbst das Bild eines Kindes wählte –, konnte das eigentliche Kind davon kaum unbeeinflußt bleiben; es war vielmehr gezwungen, sich mit diesem quälenden Widerspruch zeitlebens auseinanderzusetzen.

Gisela als eigenständige Autorin

Um Gisela von Arnim zu charakterisieren, sollten wir uns nicht nur auf Gewährsleute wie Herman Grimm stützen, die sie kannten, sondern auch darauf, was sie über sich selbst ausgesagt hat. Und die reichste Quelle an Informationen sind eben jene rückwärts gewandten, nostalgischen Texte, die sie schrieb, ihre Stücke und Märchen. Wie so oft in den Schriften von Frauen, wird die Autorin am deutlichsten in den Brüchen und Ambivalenzen sichtbar, wie sie in Giselas scheinbar harmlosen, unschuldigen und naiven Erzählungen und Stücken vorkommen. Für sie bedeutete das Phantastische vor allem einen Bruch innerhalb des normalen, vorhersagbaren Laufs der Dinge. Tatsächlich sind in ihren Stücken die Abirrungen ins Groteske und Phantastische genau das, was sie heute noch interessant erscheinen läßt. So wird ein im ganzen schwaches Stück, *Trost in Thränen*, durch den Einschub eines Märchens gerettet, das mit der Handlung nicht das geringste zu tun hat. Das redselige *Wie es unterdessen Daheim war* behandelt den trockenen Stoff der Gründung des Zweiten Kaiserreichs auf unterhaltsame und verspielte Weise als Teil eines romantischen Märchens. In den veröffentlichten Märchen selbst ist alles so ungewöhnlich-phantastisch, wie es sich für diese Gattung gehört: es gibt spannende Abenteuer, sprechende Tiere, Dinge und Menschen, die verwandelt werden. Vielleicht am ungewöhnlichsten jedoch ist die Abweichung hinsichtlich der für Märchen im allgemeinen üblichen »Moral von der Geschicht'«: Es werden keine mächtigen Männer und folgsamen Frauen geschildert, sondern vielmehr starke Mädchen und Frauen, die oftmals ihre Unabhängigkeit einer Verbindung mit Männern vorziehen. Wenn sie schließlich doch widerwillig der Konvention nachgeben und den vorgeschriebenen Weg in die Ehe antreten, geben sie damit keineswegs ihre eigenen starken Überzeugungen auf. Die reiche Palette von Szenen und Charakteren in den Erzählungen und Stücken scheint das Leben aus zweiter Hand Lügen zu strafen, das Gisela zweifellos führte, erst als Tochter und dann als Ehefrau, immer definiert durch die Beziehung zu andern. Die Figur der Gertrud in *Wie es unterdessen Daheim war* beschreibt vielleicht Giselas eigene Situation, wenn sie sagt: »Ich bin bewußt im Unbewußten,/ Wie niemals ich im Leben war.«[29] Flucht in die Innenwelt – eine Flucht nicht nur vor den Einschränkungen der patriarchalen Öffentlichkeit, sondern vielleicht auch vor dem Erfolg und Einfluß ihrer Mutter.

Bei anderer Gelegenheit sagt Gertrud, »Es giebt im Menschenleben Dinge, die anders sind wie gewöhnlich und man kann sie noch nicht Unsinn nennen.«[30] In Gisela von Arnims Leben waren diese »anders wie gewöhnlichen Dinge« weniger in ihrem Alltag als in ihrem Schreiben zu finden: Hier schuf sie eine Welt, in der traditionelle Märchenelemente sich mit der phantastischen Macht von Frauen vermischten. In ihren Werken durften Frauen und Mädchen aktiv und stark sein, ganz anders als Gisela es war. Dennoch: Ihr Utopia war oft ziemlich realitätsnah. Das Mädchen in ihrem Märchen *Aus den Papieren eines Spatzen* repräsentiert z.B. eine sehr glaubwürdige Figur des neunzehnten

Jahrhunderts in Deutschland: die Tochter eines Gelehrten, die sich alle Bildung selbst aneignen muß, aber aus diesem Selbstunterricht Stärke und Heroismus bezieht.

Gleichzeitig erlaubte die Phantasiearbeit am Schreibtisch Gisela wenigstens hin und wieder einen Aufstand. Ihr Stück *Wie es unterdessen Daheim war* ist nicht nur wegen seiner Märchen-Elemente faszinierend, sondern auch wegen eines kurz abgehandelten Konflikts zwischen einer Mutter und einer Tochter. Bertha, Gertruds Freundin, streitet mit ihrer Mutter darüber, wen sie heiraten soll. Die Mutter ist altmodisch eingestellt und ein bißchen beschränkt; Bettine kann also kaum das Modell gewesen sein – aber trotzdem tritt hier eine Spannung zwischen den Generationen zutage, die zweifellos auch in der Familie Arnim herrschte. Frau von Wertheim (die Mutter) interpretiert die Rolle der Frau ganz im Sinne des späten achtzehnten Jahrhunderts, als der Begriff der Kernfamilie sich festigte und die Frau auf die Rolle der Ehefrau und Mutter festgelegt wurde:

»Ihr wißt, daß wir Frauen dazu bestimmt sind, Haus und Sitte zu hüten, – denn was sollte sonst werden, wenn wir die Grenzen nicht mehr schützten. Wir sind unbeschädigte Fürsten in unserem Reich; zerstören wir es aber selber, so werden wir in der Verwilderung nur Sclaven.«[31]

Auf diese bornierten Ansichten antwortet die Tochter: ernst, weit weniger abenteuerlustig als ihre Cousine Gertrud (die Heldin des Stücks), und in vollem Bewußtsein der Grenzen, die ihr gesetzt sind:

»Immer hab' ich nur gethan, was mir nicht gefiel, selbst unausgebildet alle Talente gelassen, die in mir lagen und nur für Andere gesorgt, meine Mama lehrte mich das so. Sie ist wie ein Felsen, so fest in ihren Entschlüssen, und ich bin nur die Ranke darum – aber jetzt kommt der wilde braune Sturm und spielt mir mir.«[32]

Die Mutter als Felsen – dies Bild paßt viel besser zu Bettine als zu der engstirnigen Frau von Wertheim, die es anscheinend genießt, uns an ihre Grenzen als Frau zu erinnern und die den *status quo* um jeden Preis aufrechterhalten will. Und das Bild der Tochter als Ranke um diesen Felsen trifft in vieler Hinsicht auf Gisela von Arnim zu. Es war nicht einfach, Tochter einer berühmten Mutter (und eines berühmten Vaters) zu sein.

Die Konzentration auf Frauen und ihre Möglichkeiten findet ihren stärksten Ausdruck in dem Märchen *Das Leben der Hochgräfin Gritta von Rattenzuhausbeiuns*, das die Länge eines Romans hat und wahrscheinlich eine Gemeinschaftsarbeit von Bettine und Gisela ist.[33] Seine Botschaft weiblicher Stärke und Verbundenheit trägt eindeutig utopische Züge, und die auffälligen Verstöße gegen die »normale« Charakterzeichnung – wir haben es überwiegend mit starken Mädchen zu tun, die schwache Knaben erretten und böse Männer bekämpfen müssen – sind weitere Evidenz für die phantastische und völlig unrealistische Welt, die Gisela von Arnim übernahm und ihren Zwecken anpaßte. Anklänge von Ressentiment wie in der kurzen Episode zwischen Bertha und ihrer Mutter in *Wie es unterdessen Daheim war* sind in ihrem Werk selten. Die subversive Botschaft weiblicher Stärke, die *Gritta* und, in gewissem Grade, all ihre Veröffentlichungen kennzeichnet, scheint ihr Weg gewesen zu sein, sich als anders, einzigartig, als wichtig um ihrer selbst willen zu behaupten.

Märchen vs. Realität

Die farbenprächtige Welt weiblicher Unabhängigkeit und Stärke, die Giselas Werk bestimmt, war nur ein kümmerlicher Ersatz für die Passivität ihrer Lebensführung. Ihre Unfähigkeit, mit der Realität fertigzuwerden und das kreative Erbe ihrer Mutter und Urgroßmutter anzutreten, ist ebenso schmerzlich wie offensichtlich: Gisela war sozusa-

Wildbeere. Zeichnung von Gisela von Arnim.

gen die schwächliche Nachkömmlingin einer dynamischen, schöpferischen Familie – nie so berühmt wie ihre Eltern oder ihre Urgroßmutter, trotz eindeutiger poetischer, musikalischer und zeichnerischer Begabung. Alles wurde ihr leicht gemacht: ein Leben ohne finanzielle Sorgen, ein Familienverlag, der ihre frühen Schriften ohne Murren druckte, die liebevolle Freundschaft und Bewunderung zweier Männer, kein Druck, etwas herzumachen, da der Glanz ihres Namens ihr vorauseilte, was auch immer sie anstellen mochte. Und natürlich eine starke Mutter, die als Rollenvorbild für ihre Tochter ein ermutigendes Beispiel für die wirklichen kreativen Fähigkeiten einer Frau war.

Vielleicht war das das Problem. Gisela von Arnim blieb die epigonale Tochter einer berühmten Frau, deren spielerisch oder symbolisch gemeinte Selbstbezeichnung »Kind« für die Tochter tragische Realität wurde. Sind die Heldinnen der Werke Giselas vielleicht deshalb so oft mutterlos?[34]

Die zwiespältige Einstellung gegenüber Müttern läßt einiges von der Last erahnen, Kind gerade dieser Mutter zu sein.

Gisela von Arnims Leben ist paradigmatisch für die Lage der bürgerlichen deutschen Frau im 19. Jahrhundert. In einer Hinsicht jedoch war sie gegenüber ihren Schwestern im Vorteil: Sie verstand es, die phantastische Welt der Romantik zu übernehmen und für sich zu nutzen, indem sie deren Symbolik in eine poetische Vision umsetzte, die den Leserinnen die Idee eines anderen Potentials vermitteln konnte. Natürlich war dieser Weg kaum riskant, denn die Verwendung einer so traditionellen und ehrwürdigen Gattung wie der des Märchens war keine Bedrohung für den männlichen Kanon. Trotzdem war die Wahl der Märchen-Form zur Darstellung gesellschaftlich kontroverser Ideen über potentiell mächtige Frauen nicht gerade konventionell. Wenn die Heldin ihres Stücks *Das Steinbild der Cornelia* seufzt »Ja, träumen möcht ich! besser/scheint's wie leben!«[35], spricht sie etwas aus, was auch Gisela von Arnim bewegte: Konfrontiert mit der Dichotomie zwischen der Realität und der Welt des Märchens, wählte sie den angenehmeren Bereich der Phantasie und projizierte ihn, wo es ihr passend schien, auf die prosaischeren Aspekte ihres relativ passiven Lebens. Die Märchenform war *ihr* Weg, ein Leben, das Frauen nur geringe Möglichkeiten öffentlichen Wirkens bot, reicher zu gestalten. Zugleich war sie ein akzeptables Mittel, mit unkonventionellen Ideen zu experimentieren. Sie machte ihr Leben weniger banal, weniger eintönig, vielleicht ein bißchen optimistischer und spannender.

Wahrscheinlich war sie sich dieser Wahl nicht einmal bewußt, aber von heute aus können wir ihre Werke als einen Versuch begreifen, in all dem einen Sinn zu finden. Der Rückzug in die Phantasie, eindeutig untermalt von sehr realistischen Ansichten über die Stellung der Frau in der Gesellschaft, brachte geistvoll-witzige Märchen mit kaum verhüllten Botschaften hervor, die fast ausschließlich Frauen betreffen. Daß sie überdies Dramen schrieb, bedeutet bereits ein Abirren vom vorgeschriebenen schöpferischen Pfad der deutschen Frau, die sich nur sehr selten für diese Gattung erwärmen konnte, zweifellos weil Dramen sich an ein größeres Publikum wenden, das sofort, sichtbar und hörbar, seinem Ge- oder Mißfallen Ausdruck verleihen wird. Gisela von Arnim war zugleich Opfer und Nutznießerin ihrer Vergangenheit: Sie litt unter den unvermeidlichen und bedrückenden Vergleichen mit ihren Eltern, aber ihre eigenen Talente wurden durch den Glanz jener Vergangenheit auch gefordert und gefördert. Das Ergebnis war ein Leben, das sowohl typisch für die Passivität war, zu der die bürgerliche deutsche Frau im 19. Jahrhundert verurteilt war – als auch gelegentlich aufregend und interessant, nicht zuletzt wegen ihres familiären Hintergrunds. – Ein unscharfes Bild, aber gerade wegen seiner Zwiespältigkeit faszinierend.

Übersetzt von Luise F. Pusch

1 Gisela von Arnim, *Wie es unterdessen Daheim war. Dramatische Erzählung* (Berlin: Wilhelm Hertz 1875), p. 271.

2 Ibid., pp. 85–86.

3 Die Namen und Geburtsjahre der Kinder Bettine und Achim von Arnims sind: Freimund (1812), Siegmund (1813), Friedmund (1815), Kühnemund (1817), Maximiliane (1818), Armgart (1821) und Gisela (1827).

4 *Die Andacht zum Menschenbild. Unbekannte Briefe von Bettine Brentano* (Jena: Eugen Diederichs 1942), p. 242.

5 »Sie hatte ihren Vater niemals gekannt, der in jungen Jahren starb, als sie noch ein kleines Kind war, aber eine schwärmerische Verehrung für ihn belebte sie, eine Sehnsucht nach ihm, die mit den Jahren in ihr zunahm. Wenn sie von ihrem Vater sprach, fühlte man, wie ergriffen sie war. Achim von Arnim's Bildniß, von einem englischen Maler gemalt und ihn in voller Jugendschönheit darstellend, hatte immer im Zimmer Bettina's gehangen und in Giesela's Phantasie den Anschein einer schweigend mitlebenden, in unveränderter Jugendkraft an allem theilnehmenden Persönlichkeit angenommen. Zu den wenigen Wünschen, die sie für sich hegte, gehörte der Besitz dieses Gemäldes oder einer Copie danach.« (Herman Grimm, in »An die Freunde«, seinem Vorwort zu Gisela von Arnims letztem, posthum veröffentlichten Drama *Alt Schottland* (Berlin: Wilhelm Hertz 1890^{2}), p. IX.)

6 Johannes Werner, ed., *Maxe von Arnim, Tochter Bettinas/Gräfin von Oriola 1818–1894* (Leipzig: Koehler & Amelang 1937), pp. 225–226.

7 *Ibid.*, p. 14. Ein weiterer Kommentar Maxes betont die Macht, die Bettine von Arnim nach Meinung ihrer Kinder besaß: »Es ging von ihr eine zwingende Macht aus, die mit magnetischer Kraft die Menschen anzog, Männer von Bedeutung wie junge Leute, die zu ihren Füßen saßen – es ist dieselbe Macht, die auch uns trotz all unserer äußerer Freiheit innerlich völlig beherrschte.« (p. 45)

8 Hierzu Herman Grimm: »Alle anderen hatten nach bestimmtem Plane eine, wie man es nennt, geregelte Erziehung genossen, sie allein hat alles was sie lernte, streng genommen, nur aus dem

Umgange mit ihrer Mutter gezogen, zu der sie sich so fest und sicher hielt, daß ein unzerreißbares Band beide Existenzen wie zu einer einzigen werden ließ.« (*Alt Schottland*, p. VI).

9 »Ihre [Bettines] jüngste Tochter Gisela war eben erwachsen, etwa zwanzig Jahre alt. Bei ihrem jüngsten Kinde hatte Bettina, da sie nun Wittwe war, ihre Erziehungsgrundsätze ungestört anwenden können. Ihr leitender Gedanke war absolut Rousseau. Der Mensch erziehe sich selbst am besten, meinte sie. Demzufolge konnte Gisela thun, was sie wollte. Mit siebzehn Jahren konnte sie weder lesen noch schreiben, saß, wenn es sehr heiß war, nur mit einem Hemd bekleidet, oder wie sie wollte, wo sie wollte, zuweilen unter dem Tisch und kniff die Gäste in die Beine. Eines Tages sagte sie: ›Mutter, ich möchte was lernen.‹ ›Schön, mein Kind‹, sagte die Mutter, ›was denn?‹ ›Griechisch.‹ Also fing das Kind an, Griechisch zu lesen und zu schreiben. Sie lernte, da ihre Kopfnerven bis zum neunzehnten Jahre geschont waren, bald Alles, was Andere in langer Zeit lernen, und schriftstellerte bald. Als ich sie kennenlernte, war sie bereits ein vollkommener Blaustrumpf. Später verheirathete sie sich ebenso besonders, wie sie angefangen hatte zu lernen. Sie ging eines Tages fort, blieb länger als gewöhnlich aus, ließ mit dem Mittagessen auf sich warten und kam in einer Droschke angefahren. ›Wo warst Du denn, mein Kind?‹ fragt die Mutter. ›Ich habe mich trauen lassen.‹ ›I is nicht möglich! mit wem denn?‹ – – ›Mit Vetter Grimm.‹ ›Schön, mein Kind.‹ Da aber Vetter Grimm noch nicht in der Lage war, einen Hausstand zu gründen, so kehrte Gisela zunächst zur Mutter zurück. Die Ehe ist nachher eine sehr glückliche gewesen.«

Die beiden Anekdoten sind frei erfunden. Vgl.: Prinz Kraft zu Hohenlohe-Ingelfingen, *Aus meinem Leben. Aufzeichnungen* (Berlin: Ernst Siegfried Mittler und Sohn, 1897), p. 140.

9a Johannes Werner, Hrsg., *Die Schwestern Bardua. Bilder aus dem Gesellschafts- Kunst- und Geistesleben der Biedermeierzeit* (Leipzig: Koehler & Amelang 1929), p. 167.

10 *Maxe von Arnim*, p. 47.

11 K.A. Varnhagen von Ense, *Tagebücher*, Band 11 (Leipzig: Brockhaus 1869), pp. 290–291.

12 Varnhagen von Ense, *Tagebücher*, Band 12 (1870), p. 117.

13 *Maxe von Arnim*, p. 129.

14 *Ibid.*, p. 106. Für eine detaillierte Beschreibung des »Kaffeter Kreises« vgl. Werner, *Die Schwestern Bardua*, pp. 175–184.

15 Varnhagen von Ense, *Tagebücher*, Band 6 (1862), p. 281.

16 Es gibt eine große Anzahl unveröffentlichter Manuskripte von Gisela von Arnim, die sich überwiegend in Marburger und Weimarer Archiven befinden. Dieses Material wird zur Zeit von Shawn Jarvis gesichtet, deren Dissertation sich auf Gisela als Märchenautorin konzentriert.

Es folgt eine chronologisch geordnete Liste der gedruckten Werke Gisela von Arnims:

Fittchersvogel, Marilla [Pseud.]. *Mondkönigs Tochter. Märchen für eine Abendstunde.* Charlottenburg: Bauer 1844.

Fittchersvogel, Marilla. *Aus den Papieren eines Spatzen. Märchen für eine Morgenstunde.* Berlin: Arnim 1848.

[anonym]. *Ein Brief über Signora Ristori als ›Myrrha‹ auf der Berliner Bühne.* Berlin: F. Schneider und Comp., 1856.

von Arnim, Gisela. *Dramatische Werke.* 2 Bände [Band 1: *Ingeborg von Dänemark; Das Herz der Laïs.* Band 2: *Trost in Thränen*]. Bonn: Eduard Weber 1857.

[mit Bettine von Arnim]. *Das Leben der Hochgräfin Gritta von Rattenzuhausbeiuns. Märchen.* Hrsg. Otto Mallon. Berlin: S.M. Fränkel 1927. Vgl. auch Fußnote 33.

Arnim, Gisela. *Dramatische Werke.* Band 3 [*Das Steinbild der Cornelia*]. Berlin: Ferd. Dümmler 1865.

Das Licht. Festspiel (1870).

von Arnim, Gisela. *Wie es unterdessen Daheim war. Dramatische Erzählung* [Band 4 der *Dramatischen Werke*]. Berlin: Wilhelm Hertz 1875.

[anonym]. *Ein Brief über Rom und Berlin.* (1887)

von Arnim, Gisela. *Alt Schottland. Drama.* Hrsg. Herman Grimm. Berlin: Wilhelm Hertz 1890[2].

Die bis heute einzige kritische Untersuchung zu Gisela von Arnim ist die Leipziger Dissertation (Typoskript, 1925) von Luba Dramaliewa: *Gisela von Arnim. Leben, Persönlichkeit und Schaffen.* Sie ist vor allem nützlich wegen ihres biographischen Abrisses.

17 Vgl. Johannes Joachim und Andres Moser, Hrsg., *Briefe von und an Joseph Joachim.* 3 Bände (Berlin: Julius Bard 1911–1913).
Obwohl die Bände relativ wenig Briefe von oder an Gisela enthal-

ten, finden wir doch wichtige Informationen über sie im Briefwechsel zwischen Herman Grimm und Joachim.

18 *Alt Schottland*, p. XVI.

19 *Ibid.*, p. VIII.

20 *Ibid.*

21 *Ibid.*, p. X.

22 *Ibid.*, p. IX.

23 *Wie es unterdessen Daheim war*, p. VIII.

24 *Ibid.*, p. IX.

25 Joachim, Band 2, pp. 303–307.

26 Vgl. Elisabeth Lenk, *Die unbewußte Gesellschaft. Über die mimetische Grundstruktur in der Literatur und im Traum* (München: Matthes & Seitz 1983), besonders pp. 56–71, für eine Diskussion des deutschen Märchens im 19. Jahrhundert.

27 *Alt Schottland*, pp. XI-XII.

28 Besonders empfehlenswert ist eine kürzlich erschienene Sammlung von Aufsätzen über Frauenbiographien von Frauen. Sehr interessant ist der Beitrag von Bell Gale Chevigny über die Beziehung zwischen Autorinnen und den Frauen, über die sie schreiben: »Daughters Writing: Toward a Theory of Women's Biography«, in: Carol Ascher, Louise DeSalvo, Sara Ruddick, Hrsg., *Between Women. Biographers, Novelists, Critics, Teachers and Artists Write about Their Work on Women* (Boston: Beacon Press, 1984), pp. 357–379.

29 *Wie es unterdessen Daheim war*, p. 297.

30 *Ibid.*, p. 67.

31 *Ibid.*, p. 262.

32 *Ibid.*, pp. 270–271.

33 Die erste vollständige Ausgabe des Märchens, die auch die kürzlich entdeckten Illustrationen von Gisela von Arnim und anderen enthält, ist 1987, herausgegeben von Shawn Jarvis, im Insel Verlag erschienen.

34 Mutterlose Mädchen oder Frauen kommen in den beiden Märchen *Aus den Papieren eines Spatzen* und *Gritta* sowie in den Stücken *Alt Schottland* und *Wie es unterdessen Daheim war* vor.

35 *Das Steinbild der Cornelia*, p. 193.

MARIE WALDEN, DIE TOCHTER VON JEREMIAS GOTTHELF

1834–1890

»Jetti, ein Buch und ein Stück Brod.«

Von Madeleine Marti und Doris Stump

Henriette Rüetschi-Bitzius
(Pseudonym: Marie Walden).

»Als gegen die Mitte des Jahrhunderts (19. Jh., d. Verf.) in Frankreich und Deutschland die Frauen ihre Menschenrechte zu verteidigen begannen und eine George Sand, eine Fanny Lewald den Kampf mit der Männerwelt und der von ihr geschaffenen Gesellschafts- und Staatsordnung aufnahmen, meldeten sich die Schweizerinnen nicht zu Wort, und es hat auch später keine als Dichterin eine Leidenschaft für die öffentlichen Dinge bekundet. Sie bewegen sich im Gegenteil alle im Kreis des einzelweiblichen Lebens: Liebe, Ehe, Hauswesen, Erziehung.«[1]

Der Schweizer Germanistikprofessor Emil Ermatinger behauptet weiter, daß die Schweizerinnen im 19. Jahrhundert »sich schriftstellerisch zurückhielten«[2], womit er die kleine Zahl der in seiner Literaturgeschichte erwähnten Schriftstellerinnen begründet. So erweckt Ermatinger den Eindruck, daß es im 19. Jahrhundert in der Schweiz kaum Schriftstellerinnen gegeben habe. Diesem Eindruck stehen die Ergebnisse unserer systematischen Suche nach Schweizer Schriftstellerinnen entgegen: Wir haben bisher rund 200 Namen von Autorinnen gefunden. Sie veröffentlichten im 19. Jahrhundert zwar wenige Theaterstücke, aber um so mehr Gedichte, Erzählungen und Romane.

Zurückhaltend waren die Frauen offenbar nicht. Die Ursache für die fehlende Überlieferung der Literatur von Frauen liegt vielmehr in der patriarchalen Gesellschaftsordnung und Literaturgeschichtsschreibung. Männliche Literaturkritik definierte, was »öffentliche Dinge« waren, von denen Literatur zu handeln hatte. Der Erfahrungsbereich der Frauen gehörte nicht dazu. Es brauchte den jahrzehntelangen Kampf der alten und neuen Frauenbewegung, bis Themen wie Gleichberechtigung, Abtreibung, Gewalt gegen Frauen u.a. zu öffentlichen Themen wurden. Es scheint auch, daß die Literaturgeschichtsschreiber oft nicht wahrnehmen wollten, daß Schweizerinnen sich für sogenannte öffentliche Themen interessierten und darüber schrieben. Eine von diesen ignorierten Frauen war Meta von Salis, die sich im letzten Viertel des 19. Jahrhunderts vehement für die Beteiligung der Frauen am öffentlichen und politischen Leben einsetzte.[3] Es sollte aber noch fast hundert Jahre dauern, bis die Schweizer Männer den Frauen die Mitbestimmung in politischen Angelegenheiten zugestanden (erst 1971). Von einer publizistischen Zurückhaltung der Frauen kann also keine Rede sein, die politische Mitbestimmung wurde ihnen jedoch verwehrt.

Die Literaturkritiker und -historiker wollten offensichtlich die künstlerischen Leistungen der Frauen und ihren Beitrag zur Kulturgeschichte nicht wahrhaben. Sie schenkten ihren Werken keine Beachtung, kritisierten sie mit Vorurteilen und verhinderten so ihre Anerkennung und ihre Aufnahme in die Literaturgeschichten. Deshalb sind viele Autorinnen und ihre Werke heute vergessen.

Eine dieser vergessenen Schriftstellerinnen ist Marie Henriette Rüetschi-Bitzius, die Tochter des bekannten Schweizer Volksschriftstellers Jeremias Gotthelf, die unter dem Pseudynom Marie Walden Erzählungen publizierte. Wie ihre Zeitgenossin Johanna Spyri (1827–1901), die mit »Heidi« (1881) das berühmteste deutschsprachige Jugendbuch verfaßte, begann Marie Walden erst spät für eine öffentliche Leserschaft zu schreiben. Beide waren bei ihrer ersten Publikation über vierzig Jahre alt. (Auch heute ist das Durchschnittsalter der Schweizer Schriftstellerinnen bei der Erstveröffentlichung bedeutend höher als das der Männer.) Während Johanna Spyri nach dem Tod des Ehemannes merklich mehr veröffentlichte als zuvor, begann Marie Walden überhaupt erst nach dem Tod ihres Mannes ihre Texte zu publizieren.[4] Johanna Spyri fand als Jugendbuchautorin früh Anerkennung und wird in den Literaturgeschichten als vorbildliche Schriftstellerin dargestellt. Marie Walden hingegen, die sich zwischen 1879 und 1884 mit vier Erzählbänden an Erwachsene wandte, wird hauptsächlich als Biographin ihres Vaters erwähnt; auf ihre Erzählungen wird kaum eingegangen. Die Biographie des Bruders und besonders diejenige der Mutter sind aber ebenso wichtig wie die des Vaters, da sie weiteren Aufschluß über die Familienverhältnisse bei Gotthelf vermitteln.[5]

Marie Waldens Werke werden in Literaturgeschichten selten erwähnt. Walter Muschg, der Basler Literaturhistoriker, weist zwar auf ihre Gotthelf-Biographie hin, spricht ihr aber zugleich das richtige Verständnis für Gotthelfs Werke ab:

»Über seine Bücher spricht sie liebenswürdig und klug, aber ohne Sinn für ihre künstlerische und geistige Tragweite, den politischen Zeithintergrund behandelt sie auffallend kundig, nur wieder ohne tieferes Verstehen für die Großartigkeit von Gotthelfs Stellungnahme.«[6]

Zudem bezeichnet er Marie Walden als »anspruchslose Dichterin«, ohne auf ihre Werke einzugehen.

Wir meinen jedoch, daß Marie Waldens Erzählungen, die teilweise sogar als Romane bezeichnet werden können, auch heute noch lesenswert sind. Sie sind interessant und überzeugen sowohl von der erzählerischen Konzeption wie von der sprachlichen Gestaltung her. Ihre Erzählungen beinhalten sehr genaue sozialkritische Schilderungen des dörflichen und städtischen Lebens und des Aufeinanderprallens von städtischen und ländlichen Sitten und Traditionen.

Ein zeitgenössischer Rezensent wußte von begeisterten LeserInnenreaktionen zu berichten:

»Wie von meinem alten Schulmeister, so habe ich auch schon von vielen Andern die M. Walden'schen Erzählungen rühmen hören, ja von Leuten, die sonst überaus kritisch angelegt sind. Es ist ihnen gegangen wie mir: sie wurden von der Lebenswahrheit dieser Geschichten im innersten Herzen ergriffen, und wenn sie auch hier und dort am

Verlaufe, am Schlusse, an den einzelnen Personen, an der Sprache u.s.w. etwas auszusetzen hatten, so war es doch von keinem Belang für den überaus günstigen Gesammteindruck.«[7]

Er vergleicht Marie Waldens Erzählungen mit jenen Gotthelfs und betrachtet sie als gleichwertige Erzählkunst. Marie Waldens klare Trennung zwischen Mundart in den Dialogen und Schriftsprache in den erzählenden Teilen bezeichnet er sogar als eine »im Vergleich zu der Gotthelf'schen Manier ... glückliche Neuerung«.

Kurz nachdem ihre Gotthelf-Biographie in der Berliner Volksausgabe des Romans »Leiden und Freuden eines Schulmeisters« (1877) anonym erschienen war, veröffentlichte Marie Henriette Rüetschi-Bitzius die erste Erzählung »Die beiden Kollegen« unter dem Pseudonym Marie Walden in den »Alpenrosen«, der Sonntagsbeilage zum »Intelligenz-Blatt der Stadt Bern«, in acht Fortsetzungen. Bis 1883 wurde fast jedes Jahr eine ihrer Erzählungen in dieser Zeitung abgedruckt. Zwei Erzählungen wurden 1879 als Broschüre herausgegeben, und 1880 erschien der erste gebundene Band der Erzählsammlung »Aus der Heimat«, dem 1884 ein zweiter folgte. Nach dem Tod ihres Bruders, der zuerst Pfarrer und später Regierungsrat (Exekutive) gewesen war, veröffentlichte Marie Walden eine kurze Darstellung seines Lebens (1882).

Besonders bemerkenswert ist, daß Marie Walden auch eine Biographie ihrer Mutter verfaßte, in der sie die Verdienste der Mutter um das Werk des Vaters beschrieb und damit deren weibliche Schattenarbeit sichtbar machte:

»Sie war die erste Instanz, der er sie (seine Werke, d. Verf.) zur Kritik vorlegte, und es kam ihm vor allem auf ihr Urteil an. Kaum hatte er ein ›Bögli‹ (eine Seite, d. Verf.) vollendet, so unterbrach er seine Arbeit, um es ihr zum Durchlesen zu übergeben und das Mittagstündchen wurde meist dazu von ihr verwandt. Ihre bescheidene Kritik nahm der Gatte stets als schwerwiegenden Richterspruch auf und übergab seine Manuskripte seinen Freunden nicht selten mit den Worten: ›My Frau het mir das nit welle rühme‹ (meine Frau wollte das nicht loben, d. Verf.) oder ›d'Frau ist gar z'friede g'sy d'rmit‹ (die Frau war sehr zufrieden damit, d. Verf.). Später besorgte sie auch die erste Korrektur seiner Werke mit großer Pünktlichkeit und Geduld. Die meisten der erhaltenen Briefe übergab ihr der Gatte mit den Worten: ›Lies afange und säg m'r de öppe was drin isch!‹ (Lies mal und sage mir, was drin steht, d. Verf.) [...]

Abends las sie die Briefe dem Gatten dann vor [...]. Auch die Briefe, die er schrieb, wurden selten verschickt, ehe sie sie gelesen, und öfters gab er ihren dringenden Bitten nach und milderte ein scharfes, verletzendes Wort.«[8]

Publiziert wurde dieses Porträt, ebenso wie Marie Waldens Gedichte, erst nach ihrem Tod. Ihre Lebenserinnerungen, die Tagebücher aus den Jahren 1872–82, ihr Briefwechsel mit der Mutter sowie eine Anzahl weiterer Briefe wurden bisher nicht veröffentlicht.[9] Die einzige Biographie von Marie Walden wurde erst achtzig Jahre nach ihrem Tode vom Berner Pfarrer und Gotthelfkenner Walther Hutzli verfaßt. Hutzli zitiert Passagen aus den unveröffentlichten »Lebenserinnerungen« und ermöglicht damit den Zugang zu diesem informativen autobiografischen Dokument.

Das Elternhaus

Marie Waldens Elternhaus war von der schriftstellerischen Tätigkeit des Vaters geprägt. Der sozial engagierte Pfarrer und Schriftsteller Jeremias Gotthelf kämpfte für sozialpolitische Reformen. Seine Arbeit als Schriftsteller wurde von der Familie anerkannt und unterstützt. Gotthelf seinerseits zeigte aber für die schriftstellerischen Interessen seiner ältesten Tochter kein Verständnis.

Marie Waldens Mutter, Henriette Zeender, hatte ihre Eltern früh verloren und war bei den Großeltern aufgewachsen. Als Pfarrerstochter und -enkelin erhielt sie eine überdurchschnittliche Ausbildung und arbeitete während einiger Jahre als Erzieherin und Lehrerin. Dadurch entwikkelte sie eine ökonomische und intellektuelle Unabhängigkeit. Als Mutter förderte sie diese Unabhängigkeit bei ihren Töchtern aber nicht uneingeschränkt. Sie selber hatte in ihrer Jugend gerne gelesen und war dafür von ihrer Großmutter gemaßregelt worden, denn diese »hielt große Stücke auf praktisches Geschick und häusliche Tätigkeit, auf das Wissen dagegen gab sie nicht viel. Fand sie an den Werktagen ein Buch in den Händen der Enkelinnen, so setzte es Schläge ab [...].«[10] Trotz dieser schmerzlichen Erfahrungen schränkte die Mutter den Wissensdrang ihrer Töchter ebenfalls ein. Marie zumindest fühlte sich eingeengt:

»Ich las mit eigentlichem Heißhunger, und es gehörte zu den ganz gewöhnlichen Spöttereien, daß es hieß: Drei Dinge gehören zusammen: Jetti, ein Buch und ein Stück Brod. Meine Mutter bekämpfte diese Lesegier mit allen möglichen Mitteln, allein es war umsonst.«[11]

Die Mutter scheint sich den gesellschaftlichen Zwängen und den Wünschen ihres Mannes gefügt zu haben. Anders ist nicht zu erklären, warum sie die Wißbegierde der Tochter derart bekämpfte, während sie vom Ehemann alle Störungen fernhielt, damit er jeden Morgen ungehindert lesen und schreiben konnte.

Auch die Entscheidung des Vaters, den Sohn Albert mit sieben Jahren bereits von zu Hause fortzuschicken, wurde von der liebevoll besorgten Mutter akzeptiert.

»Der schöne, ungemein zarte Albert wurde, kaum sieben Jahre alt, dem Waisenhaus in Burgdorf zur Erziehung übergeben. Der Vater fürchtete, der talentvolle Knabe werde seiner Schwächlichkeit wegen zu Hause verweichlicht, und vertraute ihn lieber den tüchtigen Händen Herrn Fröbels

Die Mutter Henriette Bitzius-Zeender, Gotthelfs Gattin. Ölgemälde von Friedrich Dietler.

an, der damals Waisenvater war. Der Mutter brach fast das Herz bei der Trennung von ihrem Liebling, der ebenfalls sehr an ihr hing, doch fügte sie sich ergeben in das Machtgebot des Vaters.«[12] Trotz ihrer außergewöhnlich guten Bildung und ihrer Erfahrungen als Erzieherin in verschiedenen Familien stellte die Mutter die traditionelle Frauenrolle nicht in Frage, im Gegenteil, sie scheint besonders stark angepaßt gewesen zu sein. Sie »sah die Pflichten der Gattin nicht bloß darin, eine vollkommene Haushälterin zu sein; ihre Wünsche gipfelten in dem Bestreben, für ihren Gatten zu leben, in sein Wesen einzudringen, sein zweites Ich zu werden«.[13]

Diese Haltung bestärkte Gotthelf in seinen patriarchalen Ideen. Er, der sich in seinen Schriften für eine Verbesserung der allgemeinen Schulbildung einsetzte, kritisierte die Mädchen, die eine Sekundarschule besuchen und anschließend sich ein Jahr oder länger im Welschland weiterbilden wollten, unverhältnismäßig scharf, wenn sie »sich mehr und mehr dem angestammten Pflichtenkatalog entziehen und statt dessen andern Betätigungen nachgehen: Pantöffeli und Mänteli brodieren, lismerlen (stricken, d. Verf.), französisch parlieren, separat dinieren, Visiten abstatten und empfangen oder sogar Romane lesen usw.«.[14] Elisi im Roman »Uli der Knecht« wird von ihrem Vater als »hell nichts« (überhaupt nichts, d. Verf.) verurteilt, da sie geglaubt hat, »sie käme gegen den Bruder zu kurz, wenn sie nicht auch ins Welschland könnte«.[15]

Erziehung und Bildung

Es erstaunt also nicht, daß der Sohn im Hause Gotthelfs gegenüber den Mädchen bevorzugt wurde. Nach der Geburt von Albert (1835, ein Jahr nach Marie) gab der Vater in einem Brief an einen Freund die Geburt des »Kronprinzen« bekannt.[16] Marie war zu jenem Zeitpunkt ein Jahr alt und wird sich nicht daran erinnert haben. Trotzdem schildert sie die Geburtsfeier in einer Breite, die nur aus dem Rang erklärt werden kann, der dem Sohn in der Familie zukam:

»Der 6. November 1835 war ein Freudentag für die Pfarrfamilie in Lützelflüh, war ihr doch heute ein Söhnlein geboren worden. Der junge Stammhalter schien zwar ein zartes Pflänzlein zu sein; dennoch begrüßte der Vater sein Erscheinen mit großer Freude, holte sogleich eine Flasche Wein aus dem Keller und schenkte der Hebamme ein, damit sie mit ihm auf das Wohl des Buben anstoße.«[17]

Etwas Ähnliches wird von der Geburt der Schwester nicht mitgeteilt. Und in einer Erzählung wird die Enttäuschung über die Zurücksetzung einer Tochter direkt ausgedrückt: »Mi het d'r Vater nit möge lyde, er hätt' grusam gern e Bueb g'ha, und i ha's müesse entgelte, dass i nume es Meitli gsi bi.« (Der Vater mochte mich nicht leiden. Er hätte entsetzlich gern einen Knaben gehabt, und ich mußte dafür leiden, daß ich nur ein Mädchen war. D. Verf.)[18]

Neben den Eltern spielte bei der Erziehung der drei Kinder Marie, Albert und Cécile (geb. 1837) eine dritte Person eine wichtige Rolle: Marie Bitzius, eine ledige Halbschwester des Vaters. Im Winter lebte sie allein in Bern, im Sommer dagegen bei der Pfarrfamilie in Lützelflüh im Emmental. Sie besorgte den großen Garten und half bei der Bewirtung der Gäste, nicht ohne Widerspruch, wie Marie Walden berichtet: »War sie auch stets geneigt, über die fremden Gäste zu schimpfen, die sie ›hergelaufene Subjekte‹ nannte, so sorgte sie doch nach Kräften für ihre Behaglichkeit [...].«[19]

Als der schwächliche Stammhalter Albert die Pflege der Mutter voll in Anspruch nahm, wurde die älteste Tochter, Marie, ganz in die Obhut der Tante Bitzius gegeben. Später unterrichtete sie die Mädchen in den weiblichen Handarbeiten. Für Marie war sie eine Identifikationsfigur von großer Bedeutung, besonders da der Vater Cécile näher stand, weil sie seiner Mutter glich. Marie schrieb dazu: »So gehörten wir also drei verschiedenen Mächten an, ich der Tante Bitzius, Albert der Mutter und die Schwester dem Vater.«[20]

Der Einflußbereich des Vaters war allerdings nicht auf die jüngste Tochter beschränkt. Auch der Sohn Albert fügte sich seinen Erwartungen. Er war ein guter Schüler und trat nach dem Besuch des Waisenhauses in Burgdorf ins Progymnasium in Bern ein, studierte in Bern, Lausanne und Berlin Theologie und lernte daneben auch reiten, besuchte das Theater und wurde in der Studentenverbindung aktiv.[21] Er wurde Pfarrer, wie sein Vater es von ihm erwartet hatte. Für Albert war sein Vater immer die absolute Autorität gewesen, geradezu ein »Gott«. Seit seiner Jugend war klar, daß er Pfarrer werden würde, und er hatte sich nie gegen diese Bestimmung aufgelehnt.[22] Diese Laufbahn entsprach nicht nur den Wünschen des Vaters, sondern auch der Tradition der Familie väterlicher- und mütterlicherseits.

Die Ausbildung der Töchter folgte der typisch weiblichen Tradition in Pfarrfamilien. Ziel war die Verheiratung mit einem Pfarrer. Die Erziehung durch die eigene Mutter bildete dafür offenbar die beste Grundlage. Wichtiger als Schulbildung war die Ausbildung der hausfraulichen und unterstützenden Fähigkeiten. Zur Vervollkommnung der gesellschaftlichen Umgangsformen wurden die Töchter für ein oder zwei Jahre in ein Pensionat in der französischsprachigen Schweiz geschickt. Bildungswille wurde bei Mädchen selten gefördert, weder von der Familie noch durch die staatlichen Ausbildungsinstitutionen, die fast nur Männern offenstanden. So wurden Lehrerinnenseminare im Kanton Aargau erst 1873 und im Kanton Zürich noch später, 1876, gegründet. An der Universität Zürich promovierte 1867 die erste Frau, die Russin Nadežda Suslova (in Medizin).[23] Die ersten Studentinnen erlebten in jedem Bereich, in der Vorlesung, in der Freizeit und am Wohnort, daß sie Grenzen überschritten. Sie mußten kleinere Verhöre und falsche Gerüchte in Kauf nehmen und sich darüber hinwegsetzen, wenn sie ihre Studienziele erreichen wollten. Ihre Mitstudenten unterstützten sie nicht, sondern verspotteten sie. Auch die Professoren zeigten ihre Abneigung den Studentinnen gegenüber deutlich, indem sie ihre Motivation und Eignung wiederholt in Frage stellten.[24]

Marie Bitzius zeigte durchaus intellektuelle Interessen und hätte wahrscheinlich gerne selber ein Studium absolviert, wenn ihr diese Möglichkeit offengestanden hätte. Doch ihr Vater war ihren gelehrten Neigungen gegenüber sehr ambivalent. Halb stolz, halb abfällig äußerte sich Gotthelf in einem Brief an einen Freund über seine Tochter: »Jetti schreitet in gelehrten Bahnen, besucht für Guggers Gewalt (um jeden Preis, d. Verf.) meine Unterweisung und

Die Tante Marie Bitzius, Gotthelfs Schwester.

beginnt dort unaufgefordert das große Wort zu führen.«[25] Da er ihren Bildungswillen ablehnte, mußte Marie sich paradoxerweise zu ihrer Tante Bitzius flüchten, die ja für die Ausbildung in den »weiblichen Fähigkeiten« zuständig war. Trotzdem fand sie dort mehr Verständnis als beim Vater.

Die Mutter unterrichtete die Töchter in allen Fächern, außer in Geographie, Schreiben und Zeichnen, wofür ein junger Lehrer aus dem Dorf angestellt wurde. Der Unterricht wurde aber nicht mit dem nötigen Ernst und nicht regelmäßig genug betrieben, so daß die Leistungen nur gering waren:

»Wir hätten sicher unter ihrer (der Mutter, d. Verf.) guten Leitung große Fortschritte gemacht, wenn der Unterbrechungen nicht gar so viele gewesen wären. Selten verstrich eine Woche, ohne daß sie wegen Kopfschmerzen den Unterricht aussetzen mußte; häufig kamen Besuche und nicht selten unterbrach der Vater selbst unsre Lektionen, indem er, hinter dem Stuhle der Mutter stehend, uns durch komische Grimassen aus dem Konzept brachte.«[26]

Die Besuche beanspruchten die Mutter in höchstem Maße. »Im Sommer, besonders in den spätern Jahren, wo des Vaters Ruf schon über die Grenzen der engern Heimat hinausgedrungen war, wurde das Haus selten leer von Besuchern. Meist waren es Deutsche, die es heimsuchten. [...]«[27]

Nie zeigte die Mutter irgendwelchen Überdruß. Einzig die körperlichen Symptome ließen auf unausgesprochenen Widerwillen oder Überforderung schließen:

»Oft wenn sie einen Gast auf die freundlichste Weise empfangen und unterhalten hatte, kam sie in ihr Zimmer, stöhnend vor Kopf- oder Zahnschmerz.«[28]

Die vielen Unterbrechungen der Erziehungsarbeit sind aber nicht ein besonderes Merkmal der Erziehung im Hause Gotthelfs, sondern entsprechen einem Erziehungsprinzip für Mädchen, wie es der Pädagoge F. Dula zwanzig Jahre später (1869) in der Schweizerischen Zeitschrift für Gemeinnützigkeit formulierte:

»Frühe muß es (das Mädchen, d. Verf.) auch daran gewöhnt werden, sich in seiner Tätigkeit unterbrechen und stören zu lassen, mit heiterem Sinne den gegebenen Auftrag zu erfüllen und mit Freudigkeit die frühere Tätigkeit wieder aufzunehmen.«[29]

In den späten sechziger Jahren wurde in der Schweiz eine breite Diskussion über die Mädchenbildung geführt, da Berufsbildung für Frauen wegen der industriellen Entwicklung und der sozialen Verhältnisse immer dringender gefordert wurde. Allen Forderungen nach besseren und neuen Ausbildungsmöglichkeiten für Frauen wurde aber der Grundsatz vorangestellt, daß es »die Bestimmung des Mädchens sei, Hausfrau zu werden«.[30]

Glücklicherweise fügte sich Maries Mutter nicht immer dem Willen des Vaters. Zu Neujahr schenkte sie ihren Töchtern oft ein Buch, was durchaus keine Selbstverständlichkeit war. Wahrscheinlich setzte sie ihre Überzeugungskraft ein, damit beide Töchter wenigstens für zwei Jahre in ein Töchterinstitut nach Neuenburg gehen durften.

»Kunstlose Künste«

In solchen Töchterinstituten eigneten sich Töchter aus dem Großbürgertum und aus ländlichen Pfarrfamilien hauptsächlich die von ihnen erwarteten Umgangsformen und Französischkenntnisse an, eine seichte Allgemeinbildung, mit der die zukünftigen Gattinnen und Mütter ihre Rolle als Unterhalterin, Gastgeberin und Erzieherin besser erfüllen konnten. Solche Schulen gab es bis weit ins 20. Jahrhundert hinein. Auch heute noch bieten diese welschen Institute ihre Kurse an, die jetzt eher vom Mittelstand besucht werden, bevor z.B. eine Ausbildung als Krankenschwester angefangen wird. Die Qualität dieser Institute im 19. Jh. war aber, was die schulische Bildung betrifft, sehr schlecht. Noch 1903 kritisierte Mentona Moser[31] die Zustände an diesen Schulen und die Bildungsmöglichkeiten für Frauen in der Schweiz scharf:

»Bis zum Alter von 15 oder 16 Jahren verbringt das Mädchen seine Zeit daheim und in der Schule. Das Heim soll Gemüt und Charakter bilden, die Schule den Verstand erziehen. Nun ist es aber eine bekannte Tatsache, daß der Unterricht in den Mädchenschulen gewöhnlich grenzenlos oberflächlich, geisttötend und lächerlich-prüde ist – er verfolgt kein Ziel und er ist nicht die Grundlage, auf der sich spätere Studien aufzubauen vermögen. [...] Auf die Schulzeit folgt die Konfirmation, dieser übliche Abschluß der Lehr- und Kinderjahre, der Zöpfe und kurzen Röcke! Dann wird das Mädchen in eine Pension gebracht, um sich in fremden Sprachen, den verschiedenen Dilettantenkünsten (auf deutsch: ›Kunstlose Künste‹) und manchmal auch

Die Geschwister Cécile, Albert und Henriette Bitzius.

in praktischen Arbeiten zu üben und sich in das Mysterium der eleganten Umgangsformen einführen zu lassen. Die trockene Schulweisheit erhält hier und dort Ergänzungen und kleine Ausbesserungen und zum Schluß noch eine ziemlich dicke Politur von Scheinbildung, von den Engländern so treffend ›the finishing touches‹ benannt. Die Pensionszeit hat zwei Vorteile, sie füllt eine Periode aus, in der die Eltern in Verlegenheit wären, was sie mit der unbeschäftigten Tochter anfangen sollen, und es vollzieht sich dann ganz hübsch die Metamorphose, die das Schulmädchen in eine junge Dame verwandelt, ohne daß die Eltern unter dieser kritischen Prozedur zu leiden hätten.«[32]

Marie verband andere Hoffnungen mit dem Institut. Sie freute sich auf diesen neuen Lebensabschnitt. Sie trennte sich gerne von ihrer Familie, die sie in ihren Bedürfnissen nach Lektüre und Bildung allzu sehr eingeschränkt hatte, und hoffte, im Internat mehr Eigenständigkeit entwickeln und sich mehr Bildung aneignen zu können. Doch die Anfangszeit im Institut fiel ihr schwer, da sie vom Lande kam und ihre Französischkenntnisse und ihre Umgangsformen nicht den Anforderungen entsprachen. Sie fühlte sich von ihren Mitschülerinnen und den Vorsteherinnen »ins Fegefeuer gestoßen«[33] und ertrug Spott und Tadel nur schwer. Ihre Eigenart wurde wenig respektiert, galt es doch die gesellschaftlichen Normen der damaligen Oberschicht zu erfüllen. Marie war aber nicht gewillt, diesen Äußerlichkeiten das von andern geforderte Gewicht zu geben, wie ihre Kinder berichten:

»Und es ist wahr, bis an das Ende ihres Lebens, vermochte unsere liebe Mutter, trotz häufigen Tadels ihrer Mutter und freundlichen Vorstellungen ihrer Freundinnen, ihrer äußeren Erscheinung nicht diejenige Aufmerksamkeit zu widmen, die ihr gehört hätte. Wenn ihr Anzug ganz und fleckenlos war, kümmerte es sie nicht im Geringsten, ob derselbe gut sitzend, oder der Mode des Tages angemessen war.«[34]

Nach einigen Monaten gewöhnte sich Marie ans Institutsleben und fand einige Freundinnen, so daß sie nach Ablauf von zwei Jahren nur ungern und unter vielen Tränen Abschied nahm. Sie wußte wohl, daß damit ihre geistige Entwicklung an eine Begrenzung gestoßen war, daß sie sich fortan ihrer Bestimmung als Hausfrau, Ehefrau und Mutter zu unterziehen hatte. Eine Zeitlang pflegte sie noch eine »glühende Correspondenz« mit ihren Freundinnen und freute sich auf einen Besuch bei ihrer Schwester, die nach ihr zwei Jahre im selben Institut verbrachte. Die Kontakte mit den Freundinnen aus dieser Zeit brachen später wohl ab, je mehr diese jungen Frauen von Haushaltsarbeit, Hochzeitsvorbereitungen und Familiengründung beansprucht wurden.

Nach der Heimkehr aus dem Welschland war Marie wieder der Enge des Elternhauses unterworfen. Sie mußte im elterlichen Haushalt mithelfen, vor allem bei der Bewirtung der immer zahlreicher werdenden Gäste ihres Vaters. Eine Berufsausbildung oder ein Studium – für den Bruder eine Selbstverständlichkeit – stand nicht zur Diskussion. Maries Einstellung dem Bruder gegenüber, der sein Studentenleben genoß, war deshalb zwiespältig: »Wir Schwestern fanden, der junge Herr werde etwas stark verwöhnt, und doch war der hochgewachsene blonde Jüngling auch für uns das Ideal eines Studenten.«[35]

Bald lernte Marie ihren zukünftigen Gatten, Ludwig Rüetschi, kennen. Mit diesem Amtskollegen ihres Vaters verlobte sie sich zwei Jahre nach der Rückkehr aus dem Welschland. Obwohl der Vater seinen zukünftigen Schwiegersohn gern mochte, sah er der Heirat seiner ältesten Tochter mit Widerwillen entgegen. Aus einer Äußerung Gotthelfs einem Freund gegenüber läßt sich leicht ablesen, welche Rolle er seiner Tochter zugewiesen hatte:

»Das Heiraten ist eine fatale Sache für Väter, welche einigermaßen zur Bequemlichkeit neigen, nicht bloß bringt es eine Menge Molesten mit sich [...] sondern bleibende Störungen im Hauswesen. Alles, für was man die Meitschi erzogen hat, werfen sie einem wieder vor die Füße, man kann es wieder selbst machen oder zusehen, daß es gemacht werde, und als ob sie alles nichts mehr angehe, kümmern sie sich um hell nichts mehr.«[36]

Marie selber fühlte einige Zweifel, ob sie nicht zu jung sei für die Ehe. In einem Brief an eine Cousine formulierte sie ihre Bedenken:

»So sehr ich mich freue, die Gattin eines so achtungswerthen Mannes zu werden, so sehr bangt mir vor der ernsten Stunde, und je näher sie kömmt, desto ernster wird mir zu

Muthe. Ich habe noch viel leichtsinniges kindisches Wesen an mir und bin so schwach um den guten Vorsätzen, die ich gefaßt, nachzuleben, daß es mir fast verwegen scheint so wichtige Pflichten zu übernehmen.«[37]

Deutlich kommt hier die Angst vor den Einschränkungen der Ehe zum Ausdruck. Der Wunsch nach einem eigenständigen Leben ohne überfordernde Pflichten, wie sie Marie in der Rolle der Pfarrfrau erwarteten, wird spürbar.

Marie war noch nicht 21 Jahre alt, als sie Anfang 1855 Rüetschi heiratete und mit ihm nach Sumiswald zog. Marie gebar sieben Kinder, das letzte im Todesjahr des Gatten, 1867. Von den drei Töchtern und vier Söhnen starben drei Söhne im Alter von 11 Tagen, 7 und 22 Jahren.

Über eine schriftstellerische Tätigkeit Maries während ihrer zwölfjährigen Ehe ist nichts bekannt. Ihre erste Publikation erschien erst zehn Jahre nach dem Tod des Gatten. Während ihrer Ehezeit führte Marie jedoch einen regen Briefwechsel mit ihrer verwitweten Mutter.[38] Besonders interessant ist, wie offen sich Marie gegenüber ihrer Mutter über die schwierigen Anforderungen an sie als Mutter, Gattin und Hausfrau äußerte, und vor allem auch, wie die Mutter darauf reagierte. Marie schrieb:

»Es gehört ein starker, unabhängiger und doch unbeschreiblich sanftmütiger Geist dazu, Allen Alles zu sein, dem Gatten in seinem Beruf zu helfen, d.h. geistig mitzuwirken, Kinder treu und gut zu pflegen, der Haushaltung tüchtig vorzustehen, Gäste zu unterhalten und dies alles so, daß nichts darunter leidet.«[39]

Erstaunlich verständig reagierte die Mutter auf diese Schilderungen der Mehrfachbelastung. Sie fordert die Tochter auf, bei den Anforderungen des Alltags ihre geistige Entwicklung nicht zu vernachlässigen: »Für dein Kind ist die Zeit, die du einem guten Buche schenkest, keine verlorene Zeit.«[40] Die Mutter, die früher die Leselust ihrer Tochter eingeschränkt hatte, ermunterte sie nun zur Lektüre.

Wie ist diese Wende zu erklären? Hatte sich die Mutter damals vor allem ihrem Gatten gefügt, oder hatte sie nach dem Tod ihres Gatten und der Heirat der Töchter gemerkt, wie wichtig es ist, als Frau auch eigene Interessen zu pflegen und eigene Neigungen ernst zu nehmen? Ein anderes Mal, als Marie über die Schwierigkeiten mit den Dienstboten schrieb, antwortete die Mutter, daß dieser Frage in den Büchern nicht die notwendige Aufmerksamkeit geschenkt werde, und forderte Marie auf, selber darüber ein Buch zu schreiben. »Wenn du Zeit hättest, so könntest du ein Buch über deine Erfahrungen auf diesem Gebiete schreiben, denn du hast darin ganz recht, daß keine der vielen Schriftstellerinnen, die über und für Frauen schreiben, die Sache gründlich berührt.«[41]

Als sie selber Witwe geworden war und die Kinder etwas älter waren, nahm Marie diese Anregung der Mutter auf und stellte das Thema in der Erzählung »Zwei Jahre auf dem Dorfe« dar. In die Auseinandersetzung zwischen der jungen, eingeheirateten Pfarrfrau aus der Stadt und der alteingesessenen Mutter des Pfarrers werden auch die Mägde verwickelt. Die neue Hausherrin lehnt die ländlichen Gewohnheiten des Hauses und die selbstsichere Magd ab und versucht, neue Sitten einzuführen. Sie muß dann aber einsehen, daß städtische Gewohnheiten dem Leben im Dorf oft nicht angemessen sind und daß das Wissen und die Fähigkeiten der alten Magd auch für sie unentbehrlich und lebensrettend sind. Diese Erzählung ist einerseits eine Kritik an der rücksichtslosen Verhaltensweise der jungen Frau aus der Stadt, anderseits werden die Fähigkeiten der alten Magd so ausführlich geschildert, daß sie Vorbildcharakter erhält.

Marie Walden wurde mit 33 Jahren Witwe. Sie mußte das Pfarrhaus in Sumiswald verlassen und zog mit ihren sechs Kindern nach Bern. Ihre Mutter suchte sich ebenfalls in Bern eine Wohnung und unterstützte die Tochter, so gut sie konnte. Auch Tante Bitzius lebte in Bern und half Marie wohl ebenfalls. Trotzdem begannen für Marie »eine strenge Lebensschule, Jahre des Kampfes, Sorgen und Leiden aller Art«.[42] Ihre Einkünfte bestanden aus einer bescheidenen Rente (aus dem Pfarrkapital) und den Zahlungen von Pensionärsgästen, vielfach studierenden Pfarrerssöhnen.[43] Das Stadtleben hatte für Marie Walden jedoch auch positive Seiten. Es boten sich Möglichkeiten zu geistigem Austausch. Sie wurde »vielfach aufgesucht, geehrt und geachtet von Männern der Wissenschaft, mit denen sie stets mannigfache Anknüpfungspunkte hatte [...]«.[44] Diese Kontakte mit männlichen Gelehrten scheinen bei Marie Walden eine neue Entwicklung ausgelöst zu haben, eine Entwicklung, die ihren intellektuellen Interessen der Jugendzeit mehr entsprach als die doch sehr beschränkte Existenz einer Landpfarrfrau.

Einige Fragen drängen sich uns auf: Hätte sich Marie Henriette Rüetschi-Bitzius auch zur Schriftstellerin Marie Walden entwickelt, wenn ihr Gatte nicht früh gestorben wäre? Wo hätte sie Diskussionspartner/innen gefunden? Hätte sie Erzählungen geschrieben, und hätte sie diese als Pfarrfrau auch veröffentlicht?

Auch als Witwe war es für Marie Walden schwierig, literarisch tätig zu sein. Sie mußte sich die Zeit zum Schreiben zusammenstehlen, denn niemand hielt, wie einst die Mutter beim Vater, Störungen von ihr fern. Sie mußte nicht nur auf die Kinder und ihre Stundenpläne Rücksicht nehmen, sondern war auch von der Pflege ihres ältesten Sohnes in Anspruch genommen, der 1879 nach längerer Krankheit im

Alter von 22 Jahren starb.[45] Trotz dieser starken Belastungen sind keine Klagen von Marie Walden zu finden. Sie scheint für diese Art von Mehrfachbelastung leichter Energien gefunden zu haben als für die Mehrfachbelastung der Pfarrfrau, über die sie sich mehrmals äußerte.

Marie Waldens schriftstellerische Neigung und Begabung hatten lange brachliegen müssen, bevor sie sich entfalten konnten. Schon als Kind hatte Marie Walden ja nicht nur große Lust am Lesen, sondern auch am Gestalten von Sprache gezeigt. Es war für sie und ihre Schwester während mehrerer Jahre die »höchste Lust bei all unsern häuslichen Geschäften, bei der Arbeit und auf Spaziergängen«, die Arthurgeschichte phantasievoll auszumalen:

»Eine endlose Erzählung oder Roman oder Schauspiel, von allem etwas und doch nicht das Ganze, war sie der goldne Faden, der sich durch unser späteres Kinderleben hinzog. Was wir sahen und hörten, was unserm Familienleben ein Gepräge verlieh, was uns innerlich und äußerlich bewegte, Freude und Schmerz, Zorn und Liebe, Bitterkeit und Spott, alles wurde von uns Mädchen in diesen Dialog verflochten, dessen Anfang der Nacht der Vergessenheit anheimfiel, während er am andern Ende lustig und üppig fortwucherte.«[46]

Diese Form des gemeinsamen Dichtens in der Kindheit ist auch von andern Dichterinnen überliefert, z.B. von den Brontë-Schwestern. Erzählen war ein spielerischer Umgang mit der erfahrenen Realität, war Gestaltung einer eigenen Welt. Oft verwendeten sie dazu die Form des Gedichtes, wie zum Beispiel am Neujahrstag:

»Die Neujahrstage waren der Glanzpunkt unserer häuslichen Feste. Sie begannen damit, daß wir morgens früh im warmen Bette dem stundenlangen feierlichen Geläute der Glocken vom hell erleuchteten Kirchthurme herab zuhörten, uns behaglich ausmalend, wie kalt [es] da oben sein müsse, während wir entweder Neujahrsgesänge dichteten, welche dem Reime zuliebe Unglaubliches vereinigten, oder uns jedes eine Anzahl Wünsche ausdachten [...].«[47]

Der Bruder war von diesen Aktivitäten weitgehend ausgeschlossen, weil er die meiste Zeit im Waisenhaus in Burgdorf lebte.

In Maries und Céciles Umgebung wurde die Tradition des mündlichen Erzählens von vielen Leuten gepflegt. Die beiden Mädchen hatten deshalb oft Gelegenheit, Geschichten zu hören und ihre Phantasie anregen zu lassen. Während sie Handarbeiten machten, erzählte ihnen Tante Bitzius aus ihrer Kindheit. Der Vater nahm sich weniger Zeit für seine Töchter. Nur einmal jährlich, wenn der Sohn Ferien hatte, ging Gotthelf mit seinen Kindern auf einen längeren Ausflug und erzählte »beim Marschiren Geschichten, die er gelesen oder selbst erfunden«[48] oder in seiner Jugend selbst erlebt hatte. Gerne hielten sich die Mädchen beim Pachtbauern Fritz Geissbühler auf, der ihnen Szenen aus den Lustspielen von Kotzebue rezitierte und ihnen Lieder vorsang.[49] Auch der Küster und Oberlehrer des benachbarten Schulhauses plauderte mit ihnen und erzählte ihnen »schauerliche Geschichten«.[50]

Alle drei Kinder hatten in der Kindheit dichterische Texte zu verfassen versucht, wie Marie Walden berichtet: »[...] meine Schwester machte komische Knittelreime, mein Bruder war groß im epischen und tragischen Genre, mein Fach dagegen war ganz das Lyrische.«[51] Mit besonderem Stolz erfüllte sie ein Sieg über ihren Bruder, als der Vater für das beste gereimte Rätsel einen Preis ausgesetzt hatte. Ein anderes Mal übertraf sie den Bruder beim Verfassen eines Verses für einen seiner Freunde:

»Der arme Junge geriet außer sich, als er sich so weit überflügelt sah, während ich ihn auf das Liebreichste und Mildeste zu trösten versuchte, ihm sagend, daß es nicht Jedem gegeben sei, daß er nichts dafür könne und solche Talente sich nicht lernen ließen. Seither raffte er sich noch einige Male zu Gedichten auf, blieb aber seinem Fach treuer und überließ mir die Lyrik und mich der Lyrik ganz allein.«[52]

Marie durfte ihre Überlegenheit kaum richtig genießen; trotzdem spricht aus dem Text eine Schadenfreude, die sie nicht ganz verbergen wollte. Der Bruder scheint seine literarischen Versuche später ganz aufgegeben und sich auf seine berufliche und politische Karriere konzentriert zu haben. Ob die Schwester Cécile weiter schrieb, ist uns nicht bekannt. Sie heiratete ein Jahr nach Maries Hochzeit den Pfarrer Albert von Rütte und lebte mit ihrer Familie in Saanen, Yverdon und Randelfingen.[53]

Auffallend ist, daß Maries Freude an kreativem Umgang mit Sprache nie abbrach. Im Neuenburger Töchterinstitut hatte sie eine Zeit von »übertriebenen schwärmerischen Empfindungen und der gesteigerten poetischen Thätigkeit«[54] erlebt. Mehr wissen wir darüber nicht, da im Nachlaß keine Texte aus dieser Zeit erhalten sind.

Zurück im Elternhaus wurde Marie von der Hausarbeit absorbiert. Ihr fehlte »die nöthige Muße, um diese Empfindung gehörig auszukosten [...], denn das praktische Leben, zu dem ich (Marie, d. Verf.) nun erzogen werden sollte, machte seine Ansprüche geltend.«[55] Mit der Rückkehr aus dem Institut war nicht nur die Entwicklung zu einer relativen Eigenständigkeit beendet, sondern auch die regelmäßige Übung im literarischen Schreiben unterbrochen. Einzig Briefe schrieb sie noch, zum Beispiel an ihre Freundin Isabella oder an den Vater, der 1853 eine Kur machte. Der dichterische Gestaltungswille war aber nur unter einer dünnen Schicht verborgen, denn sobald sie mit der Tante Bitzius ihre Schwester im Institut besuchte, schossen Marie wiederum die Verse »wie Pilze«[56] hervor.

Als Marie Walden endlich ihre schriftstellerischen Fähigkeiten weiter ausbilden und ihre Erzählungen publizieren konnte, bewältigte sie die Schwierigkeiten des Lebens einer verwitweten Mutter von sechs Kindern ohne größere Probleme. Akzeptiert war aber eine schreibende Frau zu jener Zeit noch weniger als heute. Berufstätigen und künstlerisch tätigen Frauen und Müttern wurde schon immer vorgeworfen, sie erfüllten ihre Pflichten nicht. Entsprechend großen Wert legten Marie Waldens Kinder in ihren Erinnerungen an die Mutter darauf, daß sie niemals »die Pflichten ihrer Haushaltung« oder die »Pflege ihrer Kinder« vernachlässigt habe.[57] Von den Vaterpflichten Gotthelfs hatte nie jemand gesprochen. Als Frau mußte Marie Walden aber zuerst eine pflichtbewußte Mutter sein, bevor sie sich ihren eigentlichen Interessen zuwenden durfte.

Kritik und Ermunterung

Emotionale Unterstützung und sachliche Kritik bei ihrer schriftstellerischen Arbeit erhielt Marie Walden von ihrer Mutter und ihrem Bruder. Die Mutter war schon eine strenge Kritikerin Gotthelfs gewesen. Als sie Marie Waldens erste Erzählung gelesen hatte, schrieb sie ihr: »Zum Fortfahren fordere ich dich dringend auf.«[58] Einen weiteren Text kommentierte sie folgendermaßen:

»Deine Erzählung hat mir sehr gut gefallen, stellenweise ist sie sogar ausgezeichnet in Gedankenreichthum und Gefühlstiefe, nur ist sie mir etwas zu dökterlich, ein wenig »Anne Bäbi Jowäger« (ein Roman von Jeremias Gotthelf, d. Verf.) und ich frage mich, ob du in diesem Gebiet nicht vielleicht Schnitzer machst.«[59]

Weiter bemerkte sie die charakteristische Sprache der dargestellten Personen: »Was mir am angenehmsten auffällt und worin du dem Vater ähnelst ist die Gabe die Leute ächt emmenthalerisch [...] sprechen zu lassen.«[60] Die Mutter übte eine sachkundige, ehrliche und aufmunternde Kritik und setzte sich mit Marie Waldens Texten ernsthaft auseinander. Sie ermunterte die Tochter auch zur Veröffentlichung:

»Deine ›Jugend-Erinnerungen‹ haben mir unendlich gut gefallen, und es wäre jammerschade, wenn sie nicht verwerthet werden könnten. Selbständig zwar können sie nicht bestehen, aber angereiht oder eingekleidet müssen sie sich vortrefflich ausnehmen, denn sie sind voll Laune, die Zustände, obwohl idealisiert, doch nie unwahr.«[61]

Diese Ermunterungen einer Mutter an ihre Tochter, literarische Werke zu erarbeiten und zu veröffentlichen, sind eine Seltenheit im 19. Jahrhundert. Allerdings wurde der Text bis heute nicht veröffentlicht, obwohl er einen guten Einblick in das Familienleben einer Pfarrfamilie auf dem Lande im 19. Jahrhundert vermittelt.

Auch der Bruder unterstützte Marie Walden mit Kritik. Zu ihren Jugenderinnerungen schrieb er: »Deine Memoiren lesen wir soeben mit höchstem Vergnügen. Ida (Alberts Gattin, d. Verf.) ist ganz entzückt. Ich habe sie bereits zweimal durchgenommen, mir beim zweiten mal erlaubt hier und da eine Bemerkung beizufügen. Wir sprechen dann weiter darüber. Verdammt hübsch.«[62] Zur geplanten Biographie von Gotthelf schlug Albert vor: »Du hast durchaus nicht nöthig, über einzelne Werke apart und hintereinander zu schreiben. Markiere nur den Anfang der schriftstellerischen Laufbahn, zeichne Grundsätze in Schul- und Armenwesen, blicke voraus. Vielleicht zum Schluß ein Blick auf die gewaltige Lebensarbeit des Mannes. Früh gebrochen, erschöpft.«[63] Diese Ratschläge wirken überheblich, wenn man bedenkt, daß Marie Walden älter und literarisch begabter war als ihr Bruder und schon immer eigenständig gearbeitet hatte. Seine weitergehenden Kommentare wirken noch arroganter: »Allerdings nicht leicht, zumal für eine Dame. Allein du wirst es schon fertig bringen, du bist eben keine Dame, sondern eine verständige Frau. Aber bitte nur keine Hiebe, sondern ernste Würdigung. Wirkt mehr.«[64]

Wovor er wohl Angst hatte, der Bruder? Woher er das Recht nahm, seiner Schwester die Art des Ausdruckes vorzuschreiben?

Nicht lange war Marie die kritische Unterstützung ihrer Mutter vergönnt. Die Mutter starb 1872, fünf Jahre vor Maries erster Publikation, als Marie 38 Jahre alt war, der Bruder starb zehn Jahre später, 1882. Beim Tod der Mutter war Maries jüngstes Kind fünf Jahre alt. Marie war nun mit der Versorgung und Erziehung der Kinder allein, fand aber doch immer wieder Zeit, um zu schreiben. Zudem setzte sie sich dafür ein, daß ihre Töchter einen Beruf lernen konnten: »jede ihrer Töchter mußte einen Beruf erlernen; auch sie sollten in Stand gesetzt werden, auf eigenen Füßen zu stehen. Zur Erreichung dieses Zieles scheute sie keine Opfer.«[65] Ihr selber hatte diese Grundlage gefehlt. Alle drei Töchter besuchten das Lehrerinnenseminar und sicherten sich so ökonomische Unabhängigkeit. Der einzige überlebende Sohn, Fritz, wurde wie alle seine männlichen Vorfahren Pfarrer.[66]

Werk

Die zu Marie Waldens Lebzeiten erschienenen Texte wurden alle in den sieben Jahren von 1877–1884 veröffentlicht. In den Erzählungen gestaltete Marie Walden die Schicksale einzelner Menschen in ländlicher und städtischer Umgebung. Neben der Hochsprache, in der die Autorin erzählte, sprechen die Personen Dialekt oder das Französisch des stadtbernischen Patriziats oder der Bewohner der welschen Schweiz, wenn die Erzählung dort spielt. Der Gebrauch der Mundart mit ihrer teilweise recht grobschlächtigen Ausdrucksweise wurde von Marie Walden in der Einleitung zum ersten Band »Aus der Heimat« (1879) mit dem Streben nach Authentizität begründet. Die Echtheit des Eindruckes war ihr sehr wichtig, auch wenn sie der dafür eingesetzten

Sprache gegenüber Vorbehalte empfand, d.h., sie nicht als vorbildlich betrachtete. In der Einleitung führte Marie Walden weiter aus, daß sie in ihren Erzählungen auch nicht vorbildliche Verhältnisse darstellen, sondern einen Einblick in die Realität ihrer Heimat vermitteln wolle. Besonders am Herzen lagen ihr die Frauen, die auch in den meisten Erzählungen die Hauptfiguren sind, und sie hoffte, daß ihre Darstellungen der Schattenseiten des Lebens die Leser und Leserinnen dazu bewegen könnten, die armen Frauen und Mädchen, die in der Welt herumgestoßen werden, besser aufzunehmen, als dies üblicherweise geschehe.[67]

Emanzipatorisch in einem modernen Sinn kann das Werk von Marie Walden nicht genannt werden, da nur wenige Möglichkeiten für neue, andere Formen von Frauenleben aufgezeigt werden. Aufmüpfige Frauen, wie z.B. die junge Ehefrau[68] oder Anna[69], werden auf den rechten Weg gewiesen. Die Tochter wird von der Mutter ermahnt, ihre Pflichten als Ehefrau zu erfüllen. Die nach Selbständigkeit im Beruf strebende Anna scheitert sowohl an den die Rechnungen nicht zahlenden Bürgersfrauen, wie auch an ihrer eigenen Leidenschaft für das Lottospiel. Die einzige Möglichkeit, die ihr bleibt, ist eine Anstellung als Kindermädchen, also eine untergeordnete Stellung.

Trotzdem enthalten die Erzählungen Elemente, die von einem sich verändernden Bewußtsein der Frauen zeugen und die Frauen auf der Suche nach neuen Lebensmöglichkeiten unterstützen. Einige Frauenfiguren leben unverheiratet oder nach dem Tod ihres Mannes allein ein erfülltes Leben. Diese, wie auch die meisten verheirateten Frauen, werden als starke Persönlichkeiten dargestellt, denen Selbständigkeit im Denken und Unabhängigkeit im Urteil selbstverständlich sind. Die Ehe wird nicht als einziges Ziel weiblichen Bemühens betrachtet. Im Gegenteil, oft wird gezeigt, daß verheiratete Frauen darunter leiden, daß ihre Ehemänner sich nicht um sie kümmern, daß sie das

Haushaltsgeld knausrig bemessen, weil sie selber das Geld versaufen oder nicht genug für den Unterhalt der Familie verdienen wollen. Die Anweisung an die Ehemänner lautet: »Soll Deine Frau den Haushalt wohl versehen/So gieb ihr Geld und brauche den Verstand.«[70] Einer jungen Ehefrau wird geraten, sie solle in einem »Ehekontrakt« festhalten lassen, daß ihr eine bestimmte Summe als Haushaltsgeld zustehe. Einmal wird sogar die Forderung nach der Beteiligung der Frauen bei der Gesetzgebung aufgestellt, da die Männer keine Ahnung von den Mißbräuchen auf dem Markt hätten.[71] Mehrere Frauen sind nicht so, »wie man es in unserm öffentlichen Leben von den Frauen verlangt«[72], sie sind nicht gefügig genug. Sie werden in ihrem Durchsetzungswillen in der Erzählung unterstützt.

Auch wenn die Tendenz, die Frauen an ihren traditionellen Platz im Haus zu verweisen, in den meisten Erzählungen stärker ist als der Protest gegen die Einengung, werden durch die rebellischen, unangepaßten Figuren die gesellschaftlichen Benachteiligungen der Frauen sichtbar gemacht und Ansätze von neuen Lebensvorstellungen aufgezeigt.

Die Erzählungen Marie Waldens vermitteln das Bild einer unheilen Welt: Das 19. Jahrhundert als Zeit der Mißhandlung, Ausbeutung und Mißachtung der Menschenwürde, insbesondere für Frauen, aber auch für benachteiligte Männer.[73] Frauen sind häufig Opfer selbstsüchtiger (Ehe-)Männer oder ausbeuterischer Arbeitgeberinnen, die Marie Walden als gottlose Wesen darstellt. Der christliche Glaube ist für sie Voraussetzung für ein erfülltes Leben: Untergebene und Abhängige geraten oft unverschuldet in Not, da ihre Vorgesetzten sich nicht an die christlichen Gebote halten. Marie Walden äußerte Gesellschaftskritik von einem christlich-ethischen Standpunkt aus; eine feministische Position, wie sie zehn Jahre später Meta von Salis (vgl. Anm. 3) vertrat, ist bei ihr noch nicht zu finden.

Marie Walden hat trotz schwieriger äußerer Umstände mit ihrem Werk einen wichtigen Beitrag zur Darstellung der Lebensbedingungen, besonders von Frauen, in der Schweiz des 19. Jahrhunderts geleistet. Es verdiente mehr Beachtung.

In den letzten Lebensjahren konnte Marie Walden nicht mehr schreiben. Im Sommer 1886 bekam sie eine Geschwulst am Hinterkopf, die operativ nicht mehr entfernt werden konnte und die ihr in den letzten vier Lebensjahren starke Schmerzen und schlaflose Nächte bereitete. Sie wurde von ihren Töchtern gepflegt. Am 26. August 1890 starb Marie Walden im Alter von 56 Jahren an einem Hirnschlag.

ANMERKUNGEN

Wir danken Herrn Walther Hutzli, dem Verfasser der Walden-Biographie, für seine Auskünfte, und den beiden Urenkelinnen von Marie Walden, Frau Elisabeth Suter-Hess und Frau Käthi Farine-Hess, für ihre Unterstützung und den Tee aus Marie Waldens Teegeschirr.

1 Emil Ermatinger: Dichtung und Geistesleben der Deutschen Schweiz, München 1933, S. 701/702
2 a.a.O., S. 701
3 Vgl. dazu: Doris Stump: *›Sie töten uns, nicht unsere Ideen‹*, Meta von Salis, (1855–1929), Thalwil/Zürich, 1986
4 Eine weitere Gemeinsamkeit ist das schriftstellerische Vorbild in der eigenen Familie; Johanna Spyris Mutter, Meta Heusser-Schweizer, schrieb Gedichte und geistliche Lieder, die teilweise in evangelische Gesangbücher aufgenommen wurden. Vgl.: Lexikon der Frau, Zürich 1953, Bd. 1, S. 1396
5 Die Biographie der Mutter wurde allerdings erst 1941 veröffentlicht.
6 Walter Muschg: Jeremias Gotthelfs Persönlichkeit, Basel 1944, S. 15
7 Alpenrosen 1884, S. 39
8 Marie Walden: Frau Henriette Bitzius-Zeender, Ein Lebensbild von ihrer Tochter erzählt, in: Bloesch, Hans: Jeremias Gotthelf, Bern 1941, S. 53
9 Im Rahmen dieser Arbeit war es uns nicht möglich, die handschriftlichen Manuskripte zu lesen. Die von Walther Hutzli zitierten Stellen aus den Lebenserinnerungen lassen jedoch vermuten, daß eine Publikation derselben lohnend sein dürfte. Vgl.: Walther Hutzli: Henriette Rüetschi-Bitzius, Bern, 1976
10 Marie Walden: Frau Henriette Bitzius-Zeender, S. 46
11 Henriette Rüetschi-Bitzius: Lebenserinnerungen, zitiert nach Walther Hutzli: Henriette Rüetschi-Bitzius, Bern 1976, S. 24
12 Marie Walden: Frau Henriette Bitzius-Zeender, S. 51
13 a.a.O., S. 51
14 Zusammenstellung dieser Tätigkeiten bei: Marie-Theres Brändle: Alte Ordnung und Zeitgeist – Zur Melancholie in Gotthelfs Trilo-

gie vom christlichen Haus, (Unveröffentlichte Lizentiatsarbeit) Zürich 1979, S. 46

15 Jeremias Gotthelf: Wie Uli der Knecht glücklich wird, eine Gabe für Dienstboten und Meisterleute. In: Jeremias Gotthelf (Albert Bitzius): Sämtliche Werke. In Verbindung mit der Familie Bitzius herausgegeben von Rudolf Hunziker und Hans Bloesch, fortgeführt durch Kurt Guggisberg und Werner Jucker, Erlenbach/Zürich, 1921–77, Bd. 4, S. 129

16 Walther Hutzli: Albert Bitzius, Der Sohn Jeremias Gotthelfs, Bern 1983, S. 11

17 a.a.O., S. 11

18 Marie Walden: Zwei Jahre im Dorfe, S. 213

19 Marie Walden: Frau Henriette Bitzius-Zeender, S. 55

20 a.a.O., S. 51

21 Marie Walden (Henriette Rüetschi-Bitzius): Albert Bitzius, S. 6/7

22 Walther Hutzli: Albert Bitzius, S. 16/17

23 Marie Heim-Vögtlin (1845–1916) schloß als erste Schweizerin das Medizinstudium 1872 ab. Emilie Kempin-Spyri (1853–1901) war die erste Schweizer Juristin. Promotion 1887. Beide waren Töchter aus Pfarrfamilien.

24 siehe: Meta von Salis: Unter neuen Fahnen. Weibliche Studenten. (Artikel in der Thurgauer Zeitung, 1884, vgl. Doris Stump (Hg.): Meta von Salis-Marschlins: Autobiographie *Aus meinem Leben*, Gedichte, feministische Schriften, Thalwil/Zürich, 1988). Meta von Salis studierte Geschichte, Philosophie, Kunstgeschichte und Jurisprudenz und promovierte als erste Schweizerin an der Philosophischen Fakultät der Universität Zürich.

25 zitiert nach W. Hutzli: Henriette Rüetschi-Bitzius, S. 15

26 M.W.: Frau Henriette Bitzius-Zeender, S. 52

27 a.a.O., S. 54/55

28 a.a.O., S. 55

29 F. Dula: Über die Bildung der Mädchen für das Haus und die Familie, in: Schweizerische Zeitschrift für Gemeinnützigkeit, 1869, S. 22

30 J.J. Binder: Über die Bildung der Mädchen für Haus, Familie und Beruf, in: Schweizerische Zeitschrift für Gemeinnützigkeit, 1868.

Vgl. dazu: Nora Escher: Entwicklungstendenzen der Frauenbewegung in der Deutschen Schweiz 1850–1918/19, Zürich, 1986, und: Doris Stump: Meta von Salis (Anmerkung 3))

31 Mentona Moser (1874–1971) war eine Tochter aus einer der damals reichsten Familien der Schweiz. Sie begann früh das kapitalistische System zu kritisieren und trat 1919 in die neu gegründete Kommunistische Partei in Zürich ein. Vgl.: Mentona Moser, Unter den Dächern von Morcote, Nachwort von Ilse Schiel, Dietz-Verlag, Berlin (DDR) 1985

32 Mentona Moser: Die weibliche Jugend der oberen Stände, Zürich 1903, S. 4/5

33 W. Hutzli: H. Rüetschi-Bitzius, S. 42

34 Handschriftliches Manuskript »Aus dem Leben unserer Mutter«, S. 13; es ist unklar, welche Tochter diese Erinnerungen verfaßte. Sie sind im Besitze von Frau E. Suter-Hess, Bern.

35 W. Hutzli: Albert Bitzius, S. 18

36 Jeremias Gotthelf an Ludwig Lindt, zit. nach W. Hutzli: H. Rüetschi-Bitzius, S. 60

37 zit. nach Hutzli: H. Rüetschi-Bitzius, S. 65

38 Über 200 Briefe sind erhalten. Wir stützen uns auf die von Hutzli zitierten Stellen.

39 a.a.O., S. 74

40 a.a.O., S. 74

41 a.a.O., S. 75

42 Vorwort der Kinder, in: Gedichte von M.H. Rüetschi, geb. Bitzius, S. 12

43 laut Auskunft von Frau Elisabeth Suter-Hess, Bern

44 Vorwort der Kinder, S. 13

45 a.a.O., S. 15

46 zit. nach Hutzli: H. Rüetschi-Bitzius, S. 25

47 a.a.O., S. 32/33

48 a.a.O., S. 22

49 a.a.O., S. 30ff.

50 a.a.O., S. 28

51 zit. nach Hutzli: H. Rüetschi-Bitzius, S. 24

52 a.a.O., S. 24/25

53 a.a.O., S. 71

54 a.a.O., S. 53

55 a.a.O., S. 53

56 a.a.O., S. 54
57 M. Walden: Gedichte – Lebensbild, S. 13
58 zit. nach Hutzli: H. Rüetschi-Bitzius, S. 89
59 a.a.O., S. 89
60 a.a.O., S. 89
61 a.a.O., S. 88/89
62 a.a.O., S. 90
63 a.a.O., S. 100/101
64 a.a.O., S. 101
65 Vorwort der Kinder, S. 13
66 Brief von Frau Elisabeth Suter-Hess an die Verf.
67 vgl. Einleitung »Aus der Heimat«, Bd. 2, 1883
68 Marie Walden: Versöhnt
69 Marie Walden: Annas Beruf
70 Marie Walden: Aus der Heimat, Bd. 2, S. 265
71 Marie Walden: Ein drangsalsvoller Morgen
72 a.a.O., S. 273
73 Marie Walden: Die Waise

LITERATURVERZEICHNIS

Gedruckte Werke von Marie Walden

Jeremias Gotthelf, (Biographie) in: Gotthelf, Jeremias, Leiden und Freuden eines Schulmeisters. Berlin, 1877. (Zentralbibliothek Zürich)

Der arme Wilhelm, (Erzählung) in: Alpenrose, Beilage zum Intelligenzblatt der Stadt Bern, 1878 (6 Fortsetzungen). (Stadtbibliothek Bern)

Zeit bringt Rosen, (Erzählung) in: Alpenrose, 1879 (2 Teile).

Versöhnt, Zwei Mal bestraft, (Erzählungen). Berner Volksschriften Verlag, 1879. (Stadtbibliothek Bern)

Aus der Heimat, (Erzählungen: 1. Die beiden Kollegen, 2. Zwei Jahre im Dorfe). Bern, 1880. (ETH-Bibliothek Zürich)

(Henriette Rüetschi-Bitzius) Aus dem Leben meines Bruders Albert Bitzius, gew. Regierungsrath. Bern, 1882. (Stadtbibliothek Bern)

Aus der Heimat, zweiter Band, (1. Die Waise, 2. Versöhnt,

3. Anna's Beruf, 4. Ein drangsalsvoller Morgen). Bern, 1884. (ETH-Bibliothek Zürich)

Gedichte von M.H. Rüetschi, geb. Bitzius (Marie Walden) nebst Lebensbild der Verewigten. Bern, 1892. (Zentralbibliothek Zürich)

Frau Henriette Bitzius-Zeender, Ein Lebensbild von ihrer Tochter erzählt, in: Bloesch, Hans; Jeremias Gotthelf. Bern, 1941.

Handschriften von Marie Walden

Die Handschriften von Marie Walden sind im Nachlaß von Jeremias Gotthelf in der Burgerbibliothek in Bern.

Briefe von 1850–71

Tagebücher von 1872–74, 1876–82, 1884

Lebenserinnerungen in drei Teilen, ca. 200 Seiten.

Darstellungen zu Marie Walden

»Aus der Heimat«, Erzählungen von Marie Walden, (Rezension, ohne Angabe d. Verf.), in: Alpenrose, Beilage zum Intelligenzblatt der Stadt Bern, Bern, 1884, Seite 39.

Vorwort der Kinder in: Gedichte von M.H. Rüetschi, geb. Bitzius. Bern, 1892.

Schlatter, Dora: Marie Rüetschi-Bitzius, Ein Lebensbild. Basel und Leopoldshöhe, o. J. (Stadtbibliothek Bern)

Sommer, Hans: Volk und Dichtung des Emmentals. Bern, 1969.

Hutzli, Walther: Henriette Rüetschi-Bitzius. Bern, 1976.

ELEANOR MARX

1855–1898

Von Klaus Goch

Eleanor Marx-Aveling, ca. 1890.

Ich bete nie, denn Gott ist tot!
Ich weine nie, denn Tränen versiegen!
Ich hoffe nie, denn Hoffnungen trügen!
Nur wer das Unheil wie Du gekannt,
Ist meiner eigenen Seele verwandt!
Lily Bell, Eleanor Marx Aveling[1]

Am 2. April 1898 findet in der Park Hall in Sydenham bei London eine amtliche Leichenschau statt; verhandelt werden die Todesumstände einer Frau, die sich mit Blausäure vergiftet hat. Nach der Befragung einiger Zeugen durch den Kronrichter fällen die Geschworenen das nichtssagende Urteil: Selbstmord im Zustand zeitweiliger Bewußtseinstrübung. Der Apotheker, bei dem sich die Frau das Gift beschafft hatte, erhält eine Verwarnung; er habe allzu leichtfertig die Blausäure ausgehändigt. Man gibt die Leiche zur Bestattung frei.

Ein fast alltäglicher Fall – hieße die Tote nicht Eleanor Marx. Sie ist die Tochter des berühmt-berüchtigten Karl Marx, der fünfzehn Jahre zuvor in seinem Londoner Exil gestorben war. Und so stellt sich nach der Trauerfeier einer interessierten, sensationslüsternen Öffentlichkeit die Frage: Wer oder was hat diese schöne, begabte Frau in den Tod getrieben? Die nächsten Freunde und Bekannten beteiligen sich intensiv an dem detektivischen Spiel – darüber vergessen sie, für ein würdiges Begräbnis zu sorgen: Die Urne mit den sterblichen Überresten wird zwischen Akten und Büchern in einem sozialistischen Parteibüro verstaut.[2] Diese Lieblosigkeit kontrastiert auf merkwürdige Weise mit dem Zeugnis der Zeitgenossen über Eleanors Charakter und Lebenswandel: »Sie war für alle und alles zur Stelle, wenn Hilfe not tat. [...] Sie liebte Kinder und war den Tieren ein Freund. Das starke moralische Gefühl des Erbarmens und der Mitmenschlichkeit, der Drang, anderen zu helfen, lagen allen ihren Aktivitäten [...] zugrunde.«[3] Die spätere Marx-Biographik des sogenannten sozialistischen Lagers feiert sie als »kämpferische und doch so warmherzige Frau«[4], die von den Arbeiterinnen des Londoner Eastends »Mutter« genannt wird. Man preist sie als »theoretisch geschulte Marxistin [und] hervorragende Publizistin«[5], die für die verschiedensten Zeitungen der internationalen sozialistischen Bewegung Beiträge verfaßt. »Ein besonderes Verdienst Eleanor Marx' ist die entscheidende Mitwirkung bei der Gründung der Gewerkschaft der Gaswerker und ungelernten Arbeiter. Dies war eine revolutionäre Tat.«[6] So wird das Bild einer marxistischen Heroine entworfen, die sich »mit ganzer Kraft in dem großen Menschheitskampf für eine bessere Welt, dem ihr Vater den Weg geöffnet hatte, einsetzt«[7] und die proletarische Weltrevolution befördert. Geschildert wird ein erfülltes Leben, »reich an Geist, Kampf, Liebe und Glück, [...] reich an Selbstverwirklichung und weltverändernden Taten«.[8] In das strahlende Porträt ist allerdings der Freitod nicht ganz mühelos zu integrieren: »Die letzten Lebensjahre dieser hochherzigen Frau waren verdüstert. Ein verlorener Streik sowie der Abfall ihres Freundes Eduard Bernstein von der Marxschen Lehre erbitterten sie. Vor allem aber zerfiel ihre Ehe mit Edward Aveling. Er sank moralisch ab, trank, vernachlässigte sie, schwankte zwischen ihr und einer anderen Frau, die er heiratete, hin und her, war auch sehr krank. Am 31. März 1898 schied sie – 42 Jahre alt – in einem Anfall von Depression freiwillig aus dem Leben.«[9] Zum Selbstmord führen demnach ungünstige äußere Umstände: politische Querelen, ein fragwürdiger, treuloser Lebensgefährte, eine plötzlich auftretende psychische Labilität. Ihre gleichsam konstitutive Melancholie, ihre häufigen »nervösen« Krankheiten bleiben gänzlich unerwähnt – die Hagiographinnen* des real existierenden Sozialismus retten sich in oberflächliche Erklärungsmuster und sind damit des Zwangs enthoben, in der Familiengeschichte nach den Gründen des Selbstmords zu suchen. Nicht einen Moment rückt die Figur des Vaters ins Blickfeld; undenkbar, den »heiligen« Karl Marx, diesen gütigen Familienpatriarchen, mit dem Scheitern seiner Tochter in Verbindung zu bringen.

Der folgenden biographischen Skizze liegt nicht die Absicht zugrunde, eine sozialistische Heiligenlegende neu zu erzählen. Im Vordergrund steht nicht so sehr das Wirken Eleanors für die internationale Arbeiterbewegung – vielmehr sollen Elemente einer »inneren« Biographie die Darstellung bestimmen. Auf diese Weise werden die dunklen, von den marxistisch orientierten Autorinnen kaum berührten oder unterschlagenen Seiten im Leben der Eleanor Marx besonderes Gewicht erhalten; unter solchem Aspekt muß vor allem die Beschreibung der komplizierten, widerspruchsvollen Beziehung zum Vater in ihrer prägenden und auch zerstörenden Bedeutung einen Schwerpunkt der Betrachtung bilden.

Die ersten Jahre

Am 17. Januar 1855 berichtet Marx seinem Freund Friedrich Engels von der Geburt der dritten Tochter Eleanor: »Lieber Frederic, ich konnte gestern of course nicht an die ›Tribune‹ schreiben und auch heute für einige Zeit à venir nicht, weil gestern zwischen 6 und 7 Uhr morgens meine Frau von einem bona fide traveller – leider of the ›sex‹ par excellence – genesen ist. Wäre es ein männliches Wesen, so ginge die Sache schon eher.«[10] Marx hatte einen Sohn erwartet – nun empfindet er die Ankunft Eleanors als lästige

* Die weibliche Pluralendung gilt (in Umkehrung der allgemein gebräuchlichen Konvention) fortan als Oberbegriff für Autorinnen *und* Autoren.

Störung, als »trouble«, der ihm »wenig freie Zeit«[11] beläßt. Unangenehm angesichts der eigenen Gebrechen ist auch der schlechte Gesundheitszustand des Kindes: »Der baby grew every day worse, störte das ganze Haus, [. . .] Ich erst die Augenscheiße, die jetzt ziemlich beseitigt; dann einen solchen ekelhaften Husten, daß ich einige Flaschen Medizin saufen und einige Tage sogar das Bett hüten mußte. Du siehst, das ganze Haus war und ist noch zum Teil Lazarett.«[12] Im Mittelpunkt der väterlichen Sorgen steht aber zu dieser Zeit nicht die schwächliche Konstitution der Tochter, auch nicht die eigene Hinfälligkeit – weit mehr bekümmert ist Marx über die Krankheit seines achtjährigen Sohnes Edgar, den er über alles liebt und in dessen »originellen, gutmütigen und zugleich selbständigen Charakter«[13] er große Hoffnungen setzt. Nach kurzer Besserung nimmt Edgars Leiden »den in meiner Familie erblichen Charakter einer Unterleibsauszehrung« an[14]; am 6. April stirbt der Junge in den Armen des Vaters.[15] »Der Tod meines Kindes hat mir Herz und Hirn tief erschüttert«[16], schreibt Marx an Lassalle – wie schwer ihn der Verlust trifft, macht Wilhelm Liebknechts Bericht über die Begräbnisfeier deutlich: »[. . .] er saß stumm da, den Kopf in die Hände gestützt. Ich streichelte ihm die Stirn: Mohr, du hast ja deine Frau, die Mädchen und uns – und wir alle haben dich so lieb! ›Ihr könnt mir den Jungen nicht wiedergeben‹ stöhnte er – und stumm fuhren wir weiter zum Kirchhof in Tottenham Court Road. Als der Sarg [. . .] in das Grab gesenkt werden sollte, war Marx so aufgeregt, daß ich mich neben ihn stellte, weil ich fürchtete, er werde dem Sarg nach ins Grab springen.«[17]

Es scheint, daß nach dem Tode Edgars die ganze Fürsorge der Familie auf Eleanor übergeht. Sie wird von den älteren Schwestern Jenny und Laura mit »beinahe mütterlicher Liebe«[18] gehegt und gepflegt. Sie überwindet ihre Schwächlichkeit und entwickelt sich zu einem »kleine[n]

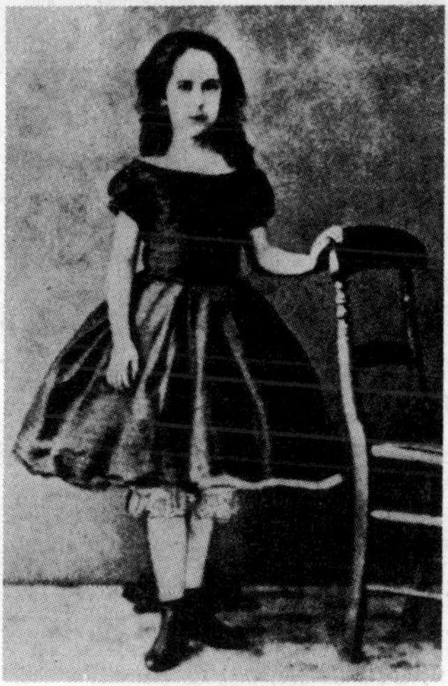

Eleanor als Neunjährige.

lustige[n] Ding, kugelrund und wie Milch und Blut – erst im Perambulator, zu deutsch Kinderwagen gefahren, dann bald getragen, bald nebenher trippelnd.«[19] Ihre Mutter beschreibt sie als liebliches, bildhübsches Kind mit launigem Humor. Sie meint, Eleanor sei gekommen »wie ein kleiner godsent […], als wir alle in Jammer und Schmerz versenkt waren und unser Haus die Stätte der Verödung und des Leidens war.«[20] Vor allem aber verwandelt sich das Desinteresse des Vaters in eine besondere Zuneigung: Marx ist entzückt von der Lebhaftigkeit und Neugier der Tochter. Es sind Eleanors »jungenhafte« Züge, die ihn begeistern; er behauptet, »seine Frau habe sich im Geschlecht geirrt, als sie dieselbe als Mädchen zur Welt gebracht.«[21] Und in der Tat wirkt Eleanor auf die Besucher wie ein »reizendes Kind mit dem Charakter eines Knaben«.[22] Sie genießt das Privileg, dem Vater bei der Arbeit zusehen zu dürfen, und Marx hindert sie nicht, wenn sie – im Nachahmungstrieb – seine Korrespondenz bekritzelt: »Die Randstriche sind von meinem baby hineingesudelt, haben also keine auf den Inhalt bezügliche Bedeutung.«[23] Er ist ein unermüdlicher Vorleser und Geschichtenerzähler; schon früh wird die wißbegierige Tochter mit Homer, den Grimmschen Märchen, dem Nibelungenlied, den Märchen aus Tausendundeiner Nacht, dem Don Quijote, vor allem aber mit Shakespeare bekanntgemacht. Eigens für Eleanor erfindet Marx die Figur des Hans Röckle: es ist ein Spielzeughändler und Zauberer, der ständig neue Abenteuer erlebt, immer Geldschwierigkeiten hat und mit dem Teufel gefährliche Geschäftsabschlüsse tätigt. Über das Ergebnis dieser frühzeitigen literarischen Bildung berichtet die Mutter: »Besonders zeichnet sich das Kind durch sein allerliebstes Sprechen und Erzählen aus. Das hat es von seinen Brüdern Grimm gelernt, die Tag und Nacht seine Begleiter sind. Wir alle lesen uns stumm und dumm an den Märchen, aber wehe uns, wenn im Rumpelstilzchen oder im König Drosselbart oder im Schneewittchen auch nur eine Silbe ausgelassen wird. Durch diese Märchen hat das Kind neben dem Englischen, das in der Luft liegt, auch das Deutsche gelernt.«[24] Phantasie und Einbildungskraft sind auffällige Merkmale Eleanors: sie eröffnet ein »Raritätenkabinett« und verlangt als dessen Direktorin »Eintrittsgeld« von den anderen Familienmitgliedern; nach einer Gelbsucht fühlt sie sich als »Chinese« und verfaßt »chinesisch« geschriebene Briefe, die der Vater zur Post bringen muß; sie gibt sich immer wieder neue Namen, zum Beispiel »Alberich, der grimme Gezwerg«[25] oder Tussy, nach Pussy, der geliebten Hauskatze. Diese letztere Bezeichnung übernimmt die Familie, später auch alle Freunde und Bekannten. Sie ist, wie die Mutter schreibt, »ein wahrer Ausbund von Lieblichkeit, Grazie und kindischer Tollheit«[26] – ein »glückliches, geliebtes, wohl auch etwas altkluges und verwöhntes Kind«[27]; geliebt und verwöhnt vor allem vom Vater, der sie fest an sich bindet und den sie verehrt als besten Freund und Spielgefährten. Er nimmt die kleine »frühreife« Tochter als Gesprächspartnerin ernst und diskutiert mit ihr über Kunst, Religion, über politische Verhältnisse und Entwicklungen, über die Grundelemente seiner kommunistischen Lehre – er ist, weit mehr als die Mutter, Bezugsperson und Orientierungspunkt: die erste, entscheidende Prägung!

Ausbildung

Es ist ein unordentlicher Hausstand, in den Eleanor hineingeboren wird; die Familie hat beständig finanzielle Sorgen, das Pfandhaus spielt eine wichtige Rolle im täglichen Leben. Über die Wohnung in der Dean Street (Soho), in der sie zur Welt kommt, schreibt anschaulich ein preußischer Polizeispitzel: »In keiner der Stuben ein sauberes oder anständiges Möbelstück, alles ist zerbrochen, zerschlissen, zerfetzt, fingerdicker Staub klebt darauf [. . .] Manuskripte, Bücher und Zeitungen liegen kunterbunt neben Spielzeug und Fetzen aus dem Nähkorb [. . .] Tassen mit zerkerbten Rändern, schmutzige Löffel, Messer, Gabeln, Lampen, ein Tintenfaß, Bierseidel, Pfeifen, Asche – alles in wüstem Durcheinander auf demselben Tisch. Beim Betreten des Raumes beißen Rauch und Tabakschwaden dermaßen in den Augen, daß man zuerst wie in einer Höhle vorwärtstappen muß, bis man sich daran gewöhnt und den einen oder anderen Gegenstand im Dunst erkennt. Sich hinzusetzen ist nicht ungefährlich. Hier steht ein Stuhl nur auf drei Beinen, dort ein anderer, der heil zu sein scheint, auf dem aber die Kinder Kochen spielen. Dieser wird dem Besucher angeboten, aber das Spielzeug der Kinder wird nicht entfernt, so daß man seine Hosen riskiert, wenn man wagt, sich zu setzen.«[28] Ein Elendsquartier also – allerdings mit äußerst anregender, geistvoller Atmosphäre: in dieser Beengtheit herrscht reges Kommen und Gehen; es sind zumeist sozialistische Emigranten vom Festland, die zusammen mit Marx Zeitschriften planen, konspirieren und agitieren. Sie finden in der Dean Street eine gastliche Stätte: »Man wird aufs herzlichste empfangen, eine Pfeife, Tabak und was sonst noch vorhanden, wird freundschaftlich angeboten. Und schon entwickelt sich eine kluge und anregende Unterhaltung, die für alle Mißlichkeiten entschädigt und die Unbequemlichkeit erträglich macht.«[29]

Im Frühjahr 1856 erlöst eine Erbschaft die Familie »aus Ketten und Banden, die Bäcker, Metzger, Milchmann, tea- und greengrocer, und wie alle die feindlichen Gewalten hießen, um uns geschlungen hatten«.[30] Man findet eine bessere Unterkunft in der Nähe des Maitland-Parks, ein »kleines, niedliches Haus, das uns trotz seiner diminutiven Verhältnisse wie eine Art von Palast erschien, verglichen mit den früher bewohnten Räumen«.[31] Allerdings: beim Einzug in die neue Wohnung ist die Familie schon wieder verschuldet – erst das großzügige Testament des Freundes Wilhelm Wolff sowie die Auszahlung des mütterlichen Resterbes befreien Marx von den drückendsten finanziellen Sorgen. Sogleich wird ein größeres Haus, Modena Villas, gemietet – eine Art Stadtpalais, kostspielig und überdimensioniert. Trotz höherer Einkünfte, trotz ständiger Zuwendungen durch Engels bleibt die Finanzlage gespannt: Marx ist zutiefst überzeugt, einen aufwendigen, »bourgeoisen« Lebensstil pflegen zu müssen. Kosten verursacht vor allem die großbürgerliche Ausbildung der Töchter: Sie erhalten Privatunterricht in Französisch und Italienisch, im Zeichnen, im Gesang. Klavierstunden werden bezahlt – des öfteren finden, zur Beförderung der Heiratschancen, Hausbälle für die Mädchen mit bis zu fünfzig Teilnehmern statt. In einem der zahlreichen Klagebriefe an Engels heißt es: »Die Mädchen wachsen sehr heran, und auch ihre Erziehung wird teuer. Sie haben in dem ladies seminary, wohin sie gehen, private lessons von einem Italiener, einem Franzosen und einem drawing master. Jetzt muß ich noch einen Musikkerl anschaffen.«[32] Später bittet er für Eleanors Schul- und Turnunterricht dringend um Unterstützung: »Ich muß *Dienstag* 5 £ für Schule und 1 £ 5 sh. für Turnschuhe für Tussy zahlen. Wenn es Dir möglich ist, mir dies *umgehend* zu schikken, so mir lieb, des Kindes wegen.«[33] Ernsthaft kommt ihm nie der Gedanke, daß die Töchter – nach ihrem Schulabschluß – einer bezahlten Arbeit nachgehen und damit das Familienbudget entlasten könnten. »Er schreibt zwar in einem Pumpbrief an Engels, er habe sich nun entschlossen, [...] die Mädchen als Gouvernanten irgendwo eintreten zu lassen [...], aber das klingt dort so, wie wenn man seinem Freund schreibt: ›Du brauchst Dich um mich nicht mehr zu sorgen, ich habe mir bereits einen geladenen Revolver gekauft‹ – und der Erfolg bei Engels ist auch demgemäß.«[34]

Die Vorstellung, daß ein bürgerliches Mädchen in Erwartung des standesgemäßen Bräutigams zwar allerhand damenhafte Fertigkeiten erlernen, einen selbständigen, unabhängigen Beruf aber nicht ausüben soll, ist maßgebend in der Familie Marx und bestimmt auch weitgehend Eleanors Erziehung und Ausbildung. Die Zurichtung zur sittsamstillen höheren Tochter erfordert jedoch einige Mühe, denn »als Kind war sie, was man eine ›wilde Hummel‹ zu nennen pflegt. [Auch] tummelte sie sich nach Herzenslust mit der Straßenjugend herum und boxte ohne Furcht mit Jungen, die älter waren als sie [...]. Auch in anderen Dingen war sie schwer zu bändigen. So war sie jahrelang nicht zu bewegen, in die Schule zu gehen. Man mochte tun, was man wollte, sie ging einfach nicht.«[35] Ob diese Erinnerung Eduard Bernsteins, was den Schulbesuch betrifft, völlig korrekt ist, mag bezweifelt werden; aus einer Bemerkung der Mutter in ihren »Umrissen« läßt sich schließen, daß Eleanor als Sechsjährige – ganz regelkonform – eine Grundschule besucht, möglicherweise das South Hampstead College, ein privates Institut unter der Leitung einer Mrs. Boynell, in das auch ihre beiden älteren Schwestern gegangen waren.[36] Über die Lesefortschritte Eleanors schreibt Jenny Marx im Juli 1863: »Die Kleine ist eben aus dem Stadium des ›spellens‹ in das des ›Lesens mit Hindernissen‹ übergegangen, was eben kein Wettrennen ist.«[37] Man darf allerdings vermuten, daß Eleanor die Schule unregelmäßig besucht, vor allem, weil dort ihre vielfältigen geistigen Interessen nur unvollkommen befriedigt werden – sie spielt viel lieber Schach oder kümmert sich um ihre Briefmarkensammlung. Engels, bei dem sie häufig zu Gast ist, versucht den unbändigen Lesehunger zu stillen: »Tussy ist sehr fidel [...], ›Hermann und Dorothea‹ hat sie durchgelesen [...] jetzt hab' ich ihr die jüngere ›Edda‹ gegeben, nachher kann sie aus der älteren die Sigurds- und Gudrunlieder lesen [...] Auch dänische Kjämpeviser hab' ich mit ihr gelesen.«[38] – »Tussy liest ›Götz von Berlichingen‹, nachher geb' ich ihr den ›Egmont‹«[39] – »Tussy liest jetzt den Firdusi in der sehr guten Schackschen Bearbeitung.«[40] Auffällig ist, wie stark sie sich mit den Helden ihrer Lektüre identifiziert: So ist sie zum Beispiel von Frederick Marryats abenteuerlichen Seefahrergeschichten so begeistert, daß sie Jungenkleider anziehen und sich auf einem Kriegsschiff anwerben lassen will.

Trotz dieser kreativen Intelligenz und geistigen Aufgeschlossenheit – die Ausbildung Eleanors bleibt merkwürdig unsystematisch, bruchstückhaft. Als Sechsjährige kennt sie zwar zahlreiche Shakespeare-Passagen auswendig, aber ihr Englisch ist lange Zeit unkorrekt und nur für den »Alltagsgebrauch« geeignet. Sie wird mit der großen deutschen Literatur bekanntgemacht, Deutsch kann sie jedoch nur sprechen, kaum schreiben. Der Vater redet sehr häufig von der Weiterbildung der Tochter, interessiert verfolgt er ihre intellektuellen Fortschritte – eine konsequente berufliche

Schulung wird aber nie in Betracht gezogen. Damit ist allerdings die Ablösung vom Elternhaus, besonders vom Vater, äußerst erschwert. Der Weg zu Selbständigkeit und Unabhängigkeit ist gangbar nur unter großer Mühe und Kraftaufwendung. Eleanor, die »voller Energie und Ehrgeiz [ist], ein eigenes Leben zu leben«[41] und sich bald nicht mehr zufrieden gibt mit Klavierspiel, geistvoller Lektüre, Hausbällen und Einladungen beim englischen Adel, wird sich sehr schnell der elterlichen Versäumnisse bewußt: Ihr Leben ist in den folgenden Jahren geprägt von der ständigen aufreibenden, hektischen Suche nach einer »Aufgabe«, einem Beruf, der sie erfüllt und ihre Fähigkeiten fordert. Später, als Siebenundzwanzigjährige, wird sie – nach einer langen Zeit des Suchens, Experimentierens, nach vielen Enttäuschungen und Rückschlägen – verzweifelt, fast hoffnungslos an ihre Schwester schreiben: »Es macht mich halb wahnsinnig hier zu sitzen, während vielleicht meine letzte Chance, etwas zu tun, dahingeht.«[42]

Politik

Die geistige Atmosphäre im Elternhaus ist bestimmt von ständigen Gesprächen über die politischen Konstellationen der Zeit; Marx hält Kontakt zu den Führern der europäischen sozialistischen Bewegungen – in der Wohnung gibt es immer wieder mehr oder weniger konspirative Zusammenkünfte. Das Haus ist, wie man zu sagen pflegt, ein »Medina der Revolution«. Schon frühzeitig nimmt Eleanor Anteil an diesen Diskussionen; es beginnt »ein natürlicher und allmählicher Prozeß des unbewußten Übernehmens der einen oder anderen Ansicht des geliebten Vaters.«[43] Das kleine Mädchen empfindet sich bald als politisch kompetent; zum Amusement der älteren Familienangehörigen macht Eleanor des öfteren altklug-»tiefsinnige« Bemerkungen zur allgemeinen Weltlage. Als Achtjährige kommentiert sie in einem Brief an den Großonkel Lion Philips die polnische Erhebung (1863): »Ich höre von Papa, daß Sie ein großer Politiker sind und so werden wir uns sicher verstehen. Was halten Sie von der Entwicklung in Polen? Ich drücke den Polen immer die Daumen, diesen tapferen kleinen Kerlen. Mögen Sie A. B. [Louis Auguste Blanqui]? Er ist ein guter Freund von mir.«[44] Nach der Niederschlagung des Aufstands meint sie apodiktisch-»sachverständig«: »Um auf Polen zu kommen: Ich fürchte, da ist alles vorbei.«[45] Besonders aufmerksam beobachtet sie den amerikanischen Bürgerkrieg; stundenlang sitzt sie über eine Landkarte gebeugt und verfolgt die Marschrouten der kriegführenden Truppen; sie fühlt sich verpflichtet, in langen Briefen dem Präsidenten Lincoln Ratschläge zu erteilen – der Vater trägt die Epistel zur Post, schickt sie jedoch nicht wirklich ab. Dem Großonkel teilt sie ihre Lagebeurteilung mit: »Was denken Sie über die amerikanischen Ereignisse? Ich glaube, daß die Nordstaaten siegen werden, und obwohl die Südstaaten sie immer mal wieder zurücktreiben, bin ich sicher, daß jene schließlich gewinnen werden.«[46] Auch zu den dänisch-deutschen Auseinandersetzungen hat sie klare Ansichten; Marx schreibt an Lion Philips: »[...] in bezug auf die dänische Frage bittet sie mich, Dir zu sagen, daß [...] sie den einen der streitenden Teile für ebenso schlecht hält wie den anderen und vielleicht noch schlechter.«[47] Das ganze Herz der kleinen Eleanor gehört aber den irischen Freiheitskämpfern – mit wachsender Anteilnahme kommentiert sie die Aktivitäten des republikanischen Bundes der Fenier. Sie spricht von Irland als armer, vernachlässigter Nation; Grün, die Farbe des irischen Volkes, empfindet sie als ausnehmend schön und versucht, sich ständig grün zu kleiden.[48] Marx schreibt an Engels: »Jennychen sagte zu Tussy, sie sei, statt ihres früheren höheren chinesischen Wesens, nun ein localised Irish beeing [*sic*] geworden und zeige daher auch nicht mehr den gehörigen Respekt dem Emperor. Darauf Tussy: Formerly I clung to a man, now I cling to a nation.«[49] Im Oktober 1869 überredet sie Vater, Mutter und die Schwester Jenny, mit ihr an einer großen pro-irischen Demonstration im Hyde-Park teilzunehmen. Als der Fenier O'Donovan ins Parlament gewählt wird, »tanzten wir alle hocherfreut, Tussy war ganz verrückt«.[50]

Eleanors Kindheitsjahre sind bestimmt von turbulenten Ereignissen in der Weltpolitik: Bürgerkrieg in Amerika (1861–1865), Krieg um Dänemark (1864), preußisch-österreichischer Krieg (1866), der Aufstieg Bismarcks, Königin Isabellas Sturz in Spanien, Garibaldis italienischer Kampf, die Auseinandersetzung um den Kirchenstaat. Mit Hilfe und unter Anleitung des Vaters entwickelt sich ihre Fähigkeit, politische Zusammenhänge zu begreifen und zu analysieren, auf erstaunliche Weise, und selbstverständlich ist, daß sie immer umfangreichere Kenntnisse zu Theorie und Praxis der internationalen Arbeiterbewegung gewinnt. Sie erlebt die Gründung der »Ersten Internationale« 1864 in London und verfolgt die Entstehung der »Deutschen Sozialdemokratischen Arbeiterpartei« (1869). Marx weist sie ein in die unterschiedlichen Positionen des europäischen Sozialismus, in die verwickelten, oft heftigen Fraktions- und Flügelkämpfe. Bald ist sie kompetent, ihm bei seiner umfangreichen Korrespondenz zu helfen, seine Bücher und Manuskripte zu ordnen: »Diese Woche haben Tussy und ich 3 Tage verloren mit Inordnungbringen meines Arbeitszimmers. Die Sache war bis zum Unmöglichen wüst geworden.«[51] Je älter sie wird, desto stärker scheint bei Marx der Plan zu reifen, die Tochter gänzlich und für immer an sich zu binden: als Assistentin und »wissenschaftliche Hilfskraft«. Eleanor akzeptiert diese Rolle zunächst; sie bezeichnet sich selbst, in einem Brief an Wilhelm Liebknecht, als »Sekretärin« des Vaters[52] – und Bernstein berichtet: »[Sie] nahm in sehr temperamentvoller Weise an unseren Unterhaltungen über Parteiangelegenheiten teil. Mit viel größerer Hingabe als ihre beiden älteren Schwestern hat denn auch Tussy [...] sich der sozialistischen Bewegung gewidmet.«[53] Doch bald wird ihr bewußt, daß ein Leben an der Seite des Vaters, eine Existenz »aus zweiter Hand«, sie beim Prozeß der Selbstentfaltung und Selbstdefinition hindert. Ein folgenschwerer Konflikt bestimmt von nun an ihr Dasein und bewirkt die zunehmenden psychischen Irritationen: Die Loyalität zum geliebten Vater, der Wunsch, ihn nicht zu enttäuschen, steht einem Lebensentwurf entgegen, der gerichtet ist auf Eigenverantwortung, Selbständigkeit, »Emanzipation«.

Reisen

Die Entwicklung ihrer Persönlichkeit wird gefördert durch zahlreiche Reisen, die Eleanor in der Kinder- und Jugendzeit unternimmt. Häufig ist sie zu Gast bei Engels in Manchester; der treue Marx-Freund wird ihr Berater, Vertrauter und »Ersatz-Vater«. Der heiter-unbeschwerte Charakter dieser Beziehung läßt erkennen, daß sie sich gegenüber Engels frei fühlt von den Ansprüchen der Marxschen väterlichen Autorität. Wie sehr sie diese Besuche liebt, wie stark sie sich zu Engels hingezogen fühlt, wird deutlich in einer Bemerkung der Dreizehnjährigen, die Marx überliefert: »Das Kind erklärt jedem, der es hören will, daß es ready, nach Manchester auszuwandern.«[54] Sie eröffnet eine rege Korrespondenz, ist enttäuscht, wenn Engels nicht umgehend antwortet und vermerkt, er habe wohl wieder einen allzu ausführlichen (Kneipen-)Bummel in Begleitung seines zahmen Igels gemacht: »You bad boy, why haven't you answered my letters? I suppose you and the hedgehog have been on the spree again.«[55] Das merkwürdige Haustier erleidet im übrigen einen schrecklichen Tod: »Leider habe ich für Tussy eine Todesanzeige zu machen. Der arme Igel hat

Eleanor als Vierzehnjährige.

sich in seine Bettdecke ein rundes Loch gefressen, seinen Kopf hineingesteckt und hat sich darin so verarbeitet, daß er gestern erdrosselt gefunden wurde. Friede seiner Asche und better luck to the next one.«[56] Geschenke werden ausgetauscht; so gibt es Baumwolle zu Eleanors dreizehntem Geburtstag: »Wenn Du den 16. d[ieses] Monats Tussychen Baumwollgarnknäuel schicken kannst, ist mir das sehr lieb. Es ist nämlich ihr Geburtstag und that little humbug liebt alle chinesischen Formalitäten.«[57] Engels antwortet: »Alberich, daz starke Gezwerg, gratuliere ich ehrerbietigst zu seinem Geburtstag und leere augenblicklich ein Glas Bier auf seine Gesundheit. Den Cotton haben sie mir in der Fabrik verbummelt, so daß ich ihn erst morgen werde schicken können.«[58] Von einer mühevollen Handarbeit berichtet Marx im Dezember 1869: »Tussy hat a foolish work unternommen, ein Sofakissen zu sticken für Euch für Weihnacht. Ich glaube nicht, daß sie bevor Neujahr fertig wird.

Sie erlaubt weder Mama, noch Jennychen, noch Lenchen, einen Stich zu tun, und tut daher seit Wochen *nichts* andres. Das ist jedoch ein *großes Geheimnis*, und Du darfst natürlich *nicht in der leisesten Weise* andeuten, daß Du davon unterrichtet bist. Tussy würde mich aufessen.«[59] Als wohltuend empfindet die heranwachsende Eleanor das »freie«, etwas bohèmehafte Klima im Engelsschen Haus – es ist ein Gegensatz zur bourgeoisen, auf »Sitte und Anstand« bedachten, fast bigotten Atmosphäre in der eigenen Familie. Und in der Tat betrachtet Marx den Lebenswandel des Freundes mit einigem Unbehagen, vor allem sind ihm seine »ungeordneten« Beziehungen zu Frauen suspekt: Engels lebt zunächst in »freier Liebe« mit der Irin Mary Burns zusammen, nach deren Tod (1863) tritt die Schwester Lissy an ihre Stelle; komplettiert wird der Hausstand von Lissys Nichte Mary Ellen und dem Dienstmädchen Sarah. In einem Brief Eleanors an die Schwester Jenny kommt deutlich zum Ausdruck, wie stark die Unbeschwertheit des Lebensstils in Manchester sie fasziniert: »[. . .] am Samstag war es so heiß, daß wir, d.h. Tantchen, ich und Sarah uns den ganzen Tag auf den Fußboden legten und Bier, Weißwein usw. tranken. Engels, der arme Kerl, war bei einem Picknick [. . .] Als Onkel am Abend nach Hause kam, fand er Tantchen, Ellen und mich alle der Länge nach auf dem Boden liegend, ohne Korsett, ohne Schuhe, nur mit einem einzigen Unterrock und einem Baumwollkleid an, und Ellen erzählte uns irische Geschichten.«[60] Im September 1869 unternimmt Eleanor dann mit Engels und Lissy eine Reise nach Irland; sie besuchen Dublin, Killarney und Cork – die Sympathie für das irische Volk und seinen Kampf gegen England wird dadurch weiter gesteigert.

Inzwischen hat Laura, die zweitälteste Marx-Tochter, den Sozialisten Paul Lafargue kennengelernt – er ist Mischling und stammt aus einer (angeblich) reichen kubanischen Familie. Als »interessanter«, heiter-lebhafter Mann gewinnt er schnell die Zuneigung der kleinen Eleanor, zumal er ihr eine mit gelbem Leder bespannte Gartenschaukel baut. Im Jahre 1867 fahren alle drei Schwestern als Sommergäste für acht Wochen zu Lafargue nach Bordeaux; damit die Töchter »standesgemäß« auftreten können, läßt Marx ihre Uhren und guten Kleider aus dem Pfandhaus holen. Im April 1868 heiraten Laura und Lafargue, und schon im nächsten Frühjahr fährt Eleanor nach Paris, wo die junge Familie ihren Wohnsitz genommen hat. Sie kümmert sich um Charles Etienne, den eben geborenen Sohn, hat aber genügend Muße, die von Haussmann gerade prächtig umgestaltete »Hauptstadt des Second Empire« mit ihren glänzenden Boulevards zu genießen. Sie bummelt durch die großen Kaufhäuser, betrachtet die Freilicht-Puppenspiele, besucht das Theater. Der Mutter berichtet sie: »Sonntagabend waren wir auf der Pfefferkuchen-Kirmes. Erst war es sehr lustig, aber als wir aus einem kleinen Theater herauskamen, schneite es ganz schrecklich. [...] Am Montag sind wir ins ›Gymnase‹ und haben ein Stück von Sardou gesehen: ›Séraphine‹. Es ist wirklich ein sehr schönes Stück, und es war gut gespielt.«[61]

Eleanors dritte Frankreich-Reise gerät zu einem gefährlichen Abenteuer; im April 1871 fährt sie mit der Schwester Jenny nach Bordeaux. Dort befindet sich Laura mit ihrer Familie. Lafargue soll, im Auftrag der kurz zuvor proklamierten Pariser Kommune, die Unterstützung der Provinz für die Erhebung organisieren. Noch während des Besuchs bricht der Aufstand zusammen. Um einer Verhaftung zu entgehen, reisen Lafargue, Laura, Jenny und Eleanor nach Bagnères-de-Luchon, einem kleinen Pyrenäen-Badeort. Anfang August sucht Lafargue Zuflucht jenseits der Grenze in einem spanischen Dorf. Jenny und Eleanor begleiten Laura, als sie ihrem Manne dorthin folgen will. Auf dem Rückweg werden sie an der spanisch-französischen Grenze verhaftet. Eleanor erklärt protestierend, die Polizei habe nicht das

Recht, eine britische Staatsbürgerin zu verhaften. Die beiden Schwestern werden, von 24 Gendarmen eskortiert, nach Luchon zurückgebracht. Dort durchsucht man ihre Zimmer und verhört sie intensiv. Jenny gelingt es, einen Brief des Kommunarden Flourens verschwinden zu lassen – eine Entdeckung hätte wahrscheinlich die Deportation in eine Strafkolonie zur Folge gehabt. Nach einer Nacht auf der Gendarmerie werden Jenny und Eleanor freigelassen mit der Auflage, sofort nach England zurückzukehren. Darüber schreibt Engels an Liebknecht: »Marx' Mädchen sind in Bagnères-de-Luchon in den Pyrenäen vom Präfekten, dem großen Kératry, und Generalprokurator Delpech heimgesucht und ihnen die Notwendigkeit klargemacht worden, Frankreich zu verlassen [...] Man stellte ihnen bis zur Abreise 2 Gendarmen in den Garten.«[62]

Für Eleanor mit ihrer wachen Intelligenz, ihrer Aufnahmebereitschaft und -fähigkeit bedeuten solche Reisen – amüsant, bildend, abenteuerlich – einen Gewinn an Welt- und Lebenserfahrung. Und doch tragen sie auch den Charakter der Flucht: Sie bieten Gelegenheit, sich den Ansprüchen der Familie zu entziehen. Eleanor flieht vor der ständig gereizten, überforderten Mutter, vor den drückenden, unausgesprochen stets vorhandenen Forderungen des Vaters. Es ist, als wolle sie mit ihrer Aktivität eine notwendige Entscheidung verzögern oder gar umgehen. Doch scheint sie, trotz aller »Reise-Betäubungen«, immer zu ahnen, daß sie der Auseinandersetzung mit dem Vater nicht ausweichen kann. Wird sie den Ablösungsprozeß erfolgreich bestehen? Oder läßt sie sich, wie Marx es selbst einmal formuliert, als Sekretärin, Dienstbotin, »Pflegerin eines alten Mannes« auf dem »Familienaltar« opfern?[63] Oder wird sie – schlimmste Möglichkeit – den Konflikt dadurch vermeiden, daß sie erneut zu fliehen versucht: in die Krankheit, die sie hilflos und entscheidungsunfähig macht?

Ein aufschlußreiches, lebendiges Porträt aus dieser Zeit der Unentschiedenheit überliefert uns Franziska Kugelmann in ihren Marx-Erinnerungen; sie schreibt über die fast Zwanzigjährige: »Eleanor oder Tussy, wie sie ja genannt wurde, war ihrer Schwester [Jenny] sowohl äußerlich als innerlich sehr unähnlich. Sie hatte weniger feine Züge als jene, aber ebenfalls die klugen braunen Augen ihres Vaters und war, ohne schön zu sein, eine sehr anziehende Erscheinung, die besonders von Herren sehr hübsch gefunden wurde. Sie hatte prachtvolles dunkelblondes, goldig schimmerndes Haar, das sie eines Tages aufgelöst lang herabwallend trug, was zwar sehr kleidsam für sie, aber auch ebenso auffallend war. Daraus machte sie sich aber nichts. Sie kleidete sich auch zwar elegant und geschmackvoll, aber ebenfalls auffallend. Ihr Vater ließ sie gewähren und meinte: ›Junge Mädchen müssen sich putzen‹. Meine Mutter hatte den Eindruck, daß diese Jüngste als Nesthäkchen wohl besonders von allen verwöhnt würde und wie eben ein verzogenes Kind ihren Einfällen folgte. Ihre schwärmerische Verehrung für ihren Vater war die gleiche wie die Jennys. Sie war sehr intelligent, warmherzig, von schrankenloser Aufrichtigkeit, so daß sie jedem ungeniert ihre Meinung sagte, auch wenn ihr an dem Betreffenden etwas mißfiel. Sie saß, Zigaretten rauchend, in Zeitungen vergraben, in den Restaurants, was damals noch mehr auffiel als heute.«[64] Verhaltene Kritik prägt diese Zeilen; mit Erstaunen wird das leicht exzentrische Auftreten der Marx-Tochter registriert: ihr auffällig getragenes Haar, die unkonventionelle Kleidung, das »öffentliche« Rauchen, vor allem aber die für eine junge Frau fast unziemliche, von Höflichkeitsformeln absehende Offenheit im Umgang mit anderen Menschen. Die Beschreibung der Franziska Kugelmann gibt aber auch einen Eindruck von Eleanors Lebensgefühl und innerer Spannung: intelligent, kulturell und politisch gebildet, begabt mit analytischem Verstand, sich ihrer Fähigkeiten voll bewußt, sitzt sie dennoch entschlußlos, Zeitung lesend, im Café, nach außen ein wenig gelangweilt – im Inneren jedoch unruhig, zerrissen, nervös. Zu jener Zeit zeigen sich zum ersten Male die Symptome eines diffusen Leidens: Schlafstörungen, Weinkrämpfe, Appetitlosigkeit, ein Krankheitsbild, das der Vater bezeichnet als eine »[von] diesen Frauenkrankheiten, wo das Hysterische mit hineinspielt«.[65] Er ist bestrebt, ihre »Zustände« zu bagatellisieren – und nimmt sie weiter als Assistentin, »Handlangerin« in Anspruch. Die ganze Familie fährt zum großen Kongreß der Internationale nach Den Haag (September 1872), und wieder ist Eleanor seine getreue Helferin bei allen bedeutenden Sitzungen. Im Frühjahr 1873 wagt sie endlich einen Schritt, von dem sie hofft, er werde ihr Leben verändern: Sie nimmt die Stellung einer Lehrerin im Mädchenpensionat der Miss Hall in Brighton an. Sie weiß im Grunde aber schon bei ihrer Ankunft, daß sie unüberlegt gehandelt und einen Beruf gewählt hat, der sie nicht ausfüllen und dem sie keine Neigung entgegenbringen kann. Obwohl ihr pädagogisches Talent und große Fähigkeiten attestiert werden, ist die Belastung durch die ungeliebte Arbeit zu groß: Die Krankheit kehrt wieder, verstärkt, für die Familie angsterregend. Die Mutter holt sie nach Hause zurück; sie fährt mit Marx nach Harrowgate, wo er sein Leberleiden auskurieren will. Der Zustand Eleanors verschlimmert sich, es gibt Phasen völliger Apathie, in denen sie jede Nahrungsaufnahme verweigert. Die Ursache der Krankheit bleibt der Familie verschlossen – in der Hoffnung, ein längerer Aufenthalt in einem guten Heilbad werde sie kräftigen, reist Marx mit Eleanor nach Karlsbad. Seinem Bekannten Kugelmann berichtet er von der »Erkrankung meiner jüngsten Tochter. Letztere war jedoch nichts Vereinzeltes, sondern vielmehr akuter Ausbruch eines langwierigen Leidens. Eleanor hat jetzt das Bett wieder verlassen, viel rascher, als ihr Arzt (Madame Dr. Anderson-Garret) gehofft hatte. Sie ist reisefähig, obgleich natürlich noch delikaten Zustandes. Madame Anderson hält das Karlsbader Wasser sehr wünschenswert für ihre völlige Kur.«[66]

Lissagaray

Es ist nicht nur die labile Gesundheit Eleanors – Marx hat noch einen anderen, für ihn höchst wichtigen Grund, seine Tochter längere Zeit in eine neue Umgebung zu bringen. Sie hatte inzwischen Hippolyte Prosper Olivier Lissagaray kennengelernt und sich mit ihm verlobt, eine Verbindung, die der Vater mißbilligt und die er zu zerstören sucht. Lissagaray ist ein französischer Baske, wesentlich älter als Eleanor, mit seiner Familie lebt er zerstritten – den Grafentitel hat er abgelegt. Er arbeitet im kaiserlichen Frankreich als Journalist für die demokratisch-sozialistische Opposition, zuerst in Toulouse, dann in Paris. Er nimmt am Aufstand der Kommune teil, ist Mitglied der Nationalgarde, seine Zeitschrift »Tribune du Peuple« setzt sich engagiert für einen Kampf mit allen Mitteln ein. Die Kommunarden scheitern, und Lissagaray flieht, wie viele seiner Mitstreiter, ins Exil nach England. Das Marxsche Haus ist für die Emigranten eine erste Zuflucht; auf einem Bankett in Modena Villas, im Mai 1872, trifft er Eleanor – sie fühlt sich augenblicklich zu ihm hingezogen, ist begeistert und bezaubert von seiner Persönlichkeit, die andere als eher unscheinbar bezeichnen.[67] Doch der massive väterliche Einspruch läßt die Romanze tragisch werden; Marx erläßt ein striktes Heiratsverbot und versucht, das Liebespaar zu trennen: er redet auf die Tochter ein, er droht und intrigiert, wird dabei unterstützt vom Schwiegersohn Lafargue.[68] Über die Gründe dieses Verhaltens gibt es nur Mutmaßungen: Vielleicht ist ihm die Zukunft seiner Tochter an der Seite eines Emigranten ohne regelmäßige Einkünfte nicht sicher genug, vielleicht weiß er, daß Lissagaray, der als »Hitzkopf« gilt, schon blutige Duelle ausgefochten hat, vielleicht sind es politische Erwägungen – Lissagaray, der »Individualist«, wendet sich (fast anarchistisch) gegen jegliche Form der behördlichen Organisation, auch der sozialistischen. Und doch lobt Marx seine »Histoire de la Commune«, macht Änderungsvorschläge und sorgt dafür, daß dieses Werk große Verbreitung findet. Vermutlich kommt seine Ablehnung aus einer tieferen, ihm nicht bewußten Schicht: Er betrachtet Eleanor als zu sich gehörig, als Teil seiner selbst – die Verbindung der Tochter mit Lissagaray bedeutet nicht nur, daß er eine tüchtige, bei Materialbeschaffung und Korrespondenz inzwischen unentbehrlich gewordene Assistentin verliert, er scheint sie auch zu empfinden als »Angriff« auf die eigene Persönlichkeit. Und daraus resultiert die allen Verstandeserwägungen unzugängliche Härte und Unduldsamkeit.

Das Verhalten des Vaters bewirkt bei Eleanor eine Potenzierung des Leidens; es beginnt eine Zeit, in der sie gequält wird von dem ihr unauflöslich scheinenden Konflikt: da ist die Zuneigung zum Vater, der Wunsch ihm gerecht zu werden, ihn nicht zu verletzen, seinen Willen als gehorsame Tochter zu vollziehen – da ist auf der anderen Seite die Liebe zu Lissagaray, dem selbst und frei gewählten Mann, an dessen Seite und mit dessen Hilfe sie den Weg in ein eigenverantwortetes, vom Vater nicht mehr geschütztes und kontrolliertes Leben zu finden hofft. Ein Brief an Marx vom März 1874 legt Zeugnis ab von diesen inneren Kämpfen: »Mein liebster Mohr, ich will Dich um etwas bitten, aber erst mußt Du mir versprechen, daß Du nicht sehr ärgerlich sein wirst. Ich möchte wissen, lieber Mohr, wann ich L[issagaray] wieder sehen kann. Es ist sehr hart, ihn *nie* sehen zu dürfen. Ich habe mir die größte Mühe gegeben,

Eleanor als Neunzehnjährige.

geduldig zu sein, aber es ist so schwer, und ich habe das Gefühl, ich kann es nicht mehr aushalten. Ich erwarte nicht, daß Du sagst, er könne herkommen. Ich wünsche das nicht einmal, aber könnte ich nicht ab und zu einen kleinen Spaziergang mit ihm machen? Du erlaubst mir doch, mit Utin oder Frankel auszugehen, warum nicht mit ihm? Außerdem wird niemand sich wundern, wenn er uns zusammen sieht, denn alle wissen doch, daß wir verlobt sind. Als ich in Brighton sehr krank war (und in einer Woche hatte ich zwei oder drei Ohnmachten am Tag), kam L., um mich zu sehen, und jedesmal fühlte ich mich gekräftigt und glücklicher und eher in der Lage, die schwere Last zu tragen, die mir auferlegt ist. Es ist so sehr lange her, seit ich ihn sah, und ich beginne mich kreuzunglücklich zu fühlen, trotz aller Anstrengungen, mich zu halten, denn ich habe versucht, so gut es ging, vergnügt und munter zu sein. Ich kann es nicht länger ertragen. Glaub mir doch, lieber Mohr, wenn ich ihn ab und zu sehen könnte, dann würde mir das besser bekommen als alle Arztrezepte zusammen – ich weiß das aus Erfahrung. Wenigstens, lieber Mohr, könntest Du mir doch sagen, wann ich ihn sehen darf, wenn das schon jetzt nicht sein kann. Ich hätte dann etwas für die Zukunft zu erwarten, und wenn die Zeit bis dahin nicht so unbestimmt wäre, würde mir das Warten weniger schwerfallen. Mein liebster Mohr, bitte sei nicht ärgerlich über diese Zeilen, und entschuldige, wenn ich egoistisch genug bin, Dich wieder zu behelligen, Deine Tussy.«[69] Eleanor weiß um die seelische Ursache ihrer Erkrankung, es ist ihr klar, daß nur die Hinwendung zum Mann ihrer Wahl und die damit verbundene Ablösung vom Vater das Leiden zu beenden vermag. Aber sie kann den entscheidenden Schritt nicht vollbringen; die sklavische Abhängigkeit von der väterlichen Autorität, wie sie im fast erschreckend unterwürfigen Ton des Briefes sich zeigt, ist nicht zu überwinden. Zehn Jahre lang bleibt sie mit Lissagaray verlobt – es ist eine Zeit voller Hektik und Unausgeglichenheit, sie betäubt sich mit zahlreichen, fragmentarisch wirkenden Aktivitäten politischer und literarischer Natur. Der Lesesaal des Britischen Museums bleibt eine letzte Zuflucht; sehr stolz ist sie, als der Leiter der Bibliothek ihr einen Sonderraum für ihre Studien zur Verfügung stellt. Mit großem Interesse verfolgt sie die Gründung der Londoner Medizinischen Fakultät für Frauen, zu deren Initiatorinnen Frau Anderson, ihre Ärztin, gehört: »Die Sache hat natürlich hauptsächlich für ›Bourgeoisie‹ ihre Vorteile, aber es ist immerhin etwas und auch an der Zeit, daß Frauen abeiten und sich mit anderen Dingen als mit Kleidern befassen können.«[70] Bei den Schulkommissionswahlen in London setzt sie sich für die Kandidatur einer Frau ein und ist erfreut, als der männliche Mitbewerber (ein Freund des Vaters!) unterliegt. Aber ihr Engagement bleibt »halbherzig« – immer wieder gibt es Phasen der Apathie und Depression, die ihre Arbeitskraft lähmen. Die Kuraufenthalte mit dem Vater in Karlsbad bringen keinen Erfolg. Die Hoffnung, den Vater für den Verlobten einzunehmen, erfüllt sich nicht, auch wenn er zeitweise dadurch schwankend wird, daß Lissagaray mit seinem Buch über die Kommune höchste Anerkennung findet.[71] Die Schwester Jenny unternimmt einen letzten Vermittlungsversuch: Im August 1881, als die bereits todkranke Mutter sie besucht, arrangiert sie ein Zusammentreffen mit Lissagaray; nach intensiver Aussprache soll der Vater für eine Entscheidung zugunsten der Verlobten umgestimmt werden. Jennys wohlmeinender Plan scheitert – Marx bleibt bei seinem Heiratsverbot. Als Eleanor in London die Nachricht erhält, bricht sie zusammen. Die ärztliche Diagnose lautet: völlige Nervenzerrüttung, lebensbedrohende Magersucht.

Theater

Über Heirat, Ehe, Familie die lebenserhaltende Distanz zum Vater zu schaffen, erweist sich als nicht möglich für Eleanor – sie löst die Verbindung mit Lissagaray. Trotz ihrer Verzweiflung, trotz ständig neuer Krankheitsanfälle gibt sie die Hoffnung nicht auf, einen eigenen Weg zu finden. Sie plant, Schauspielerin zu werden und ihre Liebe zur dramatischen Kunst zum Ausgangspunkt einer beruflichen Karriere zu machen. Schon vorher hatte sie der Shakespeare-Gesellschaft angehört und sich philologisch mit dem Theater auseinandergesetzt.[72] Sie glaubt, für die Praxis des Theaterspielens genügend Talent und Durchsetzungskraft vorweisen zu können. Ein erster Auftritt Ende 1880 als Rezitatorin – sie trägt den »Rattenfänger von Hameln« in einer Version Robert Brownings vor – scheint ihre Selbsteinschätzung zu bestätigen. Bernstein erinnert sich, »daß Eleanor sehr lebendig und mit reicher Modulation sprach und großen Beifall erntete«.[73] Eine systematische Ausbildung soll ihre Begabung entfalten; Eleanor bemüht sich um Unterrichtsstunden bei Mrs. Vézin, einer bekannten Schauspielerin, die sich aus dem aktiven Bühnenleben zurückgezogen hat. Der Schwester Jenny schreibt sie: »[...] ich baue bestimmt nicht allzu zuversichtlich auf den Erfolg, und doch möchte ich den Unterricht nehmen. Selbst im Fall, daß Mrs. Vézin, wie ich fürchte, findet, sie habe meine Begabung stark überschätzt, werden mir diese Stunden immer noch nützlich sein, und ich kann es immer noch mit der Rezitation versuchen. Das war ja, wie Du weißt, mein Ziel, als ich zu Mrs. Vézin ging, aber da sie so dagegen zu sein schien, sage ich vorläufig nichts und warte ab, daß sich herausstellt, zu was ich *wirklich fähig* bin. Bis zu diesem Montag konnte ich ihr nicht schreiben, da Papa das nötige Geld nicht hatte [...] Es ist mir schrecklich, daß ich Papa so viel koste, aber schließlich ist für meine Erziehung sehr wenig ausgegeben worden, wenigstens im Vergleich zu dem, was *heute* von Mädchen verlangt wird, und ich denke, wenn ich es schaffe, ist es eine gute Investition gewesen [...] Auf jeden Fall will ich es versuchen [...] Ich habe das Gefühl, daß ich mein Leben jetzt lange genug habe gehen lassen und daß es höchste Zeit ist, daß ich etwas mache. Ich weiß nicht mehr, ob ich Dir erzählt habe, daß wir – d.h. Dollie, Mr. Redford, Harry Moore, Mr. Stoner und ich – zwei kleine Stücke einstudieren, die wir am 5. Juli im Theater des Liebhabervereins aufführen werden. Mir macht es natürlich riesigen Spaß, und außerdem habe ich den Eindruck, daß es eine gute Übung für mich ist.«[74] Auf dem Programm dieses Theaterabends stehen das Lustspiel »Erste Liebe« von Eugène Scribe und der Einakter »Auf einer Farm am Meer«. Engels, der die Aufführung besucht, schreibt an Marx, der sich auf ärztlichen Rat in Eastbourne befindet: »Tussy und D[olly] Maitland haben beide sehr gut gespielt; die Kleine zeigte sehr viel self possession und sah ganz allerliebst aus auf der Bühne. Tussy war sehr gut in den leidenschaftlichen Szenen, nur merkte man etwas, daß sie sich Ellen Terry zum Vorbild genommen [...], doch das wird sie sich bald abgewöhnen; will sie öffentlich Effekt machen, muß sie unbedingt strike out a line of her own, und das wird sie schon.«[75] Wohl ist sie talentiert, doch haften ihrem Spiel die typisch laienhaft-dilettantischen Merkmale an: Sie klammert sich an ein Vorbild, dramatisch akzentuierte Szenen wirken allzu forciert, es fehlt die »professionelle Distanz« zur Rolle. Eleanor ist sich dieser Schwächen bewußt – daher ihr dringender Wunsch, mit intensiver Schauspielausbildung zu beginnen. Sie hofft auf Zustimmung beim theaterbegeisterten Vater, zumal sie sich das Geld für den Unterricht durch Gelegenheitsarbeit verdienen will. Aber wieder stößt sie auf Unwillen, Mißbehagen, Ablehnung. Marx ist zwar stolz, wenn seine Töchter »privat«, vor Freunden und Bekannten, mit Rezitationen oder in Theaterrollen Eindruck machen – daß eines seiner Mädchen jedoch die Schauspielerei als Beruf ausüben könnte, ist ihm ein unerträglicher Gedanke: »Theaterspielen im kleinen Kreise, das ließ Marx für seine Töchter gelten, es war gesellschaftlich – gesellschaftlich im bürgerlichen Sinne – nützlich, denn die Misses Marx sollten doch Bekanntschaften machen. Theater aber im Ernst, als Beruf? Seine Töchter als Schauspielerinnen, allen Gefahren und Verführungen ausgesetzt? Am Ende halbe Huren oder große Kokotten? Nein, niemals!«[76] Eleanor reagiert auf solches Verhalten mit erneuten Krankheitsanfällen; der Schwester Jenny berichtet sie von quälender Schlaflosigkeit. Sie weiß, daß Medikamente, mit denen sie früher experimentiert hat, ihr keine Heilung bringen können, weil die Ursache des Leidens in der Seele liegt: »[...] wenn erst mal die Gedanken kommen, kann ich einfach nicht mehr einschlafen (Ich habe lange Zeit hindurch verschiedene Medikamente probiert – das sag ich Dir ganz entre nous – und möchte ungern wieder welche nehmen. Im Grunde ist das auch nicht viel besser als Trinken und fast wenn nicht genauso schädlich.) *Seit ich hier bin, habe ich noch keine sechs Stunden geschlafen.* Du kannst Dir vorstellen, daß – von den anderen Sachen ganz abgesehen – das allein einfach unerträglich ist, und ich habe jetzt wirklich Angst, völlig zusammenzubrechen, und möchte wegen Papa alles tun, um das zu vermeiden. Am meisten fürchte ich mich aber davor, die Ärzte zu konsultieren. Sie können und wollen nicht sehen, daß seelische Bedrängnis genauso eine Krankheit ist, wie körperliche Beschwerden es wären.«[77] Sie schreibt diese Zeilen in Ventnor, wo sie sich mit dem schwerkranken Vater aufhält, um ihn zu pflegen; seit dem Tod seiner Frau (Dezember 1881) ist Marx ein »gebrochener Mann«, sein Lebensmut ist geschwunden, er fühlt sich selbst dem Tode nah. In dieser Stimmung zeigt er sich aufgeschlossener für Eleanors Pläne. An Engels schreibt er: »Das Kind ist unter einer mental pressure, die seine Gesundheit ganz untergräbt. Weder Reisen, noch change of climate, noch physicians can do anything in this case. Das einzige, was man für sie tun kann, ist ihr den Willen zu tun und sie ihre theatralischen lessons bei Madame Jung [Mrs. Vézin] durchmachen zu lassen. Sie brennt vor Begierde, sich wie sie glaubt, so eine selbständige aktive Artistenlaufbahn zu eröffnen, und dies einmal zugegeben, hat sie jedenfalls recht, daß in ihrem Alter keine weitere Zeit zu verlieren.«[78] Trotz aller generellen Vorbehalte, die in diesen Worten deutlich zu spüren sind, scheint er bereit, die Tochter endlich »freizugeben« – vielleicht, weil sie sich in der »Lissagaray-Affaire« als gehorsames Kind erwiesen hat; er kann sich seiner Macht über sie jetzt sicher sein und etwas »Gnade« üben. Vielleicht ist er aber auch überrumpelt von Eleanors plötzlicher Entschlußkraft, wie sie in den Briefen an Jenny sich zeigt. Zwar hält sie ihre Pläne immer noch für egoistisch angesichts der Leiden des kranken Marx, zwar ist der Konflikt zwischen der idealisierenden Zuneigung zum Vater und dem Streben nach Selbständigkeit noch kaum überwunden – dennoch erstaunt der Mut, mit dem sie einen neuen Anfang wagen will: »[...] noch selbstsüchtiger erscheint es, daß ich überhaupt an mich denke, statt nur an unsern lieben Mohr [Karl Marx]. Wie sehr ich ihn liebe, kann niemand wissen, und doch müssen wir schließlich alle unser eigenes Leben leben, und so oft und so hartnäckig ich es auch versucht habe, ich kann einfach nicht meinen Wunsch ersticken, noch *etwas zu versuchen.* Auch die Aussicht auf Unabhängigkeit verlockt mich sehr. [...] ich habe vor, mit aller Kraft durch harte Arbeit zu versuchen, mehr und Besseres aus meinem Leben zu machen als bisher. Im Grunde ist *Arbeit* die Hauptsache. Für mich wenigstens ist sie eine Notwendigkeit. Deswegen hänge ich so sehr an meiner langweiligen Fronarbeit im [British] Museum. Du, ich bin nicht gescheit genug, ein rein *intellektuelles* Leben zu führen, aber auch nicht stumpfsinnig genug, um mich mit Herumsitzen und Nichtstun zufriedenzugeben. Morgen ist mein Geburtstag, wenn ich nur die Hälfte meiner guten Vorsätze für die kommenden Jahre halte, werde ich es schaffen.«[79]

Eleanor muß ihre Pläne zurückstellen; ein letztes Mal ist sie getreue Pflegerin: Der Gesundheitszustand des Vaters verschlechtert sich rapide, die körperlichen und geistigen Kräfte lassen weiter nach. Als er im Januar 1883 in Ventnor die Nachricht vom Tod der Tochter Jenny erhält, bricht er vollends zusammen. Darüber schreibt Eleanor: »Ich reiste sofort nach Ventnor ab [...] Ich fühlte, daß ich meinem Vater das Todesurteil brachte. Auf dem langen, bangen Weg hatte ich mein Hirn abgemartert, wie ich die Nachricht mittheilen sollte. Ich brauchte sie nicht mitzutheilen, mein Gesicht verrieht mich. Mohr sagte sofort: ›Unser Jenny'chen ist todt!‹ und dann forderte er mich sofort auf, nach Paris zu gehen und bei den Kindern zu helfen. Ich wollte bei *ihm* bleiben – er duldete keinen Widerspruch. Ich war kaum eine halbe Stunde in Ventnor gewesen, als ich mich wieder auf meinen trüben, traurigen Weg nach London machte, um von da sofort nach Paris zu fahren. Ich that, was Mohr der Kinder wegen wünschte. Von meiner Heimreise rede ich nicht – nur mit Grausen kann ich an jene Zeit zurückdenken – diese Seelenpein, diese Folter – doch still davon. Genug – ich kam zurück und Mohr kehrte heim – um *zu sterben.*«[80] Über den 14. März 1883, den Todestag, berichtet sie, daß der Vater »aus seinem Schlafzimmer in seine Studierstube in Maitland Park ging, sich auf seinen Lehnstuhl setzte und ruhig einschlief«.[81] Muß Eleanor, bei aller Trauer, den Tod des Vaters nicht als eine Befreiung empfinden? Ist nicht eine Last von ihr genommen und kann sie nun nicht, unbeschwert von väterlicher Einrede, in Selbstverantwortung und Unabhängigkeit den *eigenen Weg* gehen? Den Weg einer Schauspiel-Künstlerin?

Aveling

Sie versinkt tatsächlich nicht in Schmerz, vielmehr entfaltet sie eine rege Aktivität – allerdings kaum, um die Theaterkarriere zu fördern. Die Abhängigkeit vom Vater reicht über seinen Tod hinaus, in verwandelter Form bestimmt sie weiter ihr Leben: Mit Enthusiasmus und erstaunlichem Engagement übernimmt Eleanor die Rolle der geistigen Erbin; sie fühlt sich berufen, das Werk des Vaters fortzusetzen. Sie erhält, von Engels nachdrücklich bestätigt, das Verfügungsrecht über die Marxsche Hinterlassenschaft. Es sind 250 Pfund Sterling und – weit wichtiger – der umfangreiche literarische Nachlaß. Während Engels sich »schön gleichmäßig dem Whisky und dem Pilsner« widmet[82], versucht Eleanor, eine erste Systematik in die Manuskripte und Briefe zu bringen. Der Schwester Laura, die eifersüchtig ihre Arbeit verfolgt, berichtet sie: »Ich sondere [...] *alle* privaten Briefe aus. Die haben nur für uns ein Interesse und

Dr. Edward Bibbins Aveling.

können später einmal geordnet werden. Wir müssen uns jetzt um die anderen Papiere kümmern, um die Manuskripte, die Korrespondenz über die Internationale usw. [...] Es wird eine schreckliche Arbeit sein, den Nachlaß zu ordnen. Ich weiß kaum, wie ich es schaffen soll. [...] Engels wird Dir gesagt haben, daß wir *mindestens* 500 Seiten vom zweiten Band [des ›Kapital‹] haben, vermutlich den ganzen. Das ist gut, nicht wahr? [...] Ich will nun mit der Zeit die [von Marx geschriebenen] ›Tribune‹-Artikel veröffentlichen. Meinst Du nicht, daß das gut wäre?«[83] Neben der zeitraubenden Beschäftigung des Sichtens und Ordnens erteilt sie Unterricht in einer Privatschule, um sich eine materielle Basis zu schaffen – sie möchte nicht auf Engels' Großzügigkeit angewiesen sein: »Ich weiß, daß Engels die Güte selbst ist und daß ich immer alles, was ich brauche, von ihm bekommen kann, aber ich denke Du verstehst, daß ich mich jetzt mehr denn je danach sehne, mir selbst den Lebensunterhalt zu verdienen.«[84] Trotz der täglichen harten Arbeit führt sie ihre Studien in der Bibliothek fort, sie findet auch noch Zeit, als Mitarbeiterin der Freidenker-Zeitschrift »Progress« Artikel zu verfassen, die dem Andenken des Vaters gewidmet sind: Sie schreibt einen Nachruf auf Karl Marx und beschäftigt sich in einem Aufsatz mit der Mehrwerttheorie. »Mit pittoresker Schlampigkeit gekleidet, das schwarze Lockenhaar in alle Richtungen zerstiebend«[85], nimmt sie an den Debatten der Londoner intellektuellen Zirkel teil und diskutiert dort leidenschaftlich, oft befremdlich radikal, die aktuellen Themen der Zeit: Freidenkertum, Darwinismus, Sozialismus. Auf Freunde und Bekannte, die sie so erleben, wirkt sie verkrampft, unausgeglichen, nervös. Man bemerkt »Spuren einer ungesunden leidenschaftlichen Lebensweise [. . .], die durch Reizmittel aufrechterhalten und durch Betäubungsmittel eingedämmt wird.«[86]

In diesen literarisch-künstlerischen Kreisen weiß man inzwischen, daß sie mit Dr. Edward Aveling befreundet ist – eine Verbindung, die allseits Aufsehen erregt. Zwar ist dieser Mann ein brillanter Redner, charmant, intelligent, den schönen Künsten und der strengen Wissenschaft gleichermaßen ergeben – doch gibt es über ihn genügend pikante, anrüchige Histörchen; man tuschelt von amourösen Abenteuern, Betrugsaffären, alkoholischen Exzessen. Eduard Bernstein, der ihn zeitlebens mit inbrünstigem Haß verfolgt, beschreibt trocken-prägnant seinen bisherigen Lebensweg: »Der Sohn eines protestantischen irischen Geistlichen, hatte Aveling im freisinnig geleiteten London University College seine Gymnasialbildung empfangen, hierauf Naturwissenschaft studiert und den Doktorgrad erlangt, war aber dann dem Hang zum Theater gefolgt, hatte sich als Leiter einer wandernden Schauspielertruppe versucht, die jedoch einen Zusammenbruch erlitt, und sich hierauf dem Beruf eines Vortragenden bei den Freidenkern zugewandt, wo seine Besonderheit Vorträge über die Lehre Darwins waren, den er noch persönlich gekannt hatte. Diese Vorträge machten ihn in radikalen Kreisen zeitweise ungemein populär, und als er sich der sozialistischen Bewegung anschloß, galt sein Beitritt vielen als ein wertvoller Gewinn.«[87] Es ist die Karriere eines begabten Opportunisten – Aveling wird von vielen Zeitgenossen wegen seiner nur auf die persönlichen Vorteile bedachten moralischen Skrupellosigkeit verabscheut. Abschreckend wirkt auch seine häßliche äußere Erscheinung: Durch eine Rückgratverletzung leicht gekrümmt gehend, mit unebenen Gesichtszügen und stechenden Augen, wirkt er auf eine Bekannte »eidechsenhaft« (»A little lizard of man«).[88] Man sagt, er gleiche einem Schwarzmarkt-Diamantenhändler (»an illicit diamond buyer«)[89], und meint: »Niemand kann so schlimm sein wie Aveling aussieht.«[90]

Es ist nicht bekannt, wann und unter welchen Umständen Eleanor näher bekannt wird mit Aveling – man weiß, daß er sich 1882 sehr häufig im British Museum aufhält und dort die Sitzungen der »Gesellschaft der Bohèmesozialisten« besucht, ein Ort, an dem auch Eleanor oft anzutreffen ist. Sie hält die Verbindung zunächst völlig geheim; ob der Vater ihren neuen Freund kennengelernt, ob er ihn positiv beurteilt oder abgelehnt hat, kann gleichfalls nicht ermittelt werden. Auffällig ist jedoch, daß Aveling als bevorzugter Trauergast bei den Beerdigungsfeierlichkeiten für Marx von den Zeitungen besonders hervorgehoben wird.[91] Ab Mitte 1884 lebt Eleanor »offen« mit ihm zusammen. An Laura schreibt sie: »Du weißt, glaube ich, daß ich seit einiger Zeit Edward Aveling sehr zugetan bin, und er sagt, daß er mir zugetan ist. Wir werden also ›zusammenziehen‹.«[92] Einer formellen Ehe aber widersetzt sich der Partner; er erklärt, er sei schon verheiratet, eine Scheidung sei nicht möglich in Anbetracht der Widerstände, die er von seiner Frau zu gewärtigen habe. Ihre Beziehung muß also »vor aller Welt als wilde Ehe kundgegeben werden«[93] – ein Umstand, den Eleanor nicht ohne Bedenken und innere Zweifel hinnimmt, wie einige Erklärungs- und Entschuldigungsbriefe deutlich zeigen. Der Freundin Dollie schreibt sie: »Ich werde mit Edward Aveling als seine Frau zusammenleben. Du weißt, daß er verheiratet ist und daß ich *rechtlich* seine Frau nicht sein kann. Aber es wird für mich eine echte Ehe sein – genauso als hätten ein Dutzend Standesbeamte ihres Amtes gewaltet... Er hatte seine Frau schon viele, viele Jahre nicht gesehen, als ich ihn kennenlernte.«[94] In einem Brief an Edith Bland ist zu lesen: »Ich habe mich nicht zwischen einen Ehemann und seine Frau gestellt [...] Ich möchte Ihnen auch sagen, daß meine Schwester und meines Vaters älteste Freunde völlig mit dem Schritt einverstanden sind, den wir getan haben.«[95] Der väterliche Freund Engels ist zunächst skeptisch: »Hätte Tussy mich vor diesem Sprung um Rat gefragt, so hätte ich es wahrscheinlich für meine Pflicht gehalten, mich über die diversen und unvermeidlichen Konsequenzen ihres Schrittes auszulassen.«[96] Doch Aveling vermag ihn zu beeindrucken; Engels preist ihn als hochgebildeten Mann, als einen Gewinn für die sozialistische Bewegung. Er »segnet« das Verhältnis dadurch, daß er 50 Pfund Sterling für eine »Hochzeitsreise« spendiert. Eleanor und Aveling fahren nach Middelton, Derbyshire. In einem Gasthaus treffen sie eine Freundin, die Schriftstellerin, Sozialistin und Feministin Olive Schreiner, die später einem Bekannten berichtet: »Ich beginne einen solchen Horror vor Dr. Avelings wahrer Persönlichkeit zu bekommen. Zu sagen, ich mag ihn nicht, ist überhaupt kein Ausdruck; ich spüre Angst und Schrecken, wenn ich in seiner Nähe bin. Jedesmal, wenn ich ihn sehe, fühle ich mich immer so beengt [...] Ich liebe sie [Eleanor], aber er macht mich so unfroh. Er ist so selbstsüchtig, aber das erklärt nicht meine Furcht. Mrs. Walters hat genau das gleiche Gefühl. Ich hatte es, als ich ihn zum ersten Mal sah. Ich bekämpfte es um Eleanors willen, aber es ist da, stärker als je.«[97]

Es ist frappierend, mit welcher Konsequenz Eleanor alle bösen Vorzeichen übersieht, die Warnungen wohlgesinnter Freundinnen und Freunde in den Wind schlägt, ja sogar für Aveling ihre Stellung in der Privatschule aufgibt. Ansonsten kritisch, wählerisch, mit Menschenkenntnis begabt, knüpft sie ihr Schicksal bedingungslos an einen häßlichen, moralisch fragwürdigen Mann, von dem die Leute hinter ihrem Rücken flüstern, er habe sich nur deshalb mit ihr verbunden, um aus dem Nachlaß von Karl Marx auf irgendeine Weise finanziellen Gewinn zu ziehen. Wo liegen die Gründe für diese Blindheit, diese Wirklichkeitsverkennung? Vielleicht ist es die »innere Leere«, die sie nach dem Tod des Vaters spürt, vielleicht sucht sie nach einer neuen »Lebensmitte«, nachdem ihr die Familie und der »irdische Vatergott« genommen sind[98], vielleicht fühlt sie sich zu schwach, um allein das Werk ihres Vaters fortzusetzen und sieht in Aveling den geeigneten Helfer: Selbst eher pessimistisch-grüblerisch, läßt sie sich faszinieren von seiner hedonistischen Weltsicht, von der Maxime, die Freuden des Lebens zu genießen und heiter-gelassen an der Aufgabe zu arbeiten, »die Summe des Elends in der Welt zu verringern«.[99] Vielleicht sieht sie in der Verbindung mit Aveling die einmalige Möglichkeit, zwei Lebensentwürfe miteinander in Einklang zu bringen: Wird er nicht als Liebhaber des Theaters, als Dramatiker, Schauspieler, Regisseur, ihre eigene Bühnen-Karriere wohlwollend begleiten und fördern? Und wird er ihr als Sozialist und »Weltverbesserer« nicht ebenso helfen, dem großen Auftrag gerecht zu werden, dem sie sich jetzt verpflichtet fühlt: als Sachwalterin des Vaters den proletarischen Kampf weiterzuführen? Sie schreibt in einem Brief an ihre Freundin: »[...] if love, a perfect sympathy in taste and work and a striving for the same ends can make people happy, we shall be so.«[100] Auf dieser Basis beginnen »die

Avelings«, wie sie fortan genannt werden, ihr rastloses Leben. Die Zweifel daran, daß es Eleanor »Glück« bringen wird, wollen bei denen, die sie kritisch oder bewundernd beobachten, nie ganz verstummen – gibt es doch immer noch Briefe wie diesen, gerichtet an die Freundin Dollie: »Ich habe so viel an Dich gedacht, und oft habe ich mich nach Dir gesehnt. Denn ich bin *sehr* einsam, Dollie, und ich habe mich noch nie so einsam gefühlt wie gerade jetzt. [...] Ich bin ziemlich faul, tue gar nichts. Tatsächlich habe ich mich in den letzten zwei Wochen furchtbar elend gefühlt, und da ich einen völligen Zusammenbruch fürchtete, mache ich nun eine Ruhepause.«[101] Und später, nach langen Jahren des Kampfes für die Arbeiterklasse, für eine »gerechtere« Gesellschaft, wird sie sagen: »[...] *Ich* habe nichts; und ich sehe nichts, wofür es sich zu leben lohnt« – »*I* have nothing; and I see nothing worth living for.«[102]

Agitation

Die Beförderung und Vollendung der proletarischen Revolution (der große Auftrag des Vaters!) – das ist für Eleanor, trotz ihrer umfangreichen Schriftstellerei, keine theoretische Sache, die am Schreibtisch geschieht. Im Gegensatz zu den vielen Salon-Kommunisten ihrer Zeit mischt sie sich ein in die Praxis: Sie nimmt aktiv teil an den täglichen Kämpfen, an Streiks, an Demonstrationen. Sie kennt die Fabriken und Elendsbehausungen im Londoner Eastend. Es fällt ihr nicht schwer, das Vertrauen und die Zuneigung der Menschen zu gewinnen; ihr Engagement ist aufrichtig, ihre Sprache ist klar, ihr Auftreten wirkt nicht überheblich-arrogant. Sie nimmt den Arbeiterkampf »existentiell« ernst, und viele meinen, ihr Einsatz für die Unterprivilegierten speise sich eher aus den christlichen Quellen der Nächstenliebe und des Mitleidens denn aus den Ideen-Konstruktionen des Vaters.

Ihr kämpferischer Gestus und ihr »prophetisches« Sprechen beeindrucken auch die Gegnerinnen und Gegner. Sie hat rhetorisches Talent; sie vermag, ihre Zuhörerinnen und Zuhörer mitzureißen – wobei ihr sicher die schauspielerischen Fähigkeiten zugute kommen: »Ich habe sie in Arbeiterklubs bei Vorträgen politischer Natur mit sehr poetischem Schwung und hinreißendem Tonfall sprechen hören.«[103] Im September 1889 schreibt ein Journalist über ihre Rede auf einer Massenversammlung: »Bemerkenswert, Frau Aveling zu beobachten, als sie zu der riesigen Menge sprach. Bemerkenswert die Augen der Frauen, an sie gefesselt, als sie über das Elend in den Wohnungen der Docker sprach. Liebenswert, wie sie ihren schwarzbehandschuhten Finger gegen die Unterdrücker richtete, und eindrucksvoll, die herzlichen Beifallsrufe zu hören, mit denen ihre glänzende Rede aufgenommen wurde.«[104] Bei ihrer Ansprache auf der Gedächtnisfeier für die Pariser Kommune bemerkt ein Zuhörer das »Alttestamentarisch-Messianische« in ihrer Rhetorik: »Die Frau schien von der Beredsamkeit der alten Propheten [...] inspiriert zu sein, als sie von dem ewigen Leben sprach, das jene gewännen, die sich für den Kampf um die materielle und geistige Verbesserung unzähliger Generationen einsetzten und dabei ihr Leben ließen.«[105] Sie weiß ihre Auftritte »theatralisch« zu gestalten – in ihrer Emphase scheut sie auch nicht zurück vor der direkten Konfrontation mit den staatlichen Ordnungskräften. Nach einer Solidaritätsdemonstration für vier in den USA hingerichtete Anarchisten (der später so bezeichnete »englische Blutsonntag«) berichtet sie am 14. November 1887 der »Pall Mall Gazette«: »[...] mein Mantel und Hut wurden völlig zerfetzt (wie ich Ihnen zeigen kann); ich bekam von dem Schlagstock eines Polizisten einen schlimmen Hieb über den Arm und wurde von einem Schlag über den Kopf zu Boden geworfen, wo ich, wäre nicht ein kräftiger alter Ire (mir völlig unbekannt), dessen Gesicht blutverschmiert war, zur

Stelle gewesen, von der berittenen Polizei zertrampelt worden wäre.«[106]

Mit ihrem oft bis an den Rand der physisch-psychischen Erschöpfung gehenden Einsatz, mit ihrer herzlichen »unkomplizierten« Wesensart, nicht zuletzt aber mit ihrer »Autorität« als »Marx-Tochter« gelingt es Eleanor sehr schnell, in der internationalen Arbeiterbewegung zu einer anerkannten und verehrten Persönlichkeit zu werden. Wie lassen sich die Ziele ihrer politischen Arbeit bestimmen? Welche inhaltlich-ideologischen Positionen liegen ihrem Handeln zugrunde? Zunächst geht es ihr um eine möglichst breite proletarische Einheitsfront; die in viele Gruppen und Fraktionen zerfallene Arbeiterbewegung soll auf ein gemeinsames revolutionäres Programm festgelegt werden. Zu diesem Zweck hält sie enge Verbindung mit den großen sozialistischen Parteien in Europa – sie führt einen umfangreichen, fast unüberschaubaren Briefwechsel. Als Korrespondentin des Parteiblattes »Vorwärts« sind ihre Kontakte zur deutschen Sozialdemokratie besonders intensiv; während der Zeit der Bismarckschen Sozialistengesetze (1878–1890) organisiert sie in England Spendenaktionen für notleidende deutsche Arbeiterfamilien. Aufmerksam verfolgt sie die politische Entwicklung in Rußland, gemeinsam mit Engels ist sie der (weitsichtigen!) Auffassung, daß ein »Erwachen« des Proletariats im Zarenreich bedeutende Perspektiven für die Arbeiterbewegung eröffne. Mit gleich starkem Interesse beobachtet sie das Entstehen sozialistischer Gruppen in den Vereinigten Staaten und ist bestrebt, organisatorische Hilfe zu leisten. Im Herbst 1886 fährt sie mit Liebknecht und Aveling nach New York, um beim Aufbau einer sozialistischen Partei (erfolgreich) mitzuwirken: »Der erste große Schritt, worauf es in jedem neu in die Bewegung eintretenden Land ankommt, ist immer die Konstituierung der Arbeiter als selbständige politische Partei. Und dieser Schritt ist geschehen, viel rascher, als wir erwarten durften.«[107] Es

Eleanor mit Wilhelm Liebknecht in Amerika, 1886.

ist ein ruheloses Leben, das Eleanor nun führt: ständige Vortragsreisen, Teilnahme an zahlreichen mehr oder weniger bedeutsamen sozialistischen Kongressen – so ist sie zum Beispiel als englische Delegierte (und einzige Frau!) auf dem ersten Parteitag der deutschen Sozialdemokraten nach Aufhebung der Sozialistengesetze in Halle (1890) zu finden. Und stets nimmt sie die Gelegenheit wahr, die Prinzipien eines »reinen« Marxismus zu verteidigen. Getreu der Lehre des Vaters geht sie in ihrer Gesellschaftsanalyse von dem sich ständig verschärfenden Klassenkampf zwischen Bürgertum und Proletariat aus. Endpunkt aller Aktivitäten der Arbeiterklasse müsse die Verwandlung des kapitalistischen Privateigentums in gesellschaftliches Eigentum sein. Nicht Teilhabe an bürgerlichen staatlichen Institutionen, sondern nur eine revolutionäre Eroberung der politischen Macht könne zu diesem Ziele führen. Sie wendet sich gegen den politischen Aktionismus anarchistischer Kreise und vertraut auf die von Marx postulierte Gesetzmäßigkeit des revolutionären Prozesses, den man durch »Spontan-Gewalt« eher behindern denn beschleunigen könne. Sie bekämpft aber auch die »revisionistische« Tendenz mancher Arbeiterparteien, die durch Mitarbeit in den von der Bourgeoisie beherrschten Parlamenten eine Verbesserung der proletarischen Lebensbedingungen erreichen wollen. Langfristig geht es ihr also um die vollständige Abschaffung des bürgerlichen Staates und seiner Machtinstrumente, was sie jedoch nicht hindert, kurzfristig und mit geeigneten Mitteln für eine »Demokratisierung« der noch bestehenden bourgeoisen Gesellschaft zu arbeiten: Sie setzt sich ein für die soziale Besserstellung der Arbeiterschaft, für eine unbeschränkte Meinungs- und Versammlungsfreiheit, für die gesetzliche Festlegung des Acht-Stunden-Arbeitstags. Im oft erbittert, manchmal handgreiflich geführten Kampf zwischen Marxisten, Anarchisten und Revisionisten bezieht sie eindeutig Stellung: Das Konzept des Vaters soll alleinige und richtungsweisende Grundlage der europäischen Arbeiterbewegung werden. Ziel ist eine »Zweite Internationale«, die nach langen Vorbereitungen, an denen Eleanor beteiligt ist, im Jahre 1889 in Paris gegründet wird. Auf deren zweitem Kongreß, 1891 in Brüssel, spricht sie als Vertreterin der englischen Gasarbeiter zum Achtstundentag.

In England selbst, mit seiner traditionsreichen »vormarxistischen« Arbeiterbewegung, ist es besonders schwer, die Marxsche Theorie als Basis proletarischer Aktion zu etablieren. Zunächst arbeiten Eleanor und Aveling in der sozialdemokratischen Föderation (»Social Democratic Federation«), die von Henry Hyndman geleitet wird, einer intriganten, chauvinistischen Person mit fast tyrannischem Autoritarismus. Als eifriger Propagandist der Marxschen Ökonomie betreibt Hyndman dennoch in der täglichen Praxis eine »kompromißlerische« Politik und konspiriert gegen die »internationalistischen Marxisten«. Im Dezember 1884 kommt es darüber zu heftigen Auseinandersetzungen in der Partei; es geht, wie Eleanor in einem Brief an die Schwester Laura formuliert, um die Frage, »ob wir nämlich allmählich auf eine nur noch Tory-demokratische Partei heruntersinken oder auf der Linie der deutschen Sozialisten und der französischen Arbeiterpartei weiterarbeiten werden.«[108] Die streng marxistische Fraktion – Eleanor, Aveling, vor allem auch William Morris – beschließen »nach pflichtschuldiger Beratung mit Engels [...] eine neue Organisation zu gründen. Sie soll ›Socialist League‹ heißen.«[109] In ihrem Gründungsmanifest vertritt diese sozialistische Liga denn auch ganz im Sinne Eleanors einen »revolutionären internationalen Sozialismus« – verworfen werden »unvollkommene Pläne sozialer Reform«.[110] Propagandainstrument ist die Monatsschrift »Commonweal«; sie findet in Eleanor eine eifrige Pamphletistin.

Ausgehend von der Erkenntnis, daß die Revolution nur dann in greifbare Nähe rücken kann, wenn die Arbeiterschaft »aufgeklärt« und »weitergebildet« wird, entfalten Eleanor und Aveling im Rahmen der Liga eine rege sozialistische Bildungsarbeit. Aveling richtet Vortragsreihen für Arbeiter ein, mit mäßigem Erfolg: Das Publikum schleicht sich davon, gelangweilt von seinen pathetischen, hochkünstlerischen Wortkaskaden. Beliebter sind die sogenannten freien Abende für das Volk – geboten wird ein kunterbuntes, (heute) kurios wirkendes Programm: Eleanor und Aveling treten mit Rezitationen auf, Gesangskünstler wirken mit, man plant sogar, Boxkämpfe durchzuführen. Dagegen wehrt sich Eleanor jedoch entschieden: Sozialistische Bildung sei immer auch Kunsterziehung und dürfe ein gewisses Niveau nicht unterschreiten. Am Herzen liegt ihr vor allem die Arbeit mit Kindern. Man könne ihnen nicht früh genug vermitteln, »daß Sozialismus Glücklichsein bedeutet«.[111] Sie möchte ihnen den grauen proletarischen Alltag verschönen, »aufhellen« – so fordert sie zum Beispiel einmal für eine Kinder-Weihnachtsfeier einen Christbaum vom Parteivorstand an, nicht als Symbol der Geburt Christi, sondern als Zeichen für die neuaufgehende sozialistische Ära: »Ist nicht der Sozialismus die wahre ›Neugeburt‹, und wird nicht in seinem Licht die Dunkelheit auf Erden verschwinden?«[112]

Solche Aktionen, solches Vokabular sind charakteristisch für Eleanors politische Arbeit: Mag die theoretische Grundlage ihres Handelns ein abstraktes Gedankengebäude sein, in der täglichen Praxis kennzeichnen emotionale Wärme, Mitmenschlichkeit und spontane Hilfsbereitschaft ihr Verhalten. Sie fühlt sich nicht wohl bei realitätsfernen Diskussionen mit der »Arbeiteraristokratie«; sie hält sich lieber dort auf, wo das Elend »körperlich« zu spüren ist: in den Quartieren des »Lumpenproletariats«. Hier leistet sie konkrete Hilfe, ist aber auch bestrebt, politische Rechte einzufordern, um eine allmähliche Verbesserung der Lebensbedingungen herbeizuführen. So organisiert sie einen Streik der Dockarbeiter, der »Elendsten der Elenden«, wie Engels sie nennt. Sie gründet die erste Gewerkschaft der ungelernten Arbeiter, engagiert sich als Sekretärin der Frauenabteilung in der Gewerkschaft der Gasarbeiter – Engels meint, sie habe auch auf andere Abteilungen dieser Organisation großen Einfluß und sei »im Stillen« deren Leiterin: »Tussy ist in diesem council der ›Gasworker and General Labourers Union‹ so populär, daß sie nur our mother genannt wird [...] Das ist unser erster großer Sieg in London.«[113]

Besonders intensiv kümmert sich Eleanor um die Arbeiterfrauen; sie weiß, daß zu deren Unterdrückung als Proletarierinnen die Unterdrückung in der Familie tritt. Sie kämpft gegen die allgemeine Rechtlosigkeit der Frauen, sie will ein neues »weibliches Bewußtsein« fördern. Anläßlich einer Kampagne gegen die immer stärker werdende Prostitution in London schreibt sie im »Commonweal«: »Wir, die

Frauen, müssen uns vor allen anderen in Bewegung setzten [...] Wir brauchen eine Sintflut – jawohl! selbst wenn es eine von Blut wäre –, um die Sünde und Schlechtigkeit dieser Welt von uns abzuwaschen. Wir als Frauen müssen mit jenen zusammenarbeiten, die die Gesellschaft revolutionieren wollen.«[114] Diese pathetischen, ja fast fanatischen Worte verbergen nicht, daß Eleanor dem »Frauenkampf« keine eigenständige Qualität zubilligt. Getreu der marxistischen Lehre vertritt sie in ihrer Schrift »The Woman Question« (1886) die Meinung, daß das Problem der »geschlechtlichen Herrschaft« nur durch die »Abschaffung der Klassenherrschaft« gelöst werden könne – Ziel aller weiblichen Emanzipationsbestrebungen müsse demnach die sozialistische Revolution sein; nach deren Sieg entstehe eine Gesellschaft, die frei bleibe von patriarchalischen Verhaltensmustern und in der »Liebe, Achtung, intellektuelle Gleichstellung und das [gleichberechtigte] Verfügen über die Notwendigkeiten des Lebens«[115] das Verhältnis zwischen den Geschlechtern bestimme: »Mann und Frau werden imstande sein, das zu tun, was jetzt nur wenige vermögen – klar durch des anderen Auge in des anderen Herz zu schauen.«[116]

Vielleicht ist diese sozialistisch-utopische Projektion für Eleanor eine Flucht vor der täglichen Realität: Aveling, der Mann an ihrer Seite, hat allen Grund, dem »klaren Blick« seiner Lebens- und Kampfgefährtin auszuweichen. Er verfolgt eigene, dubiose Ziele, und es wird immer klarer, daß die Motive seines Engagements nicht im Streben nach der sozialistischen Gesellschaft liegen – er mißbraucht die Bewegung für seinen eitlen Selbstdarstellungsdrang, für seine Ärgernis erregende Ruhmsucht. Es wird der Vorwurf erhoben, daß die Mittel für seinen aufwendigen Lebensstil, für seine elegante Garderobe, aus den Kassen der verschiedenen Parteiorganisationen stammen. Als »vollendeter Schauspieler im Privatleben«[117] weiß er sich aber stets als Opfer böswilliger Intrigen aufzuführen und Eleanor, aber auch Engels, auf seine Seite zu ziehen. Die Folge ist, daß in der Arbeiterbewegung »eine Mißstimmung gegen die Marxsche Familie und ihre Freunde [entsteht], was gerade in jener Zeit des unsicheren Tastens des neuentstehenden englischen Sozialismus«[118] verhängnisvolle Wirkungen hat: Es ist die »Figur Aveling«, an der die doch von Eleanor so stark herbeigesehnte Einheitsfront unter marxistischem Vorzeichen scheitert. George Bernard Shaw, der spiritus rector der konkurrierenden »Fabian«-Sozialisten, wehrt sich entschieden gegen eine Zusammenarbeit mit den Marxisten, weil er in Aveling deren ganze Arbeit diskrediert sieht. Später wird er in seinem Bühnenstück »The Doctor's Dilemma« (»Der Arzt am Scheideweg«) der Gestalt des Malers Dubedat fast alle Merkmale Avelings geben: »[...] die Sucht, alles vom Besten haben zu wollen, die gewissen- und schamlose Art, für seine Genüsse selbst den Ärmsten ihre Barschaft abzuborgen, die Gabe, durch lyrisch-aesthetisches Schöntun naive Gemüter und insbesondere Frauen zu faszinieren, um sie dann mit jener Ungeniertheit auszubeuten, wie ein verzogenes Kind seinen Pfleger ausbeutet.«[119] In Dubedats Frau Jennifer ist Eleanor porträtiert mit ihrer »gewollten Blindheit und Taubheit [...] für alles, was an Nachteiligem über ihren Mann«[120] im Umlauf ist. In der Tat zeigt Eleanor nach außen die Maske der alles duldenden, alles verzeihenden, opferbereiten Lebensgefährtin, den engsten Freundinnen vertraut sie aber ihre heimliche Verzweiflung an. Sie muß erkennen, daß Aveling der falsche Partner ist – daß sein Charakter und sein Handeln nicht dazu geeignet sind, mit ihr zusammen das geistig-politische Erbe des Vaters zu verwalten und zu mehren. Wo sie Halt und Stütze für diese große Aufgabe erhofft, findet sie nur sorglose Leichtlebigkeit, Gefühlskälte. An Olive Schreiner schreibt sie: »[...] Edward speist mit Quilter und ging in bester Laune aus, weil einige Damen dort sein sollen [...], und ich bin allein

[...] Ich bin so müde, Olive. Der dauernde Druck, immer als dieselbe zu erscheinen, wenn nichts dasselbe ist, die ständige Anstrengung, nicht zusammenzubrechen, wird manchmal unerträglich. Wie beneidenswert sind doch Naturen wie die Edwards [...], die innerhalb einer Stunde alles vergessen. Wenn Du ihn zum Beispiel heute gesehen hättest, wie er wie ein glückliches Kind sündenlos und sorgenlos umherging, würdest Du erstaunt gewesen sein. Aber abgesehen von all den anderen Sorgen, haben wir genug Geldsorgen, um einen gewöhnlichen Sterblichen, Mann oder Frau, ins Grab zu treiben. Ich weiß oft nicht, wohin ich mich wenden oder was ich tun soll. Es ist mir fast unmöglich, Arbeit zu bekommen, die einigermaßen gut bezahlt wird, und Edward verdient sehr wenig. Und während ich völlig verzweifelt bin, ist er absolut unbekümmert! Ich kann mich nicht genug darüber wundern. Ich kann mich nicht daran gewöhnen, aber ich bin gleicherweise erstaunt darüber, daß er völlig außerstande ist, sich eine Sache, wenn sie ihn nicht persönlich sehr stört, länger als vierundzwanzig Stunden zu Herzen zu nehmen. Ich sagte gerade, solche Naturen wären zu beneiden, und manchmal glaube ich das auch. Aber nur manchmal. Wir, die wir uns Freude und Leid mehr zu Herzen nehmen, sind alles in allem besser daran. Bei allem Schmerz und Leid [...] ist es besser, diese stärkeren Gefühle zu haben als praktisch überhaupt keine Gefühle.«[121]

Die schöne Kunst

Zunehmende Resignation bestimmt ihr Reden und Handeln – Eleanor spürt deutlich, daß sie durch Aveling in eine unheilvolle Isolation gerät. Aber wieder hat sie nicht die Kraft zu revoltieren. Vielleicht hofft sie auch immer noch, daß mit Aveling der große Traum, die Schauspielkarriere, leichter verwirklicht werden könne. Sie gibt ihre Berufspläne nicht auf; trotz der zeitraubenden Arbeit für die sozialistische Bewegung gilt ihr Interesse weiterhin der Literatur, dem Theater. Sie übersetzt Flauberts »Madame Bovary« ins Englische[122], vor allem aber widmet sie sich den neueren Tendenzen in der dramatischen Kunst: Es sind die skandinavischen Autoren, insbesondere Ibsen, die mit ihrer aufsehenerregenden Dialogführung und ihrer skandalösen Thematik das Interesse Eleanors wecken. Sie versucht, diese Kunst populär zu machen; über Henrik Ibsen schreibt sie an Havelock Ellis: »Es ist [...] eine wirkliche Pflicht, eine so große Lehre wie die seine zu verbreiten.«[123] In ihrer Wohnung, Great Russell Street, arrangiert sie eine Lesung der »Nora«. Anwesend ist auch George Bernard Shaw, der sie in ihren Theater-Ambitionen bestärkt. In seinem Tagebuch notiert er am 25. Februar 1885: »Mrs. Aveling bat mich, sie am Nachmittag auf einen Plausch zu besuchen. Ging um 5 Uhr und blieb bis gegen 8 Uhr. Aveling war im Kristallpalastkonzert. Riet ihr, zur Bühne zu gehen. Unterhielten uns darüber sowie über Tod, Sex und vieles andere.«[124] Im November 1887 wagt Eleanor einen entscheidenden Schritt. In dem Stück »By the Sea«, von Aveling unter seinem Künstler-Pseudonym Alec Nelson verfaßt, spielt sie eine Hauptrolle. Die Reaktion der Rezensenten ist verheerend: Während man Aveling noch bescheinigt, er habe ein hübsches kleines Theaterstück geschrieben, wird Eleanors schauspielerische Leistung heftig kritisiert: »[...] so klein das Theater auch war, sie war oft selbst in der Nähe der Bühne unhörbar und schien auch nicht einen Augenblick zu begreifen, daß sie von jedermann, der weiter als ein paar Meter entfernt saß, gehört werden sollte.«[125] Vor allem aber verfüge sie kaum über Mittel, eine Rolle glaubwürdig zu gestalten.[126] Für Eleanor ist diese Kritik nicht nur eine vorübergehende, wenn auch schmerzliche Enttäuschung; in tragischer Überbewertung einer Rezensenten-Meinung betrachtet sie das Urteil als den Endpunkt ihrer Theater-Karriere – endgültig nimmt sie Abschied von der Hoffnung, in dem Beruf der Schauspielerin einmal die große »Lebenserfüllung« zu finden. Sie hat nicht die Kraft, »vernünftige« Konsequenzen zu ziehen: Sie könnte sich auf das Theater konzentrieren, sie könnte durch harten, systematischen Unterricht ihre Schwächen beheben. Das aber würde eine Vernachlässigung der politischen Arbeit bedeuten – in ihrem Verständnis den Verrat am Vermächtnis des Vaters! Es gibt keine »Umkehr«, kein radikales Abschütteln der Lasten, die sie hindern, das selbstgesteckte Ziel zu erreichen. Im Gegenteil: Sie begräbt ihren Traum und stürzt sich um so heftiger in die alten Aktivitäten: Artikel schreiben, sozialistische Bildungskurse leiten, Streiks organisieren. Sie lenkt sich ab mit anstrengenden Vortragsreisen in England, Schottland und Irland. Dazwischen gibt es immer wieder »Erholungsfahrten«: nach Ramsgate, Eastbourne, nach Paris zur Schwester Laura, nach Norwegen (auf Ibsens Spuren), ein zweites Mal nach Amerika, wo Aveling – erfolglos – seine Theaterkunst propagieren will. Mit unverständlicher Geduld erträgt sie auch die Last, die ihr der Lebensgefährte aufbürdet: Sie ignoriert sein »zweites Leben«, seine Liebschaften, seine Saufgelage. Sie bezahlt seine Schulden, sie umsorgt ihn, wenn die chronische Nierenentzündung, an der er seit langer Zeit leidet, durch den ungesunden Lebenswandel wieder einmal in ein akutes Stadium tritt; sie unterstützt seine eigene bescheidene, bald ganz im Sande verlaufende Karriere als Stückeschreiber – sie ist wieder Pflegerin und Assistentin, ein Muster, das ihr vom Leben mit dem Vater nur allzu vertraut ist. Dieses Verhalten bleibt vielen unverständlich; ein Beobachter schreibt später: »Er [Aveling] wurde unerträglich, doch sie ertrug ihn« – »He became unendurable, yet she endured him.«[127] Und die zahlreichen Briefe, in denen sie ihren Lebensgefährten entschuldigt und verteidigt, bezeichnet er als unerreichte Muster eines »klarsichtigen Stoizismus« –

»They stand unapproached for clear-eyed stoicism.«[128] In der Tat entwickelt Eleanor eine stoische Lebensphilosophie: Verpflichtungen, die übernommen wurden, müssen erfüllt werden, auch wenn damit Leid, Verzweiflung und die Unterdrückung eigener Wünsche und Träume verbunden sind. Sie glaubt, diese Maxime durchhalten zu können. Sie vertraut auf ihre Leidensfähigkeit – der Schwester Jenny hatte sie einmal geschrieben: »Ich glaube wirklich, daß ich dank meinem langen Umgang mit Katzen, inzwischen auch neun Leben habe wie sie.«[129] Der Stoizismus ist vielleicht nur eine »Haltung«, die sie nach außen zur Schau trägt, um ihr wirkliches Elend zu verbergen – es gibt nämlich auch den Bericht von Havelock Ellis über einen Selbstmordversuch, kurz nach dem Theater-Debakel: »Sie nahm wissentlich eine große Überdosis Opium. Aber mit Hilfe von viel starkem Kaffee und Auf- und Abgehen im Zimmer verlor sich die Wirkung des Gifts.«[130] Sie lebt von nun an am Rande des Abgrunds, und immer schwerer wird es, sich selbst und ihrer Umgebung die Rolle der unerschütterlichen, willensstarken und standfesten Frau vorzuspielen.

Demuth

Am 5. August 1895 stirbt Friedrich Engels an Kehlkopfkrebs. In seinem Testament hinterläßt er Eleanor die stattliche Summe von 9000 Pfund Sterling. Der finanziellen Sorgen ist sie nun ledig; sie kauft sich ein kleines Haus in Sydenham, »The Den« (die Höhle) genannt. Doch mit dem Tod des alten »General« ist eine Nachricht verbunden, die Eleanor erneut zutiefst erschüttert: Frederic (Freddy), der Sohn von Helene Demuth, der treuen Haushälterin der Familie Marx, ist nicht Friedrich Engels' Kind, wie sie bislang fest angenommen hatte. Der wahre Erzeuger heißt Karl Marx – er hatte, um sich Unannehmlichkeiten zu ersparen, den besten Freund überredet, die Vaterschaft zu übernehmen. Jetzt, im Angesicht des Todes, will Engels die Wahrheit nicht länger verschweigen. Dem Juristen, der Eleanor die Botschaft überbringt, mag sie nicht glauben. Sie eilt ans Sterbelager. Engels, der schon nicht mehr sprechen kann, kritzelt die Bestätigung auf eine Schiefertafel. Louise Freyberger, die Haushälterin (und mit Eleanor zutiefst verfeindet), berichtet über die Szene: »[...] Tussy kam so erschüttert heraus, daß sie all ihren Haß gegen mich vergaß und an meinem Halse bitterlich weinte.«[131] Ein Fundament ihres Lebens scheint ins Wanken zu geraten: Der über alles geliebte, verehrte und zum unkritisierbaren Idol gemachte Vater hat seinen eigenen Sohn verleugnet und vernachlässigt. Eine schreckliche Roheit und Grausamkeit wurde begangen von dem, der ihrer Existenz allein noch Halt und »Sinn« gibt. Sie kennt doch Freddys Lebensweg; sie weiß, daß er als Säugling zu fremden Leuten gegeben wurde, daß er erst spät erfuhr, wer seine Mutter war. Und sie erinnert sich, daß Freddy, wenn er die Mutter besuchen wollte, das Marxsche Haus nur durch den Dienstboten-Eingang betreten durfte. Es ist ihr bekannt, daß Frederic keine Ausbildung erhielt und als ungelernter Arbeiter ein kümmerliches Dasein fristete. Sie hatte ja schon früher, als sie noch meinte, er sei Engels' Sohn, der Schwester Laura geschrieben: »Es stimmt, ich habe Freddy gegenüber jedesmal Schuldgefühle oder das Gefühl, unrecht getan zu haben. Was für ein Leben dieser Mann gelebt hat! Wenn ich ihn davon erzählen höre, fühle ich mich ungeheuer elend und beschämt.«[132] Jetzt, im Angesicht der vollen Wahrheit, in der Erkenntnis, daß der idealisierte Vater den Sohn verraten und einem traurigen Schicksal überlassen hat, wird aus der Scham eine tiefe, »lebensbedrohende« Verstörung – auch wenn sie (in einem Brief an Laura) einen wenig tröstlichen »Rettungsversuch« unternimmt: »Schließlich und endlich kann es Marx, ›der Politiker‹ und ›der Denker‹ mit der Nachwelt aufnehmen

[...], während ›Marx, der Mensch‹ wahrscheinlich weniger gut wegkommen wird.«[133] Es ist bezeichnend, daß Eleanor nun glaubt, die Schuld des Vaters »stellvertretend« büßen zu müssen: Sie integriert Freddy in ihr Leben, sie hält jetzt engen Kontakt zu ihm, sie leistet materielle Hilfe. Schließlich wird er ihr engster Vertrauter. Sie deutet ihr Verhältnis zu Demuth als Schicksalsgemeinschaft derer, die unverdient mit Leiden überschüttet werden. Ein Brief an Freddy, in dem schon Todessehnsucht anklingt, ist charakteristisch für dieses Empfinden: »Ja, ich habe zuweilen dasselbe Gefühl wie Du, Freddy, daß nichts je mit uns recht gehen will. Ich meine Dich und mich. Natürlich, die arme Jenny hatte ihren voll bemessenen Anteil an Sorgen und Kummer, und Laura hat ihre Kinder verloren. Aber Jenny war so glücklich zu sterben, und so traurig dies für ihre Kinder war, so gibt es Zeiten, wo ich das für ein Glück halte. Ich hätte Jenny nicht wünschen mögen, das zu durchleben, was ich durchlebt habe. Ich glaube nicht, daß Du und ich besonders schlechte Leute gewesen sind – und doch, lieber Freddy, sieht es wirklich so aus, als bekämen wir allein die ganze Strafe.«[134] Sie vergleicht sich mit ihren Schwestern – und erkennt, daß ihr eigenes Leben das bei weitem traurigste ist: Gescheitert ist sie mit ihrer Theaterkarriere, sie hatte nicht die Kraft, die schöne Vision von einer gänzlich freien, unabhängigen Existenz real werden zu lassen; das Vater-Ideal ist beschmutzt mit dem Verrat am Sohn; ihr bleibt nur noch die oft so erfolglose politische Arbeit; gebunden hat sie sich an einen Mann, der ihre schöne Theorie des harmonischen Zusammenlebens durch sein Verhalten täglich Lügen straft. In der Mitte des Lebens muß sie ein Fazit ziehen, das ihr die Frage nahelegt: Warum noch weiter leiden? Die Angst vor dem letzten Schritt wird immer geringer.

Als Alec Nelson, unter Angabe einer falschen Adresse, heiratet Aveling am 8. Juni 1897 die junge Schauspielerin Eva Frye. Seine Frau, Isabel Campbell Aveling, ist schon fünf Jahre tot. So hätte die Verbindung mit Eleanor längst »legalisiert« werden können – das aber war wohl nie sein Ziel; für ihn blieb die Marx-Tochter immer nur eine »nützliche Idiotin«, durch die man Einfluß und materielle Vorteile gewinnen konnte. Jetzt verschweigt er seine Eheschließung. Einen Bruch mit Eleanor will er auf keinen Fall riskieren. Er weiß ja, daß noch Vermögen aus der Engels-Erbschaft vorhanden ist. Und er weiß auch, daß Eleanor ihn in ihrem eigenen Testament großzügig bedacht hat: Ihr gesamtes Eigentum wird auf ihn übergehen, vor allem aber erhält er die Anteile an den Honoraren aus den Werken des Karl Marx. So inszeniert er ein »Drama der Hinterlist«[135] mit dem Ziel, so lange wie möglich aus der Beziehung zu Eleanor finanzielles Kapital zu schlagen. Es gelingt ihm tatsächlich, die Heirat geheimzuhalten – Eleanor bleibt ahnungslos und spielt in diesem Schurkenstück die Rolle der treuen, arglistig hintergangenen Frau. Vor jenen, die sie in ihrem Haus besuchen, nimmt sie ihren Lebensgefährten wie immer in Schutz und meint, daß »harte Arbeit, besonders im Dienst des Sozialismus, ein wirksames Mittel gegen die moralische Schwäche [Avelings] sei«.[136] Und als er schwer an einem Abszeß in der Leistengegend erkrankt, ist sie ihm eine aufopfernde Pflegerin. Sie überredet ihn zu einem Erholungsaufenthalt in St. Margaret's Bay – und ahnt nicht, daß Aveling die Kur zu »Flitterwochen« macht, denn Eva Frye begleitet ihn. Nach seiner Rückkehr geht das Leben mit Eleanor in den üblichen Bahnen weiter: politische Agitation, sozialistische Bildungskurse. Ende August 1897, nach einer Demonstration auf dem Trafalgar-Square, kommt es zu einer Auseinandersetzung: Aveling ist erneut in finanziellen Schwierigkeiten und will Eleanor zum Verkauf einiger Stücke aus dem Marxschen literarischen Nachlaß überreden. Als sie sich weigert, verläßt er das Haus und nimmt alles mit, was sich zu Geld machen läßt. Am nächsten Abend kehrt er zurück, »überrascht und beleidigt, daß ich nicht gleich in seine Arme stürzte«[137], wie Eleanor an Freddy Demuth schreibt. »Er hat soweit kein Wort der Entschuldigung gesagt und nichts zur Erklärung vorgebracht. Ich habe daher [...] gesagt, daß wir die geschäftliche Sachlage besprechen müssen – und daß ich die Behandlung, der ich unterworfen worden sei, nie vergessen würde. Er hat darauf nichts erwidert.«[138] Allerdings errichtet er ein neues, erpresserisches Lügengebäude: Längere Zeit habe er mit einer Frau zusammengelebt, von der er sich nicht trennen könne, ohne ihr eine beträchtliche Geldsumme zu zahlen; er müsse seine Geliebte heiraten, wenn Eleanor ihn jetzt nicht unterstütze. Am anderen Morgen erhält Freddy Demuth einen wirren Brief: »Komme, wenn Du irgend kannst, heute abend. Es ist schändlich, Dich zu belästigen, aber ich bin so allein, und ich stehe vor der fürchterlichsten Situation: äußerster Ruin – alles bis auf den letzten Pfennig, oder äußerste Schande vor der Welt. Es ist entsetzlich. Schlimmer, als selbst ich es mir vorstellte.«[139] Demuth geht nach Sydenham; er spricht mit Aveling – doch dieser bleibt von neuem Sieger. Seine Drohung, aller Welt mitzuteilen, daß Karl Marx der Vater Freddys ist, bewirkt den Erfolg: Eleanor gibt ihm Geld, und scheinheilig verspricht er, die »Geliebte« zu verlassen und seine bisherige Lebensführung zu ändern. Sie glaubt an eine »Versöhnung«; sie fährt mit ihm zur Schwester Laura nach Frankreich. Danach stürzen sich beide wieder mit Elan in die politische Arbeit; es ist die Zeit des Kampfes der Maschinenarbeiter um den Achtstundentag. Aveling erkrankt an einer Lungenentzündung. In Hastings, wo er sich erholen will, verschlimmert sich sein Zustand: Der Abszeß bereitet ihm unerträgliche Schmerzen. Er kehrt nach London zurück, um sich der dringend notwendigen Operation zu unterziehen. Eleanor kümmert sich hingebungsvoll um ihn; sie weiß nicht, wie sie die Mittel für den Aufenthalt im Krankenhaus aufbringen soll. Daß Aveling des öfteren verschwindet – er geht dann zu Eva Frye, die in Chelsea wohnt –, erfüllt sie mit wachsendem Mißtrauen. An Demuth schreibt sie: »[...] ich weiß kaum, was zu tun [...] Es kommen täglich Geldforderungen an mich, und wie ihnen samt der Operation zu entsprechen, weiß ich nicht [...] Edward ist heute nach London gegangen. Er will Ärzte sehen und so weiter. Er wollte mich nicht mit ihm gehen lassen! Das ist reine Grausamkeit und es sind da Dinge, die er mir nicht mitteilen will.«[140] Doch wenn er zurückkommt »und ihr im Ton eines hilflosen Ehemannes«[141] über seine Krankheit berichtet, behandelt sie ihn »wie eine nachsichtige Mutter, zärtlich und voller Mitgefühl«[142] – sie ist, wie immer, »behutsame Pflegerin und ergebene Ehefrau«.[143] Am 9. Februar 1898 wird Aveling operiert: Eleanor ist zutiefst erleichtert, als sie erfährt, daß der Eingriff gelungen ist. Sie scheint nun aber den Entschluß gefaßt zu haben, nach endgültig überstandener Krankheit den Lebensgefährten zu verlassen. Henry Hyndman, der Aveling im Krankenhaus besucht, weiß zu berichten: »Die Geschichte, die Mrs. Aveling erzählte, war sehr deprimierend. Sie mußte offensichtlich jemandem ihr Herz ausschütten, und was sie an Elend und Demütigungen mitgemacht hatte, veranlaßte meine Frau zu dem dringenden Rat, den Mann, sowie er außer Gefahr war, zu verlassen und einige Zeit zu uns zu kommen. Sie akzeptierte mit Freuden.«[144] Aber sie bereitet dem Martyrium noch immer kein Ende: Nach der Entlassung aus dem Hospital geht sie mit Aveling zur Kur nach Margate (wo sie schon einmal mit dem kranken Vater war!). Sie fährt ihn im Rollstuhl, abends verbindet sie seine offene Wunde. An Freddy schreibt sie: »Es ist eine schlimme Zeit für mich. Ich fürchte, es ist wenig Hoffnung vorhanden und die Schmerzen und Leiden sind groß. Warum wir so fortmachen ist mir unverständlich. – Ich bin bereit zu gehen und würde es mit Freuden tun. Aber solange er Hilfe braucht, bin ich verpflichtet zu bleiben.«[145] Am 27. März kehrt sie mit ihm in die »Höhle« zurück; drei Tage später erhält sie einen Brief, der ihr Avelings Eheschließung mit Eva Frye enthüllt[146]: Nun ist ihr jede Illusion geraubt, nun durchschaut sie das schändliche Spiel, jetzt will sie ihrem Leben ein Ende setzen. Sie bittet Aveling, gemeinsam mit ihr zu sterben. Er willigt ein, und das Dienstmädchen Gerty Gentry wird mit seiner Visitenkarte und einem Zettel zum Apotheker geschickt: »Bitte der Überbringerin Chloroform und eine kleine Menge Blausäure für einen Hund zu geben, E. A.« – »Please give bearer chloroform and small quantity of prussic acid for dog, E. A.«[147] Als Gerty mit dem Gift zurückkommt, verläßt Aveling fluchtartig das Haus und fährt nach London: Er denkt nicht an Selbstmord, er hat auch nicht die Absicht, den Tod Eleanors zu verhindern. Sie schreibt einige Briefe, nimmt ein Bad, kleidet sich in Weiß und geht in ihr Schlafzimmer. Eine Stunde später betritt Gerty den Raum; Eleanor liegt bewußtlos auf dem Bett. Beim Eintreffen des Arztes ist sie schon tot. Aveling kehrt aus London zurück; er versucht, verschiedene Briefe und Schriftstücke zu vernichten. Er bleibt ganz ungerührt – am nächsten Tag geht er zu einem Kricketspiel. Während der Trauerfeier bleibt er »als einziger trockenen Auges«[148] und hält »auf theatralische Art und Weise«[149] eine Grabrede. Sein Auftritt bei der Leichenschau ist anmaßend arrogant; er weiß noch nicht einmal das genaue Alter der Toten. Der Richter sagt zu ihm, leicht angewidert: »Mit Ihnen ist sehr schwer auszukommen« – »[You are] a most difficult man to deal with.«[150] Er erhält die Erblegitimation, alle Versuche, ihn juristisch zu belangen, schlagen fehl. Am 2. August 1898, vier Monate nach Eleanors Tod, stirbt er friedlich, in der Nachmittagssonne sitzend, mit einem Buch in der Hand. Unfaßlich, daß gerade ihm die Sätze gelten, die Eleanor vor ihrem Tode niederschreibt: »There is a french saying that to *understand* is to *forgive*. Much suffering has taught me to understand – and so I have no need even to forgive. I can only love.«[151]

Zusammenfassung

Eleanor Marx, begabt mit »glänzenden intellektuellen Fähigkeiten [und] standhaften moralischen Grundsätzen, [ein] seltsamer und schöner Charakter«[152] – zugrunde gegangen an den Machenschaften eines habgierigen, haltlosen Mannes? Oder gibt es noch andere Gründe dafür, daß dieses aufregende, dem Kampf für die »bessere Welt« gewidmete Leben seine Balance nicht findet und sich am Ende selbst vernichtet? Wer sich einläßt auf ihre Biographie und dabei nicht nur ihrer politischen Arbeit, ihrer Rolle in der sozialistischen Bewegung seine Aufmerksamkeit schenkt – der kann kaum umhin, vom Vater zu sprechen, wenn er die Ursachen ihres Scheiterns ergründen möchte. Er wird auf ihre Kindheit zurückverwiesen, auf die enge Beziehung, die Karl Marx zu dieser Tochter hat. Es ist – bei allen Haushaltsturbulenzen – fast eine Idylle: ein liebevoll-besorgter Vater, der nach dem Tode des vergötterten Sohnes seine ganze Zuneigung auf Eleanor überträgt und sie zum »Abgott« macht.[153] Sie ist sein »wahrer Liebling und lacht und schwatzt ihm manche Sorgen weg.«[154] In reichem Maße wird diese Liebe erwidert – unüberhörbar der leicht erotische Ton, der in dem Brief der Zwölfjährigen an ihren Vater mitschwingt: »Ich habe nicht wie früher in den Betten nach Dir gesucht, aber ich singe dauernd ›Wenn ich ein Vöglein wär und auch zwei Flügel hätt', flög ich zu Dir‹.«[155] Es bildet sich, was selten ist, eine Vater-Tochter-Symbiose, bei der die Mutter in eine Statistinnen-Rolle gedrängt wird. Eleanor selbst berichtet, Marx habe gesagt: »Tussy bin ich.«[156] Die Übereinstimmung, bis in die äußere Erscheinung hinein, erstaunt noch jene, die sie später als Erwachsene kennenlernen: »Eleanor selbst war der Liebling ihres Vaters, dem sie äußerlich so ähnelte, wie das für eine junge Frau nur möglich war. Die hohe Stirn, die dunklen leuchtenden Augen, die roten Wangen, das sprühende Lachen [...].«[157] Als Kind erfährt Eleanor beim Vater tiefe Geborgenheit – der enge Kontakt mit diesem geistreichen, belesenen Mann, der immer aufregende Geschichten zu erzählen weiß, befördert selbstverständlich ihre intellektuelle Entwicklung. Er setzt aber auch einen verhängnisvollen Prozeß in Gang: Es beginnt die Idealisierung des Vaters, die vollständige Übernahme seines Wertsystems; die Welt wird nur mit und durch ihn wahrgenommen und verarbeitet. Alle Menschen werden am Vater gemessen und nach dem, was er als Maßstab vorgibt, entweder akzeptiert oder verstoßen. Er wird zur alleinigen Kontroll-Instanz, zum Richter, zum »Vater-Gott«. Und so gelingt es der heranwachsenden Tochter nicht, »zu sich« zu finden und eine eigene Identität zu entwickeln. Der Ablösungsprozeß wird blockiert; alle eigenständigen »Schritte ins Leben«, alle Versuche der Selbstdefinition und Selbstfindung erscheinen als Verrat am Vater – das Formulieren (und Ausleben) eigener Bedürfnisse ist »Schuld« gegenüber der väterlichen autoritären Instanz. Den aus dieser Konstellation notwendig entstehenden Konflikt zwischen »Treue« zum Vater und »Selbstbestimmung« (im idealistischen Vokabular: zwischen Pflicht und Neigung) kann Eleanor nicht lösen – unter dem drohenden väterlichen Einspruch bleiben alle Versuche, die Freiheit zu gewinnen (Lissagaray, die Theater-Karriere) auf halbem Wege stecken. Es entsteht in ihr eine unerträgliche Spannung, ein »unglückliches Bewußtsein«, das zerrissen ist und sich nur helfen kann durch die Flucht in die Krankheit: ein Hilferuf der Psyche, von der Umgebung nicht gehört – auch und gerade nicht vom Vater, der ihre »Zustände« als typisch weibliche Hysterie abtut. Er zeigt sich unsensibel gegenüber den Leiden der Tochter. Er geht davon aus, daß sie zu ihm gehört – für alle Zeit. Die schon Vierundzwanzigjährige bezeichnet er immer noch als »Kind«.[158] Ihre Berufspläne, ihren Drang, selbständig zu werden, begreift er als Marotte. Er betrachtet Eleanor als sein Eigentum, das man benutzen kann, als Hilfskraft, Pflegerin, bei allen guten und bösen Geschäften des Tages. Seinem völlig ungebrochenen patriarchalischen Bewußtsein erscheinen Frauen überhaupt nur in der Rolle der Dienerin – so pflegt er ja auch seine Frau zu behandeln, die sich im Hause abmüht, oft bis zur totalen Erschöpfung. Wie kann er Eleanor verstehen, wenn für ihn »die Weiber komische Kreaturen [sind], selbst die mit Verstand ausgerüsteten«?[159] Für ihn ist unumstritten klar: »Die Weiber bedürfen offenbar stets der Vormundschaft.«[160] Eleanors Aufbegehren, ihre Krankheit, ihr Unglück betrachtet er als Teil der »petites misères de la vie domestique et privée.«[161] Sie ist zu schwach, um diese Bastion männlichen Hochmuts zu stürmen – sie paßt sich an, gibt den Verlobten auf, stellt ihre Berufspläne zurück. Ein eigenes Lebensziel vermag sie nicht mehr zu formulieren; sinnstiftendes Element bleibt allein der Vater. Als mit der Wahrheit über Demuth das Idol zerbricht, zerbricht auch ihre Existenz. Sie hat dem Vater ihre Liebe zu Lissagaray geopfert, sie hat ihm den erträumten Beruf geopfert – nun muß sie erfahren, daß diese Opfer nicht dem unfehlbaren, unantastbaren, moralisch über jeden Zweifel erhabenen Vater galten, sondern einem Manne, der den Sohn verleugnet und ins Elend gestoßen hat. Es ist ihr nichts geblieben – außer Aveling, von dem sie sich Halt und Stütze erhofft hatte. Die letzte schlimme Erkenntnis, daß sie für ihn nichts weiter war als eine allzu gutgläubige, nützliche Maitresse, erleichtert ihr den letzten Schritt.

Will Thorne, ein englischer Arbeiter, ist an Eleanors Grab so überwältigt von Schmerz, daß seine Stimme versagt.[162] Er hatte sie kennengelernt in den schweren, aufreibenden Kämpfen um die proletarischen Rechte als eine mutige, aufrichtige, liebevolle Frau. In der Tat: Sie hätte einem »Sozialismus mit menschlichem Antlitz« zum Durchbruch verhelfen können – sie hätte damit Weltgeschichte geschrieben. Aber auch hier muß – wie so oft, wenn Frauenliebe und -leben das Thema ist – im mörderischen Konjunktiv gesprochen werden.

1 zit. in: Tsuzuki, Chushichi – Eleanor Marx, Geschichte ihres Lebens 1855–1898, Berlin 1981, S. 286

2 Es handelt sich um das Büro der Sozialdemokratischen Föderation, die sich später in die Britische Sozialistische Partei verwandelte und anschließend in der kommunistischen Partei Großbritanniens aufging. In deren Hauptquartier wurde dann auch die Urne gebracht. Nach einer Durchsuchung der Räume im Jahre 1920 kommt sie ins Arsenal der Sicherheitspolizei. Sie wird zurückgegeben und in die Karl-Marx-Gedächtnisbibliothek in Clerkenwell Green überführt. Nach der Errichtung des Marxschen Familiengrabs um 1960 findet die Urne ihren endgültigen Platz auf dem Friedhof von Highgate Hill. Vgl. Tsuzuki, a.a.O., S. 297

3 So resümiert Tsuzuki, a.a.O., S. 286

4 Luise Dornemann in einer Passage über Eleanor aus dem Buch über die Mutter Jenny Marx: Dornemann, Luise – Jenny Marx, Der Lebensweg einer Sozialistin, Berlin 1980, S. 209

5 a.a.O.

6 a.a.O.

7 a.a.O., S. 211

8 Wessel, Harald – Tussy oder dreißig Reisebriefe über das sehr bewegte Leben von Eleanor Marx-Aveling, Leipzig o.J., S. 346

9 Dornemann, a.a.O., S. 210f.

10 Karl Marx, Friedrich Engels – Werke (MEW), ed. Institut für Marxismus-Leninismus beim ZK der SED, Bd. 28, Berlin 1973, S. 423

11 In einem Brief an Ferdinand Lassalle vom 23. Januar 1855, MEW, Bd. 28, S. 612: »Lieber Lassalle! Dieser Brief wäre acht Tage früher geschrieben worden, wenn nicht meine Frau von einer Weltbürgerin entbunden und mir so in dem trouble wenig freie Zeit übriggeblieben wäre, wie Du leicht begreifen wirst.«

12 Brief an Engels vom 3. März 1855, MEW, Bd. 28, S. 436

13 Brief an Engels vom 30. März 1855, MEW, Bd. 28, S. 442

14 a.a.O.

15 Marx an Engels: »Der arme Musch ist nicht mehr. Er entschlief (im wörtlichen Sinne) in meinen Armen heute zwischen 5 und 6 Uhr.«

(MEW, Bd. 28, S. 443) – Wilhelm Liebknecht schreibt über Edgar: »Der Knabe – Musch (mouche) genannt, eigentlich Edgar, nach seinem Onkel – war sehr begabt, aber von der Geburt an kränklich – ein echtes, rechtes Schmerzenskind dieser Knabe mit den prächtigen Augen und dem vielversprechenden Kopf, der aber zu schwer war für den schwachen Körper [...] ›Musch‹ starb; ich vergesse die Szene nicht [...] Marx in erschrecklicher Aufregung, jeden Zuspruch heftig, fast zornig zurückweisend [...]« in: Liebknecht, Wilhelm–Karl Marx zum Gedächtniß, Ein Lebensabriß und Erinnerungen, Nürnberg 1896, S. 74

16 Brief an Lassalle vom 28. Juli 1855, MEW, Bd. 28, S. 617

17 Liebknecht, a.a.O., S. 74f.

18 Brief der Mutter Jenny Marx an Luise von Westphalen vom 29. 1. 1858, zit. in: Zimmermann, Ruth – Jenny Marx und ihre Töchter, Frauen im Schatten des Revolutionärs, Freiburg i.Br. 1984, S. 138

19 Liebknecht, a.a.O., S. 75

20 Jenny Marx, bei Zimmermann, a.a.O., S. 138

21 Überliefert von Paul Lafargue, zit. bei Zimmermann, a.a.O., S. 139

22 Lafargue, bei Zimmermann, a.a.O.

23 Brief an Engels vom 8. Oktober 1858, MEW, Bd. 29, S. 359

24 zit. bei Zimmermann, a.a.O., S. 138

25 So unterschreibt sie noch Anfang 1868 eine Nachschrift an Engels in einem Brief von Marx an Engels, MEW, Bd. 32, S. 6

26 Brief von Jenny Marx an Bertha Markheim vom 28. Januar 1863, in: Andréas, Bert – Briefe und Dokumente der Familie Marx aus den Jahren 1862–1873, Archiv für Sozialgeschichte, II. Band, 1962, S. 178

27 Zimmermann, a.a.O., S. 140

28 zit. bei: Kapp, Yvonne – Eleanor Marx, Vol. I, Family Life 1855–1883, London 1972, S. 290 (Vgl. auch: Mayer, Gustav – Neue Beiträge zur Biographie von Karl Marx, in: Archiv für die Geschichte des Sozialismus und der Arbeiterbewegung, 10. Jg., Leipzig 1922)

29 Aus dem Spitzelbericht, bei Kapp, a.a.O.

30 Marx, Jenny – Kurze Umrisse eines bewegten Lebens, in: Mohr und General, Erinnerungen an Marx und Engels, Berlin 1964, S. 199

31 Marx, Jenny, a.a.O.

32 Brief an Engels vom 23. April 1857, MEW, Bd. 29, S. 130
33 Brief an Engels vom 18. April 1868, MEW, Bd. 32, S. 62
34 Haas, Willy – Marx und Lenin. Notizen zu zwei neuen Monumentalausgaben, in: Die Literarische Welt, Heft 7, 1932 – zit. bei: Raddatz, Fritz J. – Karl Marx, Der Mensch und seine Lehre, München 1983, S. 156
Willy Haas weist nach, daß Marx' Einkünfte gar nicht so gering sind, daß er nur nicht in der Lage ist, vernünftig damit zu wirtschaften. »Marx selber nennt 1868 [...] seine jährlichen Lebenshaltungskosten 400 bis 500 Pfund. Zu der Zeit war der Wochenlohn eines schottischen Minenarbeiters mit einer Familie von durchschnittlich sechs Kindern 24 Shilling.« (Raddatz, a.a.O., S. 157)
35 Bernstein, Eduard – Eleanor Marx, in: Die Neue Zeit, 16. Jahrgang, 2. Band, 1898, S. 118f.
36 »Auch die kleine Eleanor verlor ihre frischen, blühenden Farben, ward mager, und endlich im Herbst 1861, als sie eben begonnen hatte, die Schule zu besuchen, zeigten sich bei dem Kinde die Symptome der höchst fatalen, sonst nur Erwachsene treffenden Gelbsucht.« (Marx, Jenny – a.a.O., S. 207)
37 Brief an Bertha Markheim vom 6. Juli 1863, bei Andréas, a.a.O., S. 181
38 Brief von Engels vom 22. Juni 1869, MEW, Bd. 32, S. 324
39 Brief von Engels vom 25. Juli 1869, MEW, Bd. 32, S. 349
40 Brief von Engels vom 30. Juli 1869, MEW, Bd. 32, S. 354
41 Raddatz, a.a.O., S. 165f.
42 Brief an die Schwester Jenny Longuet vom 8. Januar 1882, in: Die Töchter von Karl Marx, Unveröffentlichte Briefe, Aus dem Französischen und aus dem Englischen von Karin Kersten und Jutta Prasse, ed. Olga Meier, Frankfurt a.M. 1983, S. 169
43 Tsuzuki, a.a.O., S. 29
44 Brief an Lion Philips (Zalt-Bommel bei Nijmwegen), Ende 1863, zit. bei: Kapp, a.a.O., S. 54 (»I hear from papa that you are a great politician so we are sure to agree. How do you think the poles are getting on? I always hold up a finger for the Poles those brave little fellows. Do you like A.B.? He is a good friend of mine.«)
45 Brief an Lion Philips, Juni 1864, zit. bei Kapp, a.a.O., S. 56 – (»As for Poland I am afraid there is no help for it.«)

46 a.a.O., S. 55 – (»What do you think of affairs in America? I think the Federals are safe, and though the Confederates drive them back every now and then, I am sure they will win in the end.«)

47 Brief an Lion Philips vom 29. März 1864, MEW, Bd. 30, S. 649

48 Franziska Kugelmann berichtet über das Mitgefühl der Familie Marx für das unterdrückte Irland: sie fährt dann fort: »Tussy soll das lange Zeit dadurch auch äußerlich gezeigt haben, daß sie grün zu ihrer Lieblingsfarbe machte und sich meist grün kleidete.« (Kugelmann, Franziska – Kleine Züge zu dem großen Charakterbild von Karl Marx, in: Mohr und General, a.a.O., S. 269f.)

49 Brief an Engels vom 26. Juni 1868, MEW, Bd. 32, S. 105

50 Brief von Jenny Marx (Tochter) an Ludwig Kugelmann vom 27. Dezember 1869, zit. bei Tsuzuki, a.a.O., S. 33. Zum Hintergrund der Irland-Begeisterung: Nach dem amerikanischen Bürgerkrieg kommt es 1867 zu einem Aufstand gegen die englische Oberhoheit unter Führung irisch-amerikanischer Offiziere. Die Erhebung scheitert. Oberst T.J. Kelly, vorher Offizier in der amerikanischen Armee, wird Leiter des irisch-republikanischen Geheimbunds der Fenier und erweckt die Widerstandsbewegung zu neuem Leben. Sein Hauptquartier befindet sich in Manchester. Er wird verhaftet; bei einer erfolgreichen Befreiungsaktion seiner Anhänger wird ein Polizist getötet. Drei der an dem Coup Beteiligten werden gehenkt. Marx und Engels mißbilligen zwar die Verschwörertaktik und den Terrorismus der Fenier, setzten sich aber in der sozialistischen Internationale energisch für die irischen Interessen ein.

51 Brief an Engels vom 6. November 1869, MEW, Bd. 32, S. 385

52 Brief an Wilhelm Liebknecht, MEW, Bd. 33, S. 692

53 Bernstein, Eduard – Aus den Jahren meines Exils, Erinnerungen eines Sozialisten, Berlin 1918, S. 172

54 Brief an Engels vom 4. August 1868, MEW, Bd. 32, S. 131

55 Nachschrift Eleanors in einem Brief von Marx an Engels, MEW, Bd. 32, S. 6

56 Brief an Marx vom 10. April 1868, MEW, Bd. 32, S. 56f.

57 Brief an Engels vom 11. Januar 1868, MEW, Bd. 32, S. 18

58 Brief an Marx vom 16. Januar 1868, MEW, Bd. 32, S. 21

59 Brief an Engels vom 10. Dezember 1869, MEW, Bd. 32, S. 415f.

60 Brief an Jenny Marx (Tochter) vom 20. Juli 1869, zit. bei Zimmermann, a.a.O., S. 142

61 Brief an Jenny Marx vom 31. März 1869, in: Die Töchter von Karl Marx, a.a.O., S. 64f.

62 Brief an Wilhelm Liebknecht, Mitte August 1871, MEW, Bd. 33, S. 269 – Zu dem Bordeaux-Luchon-Erlebnis vgl. auch: 1. Brief von Jenny Marx (Tochter) an den Vater vom 24. Mai 1871, in: Die Töchter von Karl Marx, a.a.O., S. 116ff.

2. Brief von Marx an den Redakteur der Zeitung »The Sun«, Charles Dana, MEW, Bd. 17, S. 656ff.

3. Brief von Jenny Marx (Tochter) an die Herausgeberin des »Woodhall and Claflin's Weekly«, dort am 21. Oktober 1871 gedruckt, MEW, Bd. 17, S. 656ff.

63 Brief an Engels vom 12. Januar 1882, MEW, Bd. 35, S. 34f. »Ich möchte um alles in der Welt nicht, daß das Kind sich einbilde, in Form der ›Pflegerin‹ eines alten Mannes auf dem Familienaltar geopfert zu werden.«

64 Kugelmann, a.a.O., S. 280f.

65 Brief an Engels vom 14. August 1874, MEW, Bd. 33, S. 110

66 Brief an Ludwig Kugelmann, vom 4. August 1874, MEW, Bd. 33, S. 637

67 »Mein Vater hatte Lissagaray damals im Haag gesehen und keinen besonders sympathischen Eindruck von ihm empfangen. Äußerlich war er eine unscheinbare Persönlichkeit und ganz bedeutend älter als Tussy. Er war Graf, hatte jedoch seinen Titel abgelegt und war mit seiner ganzen Familie wegen seiner sozialistischen Gesinnung zerfallen. Marx schien diese Verlobung nicht anzuerkennen und sprach nie darüber.« (Kugelmann, a.a.O., S. 281)

68 Vgl. dazu:

1. Brief von Marx an Engels vom 23. Mai 1873, MEW, Bd. 33, S. 75

2. Brief von Engels an Marx vom 26. Mai 1873, MEW, Bd. 33, S. 78

3. Brief von Marx an Engels vom 31. Mai 1873, Bd. 33, S. 84

4. Tsuzuki, a.a.O., S. 42ff.

69 Brief an Marx vom 23. 3. 1874, in: Kapp, Vol. I, a.a.O., S. 153f. – Übersetzung: Richard Friedenthal (in: Friedenthal, Richard – Karl Marx, Sein Leben und seine Zeit, München 1981, S. 412f.)

70 Brief von Eleanor an Natalie Liebknecht vom 23. Oktober 1874, zit. in: Tsuzuki, a.a.O., S. 55

71 Eleanor ist mit dem Vater 1874 in Karlsbad, 1875 ist Marx dort allein, 1876 begleitet ihn Eleanor wieder, da er, wie sie schreibt, »mich im vorausgegangenen Jahr zu sehr vermißt hatte«. (zit. bei Tsuzuki, a.a.O., S. 48). Sie lernt zwei Breslauer Professoren kennen; der eine, Heinrich Graetz, dem sie von ihrer Verlobung mit Lissagaray erzählt, schreibt später in einem Brief an Marx und einer Nachschrift für Eleanor äußerst positiv über Lissagaray. (Vgl. Tsuzuki, a.a.O., S. 48f.)

72 Für die Shakespeare-Gesellschaft übersetzt sie beispielsweise den Vortrag des Bonner Professors Delius »Das epische Element bei Shakespeare«. – Zu Eleanors Theater-Interessen vgl. Tsuzuki, a.a.O., S. 62ff.

73 Bernstein, Aus den Jahren meines Exils, a.a.O., S. 173 – Über die Umstände der Veranstaltung gibt Bernstein einen anschaulichen Bericht: »Diese Unterhaltung fand zum Besten der Witwe eines Kommunarden in einem mäßig großen und nur mäßig erleuchteten Saal statt, der ebensogut der Klassenraum einer der vielen Sektenschulen, über die London verfügt, wie der Saal eines Arbeiterklubs hätte sein können. Bebel und ich wurden an einem der sehr dunklen Abende von Engels durch ein ganzes Straßengewirr in den Saal geführt, nach meiner Schätzung muß es im Stadtbezirk St. Pancras gewesen sein. Der Raum war nur zu zwei Dritteln gefüllt, aber das Publikum interessant genug. Außer Marx mit Töchtern, Friedrich Engels und August Bebel allerhand politische Flüchtlinge von mehr oder minder erheblicher Bedeutung für die sozialistisch-revolutionäre Bewegung ihres Landes, darunter der russische Sozialist Leo Hartmann, der an einem Attentat gegen Alexander II. beteiligt gewesen war. Aber, bezeichnend für englische Verhältnisse: auf der Rückseite des überaus bescheiden ausgestalteten Programms war eine Liste von Zeichnungen für den Zweck des Abends verzeichnet und darüber die Worte: Her Majesty the Queen has headed the list with 10 £'s.« (a.a.O., S. 172f.)

74 Brief an Jenny Marx (Tochter) vom 18. Juni 1881, in: Die Töchter von Karl Marx, a.a.O., S. 153f.

75 Brief an Marx vom 7. Juli 1881, MEW, Bd. 35, S. 5

76 Friedenthal, a.a.O., S. 403f.

77 Brief an Jenny Marx (Tochter) vom 8. Januar 1882, in: Die Töchter von Karl Marx, a.a.O., S. 169f.

78 Brief an Engels vom 12. Januar 1882, MEW, Bd. 35, S. 34
79 Brief an Jenny Marx (Tochter) vom 15. Januar 1882, in: Die Töchter von Karl Marx, a.a.O., S. 171f.
80 Aus Eleanors Bericht für Liebknecht über die letzten Jahre des Vaters, bei Liebknecht, a.a.O., S. 89

Marx bezeichnet die Tochter Jenny (geb. 1. 5. 1844) stets als sein Lieblingskind; er meint, sie sei ihm besonders ähnlich – sowohl äußerlich als auch in ihren intellektuellen Fähigkeiten. Jenny gilt als hochbegabt; die Dreizehnjährige beschäftigt sich beispielsweise schon mit speziellen Themen der griechischen Geschichte. Ihr Hauptinteresse ist jedoch die dramatische Kunst. In auffälliger Parallele zu Eleanor widersetzt sich Marx ihrem Wunsch, Schauspielerin oder Sängerin zu werden. Der »Ablösungsprozeß« vom Vater gestaltet sich auch für Jenny äußerst schwierig – daß ihre Ehe mit Charles Longuet (ab 1872) »unglücklich« wird, liegt vor allem an den ständigen väterlichen Interventionsversuchen. Die Übersiedlung nach Frankreich (1881) bringt keine Änderung dieses Zustandes. Ständig schwankt sie zwischen Vater und Ehemann – eine Belastung, der sie nicht gewachsen ist. Hinzu kommt, daß sie bei der Erziehung der sechs Kinder und bei der Haushaltsführung kaum Hilfe erhält. Physisch und psychisch völlig erschöpft stirbt sie als Achtunddreißigjährige (11. 1. 1883).

81 a.a.O., S. 90
82 Aus einem Brief Eleanors an Laura Lafargue vom 26. März 1883, in: Die Töchter von Karl Marx, a.a.O., S. 193
83 a.a.O., S. 192 – Eleanor schreibt an Laura nach einer Intervention von Engels. Dieser befürchtet, daß ihn kompromittierende Passagen aus seinem Briefwechsel mit Marx veröffentlicht werden könnten.
84 a.a.O., S. 191f.
85 Aus einem Bericht von Beatrice Potter, der späteren Mrs. Webb: »My Apprenticeship«, zit. bei: Tsuzuki, a.a.O., S. 97
86 a.a.O.
87 Bernstein. Aus den Jahren meines Exils, a.a.O., S. 174. Ausführliche biographische Daten zu Aveling bei Tsuzuki, a.a.O., S. 78ff.
88 Vgl. Kapp, Vol. I, a.a.O., S. 264
89 a.a.O., S. 265
90 »Nobody can be as bad as Aveling looks« (Hyndman), a.a.O.

91 In »Progress«, April 1883: »Karl Marx, der führende Kopf der Sozialistenpartei, ist dahingegangen. Die beste Charakterisierung seines vielseitigen Wirkens liefert (sic!) die Namen derjenigen, die an seinem Grabe standen. Seine Tochter Eleanor, seine beiden Schwiegersöhne, Herr Engels [...] Herr Liebknecht [...] Professor Schorlemmer [...] Professor Ray Lankester [...] Dr. Edward B. Aveling und Herr Ernest Radford« – zit. bei Tsuzuki, a.a.O., S. 95

92 Brief an Laura Lafargue vom 18. Juni 1884, in: Kapp, Vol. II, S. 15 (»You must have known, I fancy, for some time that I am very fond of Edward Aveling – and he says he is fond of me – so we are going to ›set up‹ together«.)

93 Bernstein, a.a.O., S. 174

94 Brief an Dollie Radford, in: Kapp, Vol. II., a.a.O., S. 16 (»I am going to live with Edward Aveling as his wife. You know he is married, and that I cannot be his wife *legally*, but it will be a *true* marriage to me – just as much as if a dozen registrar's (sic!) had officiated [...] E. had not *seen* his wife for many, many years when I met him.«)

95 Brief an Edith Bland, in: Kapp, Vol. II, a.a.O., S. 17 (»I have not come between husband and wife. For many years before I met Dr. Aveling he had been living alone. I may tell you also that my sister and my Father's (sic!) oldest friends fully approve of the step we have taken.«)

96 Brief an Laura Lafargue vom 22. Juli 1884, in: Tsuzuki, a.a.O., S. 104f.

97 Brief an Havelock Ellis vom 2. August 1884, in: Tsuzuki, a.a.O., S. 105

98 Vgl. Zimmermann, a.a.O., S. 165

99 zit. Bei Zimmermann, a.a.O.

100 Brief an Dollie Radford, bei Kapp, Vol. II, a.a.O., S. 16 – Diese Passage wird bewußt im englischen Original wiedergegeben. Bei einer Übersetzung ins Deutsche treten nämlich Probleme auf, die in der grammatikalischen Unklarheit des Satzes begründet sind. Handelt es sich um eine Aufzählung? Dann führen 1. Liebe, 2. vollständige Übereinstimmung in Geschmack und Arbeit, 3. das Streben nach gemeinsamen Zielen zum Zustand des Glücks. Oder handelt es sich um eine appositionelle Konstruktion? Dann wäre

zu übersetzen: Wenn Liebe, die sich zusammensetzt aus 1. Übereinstimmung ... und 2. dem Streben ..., glücklich macht, so werden wir es sein. Allerdings: das für die Apposition erforderliche Komma hinter »... ends« ist nicht vorhanden. Harry Maòr, der Übersetzer der Tsuzuki-Biographie (a.a.O., S. 104), bietet folgende, höchst fragwürdige Version: »Nenn Liebe völlige Übereinstimmung in den Neigungen und in der Arbeit sowie das Streben nach einem gewissen Ziel, Menschen glücklich machen zu können, dann werden wir es sein.«

101 Brief an Dollie Redford vom 2. Juli 1884, in: Kapp, Vol. II, a.a.O., S. 21 (»I have thought of you very much, and often longed for you. For I am *very* lonely, Dollie, and I never felt lonelier than I do just now ... I'm being quite lazy, doing nothing. The fact is I have been seriously unwell for the last two weeks, and as I was threatened with an absolute breakdown, I am just resting«)

102 Brief an Frederic Demuth vom 3. Februar 1898, in: Kapp, Vol. II, a.a.O., S. 688

103 Bernstein, Aus den Jahren meines Exils, a.a.O., S. 173

104 »Labour Elector«, Ausgabe vom 7. September 1889, zit. bei Tsuzuki, a.a.O., S. 179

105 Henry Hyndman, zit. bei Zimmermann, a.a.O., S. 174

106 bei Kapp, Vol. II, a.a.O., S. 228f.

107 Engels in einem Brief an Friedrich Adolph Sorge vom 29. November 1886, zit. in: Eckert, Georg (Hrsg.) – Wilhelm Liebknecht, Briefwechsel mit Karl Marx und Friedrich Engels (Quellen und Untersuchungen zur Geschichte der Deutschen und Oesterreichischen Arbeiterbewegung, herausgegeben vom Internationaal Instituut Voor Sociale Geschieehnis, Amsterdam), The Hague 1963, S. 407

108 Brief an Laura Lafargue vom 31. Dezember 1884, in: Die Töchter von Karl Marx, a.a.O., S. 208

109 a.a.O., S. 208f.

110 zit. bei Tsuzuki, a.a.O., S. 116

111 zit. bei Tsuzuki, a.a.O., S. 118

112 a.a.O.

113 Engels in einem Brief an Friedrich Adolph Sorge, zit. in: Künzli, Arnold – Karl Marx, Eine Psychographie, Wien–Frankfurt–Zürich 1966, S. 487

114 zit. bei Tsuzuki, a.a.O., S. 119

115 a.a.O., S. 120

116 a.a.O. – Die Stellung Eleanors zur Frauenfrage ausführlich bei Kapp, Vol. II, a.a.O., S. 83ff.

117 Ein Ausspruch von Karl Kautsky, zit. bei Eckert, a.a.O., S. 411

118 Kautsky, bei Eckert, a.a.O.

119 Bernstein, Aus den Jahren meines Exils, a.a.O., S. 175f.

120 a.a.O., S. 176 – Shaws Schauspiel in fünf Akten wurde am 14. 7. 1906 in London uraufgeführt; deutsche Erstaufführung in Berlin am 20. 11. 1908 – Deutsche Ausgabe: Shaw, George Bernard – Gesammelte dramatische Werke, Bd. 5, Zürich 1947

121 Brief an Olive Schreiner vom 16. Juni 1885, zit. bei Tsuzuki, a.a.O., S. 121f.

122 Weitere Ibsen-Übersetzungen Eleanors: »An Enemy of Society« (London 1888); »The Lady from the Sea« (London 1890)

123 Brief an Havelock Ellis, Dezember 1885, zit. bei Tsuzuki, a.a.O., S. 153

124 »Diary and Notes«, zit. bei Tsuzuki, a.a.O., S. 152

125 »Dramatic Review« vom 3. Dezember 1887, zit. bei Tsuzuki, a.a.O., S. 157

126 Eleanor spielt die Rolle der Jeannie, die einen alten Mann heiratet, nachdem ihr junger Gelieber, ein Seemann, mit seinem Schiff untergegangen ist. Er konnte sich aber retten und kehrt nun zurück; in Jeannie kommt es zum Konflikt zwischen ihrer Liebe zu dem jungen Mann und ihrer Treuepflicht als Gattin. Sie entscheidet sich für den Ehemann. – Zur Gestaltung des Konflikts durch Eleanor schreibt »Dramatic Review« einigermaßen konfus (a.a.O., S. 158): »[...] sie machte weder die reuige Ehefrau, die sich darüber grämt, ihrem Mann auch nur in Gedanken Unrecht getan zu haben, noch die treue Gattin, die den immer noch unvergessenen Geliebten abweist, glaubhaft.«

127 William Collison, zit. bei Kapp, Vol. II, a.a.O., S. 30

128 a.a.O.

129 Brief an Jenny Marx (Schwester) vom 15. Januar 1882, in: Die Töchter von Karl Marx, a.a.O., S. 172

130 Havelock Ellis in »Adelphi«, zit. bei Tsuzuki, a.a.O., S. 160 – Vgl. auch Kapp, Vol. II, a.a.O., S. 193f. – Yvonne Kapp weist den durch den Ausdruck »Überdosis« naheliegenden Verdacht,

Eleanor sei drogensüchtig gewesen, als unbegründet zurück. Sie habe in Streß-Situationen ein unter dem Namen »Laudanum« sehr bekanntes Medikament genommen, das in seiner Wirkung den heutigen Tranquilizern nahekomme. Die vitale Energie, die Eleanor bei ihren Unternehmungen an den Tag gelegt habe, schlösse einen Drogen-Abusus aus. – Ob Yvonne Kapp nicht etwas verharmlost? Zumindest hat Eleanor mit Narkotika »experimentiert«, vgl. z.B. den Brief an die Schwester Jenny vom 8. Januar 1882 (Anm. 78)

131 Brief an August Bebel vom 2. und 4. September 1898, zit. bei Künzli, a.a.O., S. 326 – Das »Demuth-Geheimnis« ist allen sozialistischen Führern um die Jahrhundertwende bekannt, wird aber verschwiegen, um das strahlende Marx-Bild nicht zu beeinträchtigen. Erst 1962 veröffentlicht Werner Blumenberg den Freyberger-Brief, den er als Abschrift im Nachlaß Eduard Bernsteins gefunden hatte. Die Literatur des »sozialistischen Lagers« umgeht noch heute gern den Sachverhalt. – Louise Freyberger über Eleanors Verhalten: »Daß Frederick Demuth der Sohn von Karl Marx und Helene Demuth ist, hat [...] General noch einige Tage vor seinem Tode Mr. Moore bestätigt, der hierauf zu Tussy nach Orpington fuhr und es ihr sagte. Tussy behauptete, daß General *lüge* und daß er stets selbst gesagt habe, er sei der Vater. Moore kam von Orpington zurück, fragte General nochmals eindringlich, aber der alte Mann blieb bei seiner Behauptung, daß Freddy der Sohn Marx' sei, und sagte zu Moore: *Tussy wants to make an idol of her father* (sie will ihren Vater zum Götzen machen).« (a.a.O., S. 326) – Zu Helene Demuth und ihrer Rolle in der Marx-Familie: Künzli, a.a.O., S. 328ff.

132 Brief an Laura Lafargue vom 19. Dezember 1890, in: Die Töchter von Karl Marx, a.a.O., S. 259

133 Brief an Laura Lafargue vom 5. August 1896, zit. bei Tsuzuki, a.a.O., S. 227

134 Brief an Freddy Demuth vom 19. Januar 1898, bei Kapp, a.a.O., S. 687 (»Yes – I sometimes feel like you, Freddy, that *nothing* ever goes well with us. I mean you and me. Of course, poor Jenny had her full share of sorrow and of trouble, and Laura lost her children. But Jenny was fortunate enough to die, and sad as that was for her children, there are times when I think it fortunate. I would

not have wished Jenny to have lived through what I have done. I don't think you and I have been very wicked people – and yet, dear Freddy, it does seem as if we get all the punishment.«)

135 Tsuzuki, a.a.O., S. 159

136 a.a.O., S. 254

137 Brief vom 1. September 1897 an Freddy Demuth, bei Kapp, a.a.O., S. 682

138 a.a.O.

139 Brief vom 2. September 1897 an Freddy Demuth, a.a.O. (»Come, if you possibly can, this evening. It is a shame to trouble you; but I am so alone, and I am face to face with a most horrible position: *utter* ruin – every thing, *to the last penny* or utter, open disgrace. It is awful; worse than even I fancied it was.«)

140 Brief vom 3. Februar 1898 an Freddy Demuth, bei Kapp, a.a.O., S. 687f.

141 Tsuzuki, a.a.O., S. 270

142 a.a.O.

143 a.a.O., S. 273

144 Henry Hyndman, zit. bei Tsuzuki, a.a.O., S. 272

145 Brief an Freddy Demuth vom 1. März 1898, bei Kapp, Vol. II, a.a.O., S. 692

146 Die Absenderin oder der Absender des Briefes ist nicht bekannt. Es wird vermutet, daß Eva Frye ihn geschrieben hat, um dem »grausamen Spiel« ein Ende zu bereiten.

147 bei Kapp, a.a.O., S. 696

148 »Labour Leader and Justice« vom 30. Juli 1898, zit. bei Tsuzuki, a.a.O., S. 281

149 a.a.O.

150 bei Kapp, a.a.O., S. 697

151 Brief vom 7. Februar 1898 an Freddy Demuth, bei Kapp, Vol. II, a.a.O., S. 689

152 William Collison, zit. bei Kapp, Vol. II, a.a.O., S. 30

153 Ein Wort von Jenny Marx (Mutter), zit. bei Künzli, a.a.O., S. 481

154 a.a.O.

155 Brief an Karl Marx vom 26. April 1867, in: Die Töchter von Karl Marx, a.a.O., S. 42

156 Brief an Olive Schreiner vom 16. Juni 1884, zit. bei Kapp, Vol. I, a.a.O., S. 229

157 Henry Hyndman, zit. bei Tsuzuki, a.a.O., S. 59f.
158 Vgl. Bernstein, Aus den Jahren meines Exils, a.a.O., S. 181
159 zit. bei Künzli, a.a.O., S. 324
160 a.a.O.
161 a.a.O., S. 323
162 Vgl. Kapp, Vol. II, a.a.O., S. 702

NACHBEMERKUNG

Mein Arbeitsauftrag lautete zunächst, alle drei Marx-Töchter biographisch vorzustellen. Mit Einverständnis der Herausgeberin habe ich mich auf Eleanor konzentriert; die Fülle des Materials ließ eine solche Beschränkung sinnvoll erscheinen. Die aufschlußreichen Parallelen zwischen den Schwestern (vor allem, was die Beziehung zum Vater betrifft) bleiben bei dieser Verfahrensweise allerdings unberücksichtigt. Daß meine Wahl auf »Tussy« fiel, ist gänzlich subjektiv bedingt – sie war mir (erschreckend) »sympathisch«. In ihrer Auseinandersetzung mit der väterlichen Autorität, in ihren wechselvollen Stimmungen zwischen untätiger Melancholie und heftigem Engagement schien etwas enthalten zu sein von eigenen Erfahrungen, so daß ich »lernen« und »vergleichen« konnte. Meine Darstellung ist »einseitig«. Sie beschreibt einen psychopathologischen Prozeß: die Zerstörung der weiblichen Identität durch den Vater. Wer Eleanors Leben mit all seinen Stationen, in seiner ganzen Breite kennenlernen will, wer sich eingehend über ihre politischen Aktivitäten informieren will, die/der sollte die große Biographie von Yvonne Kapp zur Hand nehmen. In seiner Akribie, seiner ruhigen Sachlichkeit ist dieses Werk ein Musterbeispiel angelsächsischer Biographie-Kunst. Den Herren Elsner und König vom Studienzentrum Karl-Marx-Haus in Trier danke ich für die freundliche Unterstützung. Ich habe sie darauf hingewiesen, daß auf der Schautafel im Karl-Marx-Haus, die Marx' Kinder vorstellen soll, der Name Freddy Demuth immer noch fehlt. Warum?

LITERATURVERZEICHNIS

Bernstein, Eduard: Aus den Jahren meines Exils, Berlin 1918

Blumenberg, Werner: Karl Marx in Selbstzeugnissen und Bilddokumenten, Reinbek bei Hamburg 1983

Dornemann, Luise: Jenny Marx, Der Lebensweg einer Sozialistin, Berlin 1980

Eckert, Georg (Hrsg.): Wilhelm Liebknecht, Briefwechsel mit Karl Marx und Friedrich Engels (Quellen und Untersuchungen zur Geschichte der Deutschen und Oesterreichischen Arbeiterbewegung, herausgegeben vom Internationaal Instituut voor Sociale Geschieehnis, Amsterdam) The Hague 1963

Friedenthal, Richard: Karl Marx. Sein Leben und seine Zeit, München 1981

Hoffmann, Leni (Hrsg.): Mohr und General, Erinnerungen an Marx und Engels, Berlin 1983

Institut für Marxismus-Leninismus beim ZK der SED (Hrsg.): Karl Marx, Friedrich Engels, Werke (MEW), Berlin 1972ff.

Kapp, Yvonne: Eleanor Marx, Vol. I, Family Life (1855–1883), London 1972; Eleanor Marx, Vol. II, The Crowded Years (1884–1898) London 1976

Künzli, Arnold: Karl Marx, Eine Psychographie, Wien–Frankfurt–Zürich 1966

Lafargue, Paul: Das Recht auf Faulheit und Persönliche Erinnerungen, in: Kleine Bibliothek des Wissens und des Fortschritts, Bd. I, Frankfurt a.M. 1966

Liebknecht, Wilhelm: Karl Marx zum Gedächtniß, Ein Lebensabriß und Erinnerungen, Nürnberg 1896

Meier, Olga (Hrsg.): Die Töchter von Karl Marx, Unveröffentlichte Briefe, Frankfurt a.M. 1983

Raddatz, Fritz J.: Karl Marx, Der Mensch und seine Lehre, München 1975

Rubel, Maximilien: Marx-Chronik, München 1983

Tsuzuki, Ch.: Eleanor Marx, Geschichte ihres Lebens, Berlin 1981

Wessel, Harald: Tussy oder dreißig Reisebriefe über das sehr bewegte Leben der Eleanor Marx-Aveling, Leipzig o.J.

Zimmermann, Ruth: Jenny Marx und ihre Töchter, Frauen im Schatten des Revolutionärs, Freiburg 1984

METE FONTANE

1860–1917

»Danebenstehen und sich den Mund wischen ...«

Von Marianne Goch

Martha (Mete) Fontane.

Martha Fontane ist eine der interessantesten Frauen, »die mir im Leben begegnet sind. Keine Schönheit, aber von guter Figur, mit lebendigen, geistvollen Augen und von großer körperlicher und geistiger Beweglichkeit, [. . .]«[1]

»Eine treue, opferwillige Genossin und Pflegerin erst des Vaters, später des Gatten, sah sie nach deren Hinscheiden ihren Pflichtenkreis geschlossen.«[2]

Mete Fontane – wie mag sie wirklich gewesen sein? Interessant, lebendig, geistvoll, so wie ein Freund des Vaters sie 1936 in seinen Erinnerungen schildert? Oder treu, opferwillig, pflichtbewußt, wie der anonyme Schreiber eines Nachrufs sie 1917 in den »Mecklenburger Nachrichten« darstellt? War sie möglicherweise beides, oder haben wir es eher mit Klischeevorstellungen zu tun, die einiges über das jeweilige Frauenbild der Schreiber aussagen, aber noch nichts über die Beschriebene? Grund genug jedenfalls für ein Mete-Portrait.

An äußeren Ereignissen war dieses Leben nicht sehr reich, aber schon eine kurze Beschäftigung zeigt, daß wir in Mete einem komplizierten Menschen begegnen. Darum sollen zunächst die wichtigsten Lebensdaten genannt werden, weil im folgenden die zeitliche Abfolge nicht immer eingehalten werden kann.

Geboren 1860, wird sie im Alter von zehn Jahren von ihrer Mutter für ein Jahr nach London gebracht, wo sie die englische Sprache lernen soll. Zurück in Berlin, beendet sie 1876 die Schule und wird anschließend zwei Jahre in einem Lehrerinnenseminar ausgebildet. 1878 besteht sie die Prüfung als Lehrerin für mittlere und höhere Mädchenschulen.

In der Zeit von 1880 bis 1885 arbeitet sie, zusammengerechnet, zweieinhalb Jahre als Erzieherin und Lehrerin.

Krankheit zwingt sie zur Berufsaufgabe. Von 1885 bis zum Tode des Vaters 1898 lebt sie abwechselnd im Haushalt der Eltern und bei Freundinnen. Vier Tage vor dem Tod des Vaters verlobt sie sich mit dem Architekten Professor Fritsch, den sie 1899 heiratet. Das Ehepaar zieht bald darauf nach Waren an der Großen Müritz, wo Mete 1917, zwei Jahre nach ihrem Mann, stirbt.

Ein überschaubares Leben – und dennoch ist die Arbeit an einem Porträt Metes schwierig. Dies aus mehreren Gründen. – So ist die Quellenlage sehr unterschiedlich. Über einige Jahre im Leben Metes sind wir sehr gut unterrichtet: Für 1880 bis 1882 liegt fast ihr gesamter Briefwechsel mit den Eltern vor, für die Jahre bis zu Fontanes Tod 1898 sind seine Briefe an die Tochter erhalten. Für die letzten neunzehn Jahre ihres Lebens gibt es dagegen kaum noch veröffentlichtes Material. Zwangsläufig kommen diese Jahre in jedem biographischen Versuch zu kurz, und so entsteht ein wenig befriedigendes Ungleichgewicht.

Dem hilft auch nicht Edgar Rosens Einleitung zur Ausgabe der Mete-Briefe ab. Dieser bisher einzige Versuch einer Biographie schließt im wesentlichen mit dem Tod des Vaters; zwar werden noch einige Fakten für die Jahre nach 1898 mitgeteilt, doch spiegeln diese nicht den vollen Erkenntnisstand des Verfassers, wie später dargelegt werden soll. Skepsis ist also geboten. – Und schließlich ist da noch der übermächtige Schatten Fontanes – die Suche nach dem Bild der Tochter verlangt ein Beiseiteschieben des Vaters, verlangt eine andere als die gewohnte Perspektive. Gerade weil sie sein »Lieblingskind«[4], »einer seiner wichtigsten Korrespondenzpartner«[5] war, spielt der Vater in der Biographie der Tochter zugleich die zentrale Rolle, ist jede Mete-Biographie immer auch ein Stück Fontane-Biographie, und damit in Gefahr, ihn in das Zentrum der Betrachtungen zu rücken.

*

Martha (Mete) Fontane wurde am 21. März 1860 in Berlin geboren, als drittes von vier Kindern Emilie und Theodor Fontanes. Neben George (geboren 1851), Theodor (geboren 1856) und Friedrich (geboren 1864) war sie das einzige Mädchen.

Ihre Geburt fiel in das Jahr, das der Familie Fontane erstmals gesicherte Lebensbedingungen bot. Die finanziellen Verhältnisse Fontanes waren jahrelang sehr schwierig gewesen – eine Folge der wirtschaftlichen Situation Deutschlands um 1850, eine Folge aber auch der unzulänglichen Vorsorge von Fontanes Vater Louis Henri Fontane. Dieser hatte, wie der Sohn später klagte, an der Erziehung und Ausstattung seiner Kinder immer gespart und sein Geld eher auf Herrenpartien und Glücksspiele verwendet. So erhielt Fontane keine abgeschlossene gymnasiale Bildung; ein Studium als Voraussetzung für einen akademischen Beruf (und damit der Eintritt in das Bildungsbürgertum) blieb ihm verschlossen. Vielmehr erlernte er nach dem Besuch der Gewerbeschule in Berlin den Apothekerberuf. Keine schlechte Grundlage, da sein Vater eine Apotheke besaß, doch eine Grundlage für ein geachtetes bürgerliches Leben nur dann, wenn es ihm gelang, durch den Erwerb einer Apotheke selbständig zu werden. Die väterliche Apotheke konnte er nicht übernehmen, zum Kauf einer eigenen Apotheke hatte er kein Geld, und der Vater konnte und wollte ihm keins geben. Seit Ende der dreißiger Jahre hatte er erste literarische Versuche unternommen und auch einige Texte veröffentlicht. Mitte der vierziger Jahre schwankte er zwischen einer bürgerlichen und einer literarischen Existenz, wohl wissend, daß beides keine ausreichende finanzielle Basis für ein behagliches Leben, gar noch mit Familie, bieten würde. Schließlich gab er den Apothekerberuf ganz auf und versuchte, sich im literarischen und journalistischen Bereich eine ausreichende Existenz zu schaffen. Weichenstellend für das gesamte weitere Leben sind zwei Ereignisse der Jahre 1844 und 1845: der Eintritt in den Berliner literarischen Sonntagsverein »Tunnel über der Spree« und die Verlobung mit Emilie Rouanet-Kummer.

Der Eintritt in den »Tunnel« verschaffte ihm, neben literarischer Anregung, einen gesellschaftlichen Ausgangspunkt, der seinen und seiner Familie Umgang bis in die achtziger Jahre bestimmte; seine äußerlich bescheidene, journalistische und literarische Karriere wurde durch Tunnel-Mitglieder gefördert.

Durch die Heirat mit Emilie Rouanet-Kummer gewann er eine Ehefrau, deren hauswirtschaftliche und gesellschaftliche Talente ihm die Bedingungen schufen, die seine literarische Existenz überhaupt erst ermöglichten. Beide Partner waren keine Bohemiens; sie wollten, selbst aus wirtschaftlich und emotional äußerst unsicheren und gefährdeten Verhältnissen kommend, nichts mehr als eine stabile bürgerliche Existenz. Während Emilie jedoch lebenslang wünschte, Fontane möge ein staatliches oder quasistaatliches Amt anstreben, als eine Art höherer Beamter, und dafür seine literarischen Ambitionen aufgeben, war Fontane nie bereit, unter Hintanstellung seiner geistigen Unabhängigkeit ein solches Amt auszuüben. Schwere Ehekrisen entstanden, als er zweimal, 1870 und 1876, Tätigkeiten mit sicheren Einkünften aufgab zugunsten seiner freien Schriftstellertätigkeit. Doch die schlimmste Not hatte Emilie sicher in den ersten zehn Jahren ihrer Ehe durchzumachen, zwischen 1850 und 1860. Eine Freundin der Familie schildert sehr anschaulich, daß Emilie aus finanziellen Gründen nicht bei ihrem Mann in London bleiben konnte, wo er sich damals als Journalist aufhielt. Sie mußte nach Berlin zurückkehren und dort allein der Geburt des zweiten Kindes entgegensehen (Theo), während Fontane in London Geld verdiente.[6] »Daß ich mit dem Geld, was Du, geliebtes Herz, Dir so sauer erwirbst, mehr wie haushälterisch umgehen werde, brauch ich Dir wohl nicht erst zu versichern.«[7]

Das Rechnen mit dem Pfennig, das Haushaltsbuch, der beständige Kampf um jene Extras, die kulturell interessierte, geistig bewegliche Menschen brauchen, wird die Fontanes ihr gesamtes Leben lang begleiten. Auch dann noch, als Fontane 1860 durch den Eintritt in die Redaktion der reaktionären »Kreuzzeitung« den Lebensunterhalt seiner inzwischen fünfköpfigen Familie gesichert hatte. Wohl versuchte der Freundeskreis, das Familienbudget auf diskrete Weise zu entlasten: alle Familienmitglieder wurden immer wieder zu langen Aufenthalten eingeladen, man schickte den Fontanes besondere Delikatessen. Und Fontane selbst berichtet über eine andere »Entlastungsaktion«. Sohn Theo habe neulich bei v. Heydens[9] »im Skat 65 Pfennige gewonnen; die Damen haben inzwischen die Summe mit 100 multipliziert oder den Point statt mit einem Pfennig mit einer Mark berechnet und ihm heute, in sehr sinniger Weise, ein Skat-Blocbuch mit 65 Mark durch Meten überreichen lassen. [...] Unser Leben ist nun mal ›auf Geschenke‹ gestellt; da man sie uns gern und freiwillig macht, so soll es mich nicht kränken. Es ist ein kindischer Stolz, nichts nehmen zu wollen; freilich wäre *geben* mehr nach meinem Geschmack.«[10]

Den Kindern sind die finanziellen Nöte der Eltern mehr als vertraut. So schreibt Mete 1881 an ihre Mutter auf die Nachricht hin, der Vater habe Geld für ein Buch bekommen: »So innig mich die helleren pekuniären Aussichten auch erfreuen, sie sind doch nur für anspruchslose Menschen überhaupt nennenswert, und etwas Sicheres bieten sie so wenig wie unser ganzes künstliches Existenz-Gebäude.«[11]

Fontane gibt in einem Brief an Mete ein anschauliches Bild der Situation: »Mit dem berühmten: ›na, *das* hätte sich schließlich auch noch leisten lassen‹ kommt man nicht weit. Im einzelnen ist es immer richtig, im ganzen ist es immer falsch. Die Kosten, die durch solches Hin- und Herreisen verursacht werden, sind als Einzel-Ausgabe sehr wohl zu tragen, es ruiniert uns schließlich nicht, ob *einmal* 10 oder 15 oder selbst 20 Thlr mehr oder weniger ausgegeben werden, aber es ruiniert uns die Vielheit der Fälle. Und diese Vielheit ist in einem eminenten Grade da: *ich muß* nach dem Harz, um endlich wieder zu Kräften zu kommen, Mama muß sich doch endlich mal wieder statt ihrer gefärbten Loden ein neues Kleid anschaffen, Theo, bei seiner momentanen Übersiedlung nach Frankfurt, braucht dies und das, Friedel ist eben neu eingekleidet, George kommt auf 5 Wochen und will doch leidlich verpflegt sein, Du selbst wirst auch Verschiedenes brauchen, – wo soll das alles herkommen, wenn ein alter Herr, dem es ohnehin blutsauer wird, auch noch 4 Monate lang arbeits- will also sagen erwerbsunfähig gewesen ist. [...] Es gibt kein anderes Mittel, als das alte ›sich nach der Decke strecken‹. Mama und ich haben diese schwere Kunst gelernt und ihr müßt sie auch lernen.«[12]

Angespannte finanzielle Verhältnisse also, in die Mete hineingeboren wurde, und die Aufforderung des Vaters, sich damit abzufinden! Mete fand sich nicht damit ab, genausowenig wie ihre Brüder. Fontane ärgert sich über diese Haltung: »[...] die Kinder – mit alleiniger Ausnahme von Friedel, der einen gütigen, teilnahmevollen, liebenswürdigen Charakter hat – sind, im letzten Winkel ihres Herzens, alle über ›die kleinen Lebensverhältnisse‹ verstimmt; alle drei sagen sich beständig ›Gott, es ist aber auch ein Pech, daß *wir* gerade so arme Eltern haben müssen‹ [...]«[13]

Mete bestätigt das: » . . . je schöner die Räume, je gewandter die Wirte, je glänzender die Verpflegung, je mehr fühle ich mich at my ease und komme mir vor wie ein Fisch, der in seinem natürlichen Element ist.«[14]

Wunderte oder überraschte es den Vater wirklich, daß seine Kinder unzufrieden waren? Mete und ihre Brüder sahen im Freundeskreis der Eltern beständig gesicherte und glänzende Lebensverhältnisse vor sich. Emilies lebenslange Freundin Johanna war mit Kommerzienrat Treutler, dem

Die Wohnung der Familie Fontane in der Potsdamerstraße.

Besitzer des Gutes Neuhof bei Liegnitz, verheiratet; ihr Lebensstil war zweifellos behaglich zu nennen. Glänzend waren offenbar die Verhältnisse im Rostocker Haus der Familie Witte, in dem Mete in den achtziger und neunziger Jahren oft monatelang lebte. Und auch die Bekannten und Freunde in Berlin ließen das Fontanesche Hauswesen in Ausstattung und sozialer Reputation weit hinter sich. Dabei hatten sich die Verhältnisse in Metes Kindheit und Jugend doch, verglichen mit den ersten Ehejahren der Eltern, bereits wesentlich gebessert. Aber das war die Argumentation der Eltern; die Kinder verglichen mit dem, was sie um sich herum sahen!

Andererseits – die Kinder sahen durchaus auch die Vorzüge ihres Elternhauses. Zwar war die Wohnung, im dritten Stock eines Hauses in der Potsdamer Straße gelegen, bescheiden genug; enthielt sie doch nur zwei straßenseitige Zimmer, ein Zimmer zum Hof sowie, neben Küche und

Mädchenkammer, ein Berliner Zimmer mit Alkoven. Doch es war Emilie gelungen, diese Räume zu einem Lebensraum zu gestalten, an den die Tochter mit Sehnsucht denkt, als sie fern von Berlin lebt.[15] Lebhaft stellt sie sich den »kleinen, aber geliebten Rahmen« des Elternhauses vor.[16]

Welche Zimmer die Kinder bewohnten, läßt sich nicht feststellen; die Zimmereinteilung lag wohl auch nicht ein für alle Mal fest, denn der Vater spricht einmal davon, er wolle die Zimmereinteilung ändern.[17] Fontane selbst bewohnte das eine straßenseitige Zimmer, Emilie offenbar das andere; mit Hilfe von Bettschirmen und Vorhängen ließen sich dann für die Kinder die anderen Räume als Wohn- und Schlafzimmer gestalten. Ein Wohnungsplan, der erhalten blieb, zeigt vermutlich den Zustand der Wohnung aus den letzten Lebensjahren Fontanes[18]; danach bewohnte Mete das Hofzimmer. Andererseits spricht Friedrich Fontane[19] von einem Bettschirm Metes im Alkoven. Alles in allem – eine kleine Wohnung, kleine Verhältnisse.

*

Und sonst? Wie war das Klima dieser Kindheit im Schatten der Eltern?

Die Fontanesche Ehe wird von manchen Biographen als problematisch dargestellt, und die »Schuld« daran wird Emilie zugeschrieben. Fontane selbst hat dieser Sicht Vorschub geleistet, wenn er in Briefen von Emilies Launen spricht, die er mit der Regelmäßigkeit von »Mondkalendern« vergleicht.[20] Aber er lobt auch ihre hausfraulichen Tugenden, wie »Sparsamkeit«, »Ordnungssinn« und »Helfefreudigkeit« sowie ihre beständige Hilfe bei seiner Arbeit; sie habe ihm alle Bücher und Zeitungen vorgelesen und »alle meine von Korrekturen und Einschiebseln starrenden Manuskripte abgeschrieben, also, meine dicken Kriegsbücher mit eingerechnet, gut vierzig Bände.«[21] Sie hatte demnach nicht nur die übliche Hausfrauen- und Mutterrolle auszufüllen, sie regelte nicht nur alle finanziellen Angelegenheiten, sondern war darüber hinaus Fontanes Sekretärin. Außerdem war sie es, die dafür sorgte, daß der Kontakt zum Fontaneschen Freundeskreis nicht abriß; sie hielt die gesellschaftlichen Beziehungen, von denen alle Familienmitglieder profitierten, durch Visiten und Briefe aufrecht und versuchte zu vermitteln, wenn Fontane sich bei Meinungsverschiedenheiten den alten Freunden gegenüber verletzend verhielt oder sich in sein Zimmer zurückzog und dort nicht gestört werden wollte. Die Sorge um Erziehung und Pflege der Kinder lag ausschließlich bei ihr, der Vater kümmerte sich lediglich um Schulangelegenheiten. Kein Wunder, daß bei schmalem Einkommen, welches nur ein Dienstmädchen erlaubte, die Arbeitsbelastung Emilies mehrmals zu schweren gesundheitlichen Krisen führte; besonders schwerwiegend war ein Zusammenbruch im Sommer 1868, von dem sie sich bei ihrer Freundin Johanna erholen mußte. Zwar stand ihr neben Johanna Treutler auch die alte Freundin des Fontaneschen Hauses, Henriette von Merckel, mit Rat und Tat zur Seite. Dennoch – Metes Mutter war ungewöhnlich belastet.

Welches Verhältnis hatte sie zu ihrem Mann? Ihre veröffentlichten Briefe an Fontane zeigen eine selbstbewußte, ihrem Mann aber sehr ergebene Frau. Sie redet ihn als »geliebten Mann, mein Herzensmann, mein süßer Mann« usw. an; sie unterwirft sich weitgehend seinen Entscheidungen. Bemerkenswert ist die Stellung, die sie zum Frauenstimmrecht einnimmt – es interessiert sie nicht! Begründung: »... ich konnte nur lachend sagen, ich hätte nicht Gelegenheit gehabt, über den Gegenstand nachzudenken; I had such a good position as the wife of you, that I don't want an other.«[22] Ganz so gut war diese »position« aber doch nicht, denn gerade in den Tagen, in denen sie diesen Brief schreibt, hat Fontane ihre Abwesenheit genutzt, um seine sichere Stellung bei der »Kreuzzeitung« zu kündigen. Tief betroffen reagiert sie darauf: »Du scheinst ebenso wenig zu fühlen, wie beschämend es für mich, daß Du einen so entscheidenden Schritt für unser Leben getan hast, ohne Dir die Mühe zu nehmen, mit mir darüber zu beratschlagen, [...]«[23] Und noch am selben Abend, in einem weiteren Brief: »Sobald ich durch irgend etwas Dir unangenehm bin, sobald ich Dir entgegenstehe, sprichst Du von einer 20jährigen, unerträglichen Ehe.«[24] Sehr deutliche Worte, aber dann: »Es gilt nun, meine Pflicht zu tun und Dir mit Freudigkeit beizustehn, zu helfen.«[25]

Was hielt diese beiden zusammen, was machte die Ehe so dauerhaft? Sicher nicht Emilies Annahme, ihr Mann sei ein großer Schriftsteller, denn davon war sie bis an sein Ende kaum zu überzeugen. Vielleicht waren es die Ähnlichkeiten, die auffallenden Parallelen im Leben beider. Da war zunächst bei beiden die nervöse Konstitution, die körperliche Labilität – ein Erbteil, das sich besonders in der einzigen Tochter auswirken sollte. Da war weiterhin die ausgeprägte Schreib- und Diskussionsfreudigkeit beider, die Lust an der geistvollen Auseinandersetzung, an der kritischen Sicht des jeweils anderen. Und da war schließlich die vergleichbare Herkunft aus einem Milieu, das sich immer nur gerade am Rande der bürgerlichen Wohlanständigkeit hielt und immer in Gefahr war, in eine verachtete Lotterwirtschaft abzurutschen. Das wollten beide mit aller Kraft, die sie besaßen, für sich und ihre Kinder vermeiden.

Die Kinder wurden gelegentlich in die ehelichen Auseinandersetzungen hineingezogen. So beklagt Fontane sich 1876, als er gegen den ausdrücklichen Wunsch seiner Frau die Stellung des Sekretärs an der Königlichen Akademie der Künste aufgegeben hatte, bei der sechzehnjährigen Tochter, er habe schlimme Tage (durch Emilie) erlebt. Und auch später äußert er sich Mete gegenüber recht kritisch über seine Frau. Und Mete nimmt Stellung, den Vater verteidigend und die Mutter ermahnend: »... ich empfinde im Gegensatz zu Dir, liebe Mama, alles Gute und Wohltuende unendlich viel intensiver, wie das Trübe [...].«[26] Sie lobt die schriftstellerische Begabung des Vaters: »Ich habe vor Freude über die Novelle [L'Adultera] geweint und immer nur lebhaft gewünscht, daß Papa nicht nur für uns, die wir ihn lieben, noch recht lange leben möchte, sondern auch, um noch das viele Schöne, was in ihm liegt, herauszuschaffen; wenn ein Mann, der in sich solche Kunstwerke trägt, stirbt, ist es doch, als gingen kostbare Schätze auf immer verloren.«[27] Sie wirft der Mutter liebevoll, aber nachdrücklich vor, »daß Du Deine eigenen Reize, die unseres Hauses und Berlins unterschätzt«.[28] Indem sie über ihre eigene Situation klagt, lobt sie ihren Vater: »... ich habe keinen Menschen, zu dem ich mich hingezogen fühle, ich kann mich niemals unterhalten wie mit meinem Vater...«[29] Sie bezieht die Mutter in dieses Lob ein: »... nach der hohen Meinung, die ich, wie Papa weiß, von Dir habe, müßten wir von rechts wegen wie die Engel im Himmel miteinander leben.«[30]

*

Und wie sahen die Eltern die Tochter? Veröffentlicht sind nur die Äußerungen des Vaters: Es gibt in seinem Buch »Kriegsgefangen« eine Stelle, die sich offensichtlich auf Mete bezieht. Er schildert darin einen Tag seiner Kriegsgefangenschaft 1871, an dem er an seine Lieben denkt; und in diesem Zusammenhang nennt er die »großen klugen Augen meines Lieblings«.[31]

Das Wort kennzeichnet ihre Stellung unter den Geschwistern; sie ist, und die nächsten Jahre und Jahrzehnte zeigen es immer deutlicher, der Liebling des Vaters. Er betrachtet sie liebevoll amüsiert, nennt sie seinen »Springhasen«. Er überliefert 1868 über Mete und Theo, sie seien »in beständiger Kriegführung ›bis aufs Messer‹; Biest und ausgerissene

Haare zählen zu den Alltäglichkeiten...«[32] Durch ihn wissen wir, daß Mete in England das water-closet in Vatercloset umtauft.[33] Und er freut sich, als er einer Freundin mitteilen kann, Mete sei »im Gegensatz zu früheren Zeiten ein Liebling der Menschen geworden«.[33a] Doch sieht er sie bei aller Liebe auch kritisch, so in einem Brief an seine Mutter 1869: »Martha mausert sich sehr heraus und wird elastisch, graziös, leider auch eitel, putzsüchtig und schulschnabbrig.«[34] Stolz schildert er die Wirkung seiner Schopenhauerlektüre auf seine Familie: »Wille und Vorstellung, Trieb und Intellekt sind beinahe Haushaltswörter geworden, deren sich auch die Kinder bemächtigt haben. Mete sagt nicht mehr: ›Theo, du bist dumm‹, sondern ›Suche das Mißverhältnis zwischen deinem Willen und deinem Intellekt auszugleichen.‹«[35]

Eine bemerkenswerte Sprachgewandtheit, die Fontane hier seiner dreizehnjährigen Tochter bescheinigt. Möglich, daß er geglättet oder pointiert hat, doch auch in den folgenden Jahren hebt er diese Begabung hervor: »Sie abends beim Tee perorieren zu hören, oft über die schwierigsten und sublimsten Themata, ist ein Hauptgenuß; sie sagt dann Sachen, die mich absolut in Erstaunen setzen; alles Tiefblick und Weisheit.«[36] Und Emilie gegenüber faßt er 1879 zusammen: »... geistreich ist sie und etwas esprit fort [Freigeist].«[37]

*

Eine ungetrübte, heitere Kindheit demnach, mit dem Vater als prägendem Mittelpunkt; ein anregendes Familienklima, in dem die begabte Tochter sich voll entfalten kann?

Weitere Briefe Fontanes verstärken diesen Eindruck. Er schildert Szenen eines friedlichen Familienlebens: »Im Nebenzimmer – die Tür weit offen – sitzen Frau und drei Kinder: George, Theo und Martha, und spielen Whist, ein Spiel, für das sie alle vier eine mir unbegreifliche Vorliebe haben.«[38] Und in einem anderen Brief erzählt er von Unternehmungen der Kinder im November 1876; sie seien zu Jugend-Reunions und Bällen gegangen und hätten zweimal Theaterstücke aufgeführt. »Letzteres war die Krone. Zwei Lustspiele, ›Wie denken Sie über Rußland?‹ und ›Das Schwert des Damokles‹ kamen zur Aufführung. George, in beiden Hauptrollen, war ausgezeichnet; ebenso Martha, im zweiten Stück, als rothäriger Buchbinderlehrling brillant. Die andern weniger gut.«[39] Diese Begabung führte dazu, daß George und Mete bei Familienfesten oder Festen im Freundeskreis regelmäßig in Theaterstücken auftraten.

Doch ist die Stimmung beileibe nicht immer so, Mißstimmungen werden nicht zuletzt durch den Vater herbeigeführt. Solange die Kinder klein sind, macht ihn das geräuschvolle Familienleben nervös, er befindet sich »konstant in der nervösen Aufregung einer Besatzung, die jeden Augenblick einen Angriff erwartet«[40], und er findet es sehr angenehm, wenn er sich allein in der Wohnung aufhalten kann. »Des Morgens kann ich ruhig eine Viertelstunde lang gurgeln, ohne irgendwen zu belästigen und meinerseits durch Zeichen des Mißfallens belästigt zu werden. Auch bei Tisch ist es mir eine Erquickung, nichts von Erziehung zu hören oder selber erziehen zu müssen. Ich habe für diese Partien des Familienlebens keinen Sinn [...].«[40a]

An den erwachsenen Kindern stört ihn anderes: ihre Unzufriedenheit mit den finanziellen Verhältnissen und ihre Unfähigkeit, die guten Seiten ihres Elternhauses zu erkennen. Er spricht von Verkehrtheit und Undankbarkeit der Kinder. »[...] sie sind nicht faul – aber jeder folgt nur seiner Laune, seiner Natur, keiner hat eine höhere Vorstellung von Pflicht. Sie tun dies und das, auch Gutes und Verständiges, aber sowie es anfängt, ihnen im Kleinsten unbequem zu werden, ist es damit vorbei.« Und: »Keins der Kinder hat je scharf zugefaßt und gesagt: ›So soll es sein; das übernehm' ich, das ist nun meine Sache‹.«[41] Ob aber

Freude oder Ärger, ob heitere oder mißliche Ereignisse – die Begabung beider Eltern zur kritischen und selbstkritischen Aussprache, mündlich oder schriftlich, hatten alle Kinder geerbt. Und sie nutzten sie, wie der umfangreiche Familienbriefwechsel beweist, zeit ihres Lebens. In den Briefen werden wiederholt Aussprachen einzelner Familienmitglieder untereinander erwähnt, und die gegenseitige Analyse der Vorzüge und Nachteile der Familienangehörigen füllt viele Seiten. Kontroversen wurden oft brieflich ausgetragen, besonders seit den späten siebziger Jahren. Dann entwickeln sich spannende Dialoge, die gewöhnlich, nach gründlicher Wertung der Standpunkte, zu einer für beide Seiten befriedigenden Lösung führen – wobei das Aussprechen der kritischen Punkte die Konflikte häufig bereits entschärfte.

Freilich gab es qualitative und quantitative Unterschiede; die fleißigsten Schreiber, von Fontane einmal abgesehen, sind offenbar Emilie und Mete gewesen, doch da längst nicht der gesamte Briefwechsel erhalten und veröffentlicht ist, kann über Menge und Breite der Themen kein abschließendes Urteil gefällt werden. Auffallend ist, daß bei aller Kritik und Selbstkritik der Ton der Briefe fast immer liebevoll, freundlich oder ironisch ist; das Bemühen um den jeweils anderen und seinen Standpunkt wird spürbar. Nicht Verletzung, sondern Verständigung ist das Ziel. Dazu gehört auch, daß man nicht sofort schrieb, wenn man, besonders im Negativen, aufgewühlt war, sondern erst dann, wenn die Gefühlswelle schon wieder abgeebbt war. Und manches Problem hatte sich in der Zwischenzeit erledigt. Manches konnte durch Trennung der Familienmitglieder voneinander entschärft werden, durch räumliche Distanz innerhalb der Wohnung oder durch Reisen. Die häufigen Reisen aller Fontanes haben nicht zuletzt auch darin eine Ursache. Fontane nannte das »Familiendiplomatie«; ohne sie könne keine Familie gedeihlich miteinander leben.

Zurückhaltung und Beherrschung (und damit Achtung und Schonung der anderen) soweit wie möglich, aber offene Aussprache dann, wenn ernstliche und anhaltende Verstimmung drohte – das kennzeichnet den Umgangston der Fontane-Familie. Oder, auf eine kürzere Formel gebracht: Mitmenschlichkeit und Ehrlichkeit.

*

Die Sprachgewandtheit, durch die sich Metes Gesprächsbeiträge und Briefe auszeichnen, verdankt sie zweifellos dem Elternhaus, und auch die Kenntnis der Literatur und des literarischen Lebens wurde ihr dort vermittelt. Ihre Schulbildung kann dagegen nur schwerlich beurteilt werden, denn hier ist die Quellenlage äußerst dürftig. Es ließ sich ermitteln, daß sie bis Ostern 1876 die Schule besuchte, mit gutem Erfolg. Der Vater beschreibt sie als »bevorzugte Schülerin« der Abschlußklasse[42], er ist stolz auf ihre »Begabungen, die über das Alltägliche hinausgehen«.[43] Dennoch, auch der liebevollste Vater konnte nicht die Augen vor einem Problem verschließen, das unabwendbar auf die Tochter zukam: Wie würde Metes Zukunft aussehen?

Die Beantwortung dieser Frage war aufs engste verknüpft mit den sozialen Bedingungen, die sich in den vergangenen Jahrzehnten ergeben hatten.

Fontane und seine Frau hatten ihre Kindheit und Jugend in einer Zeit verlebt, in der das deutsche Bürgertum noch wenig differenziert war. Es litt unter den ökonomischen Folgen der jahrzehntelangen napoleonischen Kriege und unter der Kleinstaaterei. Verspätet zwar, dann aber um so rascher, begann in den dreißiger Jahren die Industrialisierung; tatkräftige Handwerker wie Krupp oder Borsig konnten in wenigen Jahren zu einflußreichen Unternehmern aufsteigen. Das Bürgertum, das bisher Bildung mit einer gewissen Wohlhabenheit vereint hatte, fächerte sich auf in Besitz- und Bildungsbürgertum; der Typ des Bourgeois entstand. Sehr deutlich läßt sich dies im engeren Umkreis Fontanes an ihm selbst und seinem Freund Friedrich Witte zeigen. Beide lernten sich als Angestellte der Schachtschen Apotheke in Berlin kennen. Witte, im Gegensatz zu Fontane durch einen vorsorgenden Vater gefördert, absolvierte nach der Lehrzeit erfolgreich ein Studium und gründete, ins heimatliche Rostock zurückgekehrt, eine chemische Fabrik, deren Erträge ihn und seine Frau Anna sehr bald in die Lage versetzten, in Rostock ein großes Haus zu führen und im Sommer in einer Sommervilla in Warnemünde zu residieren. Weite Reisen nach Amerika und Rußland sowie durch europäische Länder zeigen ihn als arrivierten und weltkundigen Unternehmer. Als Abgeordneter der nationalliberalen Partei im Reichstag setzte er sich nachdrücklich für das liberale Prinzip des Freihandels ein – sicher nicht zum Nachteil seines eigenen Unternehmens.

Fontane dagegen zeigte sehr früh literarische Neigungen; er entschied sich gegen die Apothekerlaufbahn und wurde schließlich Journalist und Schriftsteller – an Bildung dem Freund haushoch überlegen, materiell weit unterlegen.

Der Lebenslauf der Väter bedingte den zu erwartenden Lebenslauf ihrer Töchter. Traditionell waren die bürgerlichen Mädchen auf den häuslichen Bereich verwiesen, wo sie ihren Müttern zur Hand gehen und sich auf diese Weise auf ihren eigenen Lebensweg als Hausfrau und Mutter vorbereiten sollten. Höhere Schulbildung gab es lediglich in größeren Städten; nur sehr wohlhabende Schichten konnten sich Hauslehrer oder Hauslehrerinnen leisten. Wollten die Mädchen eine weitergehende Bildung erwerben, waren sie auf die Lehrerinnenseminare angewiesen, die in der Jahrhundertmitte, zunächst aus privater Initiative, entstanden waren. So unterschiedliche »höhere Töchter« wie Marie von Bunsen, Paula Becker (Modersohn) oder Gräfin Franziska Reventlow nutzten diese Möglichkeit, ohne das konkrete

Berufsziel der Lehrerin verwirklichen zu wollen. All dies vermittelte aber nur in Ausnahmefällen die Bildung, die die bürgerlichen Söhne in den staatlichen Schulen erhielten. Während die Söhne auch minderbemittelter Bürgerfamilien nach Abitur und Studium sich als Professoren, Ärzte, Rechtsanwälte, Pfarrer oder Ingenieure etablieren konnten, blieb den Töchtern im Grunde nur das Warten auf einen Ehemann oder, seltener, die Berufstätigkeit als Künstlerin oder Lehrerin.

Die Ehe als Möglichkeit, den gewohnten Lebensstil weiterzuführen, wurde von den meisten Frauen fraglos bejaht; die gesamte Mädchenerziehung ließ da kaum einen anderen Gedanken aufkommen. Die Ehe setzte jedoch einen angemessenen Bewerber voraus, und stellte sich der nicht ein, so blieb vom ursprünglichen Lebensplan nichts übrig. Gut erging es dann den Frauen, die durch elterliches Erbteil finanziell unabhängig geworden waren; aber gerade sie hatten auf dem Heiratsmarkt von vornherein die besseren Chancen gehabt. Traurig aber war das Los jener Frauen, die unverheiratet und vermögenslos blieben; spätestens nach dem Tod der Eltern führten sie ein dürftiges Dasein.

Was aber hieß »angemessener Bewerber«? Die Vorstellung, ein Sohn aus vermögendem Hause könnte um die Tochter aus dem mittellosen Bürgertum anhalten, war »romantisch«, »romanhaft« und unrealistisch. In der Frage der Heirat zeigt sich sehr deutlich das Auseinandertreten von Besitz- und Bildungsbürgertum. Beide Gruppen verkehrten gesellschaftlich miteinander, blieben aber bei Eheschließungen gewöhnlich unter sich. Fontanes Roman »Frau Jenny Treibel«, in dem Mete in der Figur der Corinna abgebildet ist, schildert diese Problematik. Corinna, die Tochter des humanistisch gebildeten Gymnasialprofessors Schmidt, ist klug, geistreich, anziehend. Sie wird darum gern in das Haus des reichen Unternehmers, des Kommerzienrats Treibel, eingeladen; bei offiziellen Diners bildet sie geradezu ein intellektuelles Glanzstück der Tafelrunde. Ihr Wunsch, den Treibelschen Reichtum in der Person des Sohnes Leopold zu erheiraten, scheitert jedoch an der Unnachgiebigkeit, mit der beide Treibels diesem Plan sofort begegnen. Corinna scheitert aber auch, weil die Bildungsbürger – in der Person Schmidts – die unsichtbare Trennlinie zwischen den Schichten uneingestanden bejahen oder zumindest akzeptieren; eine soziale Rebellion, die diese Linie aufheben könnte, wird gar nicht in Erwägung gezogen.

Mit diesem Roman gibt Fontane ein zutreffendes Bild der Situation Metes. Ihre Klugheit macht sie als Ball- und Dinergast begehrt, sie verkehrt in sehr reichen Häusern. Ihre Armut verhindert eine Eheschließung mit dem Sohn eines dieser reichen Häuser. Ihre Freude am Leben in reichen Häusern wiederum macht ihr die möglichen Ehekandidaten aus ihrer eigenen Schicht unattraktiv. Ganz abgesehen davon verhindert vielleicht auch ihre Klugheit eine mögliche Eheschließung: Eine geistreiche Frau ist eine begehrte Tanzpartnerin, doch sicher in den Augen vieler Männer, reich oder arm, eine eher unbequeme Ehefrau.

Die Entscheidung, einen künstlerischen Beruf zu ergreifen, die in einem Schriftstellerhaushalt doch immerhin nahelag, soll hier nicht erörtert werden, da sie sich für Mete letztlich nicht stellte.[44] Wohl gibt es einen Versuch von ihr, sich literarisch zu betätigen; Mete hatte eine Novelle geschrieben und durch den Vater einem Verleger angeboten, doch nach der unmittelbar erfolgenden Absage offenbar alle weiteren Versuche eingestellt. Nichts davon ist erhalten geblieben; über eine mögliche schriftstellerische Begabung kann man lediglich spekulieren. Fontane jedenfalls spricht ihr ganz entschieden eine solche Begabung zu.[45]

Der Lehrerinnenberuf, der in seinem sozialen Ansehen nicht mit dem des Gymnasialprofessors verglichen werden kann, bot zwar eine gerade noch akzeptierte Lösung zur Versorgung mittelloser Bürgertöchter, doch mit dem Ausüben des Berufs verlor die Frau zugleich den Anschluß an die Kreise, denen sie angehörte. Berufstätigkeit diskriminierte sie in ihrer Schicht, ließ ihr aber ohnehin auch keine Zeit mehr für die gesellschaftlichen Aktivitäten, die in einem so großen Ausmaß den Tagesablauf von bürgerlichen Frauen ausfüllten. Der Entschluß zur Berufsausübung entsprang darum entweder einem überragenden beruflichen Engagement oder der resignierten Erkenntnis, daß eine Heiratschance nicht mehr gegeben war.

*

Metes Eltern waren vorausschauend genug gewesen, all diese Aspekte zu bedenken. Sehr früh schon bereiteten sie Mete auf ein selbständiges Leben vor.

Im Frühjahr 1870 brachte Emilie Fontane ihre zehnjährige Tochter nach London, wo sie ein Jahr bei der Familie Merington leben sollte, die Fontanes seit ihren Englandaufenthalten in den fünfziger Jahren kannten und schätzten. Emilie berichtet: »Martha immer munter, alles sehend, für alles Interesse, nie quälend um Essen oder Trinken.«[46] Den Zweck des Aufenthalts erläutert Fontane einer Briefpartnerin: »Da wir unsren Kindern sonst nichts hinterlassen können, so wollen wir wenigstens versuchen, ihnen eine innerliche Ausrüstung mit auf den Weg zu geben, die es ihnen möglich macht, vorwärts zu kommen, und dazu gehört beispielsweise Sprachkenntnis. Die volle Kenntnis einer fremden Sprache ist wie ein Kapital, von dessen Zinsen man leben kann. Die Reise bezweckt aber mehr. Bekanntschaften in London und New York sind wie Etappen über die Welt hin, Hospize, Rettungshäfen für die Gescheiterten. Und wer in solcher erbärmlichen Jolle, wie die meinige ist, auf dem Wasser treibt, der tut gut, an Schiffbruch und an Rettungshäfen zu denken.«[47]

Mete verdankt diesem Jahr in London ihr ausgezeichnetes Englisch. Außerdem sprach sie fließend Französisch, was später einmal zu dem Plan führte, Französisch-Stunden zu erteilen.[48] Die Kenntnis dieser Sprache hatte ihr möglicherweise das Elternhaus vermittelt; immerhin waren beide Eltern Nachfahren von Hugenotten. Sicher hat aber auch der Unterricht im Lehrerinnenseminar zur Sprachbeherrschung beigetragen.

Über Schulkenntnisse äußert Mete sich insgesamt eher abfällig: »... diese offizielle Bücher- und Lyzeum-Klugheit ist mir entschieden die unsympathischste. Es kommt so sehr wenig dabei heraus. – Es ist doch überhaupt ein niedriger Standpunkt, Bildung und Kenntnisse als etwas an sich Wertvolles und Erstrebenswertes anzusehen...«[49] Sie hält dagegen, schöne Dinge könne man trotz mangelhafter Kenntnisse, z.B. in Geschichte, durchaus genießen, und darauf komme es schließlich an. Damit nimmt sie einen anderen Standpunkt als der Vater ein, der zwar Wissensdünkel immer ablehnte, historische Kenntnisse aber als Grundvoraussetzung seines künstlerischen Schaffens betrachtete. Schon ihr Biograph Rosen hat aber mit Recht zu bedenken gegeben, ob sich in der Abwertung von Schulkenntnissen nicht unbewußt auch ein Protest gegen die Diskriminierung von Frauen im höheren Schulwesen äußere.[50]

Im Dezember 1875 stand Mete »vor Einsegnung und Abgang von der Schule«.[51] Daran schloß sich unmittelbar, von Anfang 1876 bis April 1878, Metes Ausbildung zur Lehrerin am Berliner Königlichen Lehrerinnenseminar in der Schützenstraße an. Damit hatte sie die Ausbildung erhalten, die in dieser Zeit für Frauen überhaupt möglich und erreichbar war, sieht man einmal von einer künstlerischen Ausbildung ab.

Über Metes Ausbildungsgang am Lehrerinnenseminar ließ sich nichts ermitteln; immerhin hat aber einer ihrer Lehrer dort, Wetzel, sie so beeindruckt, daß sie seine Lehr-Sätze später gelegentlich in Briefen an die Eltern zitiert und

»in Stolz und Wonne schwimmt«[52], als er ihr auf einen Brief antwortet.

Für Metes Examen 1878 galt bereits die staatliche preußische Prüfungsordnung von 1874. Diese schrieb eine einheitliche Prüfung für weibliche Lehrkräfte an allen Schulformen für Mädchen vor; Kandidatinnen für mittlere und höhere Mädchenschulen mußten sich darüber hinaus in Fremdsprachen, Deutsch und Geschichte besonders qualifizieren. Mete erlangte diese besondere Qualifikation; »gut, wie sich annehmen ließ«.[53]

*

Sie hatte das Maximum dessen erlangt, was ein Mädchen ihrer Zeit an Ausbildung bekommen konnte; nun stand sie, achtzehnjährig, vor der Frage, wie sie ihr weiteres Leben gestalten wollte.

Für sie selbst war das keine Frage: Sie wollte heiraten. Und dieser Wunsch wurde von ihrer Familie und ihrer gesamten Umgebung geteilt. An eine Berufsausübung, gar als »Berufung«, war nicht gedacht. Schon der Sechzehnjährigen hatte der Vater geraten, sie solle über die Verlobung einer Schulfreundin möglichst wenig Neid zeigen.[54] Und seit diesem ersten Hinweis begegnete sie immer wieder scherzhaften Anspielungen auf eine mögliche Eheschließung, bis hin zu der von Fontanes Freund und Kollegen Paul Heyse, der nach der Hochzeit seiner eigenen Tochter an Fontane schreibt: »Nun ist Dein Fräulein an der Reihe. Wenn die Mannsleute nicht ganz dumm und blind sind, dauert's nicht lange.«[55]

Zu diesem Zeitpunkt hatte es bereits sehr lange gedauert; Mete hatte zwei gescheiterte Beziehungen hinter sich und war, mit nunmehr 24 Jahren, in Gefahr, ein »ältliches Mädchen« zu werden. Und Bemerkungen wie die von Heyse mögen ihr längst nicht mehr als Scherz, sondern als schmerzhafter Hinweis auf ihre unerfüllt bleibenden Hoffnungen erschienen sein.

Etwas bitter schreibt auch der Vater in diesen Jahren einmal an die Mutter, indem er auf Metes Aufenthalt bei ihrer seit Mai 1882 verheirateten Freundin Lise anspielt: »Daneben stehn und sich den Mund wischen, ist nicht angenehm, wenn man 23 ist.«[56]

Erstmals hatte Mete sich, heftig und lang anhaltend, zwischen 1876 und 1878 verliebt – in Julius Stockhausen, einen Mann, der, 36 Jahre älter als sie, nur wenige Jahre jünger als ihr Vater war. Während dieser Jahre lebte sie in der Stellung einer Haustochter bei dem Ehepaar Clara und Julius Stockhausen, das mit den Fontanes befreundet war. Stockhausen war Leiter des Sternschen Gesangvereins in Berlin, bis er im Sommer 1878 als Lehrer für Gesang an ein Konservatorium in Frankfurt/Main ging.[57] Haustochterstellen für Bürgermädchen waren nicht unüblich; sie ermöglichten den Mädchen, über den elterlichen Haushalt hinaus Erfahrungen in der Hauswirtschaft zu sammeln, und erweiterten ihr soziales Blickfeld. Im Fontaneschen Fall mag auch die Überlegung mitgespielt haben, daß dadurch das Fontanesche Familienbudget erheblich entlastet würde.[58] Die Haustochterstelle strengte Mete, die ja zur gleichen Zeit auch das Lehrerinnenseminar besuchte, so an, daß »das Verhältnis in ein leichteres und freieres, aber in demselben Hause, umgewandelt« wurde.[60] Noch mehr aber belastete Mete vermutlich ihre Liebe zu Julius Stockhausen, die sie selbst als schweres Unrecht gegenüber Clara Stockhausen ansah. Aus dieser Zeit ist einer jener persönlichen Fragebogen erhalten, wie sie damals beliebt waren; Mete füllte ihn im November 1877 aus.[61] Auf die Frage: »Wenn nicht sie selbst, wer möchten sie sein?« gibt sie die Antwort: »Tot«.[62] Und als Lieblingsmotto schreibt sie nieder: »Es ist alles vorbei.«[63] Wie weit die hier anklingende depressive Stimmung die in diesem Lebensalter »normale« ausdrückt, ob sie durch Metes in den nächsten Jahren immer deutlicher werdende Grundbefindlichkeit oder durch die aktuellen Ereignisse im Hause Stockhausen geprägt ist, läßt sich nicht sicher entscheiden. Im Rückblick auf diese Jahre wird sie später schreiben, sie sei »verwirrt« gewesen und habe es den Eltern gegenüber an der nötigen Offenheit fehlen lassen; sie wolle diese Jahre »nicht zum zweiten Male durchleben«.[64]

Julius Stockhausen wußte vermutlich in der Berliner Zeit nichts von Metes Gefühlen. Fontane nennt ihn bei Gelegenheit spöttisch den »unschuldigen Julius«, ein »Lamm«.[65] Doch auch Metes Eltern hatten keine Ahnung; denn als Mete sich im Sommer 1878 weigerte, die inzwischen nach Frankfurt umgezogenen Stockhausens wie geplant zu besuchen, schrieb der Vater ihr einen Brief, in dem er ihr dringend empfiehlt, ihr einmal gegebenes Wort zu halten und den versprochenen Besuch zu machen; sie solle auch im kleinen treu sein.[66] Mete, zu dieser Zeit in Rostock, bei Wittes, kehrte nach Berlin zurück und erzählte ihren Eltern die ganze Geschichte. Und dann ist es nicht Mete, sondern der Vater, der in einem Briefwechsel mit Clara Stockhausen die Angelegenheit zur Sprache bringt und klärt, so daß das Verhältnis beider Familien nicht nachhaltig gestört wurde. Mete gegenüber konnte Clara Stockhausen jedoch nicht sobald wieder zum gewohnten Ton zurückfinden, denn im folgenden Jahr erwähnt Fontane einen Brief, in dem sie an Mete »herumhechelt«.[67] Und Mete? Zwölf Jahre später, in einem zweiten persönlichen Fragebogen, nennt sie auf die Frage nach ihren Lieblingsnamen, neben drei Frauennamen, als einzigen männlichen Namen »Julius«.[68] Vergessen hatte sie offenbar nichts!

Einen weiteren nachhaltigen Einschnitt in ihrem Leben bedeutete das Scheitern ihres Plan, Rudolf Schreiner zu heiraten.

Dieser war der Sohn des Stadtschulrats und Geheimen Regierungsrats Otto Schreiner und seiner Frau Marie, die in der Lützowstraße in Berlin lebten und mit deren Tochter, Marie, Mete seit ihren frühen Schultagen befreundet war. Auch zwischen den Eltern beider Mädchen bestanden lokkere Beziehungen.

Mete fühlte sich sehr zu Marie und ihrem Elternhaus hingezogen; sie war dort ein häufiger Gast, auch nach Ende ihrer Schulzeit. Während ihrer Abwesenheit von Berlin hielt sie schriftlichen Kontakt mit Marie und schickte auch an Maries Mutter Briefe und Geschenkpakete. So ist ein Brief Frau Schreiners an Mete erhalten geblieben, der das enge Verhältnis belegt.[69]

Seit etwa 1879 bahnte sich dann eine Verbindung zwischen Mete und Rudolph an. Sie selbst meinte rückblikkend, sie sei vor allem »anhänglich und dankbar an das Haus Schreiner« gewesen[70]; die Bindung war nicht »durch eine lebhafte Neigung« geprägt, aber: »ich hielt mich nach reiflicher Überlegung und nach sentiment für gebunden.«[71]

Das klingt nun nicht gerade nach Leidenschaft, nach Heftigkeit des Gefühls. Und im selben Brief bestätigt sie das, wenn sie versichert, ihr Herz werde durch ein Ende der Beziehung nicht gebrochen.[72] Zwar könnte sie bewußt untertreiben, doch ist sie im Umgang mit den Eltern sonst immer von großer Ehrlichkeit, und ihre Gefühle für Julius Stockhausen hatte sie ihnen ja auch rückhaltlos offengelegt. Nein, eher klingt es so, als habe Mete hier eine Vernunftehe angestrebt.

Und das entspricht dem, was sie in diesen Jahren über die Institution der Ehe denkt und äußert. Als sie erfährt, daß der Ehemann einer Bekannten im Sterben liegt, schreibt sie nüchtern an ihre Mutter: »Wenn ich mich aber von den herkömmlichen Betrachtungen freimache, komme ich dahin, es [den Tod des Mannes!] fast für wünschenswert zu halten; ihr bricht das Herz nicht, sie hat ein Kind, sie ist verheiratet gewesen [...].«[73] Ironisch berichtet sie, zu ihrem 21. Geburtstag hätten ihr nicht nur die Eltern, sondern auch zahlreiche männliche Gratulanten einen Mann gewünscht; »was eigentlich wieder die Arroganz der Herren der Schöpfung beweist, die sich für unbedingt nötig zum Glück einer armen Sterblichen halten; da sie hier aber ausnahmsweise recht haben, so sei es ihnen verziehen.«[74]

Sie ist sich klar darüber, daß sie trotz ungenügender materieller Voraussetzungen wählerisch ist: »Nein, Mama, für Inspektoren und Kandidaten bin ich, glaube ich, nicht bestimmt.«[75] Die Ehe interessiert sie lediglich als der einzige Weg zu einer standesgemäßen, von den Eltern unabhängigen Versorgung. »[...] ich halte nichts von Ehen, die nicht ganz aus dem Elternhaus herausführen [...].«[76]

Die Liebe trennt sie schon sehr früh von der Institution Ehe; sie gesteht, sie sei »so tief von der Neigung und dem Zauber der Sünde, den es gibt, durchdrungen« und stehe »so gar nicht auf einem moralischen Unantastbarkeitsstandpunkt [...]; man hat nur eine einzige Garantie für tadellose Haltung, und das ist die nichtvorhandene Versuchung.«[77] Als sie das schreibt, ist sie Erzieherin auf dem Gut Kleindammer; dort stellt sie fest: »7/8 aller Herren glauben, eine Erzieherin muß getröstet werden, und an der Sicherheit ihres Entgegenkommens merke ich, daß sich schon manche hat trösten lassen [...].«[78] Alle Annäherungen dieser Art empfindet sie jedoch als Taktlosigkeiten; ein Gefühl wie für Julius Stockhausen stellt sich nicht ein, eine Versuchung gibt es nicht. Aber sie hat eben auch für Rudolph Schreiner solche Gefühle nicht entwickelt.

Wie nun war dieser Mann? Wenig genug ist über ihn bekannt. Er studierte Jura, jedoch nicht sehr erfolgreich, denn im Mai 1882 fiel er durch das Staatsexamen, was seine Familie tief bestürzte. Metes Vater nennt ihn einen »amphibiolen Abwartemann«, dessen Verhalten ein großes Maß an »Ehrpußlichkeit, Ledernheit und Philisterei« aufweise und mit »parlamentarischen Ausdrücken« gar nicht zu belegen sei; immerhin findet Fontane denn doch das treffliche Wort

»Pappstoffelei«! Im selben Brief deutet er zweimal an, Schreiner sei Trinker; er meint, es sei kein Vergnügen, sich mit einem Ehemann »durchs Leben zu schleppen, der immer nur zu Bier geht und seine Kinder um Gottes willen und weil's doch mal hergebracht ist, in halbem Dussel zeugte [...]«. Und weiter: »Bierfässer gehören in den Keller, aber nicht in die Brautstube.«[80] Und nach dem Scheitern der Heiratsaussichten tröstet er die Tochter, indem er Schreiner einen »Hosenmatz« nennt, der sich eitel, kleinlich und überzogen benehme.[81]

Selbst wenn wir den verständlichen Grimm eines Vaters in Rechnung stellen, sind das doch harte Worte! Mete selbst urteilt über Schreiner gelassener, bezeichnet sein Verhalten aber auch als »charakterlos«.[82]

Und doch hatten Mete und ihre Eltern lange Zeit gewünscht oder erwartet, daß dieser Mann der Fontane-Tochter einen Heiratsantrag machen möge. Mete fühlte sich »gebunden«[83], und Fontane schrieb ihr, es liege für ihn und die Mutter »klar zutage, daß Du berechtigt bist, einen ›Schritt‹ von jener Seite (Schreiner) zu gewärtigen«.[84] Der Vater bemüht sich, ein mögliches Ehehindernis aus dem Weg zu räumen, wenn er Mete versichert, sie solle sich wegen einer Mitgift keine Sorgen machen: »Ich habe dies mit Mama durchgesprochen, und wir werden das Nötige zu beschaffen wissen, indem wir uns zu Zinszahlungen verpflichten, und zwar mit aller Freudigkeit.«[85]

Aber Mete sprach sich mit ihren Eltern nicht über das Thema aus, konnte es vielleicht auch nicht, weil Rudolph schwieg. Und so schrieb Fontane schließlich an Anna Witte, bei der Mete sich im Juli 1882 aufhielt, um von der mütterlichen Freundin seiner Tochter Genaueres zu erfahren. Er betont noch einmal, er halte »furchtbar viel von der Ehe« und sei »sehr fürs Heiraten. Es ist das Natürliche.«[86] Aber letzten Endes müsse Mete selbst entscheiden, es sei ihr Leben.

Was schließlich dem Rückzug Schreiners oder, besser, seiner andauernden Schweigsamkeit über eine Ehe zugrunde lag, blieb Vater und Tochter verborgen. Mete vermutete, ein abendlicher Besuch Schreiners bei Fontanes sei letzten Endes der Auslöser gewesen. An jenem Abend fand er »uns alle nett, klug, witzig, geistreich, aber wie er gesagt haben soll, er ist sich so entsetzlich unbedeutend und überflüssig vorgekommen«. Sie fährt fort: »Diese Empfindung begreife ich, [...] man muß in seiner Atmosphäre bleiben [...].« Sie wirft ihm lediglich vor, dann nicht sofort gesprochen zu haben. Im übrigen meint sie, an den Vater gewandt: »Du wirst damit einverstanden sein, wenn ich zum ersten und, wie ich Dich bitte, auch letzten Male über den Fall spreche.«[87]

Damit war für Mete das Rudolph-Schreiner-Kapitel beendet. Ihre Freundschaft zu Marie Schreiner wird allerdings davon berührt: Mete wird Marie, die ihr leid tut (!), Monate später »auseinandersetzen, daß nicht alles beim Alten bleiben kann«. Obschon: »[...] sie kann nichts dafür und hat mir nur Liebe und Treue bewiesen.«[88] Eine lose Verbindung bleibt bestehen.

*

Vermutlich hatte diese Beziehung sich aber schon vorher gelockert, denn obwohl Marie in geradezu schwärmerischer Liebe[89] an Mete hing, konstatiert diese an Maries Briefen eine »überraschliche Langweiligkeit«, die »kaum durch ihre allerdings große Treue und Herzlichkeit balanciert« werde.[90]

Mete stellte also an ihre Freundinnen hohe Ansprüche, und so erklärt sich vielleicht auch, daß sie zeit ihres Lebens zwar zahlreiche Bekannte, aber nur wenige vertraute Freundinnen besaß. Schon sehr früh hatte der Vater einmal, dies als Ausnahme feststellend, gesagt, sie sei ein Liebling der

Menschen geworden. Und zu ihrem zwanzigsten Geburtstag notiert er: »Einen Schwarm von Freunden und Freundinnen hat sie nicht. Teils durch eigene Schuld, teils durch Schuld der Verhältnisse.«[91]

Unter den gleichaltrigen Frauen ihrer Bekanntschaft, zu denen sie engere Beziehungen unterhielt, befand sich Martha Müller-Grote, Tochter von Fontanes Verleger Carl Müller-Grote. Die beiden Mädchen hatten sich spätestens im Mal-Atelier Karl Gussows kennengelernt, wo sie Malstunden nahmen. Als Martha Müller-Grote im Dezember 1886 den Arzt Dr. Stöter heiratete, wurde dem Brautpaar zu Ehren ein Singspiel aufgeführt, in dem Mete, ihr Bruder George und dessen Frau Martha mitwirkten. Über eine andere Freundin, Mathilde Runde, läßt sich nur ermitteln, daß sie den Arzt Dr. Becker in Friedeberg heiratete. Mete schreibt über diese Freundin an ihre Mutter: »M. Becker hat sich nun auch endlich dazu emporgeschwungen, mir eine stark nach Windeln duftende Epistel zu schicken; sie geht doch leider ganz unter, und all ihr Mutterglück veredelt sie nicht [...].«[92]

Auch hier wieder: hohe Ansprüche, denen offenbar auch langjährige Freundinnen oft nicht genügen konnten. Oder zeigt sich, Mete unbewußt, in der harten Kritik Neid auf die Verheiratete und ihr Mutterglück?

Näher bekannt war Mete mit Eva Dohm, der Tochter der bekannten Feministin Hedwig Dohm und ihres Mannes Ernst Dohm. Nach einer Notiz in Fontanes Tagebuch trifft Mete Eva Dohm im Mai 1884 und freundet sich erneut mit ihr an.[93]

Die stabilste Freundschaft unterhielt sie zweifellos zu Lise Witte, der Tochter von Fontanes Jugendfreund Friedrich Witte. Während Emilie der Familie Witte und Metes enger Bindung nach Rostock sehr reserviert gegenüberstand, begrüßte der Vater die Freundschaft der beiden Mädchen; Jahre nach deren Beginn schreibt er: »Die Freundschaft zwischen Martha und Lise Witte hat etwas Rührendes und Herzerquickendes.«[94] Er selbst schloß sich in diese Beziehung ein und wechselte gelegentlich Briefe mit Lise. Und er übertrug seine Zuneigung in den neunziger Jahren auch auf Lises älteste Tochter Gertrud, als diese in einem Berliner Mädchenstift erzogen wurde und die Fontanes in der Potsdamer Straße besuchte.

Mete sah auch diese Freundin durchaus kritisch; sehr scharf konstatiert sie einmal: »Lise ist eine krasse Egoistin [...]«, aber sie nennt die Freundin und deren Eltern auch »natürlich, nicht kleinlich und von anständiger, niemals anrüchiger Gesinnung«.[95] Als Lise sich im November 1880 verlobt, ist Mete aufgeregt und erfreut; doch scheint es in der Folge zu einer leichten Verstimmung zwischen ihr und »Haus Witte« gekommen zu sein. Möglicherweise rührt das von dem Mißbehagen her, das Lises Eltern gegenüber den Verlobungswünschen ihrer Tochter empfanden. Der Bräutigam, Richard Mengel, war ihnen offenbar nicht vermögend und bedeutend genug – was Fontane zu spöttischen Bemerkungen über »das in den realen Dingen des Lebens ganz auf die Realia gestellte Haus Witte« veranlaßt.[96] Mete steht auf Lises Seite, ist aber auch Richard Mengel gegenüber sehr kritisch; sein Benehmen entspricht nicht immer ihren sehr festgefügten Vorstellungen von angemessenem gesellschaftlichen Verhalten.

Aber vielleicht spielt auch Eifersucht eine Rolle, denn sie vermerkt wenige Tage vor der Hochzeit der Freundin ausdrücklich: »Sie räumt mir nach wie vor die erste [!] Stelle ein [...].«[97] Und unmittelbar nach der Hochzeit stellt sie fest: »Ich empfand doch den Abschied von Lise sehr ernst und war mir über den Ab--schnitt ganz klar.«[98] Im folgenden Monat vermerkt sie: »Mir gefallen Lises Briefe gar nicht; es macht mich nicht sentimental, und ich habe es kaum anders erwartet; aber doch anders gehofft, gewünscht.«[99] Und noch etwas sieht sie ungern: »[...] ich hätte nie gedacht, daß Lise so für's Küssen sein würde.«[100] Doch hindern all diese Kritteleien sie nicht, die Freundin sehr bald zu besuchen, und in den folgenden Jahren lebt sie oft monatelang bei Mengels auf deren Gut Schwiggerow, später auf Elsenau. Sie steht bei Lises erster Tochter Gertrud Patin; diese berichtet: »Reicher hat wohl kaum eine Patin ihr Amt, Seelisches zu spenden, erfüllt. [...] Es war ein großes Glück für uns Landkinder, wenn Tante Mete uns besuchte.«[101]

Eine intensive Beziehung verband Mete in den achtziger Jahren und Anfang der neunziger Jahre mit Marie Bencard, einer sehr wohlhabenden Rostockerin, die sie wohl durch Wittes kennengelernt hatte. Freudig teilt sie ihren Eltern mit, sie schließe sich immer mehr an Marie an. Interessanterweise geschieht dies gerade in den Tagen von Lise Wittes Eheschließung, denn: »[...] Marie und ich haben uns ja hauptsächlich in der gemeinsamen Liebe und Sorge für Lise gefunden.«[102] Sie ist beglückt darüber, »mir nach Jahren auch mal wieder einen Menschen gewonnen zu haben und nun gar ein so vornehmes, entzückendes Geschöpf«.[103] Sie musiziert mit der neugewonnenen Freundin und freut sich, endlich Fortschritte im Musikverständnis zu machen.

Aber auch diese Freundin heiratet – und zwar, 1887, den Bonner Gynäkologen Gustav von Veit, der 34 Jahre älter als seine Frau ist. Mete besucht die Veits mehrfach und konsultiert Gustav von Veit auch wiederholt als Arzt. Fontane begrüßte diese enge Bindung an das Ehepaar Veit: »Bei Veits bist Du mit richtig gewachsenen Personen zusammen, [...] sie empfinden das Vorhandensein einer anderen, über das gewöhnliche Niveau sich erhebenden Persönlichkeit nicht als einen Affront, sondern als eine Freude.«[104]

Mete kennt Maries spätere Stieftochter Elisabeth Margarete Veit, die Anfang der achtziger Jahre einen Grafen Wachtmeister geheiratet hatte, aber früh verwitwet war. Sie bewohnte das Gut Zansebuhr in Pommern, und als Veits sich Anfang der neunziger Jahre auf dem benachbarten Gut Deyelsdorf endgültig niederließen, verbrachte Mete viele Monate abwechselnd auf beiden Gütern. Doch dann kam es zu Mißstimmigkeiten zwischen Stiefmutter und Stieftochter (beide waren fast gleichaltrig), und Mete versuchte, jahrelang mit gewissem Erfolg, zwischen beiden auszugleichen. Fontanes Briefe empfehlen Mete diese »diplomatische Mission«[105], doch offenbar war Mete auf die Dauer überfordert, und so versandete die Beziehung zu Veits allmählich; auch von der Gräfin Wachtmeister ist später kaum noch die Rede.

Aus dem Berliner Bekanntenkreis ist als engere Freundin noch Marie Sternheim zu nennen, die Frau von Fontanes Vermögensverwalter Siegmund Sternheim. Sie wird von Mete bereits 1881 als »außerordentlich nett« bezeichnet, und beider Beziehung entwickelte sich in den folgenden Jahren weiter. Doch, anders als bei Lise Witte und Marie Bencard, liegen in den veröffentlichten Quellen nur wenige Angaben über Frau Sternheim vor, so daß wir uns mit Andeutungen zufriedengeben müssen.

*

In den Jahren um 1880, in denen die Weichen für Metes Zukunft gestellt werden sollten, gab es nicht viele Menschen, zu denen sie eine wirklich enge Beziehung hatte. Da waren neben den Eltern lediglich das Ehepaar Witte und die wenigen Freundinnen. Darüber hinaus verkehrten Mete und ihre Brüder ganz selbstverstandlich in dem recht weiten Bekanntenkreis der Eltern; die Verdienste der Mutter um die Aufrechterhaltung dieser gesellschaftlichen Beziehungen sind an anderer Stelle schon genannt worden. Es war, entstanden und geprägt durch die Männer-Clubs des »Tunnel über der Spree«, der »Ellora« und des »Rütli«, ein Kreis von kulturell interessierten Bildungsbürgern, konservativ bis reaktionär in den Lebensauffassungen. Es genügt, hier einen Namen wie den Adolph von Menzels zu nennen, um den Standort zu markieren.

Zu Menzel weniger, wohl aber zu seiner Schwester Emilie Krigar, Frau des Königlichen Musikdirektors Hermann Krigar, unterhielten Emilie und Mete Fontane enge Beziehungen. Emilie Krigar und Metes Mutter kurten zusammen in der Kaltwasserheilanstalt in Nassau; Fontanes Briefe bezeugen immer wieder Besuche Metes bei Krigars. Dabei übernahm sie bereits das, was der Vater »Familienrepräsentation« nannte; so gratulierte sie Hermann Krigar zum Geburtstag »und fiel in ein Herrenfrühstück hinein, an dem sie eine Viertelstunde teilnahm. Ich hatte einen Glückwunsch mitgeschickt.«[106]

Engere Kontakte bestanden auch zur Familie des Historienmalers und Professors für Kostümgeschichte August von Heyden; seine Frau Josephine wurde von Mete »Tante« genannt. An Reunions bei von Heydens nahmen alle Fontanes immer wieder teil.

Außerhalb Berlins lebende Freunde Fontanes, wie Wilhelm Lübke, gehörten ebenfalls zu diesem Kreis. So berichtet Fontane im März 1880 über einen Besuch Lübkes in Berlin: »Martha fuhr mit Lübke in die ›Meistersinger‹. Es war mir nicht angenehm, denn ich halte nicht viel von diesen Onkelschaften, namentlich wenn es Onkels aus der Schule Stockhausen sind, ich konnte aber nicht ›nein‹ sagen. Durch solchen Rigorismus macht man sich bloß lächerlich. Er soll sich übrigens sehr reserviert benommen haben. Ich will es glauben.«[107]

Schon in anderem Zusammenhang genannt wurde Henriette von Merckel, eine langjährige enge Freundin des Hauses, Witwe des Kammergerichtsrats Wilhelm von Merckel. Fontane meint sogar, seine Kinder hätten »ihr Leben mehr im Hause ›Tante Merckels‹ als im elterlichen Hause verbracht, und die Rückerinnerung daran erfüllt sie bis diesen Tag mit dankbarer Freude.«[108]

Sehr eng war die Verbindung zu dem Gerichtsrat und späteren Sekretär der Akademie der Künste, Karl Zöllner, und seiner Frau Emilie. Zöllners waren der gesellige Mittelpunkt des »Rütli«, und ihren gesellschaftlichen Fähigkeiten verdankten die Rütlionen, daß ihr Zusammenschluß einen so langen Bestand hatte.

Eng vertraut war die Fontane-Familie schließlich mit Mathilde von Rohr, einer Frau mit sehr guten freundschaftlichen und verwandtschaftlichen Beziehungen zum märkischen Adel. Sie übersiedelte 1869 als Stiftsdame in das Kloster Dobbertin, wo einzelne Mitglieder der Fontane-Familie sie wiederholt besuchten. Auch Mete war dort mehrfach für einige Tage zu Gast.

Alle bisher Genannten hatte Mete durch ihre Eltern kennengelernt; eine eigenständige Bekanntschaft knüpfte sie dagegen mit zwei älteren, unverheirateten Damen, den Fräulein Albrecht, an. Außer einigen kurzen Verweisen ist über beide wenig bekannt, doch Mete verdankt ihnen nach eigenem Bekunden viel: »[...] ich denke jetzt oft mit Anhänglichkeit und Dankbarkeit an Albrechts, die mir so viel Schönes gezeigt haben; wenn ich noch an die Zeiten denke, wo ich Hamlet, Faust, Emilia Galotti zuerst bei ihnen las und mit ihnen darüber sprach; gewiß waren ihre Ansichten oft altjungferlich, verknöchert und ohne Leben, aber sie waren doch teils aus guten Büchern angelesen, teils von gescheiten Menschen adoptiert, und was sie kühl und alt sagten, dem lieh meine Wärme und Jugend frisches Leben, und ich verdanke den beiden Damen so viel glückliche Stunden, mich kränkt es immer, wenn Mama meine Besuche bei ihnen für überflüssig hält.«[199] Bemerkenswert der Hinweis auf Emilie; die Mutter behielt die gesellschaftlichen Aktivitäten der Tochter offensichtlich genau im Auge!

Läßt frau den Bekanntenkreis Revue passieren, stellt sie leicht fest, daß Mete einen eigenständigen Bekanntenkreis um 1880 nicht besaß. Gerade zu dieser Zeit meinte aber der

Vater: »Kinder müssen sich ihre gesellschaftliche Stellung, ihre Freund- und Bekanntschaften selbst erobern.«[110]

Klare Worte – hatte Fontane dabei auch bedacht, daß eine Tochter es mit dem Erobern wesentlich schwerer hatte als ein Sohn?

*

Wo sollte eine Frau um 1880 denn Freunde und Bekannte »erobern«, wenn nicht in dem durch die Familie gesteckten sozialen Rahmen? Ein Beispiel für die Möglichkeiten, die dagegen den Männern gegeben waren, bietet Metes Bruder Theo. Vier Jahre älter als seine Schwester, versuchte er sich nach dem Abitur zunächst am Studium der Theologie, studierte dann Jura. Er wurde Beamter und avancierte schließlich zum Wirklichen Geheimen Kriegsrat. Zusammen mit seinem Studienfreund Paul Meyer, dem Verlagsbuchhändler Hans Herz und anderen war er Gründungsmitglied der »Zwanglosen Gesellschaft«, die sich seit Januar 1884 einmal in der Woche im Restaurant Schulz in der Potsdamer Straße zu literarischem und politischem Gespräch traf. Auf den Landpartien und Festen der »Zwanglosen« glänzte Theo sehr bald wegen seiner Begabung zu Gelegenheitsgedichten.[111]

Diese Möglichkeit hatte Mete, dem Bruder an Begabungen weit überlegen, nicht. Frauen waren zu den Aktivitäten nur als Ehefrauen von Mitgliedern gelegentlich zugelassen. Dabei hatte Mete alle intellektuellen Voraussetzungen: eigenständiges Urteilsvermögen und weitreichende Kenntnisse im literarischen und politischen Bereich. Sie war Bismarckgegnerin und bezeichnete sich selbst als »Vertreterin der Linken«, was hier soviel heißt wie »nationalliberal«; die im Entstehen begriffene Sozialdemokratie ist ihr zeitlebens fremd geblieben. Dem Konservatismus ihrer Umgebung widerstand sie, wußte ihre Position vielmehr engagiert zu verteidigen[113], aber sie hatte eben nur im unverbindlichen geselligen Rahmen überhaupt Gelegenheit dazu. Frauen gehörten Vereinen nicht kraft eigenen Rechts an – durften es gar nicht, da sie keine juristisch vollwertigen Personen waren.

Blieb als letztes Feld zur »Eroberung« eines eigenen Bekanntenkreises die Berufstätigkeit. Doch auch da waren Grenzen; standen ihnen doch, bei sehr geringem sozialen Ansehen, ohnehin nur wenige Berufe offen. Immerhin, Mete hatte die Voraussetzungen, den – relativ betrachtet – geachtetsten der weiblichen Berufe ergreifen und sich einen eigenen Lebenskreis schaffen zu können. Aber sie zögerte. Im Grunde behagte ihr das gesellige Leben im Berliner Bekanntenkreis recht gut: »Ich fühle, ich bin eigentlich nur ein Luxus und werde mich nur glücklich fühlen, wenn ich als solcher aufgefaßt werde.«[114] An einer anderen Stelle spricht sie von »einer gewissen Anlage und Vorliebe für absolutes Chaiselongue-Leben [...]«.[115]

*

Ein Luxusgeschöpf? Das konnte das Fontanesche Budget nicht verkraften, und so wurde der direkte und indirekte Druck innerhalb der Familie auf Mete stärker, sich nun doch eine Stellung zu suchen.

Das war nicht so einfach, denn obwohl sie bereits 1878 mit der Suche begonnen hatte, war sie bis April 1880 nicht erfolgreich. Dann aber ergab sich die Tätigkeit als Lehrerin und Erzieherin auf Kleindammer, dem Gut der Familie von Mandel, Landkreis Schwiebus. Am 1. August 1880 trat sie dort eine Stelle an.

Der Vater versah sie gleich in den ersten Tagen mit guten Ratschlägen: »Wer dient, muß gehorchen und schweigen können. [...] Aber ich brauche Dir wohl nicht erst zu sagen, daß dies nichts zu schaffen hat mit timider, sklavisch unwürdiger Unterordnung. In entscheidenden Momenten, wo das Beste, was man hat, auf dem Spiele steht, muß man sprechen, ordentlich, fest, bestimmt, mutig. Aber die Lebensklugheit besteht darin, sein Pulver nicht unnütz und nicht in jedem Augenblick zu verschießen.«[116] Und an seine Frau: »An Martha denk ich viel und bin neugierig, wie sie sich nehmen wird.«[117] Er bittet Emilie, ihm, wenn Martha geschrieben habe, den Brief zu schicken. – Dies übrigens ein Brauch der Fontane-Familie zu allen Zeiten: Briefe werden vorgelesen, weitergegeben oder weitergeschickt, und es wird immer ausdrücklich vermerkt, falls bei einem Brief von diesem Brauch abgewichen werden sollte.

Doch der Vater erteilt auch sehr praktische Ratschläge: »Laß keine Briefe umherliegen, weder solche, die Du schreibst, noch solche, die Du empfängst. Solche, die einem irgendwie Verlegenheiten schaffen können, muß man gleich verbrennen oder in kleine Stücke zerreißen.« Und noch einmal generell: »Faß alles ernst und freudig und mit ganzem Herzen an, bringe, so lang es geht, Dingen und Personen Liebe entgegen, das erwirbt einem auch Liebe, und wenn dies ausnahmsweise mißglückt, so hat man doch die Ruhe des Gemüts, die des Lebens Bestes ist.«[119]

Nun, Mete gab sich Mühe. Sie hatte zunächst nur die beiden Mädchen, die dreizehnjährige Ella und die elfjährige Sophie, zu unterrichten. Später kam Viktor, geboren 1875, hinzu, den sie, wie auch den um ein Jahr jüngeren Erich, als Erzieherin betreute. Für eine Zwanzigjährige ohne praktische Berufserfahrung bedeutete das schlagartig sehr viel Arbeit, denn sie mußte sich auf verschiedene Lernniveaus einstellen und zugleich allen Kindern den ganzen Tag erziehend zur Seite stehen. Der Bericht über einen normalen Tagesablauf, den sie ihrer Mutter schickte, zeigt, wie stark sie gefordert wurde: »Ich stehe um ½7 auf, was mir vom ersten Tag an niemals die geringste Überwindung gekostet hatte, wasche mich, mache das Haar, ziehe mein grünes Kleid an und binde eine von den hübschen Mutterschleifen um. Um ½ 8 frühstückt die Familie gemeinsam, um 8 beginnt der Unterricht, der bis 12 dauert. Dann mache ich den Kindern das Haar und ziehe mich an; meistens bekleide ich mich mit dem 30 M. Kleid, das allgemeine Bewunderung erregt. Um ¾ 1 wird gegessen, dann gehen wir einen Moment auf die an das Speisezimmer stoßende Terrasse, und von 2–4 bemühe ich mich noch einmal, meine Zöglinge gelehrt zu machen. Um 4 gibt es Kaffee, jetzt, wo Logierbesuch hier ist, auch schönen eigengebackenen Kuchen. Dann wird bis ½ 6 vor der Tür gesessen und gehandarbeitet, wo wir zum Arbeiten bis gegen 8 verschwinden. ¼ Stunde vor dem Abendessen spiele ich gewöhnlich Klavier. Dann nach Tisch gehen wir bei gutem Wetter in den Garten, sitzen auf der Terrasse, oder, regnet es, gemütlich mit unsern Arbeiten im Zimmer; einer oder der andere spielt dann mit ihm einmal 66 oder Dame. Um 10 ist alles müde und trennt sich um ¼ 11 bereits halbschlafend.«[120]

Und sehr bald kann sie mitteilen: »Lernen und Unterricht macht mir viel Spaß, und die Liebe der Kinder tut mir wohl. Sie schwärmen ein bißchen für mich.«[121]

Doch auch von den Eltern der Kinder, dem Hauptmann a.D. Max von Mandel und seiner Frau Eugenie, wird sie geschätzt, nicht zuletzt als Tochter des Autors der »Wanderungen durch die Mark Brandenburg«. Insgesamt betrachet sie nach Ablauf eines Jahres ihre pädagogische Tätigkeit mit einer gewissen Befriedigung, wenngleich sie weiß, daß alle ihre Schützlinge wenig intellektuelle Begabungen mitbringen, demzufolge auch keine glänzenden Resultate erzielen. Und der Bruder Friedel, der sie bei den Mandels besucht, versichert den Eltern: »Martha okkupiert hier eine Stelle, die erworben zu haben ich sie bewundere. Unten in den Salons ist sie eigentlich die Hauptperson.«[122]

Friedels Brief verdanken wir aber auch eine weitere Einzelheit: »Oben hat sie ein Zimmer, das ich mich schämen würde, wenn ich H. od. F. v. Mandel wäre, meiner Gouvernante anzubieten. Es ist nur eine Idee länger und breiter als unser kleines Zimmer in Berlin; es riecht nach der entsetzlichen Farbe. Außerdem befindet sich in ihm ein Bett, ein ehemaliger kleiner Gartentisch (so groß wie der kleine runde Spieltisch zu Hause); eine recht mäßige Waschtoilette und ein Vorhang, hinter dem ihre Kleider hängen, vielleicht kann man auch ihren Reisekorb, einige Gefäße und Stiefel, die sie sich selber zurechtmacht, mitrechnen.«[123]

Mete selbst erzählt, wie geizig die Familie am Essen spart. So leben alle auf Kleindammer einmal wochenlang von erfrorenen Kartoffeln; und als die Familie ein repräsentatives Diner veranstaltet (mit Kaviar und Hummermayonnaise), wird lange vorher so miserabel gegessen, daß Mete meint: »[...] die Verpflegung ist unsagbar; nach dieser letzten Woche müssen sie das Diner umsonst haben.«[124]

Auch mit ihrem Gehalt ist sie unzufrieden: »Wenn ich denke, daß ich zwei lange Monate geistige und körperliche Kräfte, Zeit und Interessen opfere, um 100 M zu erhalten, finde ich es beinahe lächerlich. – An Zulage ist hier, glaube ich, nicht zu denken, denn im Vertrauen gesagt: Mandels sind entschieden geizig.«[125] Dabei hat Mete dort auch Ausgaben, die sie nicht unbedingt erwartet hatte; für das besagte Diner läßt sie sich von ihrer Berliner Schneiderin Mischke ein Kleid machen, dessen Kosten sie ärgerlich auf 50 Mark veranschlagt. Allerdings hat sie dann auch die Genugtuung, von allen Damen die »elegantest gekleidete« zu sein; sie selbst nennt das Kleid »unerzieherinnenmäßig« und stellt fest: »Nie habe ich so wie gestern das Besiegende einer eleganten Erscheinung empfunden [...]«.[126]

Über das Niveau der Gesellschaft in Kleindammer macht sie sich keine Illusionen: »[...] Dummheit, Geschmacklosigkeit und Unbildung [...]«.[127] Häufiger spricht sie ihre Sehnsucht nach dem geistigen Klima Berlins aus – in Kleindammer ist sie nicht auf Menschen gestoßen, die zu »erobern« sich lohnte.

Scharfzüngig kommentiert sie Herrn von Mandel: »[...] er läßt sich äußerlich mehr denn je gehen, erreicht nie den Anschluß, so daß das Erste, wenn ich ins Zimmer trete, gewöhnlich eine zuknöpfende Bewegung von ihm ist.«[128] Und an anderer Stelle: »Sonntag lag er in unglaublich ›legörer‹ Verfassung auf der Chaiselongue, ließ sich vorlesen, schlief ein, schnarchte, rülpste [...]«[129] Dankbar vermerkt sie aber ausdrücklich, daß er sie niemals mit Taktlosigkeiten bedrängt hat.

Am schwersten zu schaffen macht ihr letztlich Ella, ihre älteste Schülerin. »Ich fürchte doch, daß Ella es früher oder später einmal sein wird, die mir den Aufenthalt hier unmöglich machen wird.«[130] Denn: Es vergehe kein Tag, »wo mich Ella nicht bis ins Innerste kränkt und beleidigt«.[131]

Was ärgert Mete so sehr? Ella ist aufsässig, nimmt nicht alles in Liebe und Anerkennung hin, was Mete ihr sagt. »Es hat etwas sehr Verstimmendes, mit einem Mädchen zu leben, die die halbe Zeit gegen mich unartig ist, die andere Hälfte Schutz bei mir sucht, weil sie die Folgen ihres Benehmens gegen andere fürchtet.«[132] Kann Mete, als Kind ihrer Zeit, nicht erkennen, daß ihr Zögling alle typischen Merkmale einer Pubertierenden zeigt? Vielleicht hätte sie mit diesem Wissen anders auf Ella reagiert – so aber ist ihr das Mädchen, im Gegensatz zur folgsamen Sophie, ein ständiges Ärgernis.

Da hilft denn kein Ratschlag des Vaters, auch kein so sentenziöser Satz, wie sie selbst ihn prägt: »Eine Frau muß nicht weinerlich sein und eine Erzieherin nicht empfindlich.«[133] Froh ist sie darum, als sie nach Ende des vereinbarten Jahres Kleindammer verlassen kann. Doch hatte sie lange vor der Kündigung zurückgeschreckt, weil sie wußte, daß diese die Mandelsche Familie treffen würde. Die Eltern übernahmen schließlich die Aufgabe für sie, als Frau von Mandel sich einige Zeit in Berlin aufhielt. Die wenigen erhaltenen Briefe Frau von Mandels an Mete sowie ihr Verhalten vor Metes Weggang im Herbst 1881 zeigen, daß sie im Rahmen ihrer Möglichkeiten die Erzieherin ihrer Kinder aufrichtig gern gehabt hat.

Sind wir über Metes Tätigkeit in Kleindammer besonders gut unterrichtet, weil fast der gesamte Briefwechsel mit den Eltern erhalten blieb, so wissen wir über ihre Beschäftigung bei Mrs. Dooly, einer reichen und, nach Fontane, ungebildeten Amerikanerin, so gut wie nichts. Mete war ab Januar 1884 vermutlich als Erzieherin für die Tochter der Mrs. Dooly engagiert. Von Ende Februar bis Juli 1884 begleitete sie beide Frauen auf einer ausgedehnten Reise durch Italien und plante sogar, mit ihnen nach San Fracisco überzusiedeln. Dieser Plan beschäftigte Mete und ihre Eltern monatelang und wurde zum Auslöser einer solchen Flut von Bemerkungen des Vaters über seine Tochter, daß dies gesondert betrachtet werden soll. Die Bindung an Mrs. Dooly endete jedoch im August 1884 vor der geplanten Übersiedlung, und zwar wegen einer Szene, die durchaus auch in Kleindammer gespielt haben könnte. Fontane berichtet, daß »ein kleiner, an der 14jährigen Tochter geübter Erziehungsakt über ›Nägelknabbern‹ das Verhältnis rasch löste. ›Nail-biting is not lady-like‹. ›Never mind, I do.‹ Aus diesem Keim sproßte der Baum der Freiheit auf.«[134]

Auch im Haushalt der Mrs. Dooly hatte Mete niemanden getroffen, der ihrem Niveau entsprochen hätte, auch dieser Versuch brachte keinen eigenständigen Lebenskreis.

Gut zwei Wochen nach der Lösung ihres Verhältnisses zu der Amerikanerin trat Mete im September 1884 ihre dritte Stellung an – an Fräulein Leydes höherer Mädchenschule, Potsdamer Straße 64; nicht sehr weit vom Elternhaus entfernt. Mete war, nach den Tagebucheintragungen Fontanes, sehr erfolgreich und machte »ihre Sache vorzüglich«[135]. Doch eine langwierige Krankheit, wahrscheinlich eine Stoffwechselstörung, beendete Ostern 1885 Metes Lehrerinnenlaufbahn. Fontane ist es, der den Kündigungsbrief schreibt; zu Mathilde von Rohr meint er: »Es wird der Dame nicht angenehm sein [...] ebenso so sehr aber beklagt es Martha, die sich in ihrer Stelle sehr wohl fühlte.«[136]

Nach dieser Zeit ist Mete nie wieder berufstätig gewesen. Warum? Zwei Erklärungen bieten sich an: Entweder wollte sie es nicht mehr sein, den Worten des Vaters zum Trotz. Sie selbst hatte sich ja nie sonderlich engagiert verhalten; vielmehr war es immer der Vater gewesen, der auf eine »Beschäftigung« gedrängt hatte. Während ihrer Tätigkeit an der Berliner Schule hatte sich überdies gezeigt, daß sie ihr gesellschaftliches Leben nicht mit der anstrengenden Berufstätigkeit verbinden konnte; es überstieg einfach ihre Kräfte.

*

Zweifellos war sie anfällig, und dabei haben ihre Krankheiten nur zum Teil einen Niederschlag in der Fontaneschen Korrespondenz gefunden. Dennoch – es ist mehr als genug!

Am schlimmsten hat sie ein Typhusanfall gezeichnet, der sie im Oktober und November 1878 in Lebensgefahr brachte und die Eltern zwei Monate in Atem hielt.[137] Erst im Januar konnte sie dann wieder an Bällen teilnehmen[138], doch die Krankheit hatte Folgen: Mete selbst nennt ihre »nervös-gastrischen Herbstzustände« eine »Typhus-Hinterlassenschaft«[138a], und der Vater berichtet seit dieser Zeit immer wieder von Milzaffektationen, Leberbeschwerden und schwerem Erbrechen der Tochter: »Leber, Galle, Milz, alles hängt zusammen.«[139] Er ist überzeugt, daß es sich um ein Erbteil handelt, das sich, wie bei ihm, in guter Luft bessern werde.[140] Doch gerade aus einer Sommerfrische in guter Luft schickt er einen anschaulichen Bericht über einen solchen Anfall Metes: »Bald nach 1 erschien meine Tochter, ein Licht in der Hand, weiß mit rotem Umschlagtuch, die reine Lady Macbeth mit geschwollener Backe. Seit 11 war sie in beständigem Gallen-Erbrechen gewesen, und ich sollte nun helfen. Etwas schwierig, da mir als Heilmittel nur

Rotwein, Whiskey und Natr. bicarbonicum zu Gebot standen. Es wurde auch alles durchprobiert, Whiskey, äußerlich und innerlich, schien einen Augenblick zu helfen, aber es wurde nur schlimmer. Endlich verfielen wir auf Morphiumtropfen, wovon wir zufällig einen kleinen halbverdorbenen Rest hatten. Es half wirklich, das entsetzliche Würgen ließ nach, alles beruhigte sich, und das arme Tierchen stieg wieder in ihre Kammer hinauf. Aber eine halbe Stunde kriegte ich es mit der Angst, die Tropfen – schon über Jahr und Tag alt – waren in der langen Zeit verdunstet, bräunlich und dick geworden, und es war möglich, daß sie durch diese Verdunstung 4 mal so stark geworden waren wie sie sein sollten. Ich machte mich nun also treppauf, um nachzusehn, ob ich nicht einen gemütlichen Vergiftungsakt ausgeführt und eine neue Stellung zur Friedeberger Amtsrichterei gewonnen hätte. Glücklicherweise war es bestimmt, nach dieser Seite hin beim Alten zu bleiben. Das Gallenerbrechen ist nicht wiedergekommen, und es geht erträglich, doch ist sie vollkommen als eine Kranke anzusehn [. . .].«[141]

Eine zweite Leidensquelle waren Metes häufige Unterleibskrämpfe; eine genauere Bezeichnung der Krankheit ist hier nicht möglich, denn selbst in der liberalen Fontane-Familie mag die herrschende Prüderie deutlichere Worte verhindert haben. So ist nur von »unteren Regionen« die Rede, von den »Funktionen«.[142] Aber sie steht »wahnsinnige Schmerzen« aus; »eine Klavierstunde habe ich gegeben, in der ich immer auf der Erde lag und mich wand«.[143] Ein herbeigerufener Arzt spricht schließlich von »Kolik der Gebärmutter«.[144] Ein schwacher Magen verlangt Diät; Abführtees sollen die Eltern schicken, dann wieder Baldriantee gegen die oftmalige Schlaflosigkeit. Die schwache Blase will sie mit kalten Umschlägen und Leibbinden kurieren. Nimmt man zu alldem noch Migräne sowie Infektionen des Rachenraumes und Grippeanfälle, so wird deutlich, wie sehr diese noch junge Frau körperlich geschwächt ist.

Wie erklärt sich diese Anfälligkeit? Fontane führt sie nicht allein auf körperliche Schwäche zurück: »Natürlich bist Du nervös; wie könnt' es anders sein, sind es die Herren Eltern doch auch.«[145] Und schon der sechzehnjährigen Mete teilt er mit: »Es ist recht betrübend, daß Du, die Du sonst einen so gesunden Eindruck machst, an Nervosität noch Deine Mama zu übertreffen scheinst.«[146] Diese nervöse Grundbefindlichkeit sei es, die die akuten körperlichen Anfälle so häufig verschlimmere.[147] Auf Metes Klage, er nehme ihre Krankheiten nicht ernst, wendet er ein: »Ich sehe Dir's oft an, wie leidend Du bist und wie traurig und unglücklich Du bist, so leiden zu müssen, und bei jungen Jahren gar kein Vertrauen mehr zu seinem physischen Menschen haben zu können.«[148] Doch: »Mitten in der höchsten Elendigkeit kann sie vier Stunden oder auch einen ganzen Tag lang höchst glücklich und ausgelassen sein. Also jener Wechsel der Stimmungen und Zustände, denen nervöse Leute immer unterworfen sind.«[149]

Aber er macht nicht nur die »Nervosität« Metes, sondern auch die »Verhältnisse« für ihre Leiden verantwortlich: »Mit dem Augenblick, wo sich diese Verhältnisse bessern, werden sich auch Deine Zustände bessern [...]«.[150] Für ihn steht fest, »daß Du, wenn Du Dich morgen glücklich verlobtest und übermorgen mit Mama, mir und einer schweren Reisekassette nach Italien reistest, schon in München gut, in Verona sehr gut schlafen und in Rom als Genesene Krokus und Anemonen pflücken und beides, unter Versicherungen überschwenglichen Glückes, in die Heimat schicken würdest«.[151]

Metes körperliche Leiden – ein Produkt ihrer schwachen Nerven? Fontane war ein unbestechlicher Beobachter, der sich auch der geliebten Tochter gegenüber keine Sentimentalitäten gestattete; seine Analyse der Ursachen von Metes Krankheiten hat in der Tat viel für sich. Dies wird durch Mete selbst bestätigt, wenn sie schreibt, sie habe nachts schreckliche Angstzustände beim Gedanken daran, der Vater könne sterben.[152] Der qualvolle Tod Friedrich Wittes, den sie als zweiten Vater betrachtet und geliebt hatte, löste denn auch 1893 eine lebensgefährliche Krise aus; sie litt unter »Beängstigungen, die sich bis zur Todesangst steigerten«.[153] Schließlich war sie »halb wie verhungert«[154]; es dauerte viele Monate, bis es ihr wieder leidlich ging.

Unverdrossen spricht Fontane seiner Tochter immer wieder Mut zu; man könne auch mit schwachen Nerven leben und sich einrichten.[155] Ruhiger als etwa Emilie, die bei Metes Krankheiten manchmal in Tränen ausbricht, meint er, die »Zustände« sollten »mit möglichst guter Manier getragen werden«.[156] »Du mußt Dich damit setzen und [...] einfach ausprobieren, was zu tun ist, um den Sturm, wenn er kommt, nach Möglichkeit zu brechen.«[157]

Aber nicht immer ist er geduldig: »Der Kranke hat sein Recht, aber der Gesunde noch mehr, denn er hat (was bei dem Kranken hinwegfällt) zu arbeiten und Aufgaben zu erfüllen.«[158] Darum: »Es kann sich dann nur darum handeln, Lebenformen und Lebenswege zu finden, die das harte Los andauernder Krankheit Dir und uns so leicht ertragbar wie möglich machen. Ich weiß, daß Wechsel und zeitweilige Trennungen das beste Mittel zu diesem Zwecke sind. Nur sich nicht immer auf dem Halse liegen [...].«[159]

Mete geht also auf Reisen; monatelang besucht sie Freunde und Verwandte. Dabei ist sie kein unnützer Gast. Sie führt stellvertretend den Rostocker Haushalt Anna Wittes, sie hilft beim Sticken und Nähen von Lises Aussteuer, sie unterrichtet die Geschwister Lises, sie hilft den verheirateten Freundinnen bei der Kinderpflege, sie ist eine geschätzte Gesprächspartnerin, die zwischen Ehegatten oder Stiefmutter und Stieftochter vermittelt. Der Vater betont gerade letzteres: »[...] man kann sich [...] nützlich machen, mancher bloß dadurch, daß er da ist, durch Freundschaft, Treue, Liebenswürdigkeit [...].«[160]

Aber das alles ist ein schwacher Trost angesichts der sich immer deutlicher abzeichnenden Unmöglichkeit, das Lebensziel »Ehe« zu verwirklichen.[161] Nicht Reiselust ist es, was Mete treibt; »sie hat das Reisefieber faute de mieux«.[162]

*

Doch nicht nur die Krankheiten oder die Zukunftsaussichten ihrer Tochter beschäftigen die Eltern, sondern auch manche von Metes Verhaltensweisen. Diese hatte einmal sehr ehrlich eingestanden: »Wittes leben so gut, daß ich den Maßstab immer für eine Weile verliere, wenn ich da war.«[163] Der Vater ist ärgerlich, daß Mete sich vom Reichtum zu sehr imponieren läßt[164]; er spricht von ihrem »Wahne [...], daß Geld, Gasthöfe, Galerien und galonierte Diener irgendeinen Menschen glücklich machen können«.[165] Es fallen aber noch härtere Worte. Da ist von »verbockter Hochmutsanlage«[166] die Rede, da vermißt er an ihr den Blick für das, »was die Pflicht fordert«.[167] Und er kritisiert: »Sie hat sich einfach in den Kopf gesetzt, ›Dame zu sein‹, ohne sich zu fragen, ob das so ohne weiteres geht. Dame *bleiben* kann man immer, aber Dame *spielen* ist von den äußeren Verhältnissen abhängig, die man nicht immer in der Hand hat.«[168] Er hält Mete vor, man dürfe Menschen nicht mit der »Geld-Elle« messen, denn dann bleibe von Schiller und Kant gar nichts übrig![169] Dagegen: »Bedürfnislosigkeit sichert auch dem Armen die Freiheit.«[170] Er wünscht sich, Mete solle berufstätig sein: »Bestimmte Beschäftigung ist an und für sich schon ein Segen, kommt nun noch ein Gefühl der Pflichterfüllung und einer dadurch gewonnenen Freiheit und Selbständigkeit hinzu, so hat man zwar nicht alles Glück, aber doch ein gut Teil davon. Martha hat bis jetzt unser Leben, ihr Leben, das Leben überhaupt nicht richtig angesehn.«[171] Mete entwickelte nun den Plan, mit Mrs. Dooly nach Amerika überzusiedeln. Die Eltern debattieren erregt darüber, denn Emilie will dieses Projekt glatt verbieten, während der Vater meint, man könne seine Kinder schließlich nicht immer an der Schürze halten.[172] Er überzeugt zuletzt auch Emilie, und so geben beide der Tochter ihre Zustimmung.[173] »Denn all dieser Drang ins Weite würde nicht sein, wenn ein ordentlicher, anständiger Doktor, Kreisrichter oder selbst Landprediger sich regelrecht in sie verliebt hätte [...].«[174] Als der Plan sich zerschlägt, ist der Vater aber »von Herzen froh«.[175]

Und Mete? Wie soll es weitergehen? »Ich bin nicht unzufrieden, im Gegenteil, aber ich würde mir gerne meiner geistigen und herzlichen Fähigkeiten lebhafter bewußt – ich habe das Gefühl eines Menschen, der Klavier spielen kann, aber kein Klavier hat.«[176]

*

Nach außen hin fand sie sich mit ihrem Schicksal ab. Nach 1885 unternahm sie keinen Versuch mehr, sich auf eigene Füße zu stellen – sie blieb »die Tochter des Hauses«.

Die Brüder wurden beruflich selbständig und verließen nach und nach das Elternhaus; Metes Kontakte zu ihnen lockerten sich, als sie heirateten; alle drei Schwägerinnen fanden nicht ihre Billigung. George, der Offizier geworden war, heiratete im Juni 1886 Martha Robert, die Tochter eines reichen Berliner Justizrats. Fontane teilte die Kritik: »[...] eine hübsche junge Frau, die auf Techtelmechtel und Toilette hin erzogen ist«.[177] Dennoch rät er, als Familiendiplomat, zur Toleranz der Schwägerin gegenüber.

Dem Bruder Theo gegenüber hatte sie schon sehr früh ein distanziertes Verhältnis; zwar erkennt sie »seine Güte und innere Noblesse« an, doch seine Biederkeit und Pedanterie lassen ihn »langweilig, unsympathisch und total schief gewickelt« erscheinen.[178] Auch hier teilt der Vater ihr Urteil; er stellt an Theo »Verschraubtheiten und Eigensinnigkei-

Theodor und Mete Fontane in Arnsdorf im Riesengebirge, 1886.

ten« fest und bezeichnet ihn als »Biedermeier mit 'ner Hängelippe.« Auch Theos Frau Martha, die Tochter eines Oberpostrats aus Münster, war ihr unsympathisch; bei ihrem einzigen Besuch in Theos Familie in Münster wurde sie prompt krank, was der Vater scharfsinnig auf die dort eintretenden Verstimmungen zurückführte. Immerhin – auch hier ist er mit ihr einer Meinung über die »kleine Oberpostietze«.[180] Als es nach Theos Übersiedlung nach Berlin zu Streitigkeiten zwischen Emilie und ihrer Münsteraner Schwiegertochter gekommen war, griff Mete, mit Billigung des Vaters, kraftig ein und teilte der Schwägerin mit, »es käme darauf an, ob sie der Schwiegermama, nicht ob die Schwiegermama ihr gefiele«.[181] Theos Ehe entwickelte sich sehr unglücklich; sogar Fontane sprach von Scheidung; Mete sprach sich schließlich mit dem Bruder aus und versöhnte sich mit ihm. Dennoch, die Distanz blieb.

Emilie Fontane.

Zum jüngsten Bruder, Friedel, hatte sie jenes Verhältnis, das üblicherweise als »geschwisterlich« bezeichnet wird – distanziertes Wohlwollen: keine freudigen Überraschungen, keine Probleme.

*

Im Hause der Eltern wuchs Mete nach 1885 in die Rolle der unentbehrlichen Helferin hinein. Der Mutter half sie bei der Haushaltsführung; war Emilie krank, hing der gesamte Haushalt von der Tochter ab. Sie kochte und handarbeitete, sie begleitete die Eltern in die Ferien und versorgte den Vater, wenn Emilie in Berlin zurückblieb oder zu Freundinnen auf Besuch fuhr. Ferien waren das im Grunde für alle Beteiligten nicht; Fontane brauchte die Luftveränderung, um arbeiten zu können, und für die Frauen blieb die Haushaltsführung – sogar erschwert durch die fremden Gege-

Theodor Fontane.

benheiten einer Ferienwohnung. Mete ist beispielsweise 1888 in Krummhübel so überlastet, daß sie vor Nervenüberreizung nächtlich nur drei Stunden Schlaf findet: »Sie soll die Wirtschaft führen, alles anordnen, berechnen, aufschreiben; sie soll die verschiedenen Parteien bei guter Laune halten; sie soll sich um Richters, Ebertys, Droysens (Ferienbekanntschaften der Fontanes) kümmern; sie soll Einkäufe machen in Arnsdorf oder Krummhübel (von Arnsdorf bis hierher braucht man doch 2 bis 2½ Stunden), soll Briefe schreiben und bei der Stickerei helfen.«[18a] Kam die Mutter in die Sommerfrische nach, war es Mete, die sie vom Bahnhof abholte, selbst wenn sie deswegen um 5 Uhr aufstehen mußte.

Andererseits konnten Vater und Tochter sich auch durchaus amüsieren: »Vor meinem offenen Fenster singen drei Berliner Touristen ohne Stimme, aber kreuzfidel. Als sie vor fünf Minuten in den Flur traten, sangen sie ›Frau Wirtin, wo ist Ihr schönes Töchterlein?‹, und als Martha im selben Augenblick zufällig aus der Stube trat, riefen sie ›da ist sie schon‹. Martha hat sich darauf mit ihnen unterhalten [...]. So lebt man auf der Brotbaude. Martha, wie Du weißt, ist das denkbar beste Publikum für solche Szenen und Begegnungen. [...] Diese Begegnungen haben nachher noch weitergespielt. Humoristisch-politisches Gespräch. Martha sagte, ›sie sei für gemäßigte Sozialdemokratie und feinen, aber forschen Konservatismus‹, worauf sie ›Prosit‹ riefen und mit ihr anstießen.«[183] Und er schildert das Ferienquartier als »Abruzzenspelunke. Für mich und meine Tochter steigert dies den Reiz [...].«[184] Er spielt einmal für Mete den Kundschafter, der vorgeschickt wird, um das Zahlenverhältnis zwischen Herren und Damen auszukundschaften, bevor Mete zu einer Reunion geht. Sie verzichtete dann auf die Teilnahme, als der Vater ihr meldete, es seien mehr Damen als Herren anwesend. Emilie gegenüber spricht er sich aber aus: »Und an solchem Platze soll unsere arme Tochter Vergnügen suchen.«[185]

Noch immer sind die Hoffnungen Metes auf eine Verheiratung nicht ganz begraben, wie der Vater sehr wohl weiß. Es bedrückt sie, daß sie auch in den Sommerfrischen so gar nicht auf Männer trifft, die ihren Vorstellungen entsprächen. »Diese von ihr gemachte Wahrnehmung ist nur zu richtig, aber sie müßte es leichter nehmen und nicht mit alten Philistern und dummen Jungen überhaupt noch rechnen wollen. Eine kluge Dame bedrückt bloß solche inferiore Gesellschaft, die nur Bier trinken, Skat spielen, die Kellnerin in den Arm kneifen und mit 30 oder 35 ein möglichst reiches weibliches Wesen, die im übrigen sein mag, wie sie will, heiraten wollen. Sie tut mir schrecklich leid.«[186]

In Berlin übernimmt Mete im Auftrag Fontanes immer häufiger Botengänge – mag es sich darum handeln, Geld zum Finanzverwalter des Vaters zu tragen, oder auszukundschaften, ob eine Dame des Fontaneschen Bekanntenkreises so bedürftig ist, daß zu ihren Gunsten eine Intervention Fontanes bei einer Stiftung notwendig ist.

Kurz: »Wir können Martha kaum missen, da sie, so sauer es ihr oft werden mag, doch immer noch die Einzige ist, die die Hausrepräsentation leisten kann. Ich arbeite bis 3, wobei ich nicht gestört werden darf, weil das tägliche Brot daran hängt, dann bis gegen 4 bei Tisch, dann zwei Stunden lang zu Bett, und wenn dann die Abendzeitung gelesen ist, so ist der Tag eigentlich um. An dieser Form des Lebens kann ich nichts ändern. Mit meiner Frau steht es noch schlimmer, sie kränkelt viel, sehr viel, liegt tagelang, und doch muß am Ende wer da sein, der mal einen Menschen, und wenn es auch nur eine Schauspielerin [!] wäre, empfangen kann. Da brauchen wir denn Martha wie der Blinde seinen Stab.«[187]

So sehr sie die Versorgung der Tochter durch eine Ehe wünschen, so unentbehrlich ist sie ihnen doch als Helferin. Diese Hilfe konnte übrigens auch komische Formen annehmen, z.B. als es darum ging, Einfluß auf Fontanes Kleidung zu nehmen. Er trug, so sehr er in der Öffentlichkeit Wert auf korrekte Kleidung legte, zu Hause doch gern ausgediente, ausgebeulte und geflickte Hosen. Besonders von einem solchen vielfältig reparierten Exemplar mochte er auch auf gutes Zureden nicht lassen, sehr zum Ärger der beiden Frauen. »Wehe, wenn die alte Hose zum Umkleiden nicht zu Stelle war! So wagte schließlich niemand mehr, dem Dichter die alte Hose zu bestreiten, sie nahm im Laufe der Jahre geradezu unmögliche Gestalt an, bis endlich Mete trotz aller drohenden Gewitter die kühne Tat wagte, die Hose in ein Paket schnürte und in den Landwehrkanal warf!«[187a]

Mete tritt auch an die Stelle der Mutter, wenn es um die Pflege des Bekanntenkreises geht. Doch ist sie sehr kritisch. Nach einem Höflichkeitsbesuch bei Leuten, die ihr nicht sonderlich gefallen: »Trotzdem fragte mich mein enfant terrible auf dem Heimwege: ›Müssen wir da täglich hin?‹, und der Ton, in dem die Frage geschah, machte es mir unmöglich, mit einem prompten ›ja‹ zu antworten.«[188] Nicht immer fällt ihr Urteil negativ aus. So äußert sie über eine andere Bekannte, »sie könne sich nicht entsinnen, eine Dame kennengelernt zu haben, in der Anmut, Schönheit, Esprit, Chic und das vollkommenste Zuhausesein in der Obersphäre der Gesellschaft so sehr mit Natürlichkeit und Vorliebe für Schelmerei verquickt gewesen sei.«[189]

Insgesamt wird ihr Urteil mit zunehmendem Alter immer schärfer: »Deine Bemerkung über die Gebildeten, die rein machen und Dienstmädchenarbeit tun, und die Dienstmädchen, die sich dafür auf Bildung als das denkbar Inferiorste werfen sollen, hat uns sehr amüsiert, Mama fast noch mehr als mich. Ich stimme Dir ganz zu.«[190] Mit wachsender Kritik nimmt der Abstand zur Gesellschaft zu. Fontane beobachtet mit Sorge, daß sie unter Gleichaltrigen wie eine Fremde wirkt, bleibt jedoch bei seiner Auffassung, daß er daran nichts ändern könne; sie müsse es eben tragen. Und so verengt sich ihr Lebenskreis eher, statt weiter zu werden; die Eltern, besonders der Vater, sind ihre wichtigsten Gesprächs- und Lebenspartner geblieben.

Den Eltern unentbehrlich ist sie schließlich auch als Pflegerin. Schon den Bruder George hatte sie 1887 gepflegt, als er an Blinddarmentzündung erkrankt und unter entsetzlichen Schmerzen gestorben war; die Schwägerin war zur Pflege, wie Fontane etwas abfällig feststellt, nicht fähig gewesen. Als nun der Vater 1892 sehr schwer erkrankte (wahrscheinlich hatte er sich durch ein Apothekerversehen eine Morphiumvergiftung zugezogen) und monatelang unter schweren Depressionen litt, wurde er von Mete betreut, bis sie, wie ihre Mutter, selbst am Ende ihrer Kräfte war.

*

Fontane erholte sich schließlich wieder. Doch was sollte aus Mete werden, wenn der Vater starb? Wie sollte sie versorgt werden? Eine gewisse Lösung brachten einige Erbschaften, von denen die nach Friedrich Wittes Tod bei weitem die größte war. Mete erbte 12000 Mark oder, in jährlichen Zinsen, 600 Mark. Das war exakt soviel, wie sie als Erzieherin in Kleindammer verdient hatte. Auch der Vater hatte im Laufe der letzten Jahre Wertpapiere und Geld angesammelt; seine Krankheit 1892 veranlaßte ihn nun, sein Testament zu machen. Neben der Sorge für die Tochter bestimmte ihn dazu auch die Sorge um sein literarisches Werk.

Der erste Entwurf, den ihm der Studienfreund seines Sohnes, Paul Meyer, vorlegte, sah vor, daß nach Auszahlung eines Pflichtteils an die Söhne Theo und Friedel (George war schon tot, seine Witwe wieder verheiratet) das gesamte Vermögen an Geld, Papieren und Verlagsrechten der gedruckten Werke an Emilie und nach deren Tod an Mete fallen sollte. Alle ungedruckten Handschriften sollten verbrannt werden – er wünschte keine philologische Aufarbeitung des Nachlasses. Vorhaltungen der Söhne veranlaßten ihn dann aber zur Änderung seiner Absichten; er wünschte nun die Einrichtung einer »Nachlaßkommission«, der Mete als einziges Familienmitglied angehören sollte. Theo soll über die Berufung Metes sehr ärgerlich gewesen sein, doch hier blieb der Vater hart. Die Nachlaßkommission, der außerdem Paul Meyer als juristischer und Paul Schlenther als literarischer Berater angehören sollten, würde aber erst nach Emilies Tod ihre Arbeit aufnehmen.

Mete war also auch durch den Vater abgesichert worden, finanziell und in ihrem Einfluß auf sein Werk. Niemand dachte noch daran, daß sie sich verheiraten könnte.

*

Doch genau dieser Fall trat ein, 1898 verlobte sie sich mit dem Architekten Professor Dr. Karl Emil Otto Fritsch.

Dieser, 22 Jahre älter als Mete, gehörte seit langen Jahren zum Fontaneschen Bekanntenkreis; Fontane schätzte ihn so sehr, daß er im Jahre 1894 eine Kunstreise nach Holland mit Fritsch plante, die dann aber wegen schlechten Wetters abgesagt werden mußte. Fritsch war, als er in Fontanes Bekanntenkreis eintrat, bereits zum zweiten Mal verheiratet – mit der Schwester seiner ersten Frau. Die Ehe galt als nicht glücklich. Mete, die im Hause Fritsch gesellschaftlich verkehrte, nannte beide Ehepartner »liebenswürdig« und »wohlwollend«. Fontane antwortet darauf: »Aber es ist traurig, daß es ist, wie es ist. Ach, Geld, Geld, und Portieren und elektrisches Licht und eine Renommier-Exzellenz – was kommt dabei heraus! Wie froh bin ich, daß wir uns auf 'ne Tasse und 'nen silbernen Teelöffel verheiratet haben [...]. Von gesunden Eltern geboren sein und dann arm sein und sich nach Neigung verheiraten und guten Verstand und gute Gesinnung haben – das ist das Einzige, was einen Wert hat.«[191]

Hat Mete sich nach Neigung verheiratet? Schwer zu sagen, denn die schriftlichen Zeugnisse über die Verlobung sind merkwürdig dünn. Hat hier die Nachlaßkommission zu »gut« ihres Amtes gewaltet? Immerhin ist es Fritsch, der an Stelle Metes die »Familienbriefe« 1904 herausgab und dabei in einer Weise kompilierte, die vor keiner wissenschaftlichen Kritik standhält.

Die Eltern waren offenbar über Metes Ehewunsch geteilter Meinung, vor allem aber wohl über das Datum der Verlobung. Die Fakten: Die zweite Frau Fritsch (sie war in Metes Alter) starb im November 1897 an Krebs; zwei Monate später waren der Witwer und Mete verlobt, inoffiziell zunächst.

Wer drängte hier? Dieser kurze Abstand zwischen beiden Daten war wirklich sehr ungewöhnlich. Und Metes Biograph Rosen nimmt denn auch an, daß Emilie, immer viel konventioneller als ihr Mann eingestellt, gegen eine so baldige Verlobung schwere Bedenken hatte. Er konstruiert sogar einen »Familienkonflikt«, der über dem Datum der Verlobung zwischen Mete, dem Vater und der Mutter entstanden sei. Dabei beruft er sich auf die zweifellos merkwürdige Tatsache, daß Emilie der offiziellen Verlobung Metes im September 1898, also immerhin zehn Monate nach dem Tode der zweiten Frau Fritsch, fernblieb.

Mete setzte sich gegen die Mutter durch, was aber bewegte sie zu der Ehe? Die gesicherte soziale Existenz, eine Neigung zu dem Witwer, der Wunsch nach einem Kind?

Letzteres wohl kaum, denn schon 1892 hatte sie in einem Gespräch mit dem Vater geäußert: »Nach meinen Beobachtungen nenne ich jede Ehe, die sich nicht in Fruchtbarkeiten ergeht, eine ›glückliche Ehe‹.«[192]

Von Fontane, der sonst recht offenherzig die Belange seiner Tochter kommentiert, ist zu den Motiven Metes nichts erhalten. Er hatte aber schon 1889 gemeint: »Jenen Eltern-Egoismus, der [...] die Tochter nicht missen mag, weil sie die Hammelkoteletts am besten brät, diesen Egoismus wenigstens haben wir nicht.«[193] Darum teilt er nun Anna Witte mit, es habe sich »Großes zugetragen, ja vom egoistischen Standpunkte das Größte und in mancher Augen sogar das Unglaublichste: Martha hat sich verlobt.« Und etwas weiter: »Martha, wie sich's geziemt, ist sehr glücklich und hat, glaub ich, auch alle Ursach dazu. Fritsch ist ein kluger und gescheiter Mann von guter Gesinnung und sogar guter Kasse, was mir persönlich nicht viel bedeutet, aber den Mann wenigstens nicht entwertet.«[194] Der Zweck des Briefes an Anna Witte: Die Verlobung, so kurz nach dem Tod der bisherigen Ehefrau, sollte noch geheim bleiben, und Mete sollte, um die bösen Zungen nicht unnötig in Bewegung zu setzen, aus Berlin verschwinden, bis eine genügend lange Frist zwischen dem Tod der Ehefrau und der Verlobung eingetreten war. Fontane bat Anna Witte, Mete aufzunehmen.

Und so begann denn, zum letzten Mal, eine Zeit des Reisens für Mete; sie verbrachte den Februar in Rostock, den März bei Lise auf Elsenau, die beiden folgenden Monate in Berlin, weil Fritsch in dieser Zeit nach Italien fuhr. Der Juni sah Mete und ihre Eltern auf dem »Weißen Hirsch« bei Dresden, im Juli waren alle Beteiligten in Berlin, und im August ging Mete mit den Eltern für vier Wochen nach Karlsbad.

Während Emilie anschließend zu ihrer Freundin Johanna Treutler nach Dresden fuhr, kehrten Fontane und seine Tochter nach Berlin zurück. Dort fand am 16. September die offizielle Verlobung Metes im kleinen Kreis der Vertrauten statt. »Zur Feier seiner ihm geistesverwandten einzigen Tochter war ein kleines feines Essen bereitet worden. Nur neun Personen. Der Alte in seiner herrlichen, lieben Geistesschönheit Mittelpunkt und Seele der Unterhaltung.«[195]

Die Abwesenheit Emilies hält Rosen für den Kompromiß, der zwischen ihr einerseits und Vater und Tochter andererseits in der Verlobungsfrage geschlossen worden sei. Möglich ist diese Erklärung. Wie auch immer, Mete war nun offiziell verlobt, 22 Jahre nach den ersten scherzhaften Hinweisen des Vaters an sie in dieser Frage. Und es wirkt wie ein dramatischer Schlußeffekt, daß der Vater erst nach dieser offiziellen Verlobung starb – vier Tage später.

*

Mete lebte nach dem Tod des Vaters noch neunzehn Jahre, ihre Ehe dauerte sechzehn Jahre, bis zum Tode Fritschs. Aber mit Fontanes Tod wird die Spur seiner Tochter dünn; Mete verschwindet gleichsam.

Die wenigen Fakten: Im Januar 1899 heiratete sie und

Prof. K.E.O. Fritsch und Frau Martha, geb. Fontane, in ihrem Heim in Grunewald, um 1900 (Original im Theodor-Fontane-Archiv Potsdam der Deutschen Staatsbibliothek).

bezog mit ihrem Mann eine Wohnung in der Potsdamer Straße, nicht weit von der elterlichen Wohnung entfernt. Nach dem Tod der Mutter 1902 kaufte das Ehepaar die Villa »Meta« in Waren an der Großen Müritz, wo beide bis zu ihrem Tod lebten. Nach Waren in ein Altersheim zog alsbald auch Fontanes zweite Schwester, Elise Weber, die immer einen engen Kontakt zur Familie ihres Bruders gehalten hatte. In Waren wurde sie von Mete betreut, nach deren Tod zog sie wieder nach Berlin.

Da die Tochter durch die Ehe finanziell gesichert war, verfügte Emilie Fontane in einem Nachtrag zu dem Testament von 1892, daß nach ihrem Tode die Besitz- und Urheberrechte am Fontane-Nachlaß gleichmäßig auf alle Kinder übergehen sollten. Die Zusammensetzung der Nachlaßkommission war davon nicht berührt; Mete hätte darin arbeiten können. Doch sie ist niemals als Herausgeberin der nachgelassenen Schriften ihres Vaters hervorgetreten, vielmehr gab sie 1904 im Verlag ihres Bruders Friedrich die Erinnerungen ihres Urgroßvaters Jean Pierre Barthélemy Rouanet unter dem Titel »Von Toulouse nach Beskow« heraus, versehen mit einer kurzen Einleitung. An ihrer Stelle gab ihr Mann 1904 die »Familienbriefe« heraus; nach der Aussage ihres Bruders Friedel hielt Mete sich nicht für qualifiziert genug, um diese Aufgabe zu bewältigen.[196] Warum dann aber die Herausgabe der Erinnerungen des Urgroßvaters? Ist sie von den Brüdern beiseitegedrängt worden und erhielt dafür als »Trostpflaster« die Herausgeberschaft für ein literarisch unbedeutendes Werk? Sicher ist, daß es sofort nach der Testamentseröffnung zu Spannungen zwischen allen Familienmitgliedern kam, und die Verbrennung eines Teils des Nachlasses durch Emilie geschah vielleicht aus dem Wunsch, diese Spannungen zu vermindern. Die Brüder waren in der Nachlaßbehandlung jedenfalls nicht erfolgreich; in den zwanziger Jahren des folgenden Jahrhunderts zerstückelten sie, warum auch immer, die verbliebenen Nachlaßteile und versteigerten sie in einzelnen Partien.

Mete wurde in der Öffentlichkeit nur noch zweimal erwähnt: Anläßlich des siebzigsten Geburtstages ihres Mannes wird 1908 auf einem Festbankett auch auf sie ein Toast ausgebracht; und nach ihrem Tod 1917 erscheint ein anonymer Nachruf auf sie in den »Mecklenburger Nachrichten«.[197]

Ihr Biograph Rosen, der im übrigen seine Einleitung zu ihren Briefen mit einer Fülle von Fakten untermauert, schließt seine Ausführungen mit dem vollständigen Nachdruck dieses Nachrufs. Über ihren Tod steht da: »In Waren in Mecklenburg starb am 10. Januar eines sanften Todes Frau Martha Fritsch, geborene Fontane.«[198]

Rosen wußte es besser. Der Fontane-Biograph Reuter teilt nach dem Erscheinen der Mete-Briefe korrigierend mit: »Martha Fontane zerschmetterte sich am 10. Januar 1917 in Waren an der Müritz durch einen Sturz vom Balkon. Nach allem, was wir heute wissen können, lag Selbstmord vor.«[199]

*

Mete Fontane – wie war sie wirklich? Interessant, geistvoll, lebendig, oder treu, opferwillig, pflichtbewußt?

Sie war beides, und genau darin liegt ihre Tragik. Gerade weil sie interessant, geistvoll und lebendig war, mußte sie in ihrer Zeit schnell an die Grenzen stoßen, die den Frauen gesetzt waren. Wie hätte sie diese Begabungen denn einsetzen sollen?

Natürlich hätte sie die Grenzen ignorieren, hätte »ausbrechen« können. Das setzte Stärke und Selbstvertrauen voraus. Daran aber fehlte es, sie hatte beides nicht, konnte es wohl nicht haben.

Nie hatte sie sich innerlich vom Elternhaus gelöst – vielleicht deshalb, weil Theodor und Emilie Fontane liberaler als andere Eltern ihrer Zeit waren. Mete mußte sich nicht gegen sie durchsetzen, erwarb darum aber auch kaum Durchsetzungsvermögen. Nie hat sie ihrer eigenen Kraft vertraut. Literarische Bemühungen stellte sie sofort ein, als eine erste Absage eintraf. Ungezogene Schulmädchen brachten sie so um ihre Fassung, daß sie zweimal deswegen ihre Stellung aufgab. Krankheiten untergruben ihre Kräfte, waren manchmal aber auch Flucht und Zuflucht.

Also: Keine Selbstverwirklichung aus eigener Kraft, aber auch keine Möglichkeit, das »klassische« weibliche Lebensziel, die Ehe, zu verwirklichen.

Was blieb anderes, als die treue Pflege der Eltern, zumal eines so bedeutenden Vaters? Gerade weil er so sehr auf sie einging, gerade weil er sich nicht zu schade war, sie sogar bei Kleinigkeiten wie Streit mit Dienstmädchen zu beraten, wurde er auch als Lebensgefährte zum Maßstab, der andere Männer weit hinter sich ließ.

Die Reisen, der kleine Kreis von Freundinnen, ermöglichten Mete eine gewisse Eigenständigkeit, doch die ausgiebige Korrespondenz, die immer nur im Abstand von wenigen Tagen gewechselten Briefe sind wie eine »Nabelschnur«, die sie bis 1898, bis zum Tod, mit dem Vater verbindet.

Glücklich scheint es sich zu fügen, daß Mete ihr lebenslanges Ziel, die standesgemäße Ehe, in dem Augenblick verwirklichen kann, in dem der Tod die Verbindung zum Vater durchschneidet.

Aber ihr Ende? Darüber können wir nur spekulieren. Wurden die Depressionen, die sie ihr ganzes Erwachsenenleben hindurch gequält hatten, zu stark? Oder war der selbstgewählte Tod ein »Bilanzselbstmord«, ein bewußtes Abschließen?

Um sie herum ging die wilhelminische Welt in Trümmer, an der sie hellwach Anteil genommen hatte; für einen Neuanfang fehlten vielleicht die Kräfte.

Letztlich hat der anonyme Nachrufschreiber recht, wenn er meint, nach dem Tod erst des Vaters, dann des Ehemanns habe sie ihren Pflichtenkreis geschlossen gesehen.

Das Leben zum Nutzen anderer war zu Ende, für ein Leben aus eigener Kraft blieb nichts mehr übrig.

1 Paul Meyer, Erinnerungen an Theodor Fontane 1819–1898. Zit. nach E. Rosen, Vorwort. In: Mete Fontane, Briefe an die Eltern. 1880–1882. Hrsg. und erl. von Edgar R. Rosen (1974). S. 8
2 Anonymer Nachruf. Zit. nach Rosen, Einleitung. In: Mete-Briefe, S. 76.
3 Edgar R. Rosen, Einleitung. In: Mete-Briefe, S. 13–76
4 Anonymer Nachruf, in: Mete-Briefe S. 76
5 H.H. Reuter, Fontanes Tochter. Zur Erstveröffentlichung ihrer Briefe. In: H.H. Reuter, Dichters Lande im Reich der Geschichte. Aufsätze zur deutschen Literatur des 18. und 19. Jahrhunderts. Berlin und Weimar 1983. S. 386
6 H. Fricke, Emilie Fontane. Mit unveröffentlichten Gedichten und Briefen von Theodor und Emilie Fontane. Berlin 1937. S. 45f
7 Emilie an Fontane, 3. 7. 1856. In: Fricke, a.a.O., S. 43
8 Mathilde von Rohr, 1810–1889. Enge Vertraute Fontanes
9 August von Heyden, 1827–97, verh. mit Josephine, geb. von Weigel. 1834–1901
10 Fontane an Emilie, 1. 4. 1880. In: Fontane, Briefe. Hrsg. von Schreinert/Jolles. Bd. 1, 1968, S. 118f
11 Mete an Emilie, 2. 3. 1881. In: Mete-Briefe, S. 155
12 Fontane an Mete, 13. 5. 1883. In: Schreinert/Jolles, Bd. 2, S. 50
13 Fontane an M. v. Rohr, 3. 1. 1883. In: Schreinert/Jolles, Bd. 3, S. 208
14 Mete an die Eltern, 10. 10. 1880. In: Mete-Briefe, S. 99
15 Mete an Emilie, 19. 9. 1880. In: Mete-Briefe, S. 96
16 Mete an Emilie, 19. 9. 1880, a.a.O., S. 94
17 Fontane an Emilie, 24. 1. 1882. In: Schreinert/Jolles Bd. 1, S. 183f.
18 H. Nürnberger, Fontane. Rowohlts Bildmonographien, 1968, S. 125
19 Edgar R. Rosen, Anmerkung 5. In: Mete-Briefe, S. 291
20 Fontane an seine Mutter, 29. 5. 1869. In: Schreinert/Jolles, Bd. 1, S. 73
21 Fontane, Von Zwanzig bis Dreißig. In: Autobiographische Schriften II. Bearbeitet von Peter Goldammer. Berlin und Weimar, S. 333

22 Emilie an Fontane. In: Fricke, S. 79
23 Emilie an Fontane, a.a.O., S. 80
24 Emilie an Fontane, a.a.O., S. 81
25 Emilie an Fontane, a.a.O., S. 81
26 Mete an Emilie, 19. 2. 1881. In: Mete-Briefe, S. 147
27 Mete an Emilie, 21. 3. 1881, a.a.O., S. 165
28 Mete an Emilie, 6. 5. 1881, a.a.O., S. 175
29 Mete an Emilie, 6. 5. 1881, a.a.O., S. 176
30 Mete an Emilie, 19. 5. 1881, a.a.O., S. 182
31 Fontane, zit. nach Rosen, Einleitung. In: Mete-Briefe, S. 16
32 Fontane an seine Schwester Elise. 30. 10. 1868. In: Schreinert/Jolles, Bd. 2, S. 300
33 Fontane an Mete, 21. 5. 1870. In: Schreinert/Jolles, Bd. 2, S. 7
33a Fontane an M. v. Rohr, 21. 2. 1874. In: Schreinert/Jolles, Bd. 3, S. 149
34 Fontane an seine Mutter, 29. 5. 1869. In: Schreinert/Jolles, Bd. 1, S. 73
35 Fontane an Zöllners, 14. 7. 1873. In: Schreinert/Jolles, Bd. 4, S. 34
36 Fontane an Clara Stockhausen, zit. nach Rosen, Einleitung S. 19f
37 Fontane an Emilie, 11. 6. 1879. In: Schreinert/Jolles, Bd. 1, S. 91
38 Fontane an M. v. Rohr, 17. 3. 1872. In: Schreinert/Jolles, Bd. 3, S. 116
39 Fontane an Elise, 16. 12. 1876. In: Schreinert/Jolles, Bd. 2, S. 332
40 Fontane an Emilie, 12. 7. 1863, zit. nach Fricke, S. 66f
40a Fontane an Emilie, a.a.O., S. 66f
41 Fontane an M. v. Rohr, 3. 1. 1883. In: Schreinert/Jolles, Bd. 3, S. 208f
42 Fontane an Zöllners, 9. 8. 1874. In: Schreinert/Jolles, Bd. 4, S. 41
43 Fontane an M. v. Rohr, 21. 2. 1874. In: Schreinert/Jolles, Bd. 3, S. 149
44 Vgl. dazu die Ausführungen bei: M. Goch, Carla Mann. Eine biographische Skizze. In: Luise F. Pusch (Hrsg.), Schwestern berühmter Männer. insel taschenbuch, 796, 1985, S. 493–538
45 Vgl. Rosen, Einleitung. In: Mete-Briefe, S. 50f
46 Emilie an Fontane, 22. 4. 1870. In: Fricke, S. 78
47 Fontane an M. v. Rohr, 15. 4. 1870. In: Schreinert/Jolles, Bd. 3, S. 89f.
48 Schreinert/Jolles, Anm. 117. In: Schreinert/Jolles, Bd. 4, S. 225

49 Mete an die Eltern, 23. 1. 1881. In: Mete-Briefe, S. 130
50 Rosen, Einleitung. In: Mete-Briefe, S. 27
51 Fontane an Elise, 22. 12. 1875. In: Schreinert/Jolles, Bd. 2, S. 330
52 Mete an Fontane, 1. 3. 1881. In: Mete-Briefe, S. 153
53 Fontane, Unveröffentlichtes Tagebuch. Zit. nach Rosen, Einleitung. In: Mete-Briefe, S. 23
54 Fontane an Mete, 30. 6. 1876. In: Schreinert/Jolles, Bd. 2, S. 11
55 Heyse an Fontane, 25. 4. 1885. In: Theodor Fontane und Paul Heyse, Der Briefwechsel. Hrsg. von Erich Petzet, Berlin 1937, S. 160
56 Fontane an Emilie, 29. 6. 1883. In: Schreinert/Jolles, Bd. 1, S. 215
57 Nach Schreinert/Jolles, Anmerkungen. In: Schreinert/Jolles, Bd. 4, S. 200. Die Liebesbeziehung Metes zu Stockhausen ist den Herausgebern offenbar nicht bekannt gewesen.
58 Vgl. dazu: Fontane an Emilie, 27. 6. 1883. In: Schreinert/Jolles, Bd. 1, S. 214
59 gestrichen
60 Fontane, Unveröffentlichtes Tagebuch. Zit. nach Rosen, Einleitung. In: Mete-Briefe, S. 28
61 Ganz abgedruckt bei Rosen, Einleitung. In: Mete-Briefe, S. 21
62 Allerdings auch »Frau Anna Witte«. Ganz so schwarz kann demnach die Stimmung nicht sein.
63 Vgl. Rosen, Einleitung. In Mete-Briefe, S. 21
64 Mete an die Eltern, 21. 3. 1881. In: Mete-Briefe, S. 164
65 Fontane an Emilie, 11. 6. 1879. In: Schreinert/Jolles, Bd. 1, S. 91
66 Fontane an Mete, 18. 5. 1878. In: Schreinert/Jolles, Bd. 2, S. 12
67 Fontane an Emilie, 11. 6. 1879. In: Schreinert/Jolles, Bd. 1, S. 91
68 Rosen, Einleitung. In: Mete-Briefe, S. 66
69 Marie Schreiner an Mete, 31. 5. 1881, a.a.O., S. 188–90
70 Mete an Fontane, 11. 7. 1882, a.a.O., S. 251
71 Mete an Fontane, a.a.O., S. 251
72 Mete an Fontane, 11. 7. 1882, a.a.O., S. 252
73 Mete an Emilie, 24. 9. 1880, a.a.O., S. 97
74 Mete an die Eltern, 21. 3. 1881, a.a.O., S. 163
75 Mete an Emilie, 24. 9. 1880, a.a.O., S. 97
76 Mete an Emilie, 12. 2. 1881, a.a.O., S. 140
77 Mete an Emilie, 6. 2. 1881, a.a.O., S. 136
78 Mete an Emilie, 1. 3. 1881, a.a.O., S. 152

79 Rosen, Anmerkungen. In: Mete-Briefe, S. 322
80 Alle Zitate in: Fontane an Anna Witte, Juli 1882. In: Fontane-Blätter, Bd. 2, H. 7, S. 517f
81 Fontane an Mete, 13. 7. 1882. In Schreinert/Jolles, Bd. 2, S. 44f
82 Mete an Fontane, 11. 7. 1882. In: Mete-Briefe, S. 252
83 Mete an Fontane, 11. 7. 1882, a.a.O., S. 251
84 Fontane an Mete, 23. 2. 1882, In: Schreinert/Jolles, Bd. 2, S. 40
85 Fontane an Mete, 17. 2. 1882, a.a.O., S. 40
86 Fontane an Anna Witte, Juli 1882. In: Fontane-Blätter, a.a.O. S. 517f
87 Mete an Fontane, 11. 7. 1882, a.a.O., S. 250
88 Mete an Emilie, 13. 9. 1882, a.a.O., S. 260
89 Mete an Emilie, 23. 5. 1881, a.a.O., S. 183
90 Mete an Emilie, 27. 7. 1881, a.a.O., S. 206
91 Fontane an Emilie, 21. 3. 1880. In: Schreinert/Jolles, Bd. 1, S. 110
92 Mete an Emilie, 25. 10. 1880. In: Mete-Briefe, S. 108
93 Fontane, Das Tagebuch aus seinen letzten Lebensjahren. In: Das Fontane-Buch. Hrsg. von Ernst Heilborn, 1919. S. 144
94 Fontane an Emilie, 26. 7. 1883. In: Schreinert/Jolles, Bd. 1, S. 228
95 Mete an die Eltern, 4. 6. 1881. In: Mete-Briefe, S. 191
96 Fontane an Mete, 11. 11. 1880. In: Schreinert/Jolles, Bd. 2, S. 32
97 Mete an Emilie, 20. 5. 1882. In: Mete-Briefe, S. 236
98 Mete an Emilie, 23. 5. 1882, a.a.O., S. 238
99 Mete an Emilie, 10. 6. 1882, a.a.O., S. 248
100 Mete an Emilie, 23. 7. 1882, a.a.O., S. 254
101 Gertrud Schacht, Meine Erinnerungen an Th. Fontane. In: Jahrbuch für Brandenburgische Landesgeschichte 2, 1951, S. 9
102 Mete an Emilie, 23. 5. 1882. In: Mete-Briefe, S. 238
103 Mete an Emilie, 23. 5. 1882, a.a.O., S. 238
104 Fontane an Mete, 22. 5. 1889. In: Schreinert/Jolles, Bd. 2, S. 130f
105 Fontane an Mete, 18. 8. 1895, a.a.O., S. 140
106 Fontane an Emilie, 5. 4. 1880. In: Schreinert/Jolles, Bd. 1, S. 119
107 Fontane an Emilie, 24. 3. 1880, a.a.O., S. 114
108 Fontane, Von Zwanzig ..., S. 319
109 Mete an Emilie, 6. 2. 1881. In: Mete-Briefe, S. 137
110 Fontane an M. v. Rohr, 3. 6. 1879. In: Schreinert/Jolles, Bd. 3, S. 191
111 Vgl. hierzu: Frederick Betz, Die Zwanglose Gesellschaft zu Ber-

lin. In: Jb. für Brandenburgische Landesgeschichte 27, 1976, S. 86–104
112 Mete an Emilie, 19. 9. 1880. In: Mete-Briefe, S. 95
113 Mete an Emilie, 17. 10. 1880, a.a.O., S. 103
114 Mete an Emilie, 2. 3. 1881, a.a.O., S. 156
115 Mete an Emilie, 10. 6. 1882, a.a.O., S. 245
116 Fontane an Mete, 4. 8. 1880. In: Schreinert/Jolles, Bd. 2, S. 26f
117 Fontane an Emilie, 5. 8. 1880. In: Schreinert/Jolles, Bd. 1, S. 141
118 Fontane an Mete, 4. 8. 1880. In: Schreinert/Jolles, Bd. 2, S. 27
119 Fontane an Mete, 4. 8. 1880, a.a.O., S. 27
120 Mete an Emilie, o.D., In: Mete-Briefe, S. 89
121 Mete an Emilie, 31. 8. 1880, a.a.O., S. 87
122 Friedrich Fontane an Emilie, 1. 8. 1881, a.a.O., S. 209
123 Ders. an Emilie, 1. 8. 1881, a.a.O., S. 209
124 Mete an Emilie, 23. 2. 1881, a.a.O., S. 149
125 Mete an Emilie, 24. 9. 1880, a.a.O., S. 97f
126 Mete an Emilie, 1. 3. 1881, a.a.O., S. 151
127 Mete an Fontane, 10. 9. 1880, a.a.O., S. 91
128 Mete an Emilie, 14. 5. 1881, a.a.O., S. 180
129 Mete an Emilie, o.D., a.a.O., S. 214
130 Mete an Emilie, 17. 2. 1881, a.a.O., S. 144
131 Mete an Emilie, 6. 5. 1881, a.a.O., S. 174
132 Mete an Emilie, 14. 2. 1881, a.a.O., S. 141
133 Mete an die Eltern, 10. 10. 1880, a.a.O., S. 99
134 Fontane an Heyse, 3. 9. 1884. In: Th. Fontane/Paul Heyse..., S. 156
135 Fontane an M. v. Rohr, 24. 4. 1885. In: Schreinert/Jolles, Bd. 3, S. 218
136 Fontane an M. v. Rohr, 24. 4. 1885, a.a.O.
137 Fontane an M. v. Rohr, 5. 11. 1878, a.a.O., S. 186
138 Fontane an M. v. Rohr, 3. 2. 1879, a.a.O., S. 188
138a Mete an Emilie, 14. 10. 1880. In: Mete-Briefe, S. 101
139 Fontane an Emilie, 8. 5. 1885. In: Schreinert/Jolles, Bd. 1, S. 295
140 Fontane an Emilie, 9. 6. 1885, a.a.O., S. 301
141 Fontane an Friedländer, 15. 7. 1886. In: Th. Fontane, Briefe an Georg Friedländer. Hrsg. von Kurt Schreinert. Heidelberg 1954. S. 42
142 Mete an Emilie, 25. 10. 1880. In: Mete-Briefe, S. 107

143 Mete an Emilie, 26. 11. 1880, a.a.O., S. 114f
144 Mete an Emilie, 6. 12. 1880, a.a.O., S. 119
145 Fontane an Mete, 17. 2. 1882. In: Schreinert/Jolles, Bd. 2, S. 38
146 Fontane an Mete, 17. 6. 1876, a.a.O., S. 11
147 Fontane an Mete, 23. 2. 1882, a.a.O., S. 40
148 Fontane an Mete, 19. 4. 1889, a.a.O., S. 118
149 Beide Zitate: Fontane an M. v. Rohr, 1. 1. 1882. In: Schreinert/Jolles, Bd. 3, S. 205
150 Fontane an Mete, 17. 2. 1882. In: Schreinert/Jolles, Bd. 2, S. 38
151 Fontane an Mete, 17. 2. 1882, a.a.O., S. 38
152 Mete an Emilie, 21. 8. 1881. In: Mete-Briefe, S. 217
153 Fontane an Zöllner, 30. 9. 1893. In: Schreinert/Jolles, Bd. 4, S. 119
154 Fontane an Zöllner, 30. 9. 1893, a.a.O.
155 Fontane an Mete, 13. 8. 1889. In: Schreinert/Jolles, Bd. 2, S. 144
156 Fontane an Mete, 19. 4. 1889, a.a.O., S. 118f
157 Fontane an Mete, 28. 8. 1889, a.a.O., S. 148f
158 Fontane an Mete, 13. 8. 1885, a.a.O., S. 83f
159 Fontane an Mete, 13. 8. 1885, a.a.O., S. 83f
160 Fontane an Mete, 13. 8. 1885, a.a.O., S. 83f
161 Fontane an M. v. Rohr, 2. 1. 1884. In: Schreinert/Jolles, Bd. 3, S. 213
162 Fontane an Emilie, 21. 7. 1884. In: Schreinert/Jolles, Bd. 1, S. 283
163 Mete an die Eltern, 1. 8. 1880. In: Mete-Briefe, S. 79
164 Fontane an Emilie, Juli 1884. In: Schreinert/Jolles, Bd. 1, S. 278
165 Fontane an Emilie, Sommer 1884, a.a.O., S. 262
166 Fontane an Emilie, 27. 8. 1882, a.a.O., S. 185
167 Fontane an Emilie, 22. 6. 1883, a.a.O., S. 207
168 Fontane an Emilie, 22. 6. 1883, a.a.O., S. 207
169 Fontane an Emilie, Sommer 1884, a.a.O., S. 279
170 Fontane an Emilie, Sommer 1884, a.a.O., S. 279. Vgl. dazu Adorno, der angesichts der armseligen Behausung Nietzsches in Sils Maria schrieb: »Damals erkaufte man um den Preis bescheidener Lebensführung die geistige Unabhängigkeit.« Zit. nach: Frankfurter Rundschau, 2. 9. 1984, S. M1
171 Fontane an Emilie, 29. 6. 1883. In: Schreinert/Jolles, Bd. 1, S. 215
172 Fontane an Emilie, 6. 8. 1884, a.a.O., S. 290
173 Fontane an Mete, Briefentwurf 1884, a.a.O., Bd. 2, S. 65f

174 Fontane an Emilie, 21. 7. 1884. In: Schreinert/Jolles, Bd. 1. S. 283
175 Fontane, Unveröffentlichtes Tagebuch... In: Heilborn, S. 148
176 Mete an Fontane, zitiert von Fontane. In: Schreinert/Jolles, Bd. 1, S. 286
177 Fontane an Mete, 13. 8. 1889. In: Schreinert/Jolles, Bd. 2, S. 144
178 Mete an Emilie, 27. 7. 1881. In: Mete-Briefe, S. 207
179 Fontane an Mete, 10. 6. 1896. In: Schreinert/Jolles, Bd. 2, S. 256
180 Fontane an Mete, 11. 7. 1896, a.a.O., S. 260
181 Mete an Martha Soldmann-Fontane, zit. von Fontane. In: Schreinert/Jolles, Bd. 2, S. 179
182 Fricke, Emilie Fontane, S. 108
182a Fontane an Emilie, 18. 7. 1888. In: Schreinert/Jolles, Bd. 1, S. 343f
183 Fontane an Emilie, 17. 7. 1888, a.a.O., S. 340f
184 Fontane an Emilie, 9. 5. 1892, a.a.O., S. 177
185 Fontane an Emilie, 23. 7. 1886, a.a.O., S. 318
186 Fontane an Emilie, 19. 7. 1886, a.a.O., S. 315f
187 Fontane an Friedländer, 27. 11. 1887. In: Schreinert, S. 82f
187a Fricke, Emilie Fontane, S. 108
188 Fontane an Friedländer, 19. 6. 1886. In: Schreinert, S. 37f
189 Fontane an Friedländer, 7. 11. 1886, a.a.O., S. 61
190 Fontane an Mete, 25. 8. 1893. In: Schreinert/Jolles, Bd. 2, S. 222
191 Fontane an Mete, 19. 6. 1896, a.a.O., S. 259
192 Fontane an Friedländer, 2. 12. 1892. In: Schreinert, S. 202
193 Fontane an Mete, 9. 6. 1889. In: Schreinert/Jolles, Bd. 2, S. 136
194 Fontane an Anna Witte. In: Jahrbuch der Deutschen Schillergesellschaft, 4. Jahrgang 1960, S. 396
195 Paul Schlenther. Zit. nach: Conrad Wandrey, Theodor Fontane. München 1919, S. 48
196 Friedrich Fontane. Zit. nach: Gottfried Erler, Mathilde Möhring. In: Fontanes Realismus. Wissenschaftliche Konferenz zum 150. Geburtstag Theodor Fontanes in Potsdam. Berlin 1972. S. 152f
197 Abgedruckt bei Rosen, Einleitung. In: Mete-Briefe, S. 76
198 a.a.O.
199 H.H. Reuter, Fontanes Tochter... a.a.O., S. 395

Betz, Frederick, Die Zwanglose Gesellschaft zu Berlin. Ein Freundeskreis um Theodor Fontane. In: Jahrbuch für Brandenburgische Landesgeschichte, 27, 1976, S. 86–104

Mete Fontane, Briefe an die Eltern. Hrsg. Edgar R. Rosen, 1974

Theodor Fontane – Paul Heyse, Der Briefwechsel. Hrsg. Erich Petzet, Berlin 1937

Theodor Fontane, Briefe an Georg Friedländer. Hrsg. Kurt Schreinert, Heidelberg 1954

Theodor Fontane, Brief an Anna Witte. In: Jahrbuch der Deutschen Schillergesellschaft, 4. Jahrgang 1960, S. 396

Theodor Fontane, Briefe. Hrsg. Kurt Schreinert und Charlotte Jolles. 4 Bände, Berlin 1968/71

Theodor Fontane, Brief an Anna Witte. In: Fontane-Blätter, Bd. 2, H. 7, 1972, S. 519–521

Theodor Fontane, Von Zwanzig bis Dreißig. In: Autobiographische Schriften II. Bearbeitet von Peter Goldammer, Berlin und Weimar, S. 333

Fontanes Realismus. Wissenschaftliche Konferenz zum 150. Geburtstag Theodor Fontanes in Potsdam. Berlin 1972

Marianne Goch, Carla Mann. Eine biographische Skizze. In: Luise F. Pusch (Hrsg.), Schwestern berühmter Männer, insel taschenbuch Nr. 796, 1985. S. 493–538

Ernst Heilborn (Hrsg.), Das Fontane-Buch. Beiträge zu seiner Charakteristik. Unveröffentlichtes aus seinem Nachlaß. Das Tagebuch aus seinen letzten Lebensjahren. Berlin 1919

Hermann Fricke, Emilie Fontane. Mit unveröffentlichten Gedichten und Briefen von Theodor und Emilie Fontane. Berlin 1937

Paul Meyer, Erinnerungen an Theodor Fontane. Aus dem Nachlaß seines Freundes und Testamentsvollstreckers Justizrat Paul Meyer. 1936

Helmuth Nürnberger, Fontane. rororo-bildmonographien, Reinbek 1968

Hans-Heinrich Reuter, Fontanes Tochter. Zur Erstveröffentlichung ihrer Briefe. In: Hans-Heinrich Reuter, Dichters Lande im Reich der Geschichte. Aufsätze zur deutschen Literatur des 18. und 19. Jahrhunderts. Hrsg. Regine Otto. Berlin und Weimar 1983. S. 385–396

Gertrud Schacht, geb. Mengel, Meine Erinnerungen an Th. Fontane. In: Jahrbuch für Brandenburgische Landesgeschichte 2, 1951, S. 9–10

Conrad Wandrey, Theodor Fontane. München 1919

Frau Margaret Akuete-Armorin und Frau Marlies Volbert von der Stadtbücherei Lübbecke danke ich für die freundliche Unterstützung bei der Beschaffung der Literatur.

LJUBÓV FJODOROWNA DOSTOJEWSKAJA

1869–1926

Von Katka Räber-Schneider

Anna Grigorjewna,
Dostojewskis zweite Frau, mit ihren
Kindern Fjodor und Ljubóv, 1883.

L. F. Dostojewskaja: Geboren am 26. September 1869 in Dresden, gestorben am 11. November 1926 in der Emigration, in einem Sanatorium in Gries bei Bozen. Dort wurde sie auch im Kloster Muri begraben.[1] Nicht verheiratet, auch finanziell selbständig. Von Beruf Schriftstellerin. Sie schrieb Romane, Geschichten, leichte Theaterstücke, die im Milieu der mondänen Gesellschaft angesiedelt sind. In der Emigration schrieb sie in französischer Sprache eine Biographie ihres Vaters. Diese Originalversion wurde nicht veröffentlicht, aber schon 1920 erschien die deutsche Übersetzung.[1a] Erst nach dieser Ausgabe wurde die russische Übersetzung angefertigt, die 1922 herauskam.[2] Das Dokument stieß auf heftige Kritik und Ablehnung wegen der Unzuverlässigkeit der Informationen.

Sie war die Tochter von Anna Grigorjewna Dostojewskaja, geb. Snítkina, und Fjodor Michajlowitsch Dostojewski. Es ist aber kein Verdienst, die Tochter eines großen Künstlers zu sein. Gewöhnlich wird eine Person für die Nachwelt erst dann interessant, wenn sie sich durch eine besondere, auffällige Leistung verdient gemacht hat, und nicht, wenn sie bloß mit einer Berühmtheit in Beziehung stand.

Mit diesem vollkommen begreiflichen Argument lehnte die feministische Presse mein Angebot ab, eine Kurzbiographie der Geliebten von Dostojewski, der Feministin Polina Suslowa, veröffentlichen zu wollen. Frau wußte anscheinend nichts von den Fähigkeiten und dem Einfluß dieser Frau. Nur durch sie stieß ich aber überhaupt auf die Tochter Dostojewskis, auf Ljubóv (auch Ljuba, Ljubotschka, Lilja, Liletschka, Lelja genannt). Damals, als ich vom Projekt des Buches »Töchter berühmter Männer« hörte, hatte ich nur flüchtig Ljubóvs umstrittene Memoiren gelesen. Ihre Gesinnung, ihr Lebensstil, ihr Schicksal waren mir noch vollkommen unbekannt. Und so begann ich, wie mir zunächst schien erfolglos, nach Fakten, Dokumenten, Äußerungen ihrer selbst, aber auch ihrer Zeitgenossen über sie zu suchen.

Wer versteckt sich hinter der Tochter? Wen können wir beim geduldigen Suchen in der Sekundärliteratur, in Dostojewskis Briefen und den oft ach so phantasievollen, pathetischen Biographien kennenlernen? Eine Frau, von ähnlichem Mythos umwoben wie Dostojewskis zweite Ehefrau und Ljubóvs Mutter Anna Grigorjewna? Oder eher eine unscheinbare, nichtssagende Dame der damaligen Gesellschaft?

Ljubóv war beim Tod ihres Vaters im Januar 1881 erst 11½ Jahre alt. Das war der Ausgangspunkt meiner Suche nach konkreteren, weniger verklärten und verschleierten Informationen über diese Frau. Fast wollte ich bereits meinen Plan aufgeben und mich damit abfinden, daß sie einzig in ihrer angefochtenen Arbeit als Memoirenverfasserin für die Nachwelt faßbar bleibt. Eine nicht gerade befriedigende Bilanz der Suche nach einem Menschen. Als letzte Möglichkeit plante ich eine eher persönliche Auswertung ihrer Schilderungen des Vaters, der Familienverhältnisse, ihrer eigenen Gefühle und späteren Ansichten über die Zeitgenossen aus der literarischen und der politischen Szene. Eine vielleicht nicht ganz uninteressante Rekonstruktion.

Die Memoiren von Ljubóv sind eine merkwürdige Mischung von wertendem Urteil und subjektivsten Erinnerungen an die Kindheit. Recht umstritten sind manche ihrer Kommentare, die informativ sein wollen und doch gefährlich die authentischen Begebenheiten verzerren und in ihrer chronologischen Reihenfolge verwirren. Ljubas offene Subjektivität trägt dabei Züge einer eher unsympathischen, über alles aufgeklärten Person, die sich spielend in die Gedankenwelt ihres Vaters hineinfühlen kann. Sie beschreibt mit einer derartigen Überzeugung seine intimsten Entscheidungen, seine Mimik bei Begebenheiten, bei denen sie unmöglich anwesend sein konnte, daß daraufhin auch die belegten Tatsachen ein Stück ihrer Glaubwürdigkeit einbüßen. Äußerungen dieser Art betreffen meistens Dostojewskis Lebensabschnitt vor seiner zweiten Ehe. Diese Zeit charakterisiert sie ganz zu Unrecht (aus Unwissenheit, Eifersucht oder politischer Sturheit) als eine Ansammlung von Fehlschlägen und Irrwegen. Zum Teil ist diese Sicht mit dem Einfluß von Ljubas Mutter zu erklären, die ebenfalls kein Verständnis für die erste Gattin ihres Mannes und seine leidenschaftliche Beziehung zu der bereits erwähnten jungen Feministin, der Studentin Apollinárija (Polina) Suslowa[3] hatte.

Das Puzzle einer Persönlichkeit

Ljubóv Dostojewskaja war 50 Jahre alt, als sie die Erinnerungen an ihren Vater verfaßte. Wer war sie aber bis zu diesem Zeitpunkt, wie lebte sie, mit wem verkehrte sie? Erbte sie etwas von der genialen Beobachtungsgabe ihres Vaters? Wie hellhörig war sie in der Gesellschaft, in der sie sich bewegte? Lebte sie angepaßt, wie die meisten Bürger, egal ob männlichen oder weiblichen Geschlechts? Oder begriff sie etwas von der Botschaft ihres Vaters? War Ljubóv nur die bewundernde, sprachlos staunende Tochter, die niemals wagen würde, am Heiligenbild ihres Vaters zu rütteln, das von vielen Bewunderern mystisch verklärt wurde? Oder versuchte sie, unabhängig vom geistigen Erbe ihrer Familie weiterzudenken, ihre Gedanken im Alltag zu verwirklichen? Wie lebte überhaupt Dostojewskis Familie zu seinen Lebzeiten? In welchem Milieu wuchs das Mädchen Ljuba auf? Welche Grundsätze galten bei der Erziehung der beiden Dostojewski-Kinder? Gab es Unterschiede im Umgang der Eltern mit der Tochter Ljubóv und dem um zwei Jahre jüngeren Fjodor (auch Fedja genannt)? Wie war die Stellung von Fjodor M. Dostojewski als Vater in der Familie, was gehörte zu den Aufgaben der Mutter?

Solche Fragen fielen mir ein, und ich begann zu zweifeln, ob es mir je gelingen könnte, genügend konkretes Informationsmaterial zu finden, um wie mit Mosaiksteinchen ein Bild dieser Frau zusammenzusetzen. Doch mit der Zeit entdeckte ich Quellen, die, meist in Fußnoten, knappe Angaben über Dostojewskis Tochter enthielten. Plötzlich erhielt ich dann aus München und Helsinki doch alle gesuchten Bücher, in denen jeweils nur zwei bis drei Seiten die Tochter Dostojewskis betrafen, die aber ständig neue, ergänzende Aussagen beisteuerten. Und schließlich bekam ich aus Helsinki ein Bändchen in russischer Sprache aus dem Jahre 1911, das drei Erzählungen von der *Autorin* Ljubóv F. Dostojewskaja enthielt![4] Eine wahre Fundgrube an Beobachtungen dieser bemerkenswerten Frau. Ein konkretes, unverfälschtes, objektives Dokument ihrer Arbeiten und somit auch ihrer selbst. Plötzlich stand eine schillernde weibliche Persönlichkeit vor mir, eine kritische, sehende, reflektierende Frau, die sich den Konventionen ihrer Zeit nicht beugen wollte. Aus diesem Grunde mußte sie Schwierigkeiten auf sich nehmen, mußte Entscheidungen fällen, die damals gewöhnlich Frauen ihrer Stellung »erspart« geblieben sind, wofür diese aber mit Unmündigkeit und Einschränkungen der persönlichen Freiheit zahlten.

War dies der Grund, warum Ljubóv von einigen ihrer Zeitgenossen und hauptsächlich Zeitgenossinnen so vorwurfsvoll behandelt und wegen ihres Lebensstils in schriftlichen Äußerungen verurteilt wurde? Gewiß auch. Sie entsprach mit ihrem Scharfsinn und Witz, mit ihrem konsequenten Unabhängigkeitsdrang nicht dem Ideal der seriösen, unauffälligen, demütigen Frau des ausgehenden 19. Jahrhunderts. Sie glich keineswegs ihrer zwar ebenfalls in einem gewissen Sinne emanzipierten, strebsamen, aber inzwischen nur noch um den Nachlaß Dostojewskis besorgten Mutter Anna Grigorjewna.

Ljubóv Fjodorowna Dostojewskaja als Tochter

Ljubóv versuchte seit ihrer Kindheit, ihren eigenen Weg zu gehen, statt sich nur von den Erwartungen der Mutter leiten zu lassen. »Nach dem Tode von Fjodor Michajlowitsch veränderte sich das Familienbild vollkommen. Die Beziehung der Tochter Ljubóv zu ihrer Mutter kühlte sich langsam ab, bis es zu einem echten Bruch kam. Die Auseinandersetzung soll so weit gegangen sein, daß Anna Grigorjewna, als sie einmal sah, wie ein Mädchensarg aus einer Kirche herausgetragen wurde, plötzlich ausrief: ›Warum begraben sie hier nicht meine Tochter?‹ Ljubóv Fjodorowna verkehrte eher in aristokratischen Kreisen. Sie entwickelte einen leidenschaftlichen Ehrgeiz, sie lebte nach außen gerichtet und gab größere Gesellschaften. In der bescheidenen Wohnung an der Janskaja Straße fühlte sie sich beengt, und so mietete man auf ihren Wunsch eine neue Wohnung, an der Ecke der Znamenskaja und des Nevskij Prospekts. Das hatte auch eine Veränderung des Lebensstils zufolge: Zu der luxuriösen Einrichtung gehören nun neben einem hellblauseidenen Gästezimmer auch Blumenständer, poetisch gestaltete Ecken, kostbare Vasen, Vorhänge, sächsische Lampen, Marmorstatuettchen. Nur Anna Grigorjewna fährt mit ihrer Arbeit im Dienste des Genies fort, sie müht sich mit dem Herausgeben der Werke ab, ihr ganzer Lebensinhalt besteht darin, die Erinnerung an ihren Mann zu verewigen. Sie selbst ist bereits müde vom Leben. Die Beziehung zu ihrer Tochter bekommt einen endgültigen Riß, und sie trennen sich. Die Tochter siedelt auf die Furschtadskaja um, die Mutter auf die Spasskaja. Im Salon der Tochter verkehren sehr viele Gäste. Die Tochter ist geistreich und scharfsinnig, sie schreibt leichte Theaterstücke, und trotzdem leidet sie an der Oberflächlichkeit der Gesellschaft. Die Mutter betrachtet nur verstohlen dieses Geschehen und trägt sehr schwer an der Fehlentwicklung der Tochter.«[5] So äußerte sich eine Freundin von Ljubóvs Mutter über die Familienverhältnisse bei den Dostojewskis.

Dem Verhalten der Mutter lag sicher kein böser Wille zugrunde. Sie wünschte nur das Glück Ljubóvs, das sie hauptsächlich in einer Heirat und anschließender Mutterschaft sah. Um die alleinstehende Tochter macht sie sich Sorgen, obwohl sie selbst ihr Leben lang als Stenographin und als Mitorganisatorin der Veröffentlichungen tätig war. Sie befürchtet, die Tochter könnte, von der Gesellschaft schief angesehen, unverheiratet, einsam und möglicherweise sogar finanziell unbemittelt bleiben.

Nach dem Tode ihres Mannes hat sie die Erziehung der beiden Kinder in die Hand genommen. Und nun hofft sie, ihre Liebe und das inzwischen wachsende Kapital aus den Veröffentlichungen des verstorbenen Gatten eigenen Enkelkindern geben zu können. Welcher Kummer, daß ihr die Tochter die Enkelkinder vorenthalten will. Anderen Eltern passierte es gelegentlich ebenfalls, daß die Töchter, aus welchen Gründen auch immer, nicht heirateten. Die meisten ledigen jungen Frauen blieben aber zu Hause, egal ob im Haushalt helfend oder nur als ›welkende Zierde‹ bei gesellschaftlichen Anlässen auftretend. Sie fielen der Familie zur Last, denn eine Heirat hatte damals noch in erster Linie neben der Fortpflanzung und dem Weiterreichen des Namens die finanzielle Sicherstellung einer Frau zum Zweck. Man ließ sie meistens keinen Beruf erlernen, was eine lebenslängliche Abhängigkeit zur Folge hatte.

Ljubóv aber kümmerte sich selbst um ihren Lebensunterhalt. Sie erbte vom Vater wenigstens einen Bruchteil seines Talents und war überdies selbstsicher und zielstrebig. Eine mutige Frau also. Sie mußte mit Kritik von seiten der Anhänger ihres Vaters rechnen. Denn ihre Themen, die Form ihrer Stücke und Erzählungen, all das hatte keine Ähnlichkeit mit dem Werk ihres Vaters, obwohl sie ihn geradezu vergötterte, was in ihren Memoiren immer wieder deutlich wird. Es stimmt, daß sie ihre Themen vorwiegend in der höheren Gesellschaftsschicht ansiedelte, daß sie die ›gehobenen Kreise‹ und die ›rauschende mondäne Welt‹ beschrieb. Es ist aber die Problematik, die ihr nahestand, die sie beschäftigte. Sie wählte sie nicht, um sich einer Modeströmung anzupassen. Die Geschichten sind niemals ›platt‹ und ›nur der Unterhaltung dienend‹[6], wie es ihr Dolinin[7] in seinen sonst äußerst fundierten Ausführungen unterstellte. Später werde ich auf Dostojewskajas Geschichten detaillierter eingehen.

Ljubóvs Kindheit. Dostojewski als Vater

Fjodor M. Dostojewski war, allen Berichten und Briefen zufolge, warmherzig und liebevoll. Er hatte manchmal schlechte Laune, konnte diese aber plötzlich verlieren und sich in ungespielter Herzlichkeit ausgelassen freuen wie ein Kind. Die Aufzeichnungen der Tochter Ljuba über Dostojewski als Familienvater enthüllen mit wenigen Beispielen mehr, als manche Kritiker von außen beurteilen konnten. Seine Kinderliebe wurde zwar von niemandem angezweifelt, aber eine Freundin der Gattin Anna, eine gewisse Marija Nikolajewna Stojunina, schildert die Familienverhältnisse in einem Licht, das eher kritisch die durch literarische Arbeit gefährdete bürgerliche Ordnung beleuchten soll. »Die Arbeit für ihren Mann nahm Anna Grigorjewna so sehr in Anspruch, daß sie oft ihre Mutterpflichten nicht erfüllte: Die Erziehung der Kinder wurde vernachlässigt, ihre Hemden hatten Löcher, ihre Haare waren ungepflegt. Das ganze Familienleben schien bei Dostojewskis eher schwankend und ungeordnet gewesen zu sein. Fjodor Michajlowitsch verwöhnte oft seine Kinder, und als seine Geldverhältnisse besser wurden, bereitete es ihm besondere Freude, ihnen auserlesene Leckerbissen zu bringen. Aber beide Eltern hatten keine Zeit und keine Begabung, sich um die Erziehung und Entwicklung der Kinder zu kümmern. Die Kränklichkeit der Kinder war nur die Folge der ungesunden Ernährung mit scharfen Soßen, zu viel Gewürzen und Süßigkeiten. Anna Grigorjewna vernachlässigte ebenfalls ihre unmittelbare Umgebung. Im Ausland ließ sich Fjodor Michajlowitsch zum Kauf von feinsten sächsischen Ziergegenständen verleiten, das Gästezimmer schmückte eine kostbare Vase, aber das Eßzimmer war vollgestopft mit kaputten Stühlen...«[8] – Heute mißt man hoffentlich die Erziehung nicht mehr an ungekämmten Haaren und wakkelnden Stühlen.

Ljubóv beschreibt in den Memoiren ihren Vater folgendermaßen[9]: »...Dostojewski wollte die größte Sorge aufwenden, um die Erziehung seiner eigenen Kinder nicht zu verfehlen. Er begann sehr früh damit, zu einer Zeit, wo die meisten Väter ihre Kinder noch im Kinderzimmer lassen... Zu diesem Zwecke wählte er... das Vorlesen der großen Schriftsteller... Dostojewski mußte uns selbst vorlesen, da wir noch kaum lesen konnten, als unsere literarischen Abende begannen. Der erste hat sich mir tief ins Gedächtnis geprägt. An einem Herbstabend in Staraja Russa... kündigte D. uns an, daß er ›Die Räuber‹ von Schiller laut vorlesen werde. Ich war damals sieben Jahre alt und mein Bruder war eben sechs geworden. Meine Mutter wollte dieser ersten Vorlesung beiwohnen. D. las mit Feuer, hielt manchmal inne, um uns einen zu schwierigen Ausdruck zu erklären. Wir hörten mit offenem Munde zu; dieses deutsche Drama schien unseren Kindergehirnen sehr sonderbar. Was konnte uns auch dieses phantastische Deutschland sein, das weiß Gott wo gelegen war, dieses merkwür-

Dostojewski, 1879.

dige Land, in das unser Vater jedes Jahr auf Befehl des Arztes reisen mußte, um sich dort zu langweilen ... Wenn ich mit sieben Jahren auch nicht im Stande war, die Werke Schillers zu begreifen, so verstand ich hingegen wohl, daß dieses rätselhafte Drama meinen Vater sehr interessierte und daß auch ich ihm zu Gefallen interessiert aussehen mußte. Schlau, wie kleine Mädchen gewöhnlich sind, tat ich sehr gelehrt, schüttelte verständnisvoll den Kopf und machte ein Gesicht, als ob ich den Schiller'schen Genius sehr schätzte. Da mich aber der Schlaf immer mehr befiel, je räuberhafter die Brüder Moor sich gebärdeten, riß ich krampfhaft meine armen, ermüdeten Kinderaugen auf, so weit ich konnte. Mein Bruder Fjodor schlief ganz ungeniert ein. Wie nun D. sein Auditorium sah, hielt er inne, mußte lachen und spottete über sich selbst. ›Sie können es nicht verstehen, sie sind noch zu jung‹, sagte er traurig zu seiner Frau ... D. wartete mehrere Monate, ehe er die literarischen Abende wieder aufnahm. Diesmal wählte er alte russische Legenden, wie sie unsere ländlichen Barden an den langen Abenden im Dorfe erzählen... Diese alten Legenden entsprachen nun viel mehr unserer kindlichen Phantasie als die Dramen Schillers. Wir hörten entzückt und ergriffen zu, weinten heiße Tränen über die Mißgeschicke der fahrenden Ritter und freuten uns über ihre Siege. D. lächelte über unsere Ergriffenheit und begeisterte sich selbst über die herrlichen Dichtungen unseres Volkes. Nach den Legenden las er uns die in wunderbarem Russisch geschriebenen Novellen Puschkins vor, ›Die kaukasischen Novellen‹ von Lermontow, auch ›Taras Bulba‹ von Gogol, den herrlichen Roman, der die kosakischen Sitten in der alten Ukraine schilderte. Nachdem unser literarischer Geschmack so einigermaßen herangebildet war, fing D. an, Gedichte von Puschkin und von Alexej Tolstoj vorzutragen, den beiden Nationaldichtern, die er am meisten liebte. D. rezitierte ihre Gedichte wundervoll, und eines besonders konnte er nicht lesen ohne Tränen in den Augen... In Rußland ist es Sitte, daß die Eltern ihre Kinder ins Ballett führen. D. war kein Freund des Balletts und ging niemals hin; er zog es vor, uns in die Oper zu führen. Merkwürdigerweise wählte er immer die gleiche Oper, ›Russlan und Ludmila‹ von Glinka nach einem Puschkinschen Gedicht komponiert... Der Inhalt ist sehr merkwürdig: es ist eine politische Allegorie, eine Art von Prophezeiung über die Zukunft der slavischen Völker... Wenn D. nach Ems ging oder zu beschäftigt war, um es selbst zu tun, bat er meine Mutter, uns die Werke von Walter Scott und Dickens vorzulesen... D. war sehr stolz auf meine Vorliebe für das Lesen. Ich habe in wenigen Wochen lesen gelernt und verschlang alle Bücher, die mir in die Hände fielen. Meine Mutter erhob Einsprache gegen diese wahllose Lektüre, die in der Tat für ein nervöses Kind schädlich sein mußte. D. hingegen unterstützte mich darin und fand in dieser Liebe zum Lesen seine eigene Leidenschaft für Bücher wieder. Er wählte für mich historische Romane aus seiner Bibliothek, die gefühlvollen Erzählungen Karamsins, frug mich um meine Eindrücke und erklärte mir die Dinge, die ich schlecht verstanden hatte. Ich hatte die Gewohnheit, ihm während seines Frühstücks Gesellschaft zu leisten, und für mich war das die schönste Zeit des Tages. Damals begannen unsere literarischen Unterhaltungen; aber leider waren sie nur von kurzer Dauer. Das erste Buch, das ich von meinem Vater zum Geschenk erhielt, war die russische Geschichte von Karamsin mit schönen Illustrationen. Mein Vater erklärte mir diese Bilder... Eine Sache schien mir später sonderbar, als ich diesen Abschnitt aus meinem Leben zu analysieren begann, daß mein Vater nämlich mir keine Kinderbücher gab. Robinson Crusoe war das einzige Buch dieser Art, das ich gelesen habe, und meine Mutter hatte es mir geschenkt. Ich nehme an, daß D. keine Kinderbücher kannte. In seiner Jugend gab es derartige Bücher noch nicht... D., der mit so viel Vergnügen von Literatur mit mir sprach, hat mir niemals ein Wort von seiner Kindheit erzählt. Während meine Mutter über die kleinsten Einzelheiten ihres Kinderdaseins, über ihre ersten Eindrücke, ihre Freundschaft mit ihrem Bruder Iwan berichtete, kann ich mich keines einzigen Erlebnisses aus der Kindheit meines Vaters entsinnen.«[11] Auch zur religiösen Erziehung berichtet Ljubóv eine Episode, die das Bild des Vaters noch eindrücklicher zeichnet. »D. liebte auch unsere wundervollen Zeremonien der Karwoche, besonders die Auferstehungsmesse, die erfüllt ist von Gesängen überströmender Freude. Kinder wohnen dieser Messe nicht bei, die um Mitternacht beginnt und gegen zwei oder drei Uhr morgens endigt. Mein Vater aber wünschte mir diesen herrlichen Gottesdienst zu zeigen, als ich kaum neun Jahre alt war. Er stellte mich auf einen Stuhl, damit ich der Messe besser folgen konnte, und, mich auf den Armen hochhebend, erklärte er mir den Sinn dieser schönen Zermonien.«[12]

In einem anderen Zusammenhang beschreibt Ljubóv die familiäre Atmosphäre durch eine schöne Begebenheit: »Ich war in meiner Kindheit sehr nervös und weinte oft. Um mich zu zerstreuen, schlug mir mein Vater vor, mit ihm zu tanzen. Man stellte die Möbel im Salon beiseite, meine Mutter nahm ihren Sohn als Kavalier, und wir tanzten eine Quadrille. Da niemand da war, um Klavier zu spielen, sangen wir alle vier irgendein Ritornell als Begleitung.«[13]

Auch das Verwöhnen der Kinder schildert Ljubóv in einem anderen Licht. Dostojewski naschte selber sehr gerne und teilte seine süßen Vorräte immer mit seinen Kindern.

Dostojewski liebte Kinder, und seine Freude, daß nach dem Tode des ersten Babys Sonja im Mai 1868 am 26. September 1869 ein zweites Mädchen, Ljubóv[14], geboren wurde, war sehr groß. Kurz vor der Geburt schrieb er seinem Freund Strachow: »Ich warte voll Erregung und Sorge, voll Hoffnung und Angst.«[15] In vielen Briefen teilt er später seinen Freunden das freudige Ereignis mit: »... Vor drei Tagen bekam ich eine Tochter, Ljubóv. Es ging alles sehr gut, und das Kindchen ist groß, gesund und eine Schönheit. Annchen und ich sind sehr glücklich ...«[16] Anna Grigorjewna versucht, Dostojewskis Begeisterung ein bißchen zu relativieren: »Freilich, nur ein verliebter und begeisterter Blick konnte in diesem rosafarbigen Stückchen Fleisch eine ›Schönheit‹ sehen. Mit der Geburt des Kindes leuchtete das Glück in unserer Familie wieder auf.«[17] Zwei Jahre später, nach der Geburt des Sohnes Fjodor, klang Dostojewskis Begeisterung ähnlich. Dokumente über die ersten Vatererfahrungen Dostojewskis mit Töchterchen Sonja zeugen von aktiver Mithilfe bei der Babypflege: »Fjodor Michajlowitsch half mir das Töchterlein baden, wickelte es selbst in eine Decke ein, steckte diese mit Sicherheitsnadeln zu, trug die Kleine auf den Armen und schläferte sie ein; kaum daß er ihre Stimme hörte, eilte er zu ihr und vergaß seine Arbeit... Stunden verbrachte Fjodor Michajlowitsch an ihrem Bettchen, sang ihr Lieder vor oder unterhielt sich mit ihr...«[18] In einem Brief beschreibt Dostojewski seine Gefühle dem Kind gegenüber: »Dieses kleine, drei Monate alte, so unbedeutende, so winzige Geschöpf... fing schon an, mich zu erkennen und zu lieben. Sie lächelte, wenn ich mich ihr näherte. Sie hörte zu, wenn ich ihr mit meiner komischen Stimme Lieder vorsang, sie weinte nicht, verzog auch das Gesicht nicht, wenn ich sie küßte. Trat ich an sie heran, so hörte sie zu weinen auf.«[19]

Mit gleicher Liebe wandte er sich auch dem Baby Ljubóv zu. Seinem Freund Strachow schreibt er in einem Brief als überzeugter, begeisterter Vater: »Ach, warum sind Sie nicht verheiratet und haben kein Kind...? Ich schwöre Ihnen, darin liegt drei Viertel des menschlichen Glückes und für alles andere bleibt höchstens ein Viertel übrig...«[20]

Bei der Zugfahrt nach Rußland, nach einem 4jährigen Auslandsaufenthalt der Familie, beschäftigte sich Dostojewski ohne Schwierigkeiten während 66 Stunden mit der kleinen Ljubóv, da Anna G. wieder schwanger war und sich nicht noch zusätzlich anstrengen sollte.

Briefe aus den späteren Jahren, die Dostojewski von seinen Kuraufenthalten nach Hause schrieb, spiegeln ständig die Zärtlichkeit und Liebe zu seinen Kindern und der Ehefrau. Immer wieder küßt und umarmt er sie, freut sich auf ein Wiedersehen und dankt für kleine Briefe, die vor allem die Tochter Ljubóv fleißig schreibt. Sie entzücken ihn.[21] Auch dem zwei Jahre jüngeren Sohn Fedja dankt er immer wieder für seine Kritzeleien.

Die Mutter Ljubóvs, Anna Grigorjewna

Anna heiratete mit zwanzig Jahren den fünfundzwanzig Jahre älteren, vom Leben und Leiden gezeichneten Fjodor M. Dostojewski. Die beiden führten eine sehr harmonische

Anna Grigorjewna, Dostojewskis zweite Frau.

Ehe, trotz vieler Aufregungen. Ihre Beziehung lebte aus gegenseitiger Anerkennung und Unterstützung. Besonders Annas Bewunderung für die Arbeit ihres Mannes und ihre praktische Hilfe, ihr Notieren, Korrigieren und Redigieren halfen erfolgreich, die finanzielle Lage der Familie zu verbessern. Anna bemühte sich auch um einen bürgerlich geordneten Haushalt und schaffte es, Dostojewski von seiner Spielleidenschaft zu befreien. Sie war also eine tüchtige, strebsame, praktische, energische Frau. Sie selber beschreibt sich in ihren Memoiren folgendermaßen: »Aus dem schüchternen, zaghaften Mädchen war eine Frau mit entschlossenem Charakter geworden, die der Kampf gegen die Unbilden des Lebens ... nicht mehr schreckte. Meine Fröhlichkeit und Lebenslust waren mir erhalten geblieben, doch kamen sie nur in der Familie, unter Verwandten und Bekannten zum Vorschein. In Gesellschaft Fremder, besonders unter Männern, verhielt ich mich äußerst reserviert, beschränkte mich auf kühle Liebenswürdigkeiten, schwieg zumeist und hörte nur aufmerksam zu ...«[22]

Einerseits war Ljubas Mutter, wie so viele Menschen in Rußland, abergläubisch. Anderseits besorgte sie sehr realistisch und geschäftstüchtig die Finanzen. »Besuchten Dostojewski Verleger, um ihm irgendeine Neuauflage vorzuschlagen, so hörte er sie ernsthaft an und sagte dann: ›Ich kann für den Augenblick nichts sagen, ich muß erst meine Frau um Rat fragen.‹ So begriff man denn bald, wer in der Familie Dostojewski die Geschäfte führte, und wendete sich direkt an seine Frau.«[23]

Ljubóvs Bruder, Fjodor Fjodorowitsch Dostojewski

Hätte der Titel dieses Buches »Söhne berühmter Männer« gelautet, kämen über den Dostojewski-Sohn nur einige Zeilen zusammen. In all den Büchern, Artikeln, Notizen wird er nur beiläufig, wie zufällig erwähnt. Zwei Jahre jünger als seine Schwester Ljubóv, nahm er in der Familie eher die Rolle des Kleinen, noch Ungeschickten an. »Der Sohn, Fjodor D., beendete das Gurewitsch-Gymnasium und schreibt Gedichte. Sein Charakteristikum ist farblose Gutmütigkeit. Er heiratet ein Mädchen mit mystischen Neigungen, was sehr dem Geschmack der Mutter Anna G. entgegenkommt. Sie vergöttert ihre Schwiegertochter, diese trennt sich aber bald von ihrem Mann. Wieder eine Tragödie für Annas Herz. Fjodor macht bei Pferderennen mit und heiratet bald zum zweiten Mal.«[24] Anna Grigorjewna kauft inzwischen vom Geld der Veröffentlichungen ihres verstorbenen Mannes einige Besitztümer auf der Krim und im Kaukasus. Sie möchte sie ihren Enkelkindern vermachen, vorläufig gibt es aber noch keine. Nach einigen Schwierigkeiten bringt die Schwiegertochter doch zwei Kinder zur Welt, zur großen Freude Anna Grigorjewnas. Das Leben des Sohnes von

Dostojewski entspricht vollkommen der bürgerlichen Konvention der Zeit.

Frauenemanzipation

Anna, Dostojewskis Gattin, sah sich bereits als eine emanzipierte Frau. »Meinem Alter nach war ich Zeitgenossin der sechziger Jahre[25], trat energisch für die Rechte und die Unabhängigkeit der Frauen ein und war über meinen Mann ungehalten, weil ich seinen Standpunkt den Frauen gegenüber für ungerechtfertigt hielt ... Einmal, als er sah, daß ich mich gekränkt fühlte, fragte er: ›Anetschka, warum bist du so seltsam? Habe ich dich irgendwie beleidigt?‹ – ›Ja, du hast mich beleidigt; gestern redeten wir über die Nihilistinnen, und du hast über sie so unbarmherzig geschimpft.‹ – ›Ja, du bist doch keine Nihilistin – warum fühlst du dich verletzt?‹ – ›Gewiß bin ich keine Nihilistin, aber eine Frau bin ich, und mich verletzt es, wenn man über Frauen schimpft.‹«[26]

Das Thema der Frauenemanzipation, das in den 60er Jahren des letzten Jahrhunderts an mehreren Orten Europas und der USA zu heftigen Auseinandersetzungen mit den bürgerlich-konservativen Kreisen führte, beschäftigte auch die Bevölkerung Rußlands. Auch Frauen, die nicht unbedingt auf die Barrikaden gingen, äußerten sich zu diesen Fragen.

Ljubóv Dostojewskajas Einstellung zur politischen Frauenbewegung wurde mir erst deutlich, als ich las, was sie über die Geliebte ihres Vaters, Polina Suslowa, schrieb. Diese Notiz ist keineswegs objektiv, denn sie ist durchmischt mit einer eifersuchtsbedingten Abneigung der Frau gegenüber, die ihren Vater vor Ljubas Mutter glücklich gemacht haben soll. »Polina Suslowa stellte jenen besonderen Typus der ›ewigen Studentin‹ dar, der nur in Rußland existiert. Damals gab es in Rußland noch keine höheren

Anna Grigorjewna in den siebziger Jahren.

Frauenkurse. Die Regierung hatte den Frauen provisorisch die Erlaubnis erteilt, zusammen mit den jungen Männern die Universität zu besuchen... Polina schrieb sich regelmäßig jeden Herbst ein, machte aber weder jemals Studien noch Examina. Hingegen ging sie eifrig in die Vorlesungen, flirtete mit den Studenten, besuchte sie in ihren Wohnungen, hinderte die jungen Männer am Arbeiten, stachelte sie zum Widerstand auf, veranlaßte sie, Proteste zu unterschreiben, beteiligte sich an allen politischen Manifestationen, marschierte an der Spitze der Studenten, trug die rote Fahne, sang die Marseillaise, beschimpfte die Kosaken und forderte sie heraus, schlug die Pferde der Polizisten... Bei ihrer Rückkehr an die Universität wurde sie von den Studenten im Triumph getragen als das Opfer des ›verhaßten Zarismus‹. Polina wohnte allen Bällen, allen literarischen Abenden der Studenten bei, tanzte mit ihnen, klatschte Beifall, teilte alle neuen Ideen, die die Jugend bewegten. Damals war die freie Liebe Mode geworden. Jung und hübsch, folgte Polina eifrig dem Zug der Zeit, trieb sich im Dienste der Venus von einem Studenten zum anderen und glaubte, der europäischen Zivilisation zu dienen.«[27]

Diese reaktionären, klischeehaften Äußerungen, diese Verleumdungen zeigen die andere Seite der Tochter Dostojewskis. Interessant, daß sie sich so sehr von den emanzipatorischen, autoritätsverneinenden Idealen der zweiten Hälfte des 19. Jahrhunderts distanzieren möchte, obwohl sie auch ihr Leben stark beeinflußt haben, und sie in anderen Zusammenhängen gerade die daran geknüpften gesellschaftlichen Neuerungen pries. Die Wut und der gelegentliche Konformismus gehören ebenfalls zum Bild dieser Frau, zu ihrem Temperament.

Ljubóv F. Dostojewskaja im Spiegel ihrer literarischen Arbeiten

Ljubóv Dostojewskajas Theaterstücke konnte ich nicht mehr ausfindig machen. Sie gerieten vollkommen in Vergessenheit, waren vielleicht wirklich zu sehr an das momentane gesellschaftliche Zeitkolorit gebunden, wie die Kritiker immer wieder beteuerten. Vielleicht wird es mir später doch noch gelingen, einige in einer zeitgenössischen russischen Zeitschrift zu entdecken. Es wäre interessant zu sehen, ob die Literaturkritik recht hatte, oder ob sie ähnlich vorging wie Ljubóv gegen die Geliebte des Vaters: mit dem Mittel der Verleumdung.

Als ich aber aus Helsinki das 1911 in St. Petersburg erschienene Bändchen mit drei längeren Erzählungen zugeschickt bekam[28], vertiefte sich die Bekanntschaft mit Dostojewskis Tochter, die nach der Russischen Revolution das Land verließ und sich als Emigrantin in Westeuropa, vermutlich in Frankreich, später in Deutschland ansiedelte. Die

Geschichten waren eine Entdeckung! Der Titel »Kranke Mädchen« vereint drei Erzählungen über »Zeitgenössische Typen« – wie es im Untertitel heißt. Es geht um ein tragisches psychosoziales Phänomen. Im Vorwort schreibt die Autorin: »Zur Zeit erhöht sich jährlich, infolge der nicht normalen[29] Lage der Frauen in der Gesellschaft, die Zahl der kranken jungen Mädchen. Leider schenken dieser Tatsache die meisten Menschen keine Aufmerksamkeit. Unterdessen heiraten die meisten dieser Mädchen und stecken mit ihrer Nervosität und ihrer seelischen Krankheit die nächste Umgebung an.«[30] Anschließend äußert die Autorin die Hoffnung, daß sich in Zukunft immer mehr Ärzte und Wissenschaftler mit den geistigen Erkrankungen der Frauen seriös beschäftigen werden. Beim Lesen der drei Erzählungen mit den Überschriften »Verzauberung«, »Mitleid« und »Vampir«, die alle in der höheren Gesellschaft angesiedelt sind, spürt man deutlich das Engagement, mit dem die Autorin die Aufmerksamkeit auf die herrschenden Verhältnisse lenken will. Wer diese ausgezeichnet beobachteten psychologischen Studien als ›leichte, triviale Unterhaltung‹ abtun will, ist von Vorurteilen geblendet und ungerecht.

Ljubóv Dostojewskaja zeichnet eine sehr vielschichtige Skizze der Gesellschaftsstruktur mit besonderem Augenmerk für die Stellung der Frauen: die Rolle, die ihnen zugebilligt wurde, die Erwartungen, mit denen sie belastet wurden, die Ideale, nach denen sie sich selber orientierten. Ljubóv erweist sich als gute Beobachterin und kritisch denkende Psychologin. In ruhigem, distanziertem Ton schildert sie Situationen und Konstellationen, die auf Katastrophen zutreiben: beklemmende, nachvollziehbare Prozesse, deren Dramatik weniger auf einer turbulenten Handlung als auf subtilen seelischen Vorgängen beruht. Bei allen drei Geschichten erweist sich die Erziehung als der Ursprung des psychischen Leidens der betreffenden jungen Frauen, eine Erziehung mit zu vielen, wenn auch gut gemeinten, so doch belastenden und tendenziösen Ratschlägen, Idealen und Tabus. Gemäß dem Ideal sollen die Mädchen naiv, ergeben, unbeteiligt und stets angepaßt, stets gehorsam bleiben. Solchen Frauen schreiben dann die Männer eine stabilere Liebesfähigkeit zu: »Er (der Vater in einer der Geschichten – K.R.-S.) sagte mir, daß das gesamte öffentliche Leben den Männern angehört. Frauen seien geschaffen, um sich um die Männer zu kümmern, sie zu schonen, zu trösten in schweren Stunden und die Kinder zu erziehen. Er tat so, als wäre das ganze Gespräch über die Frauenemanzipation bloßes Gerede, als würde die Freiheit den Frauen nichts als Sehnsucht bringen. Als ob Frauen nicht auch auf ihre Art glänzende Leistungen erzielen würden. Wenn sie zu hervorragenden Wissenschaftlerinnen, Schriftstellerinnen, Schauspielerinnen oder Malerinnen heranwüchsen, würden sie weniger glücklich sein als eine beliebige Bäuerin, umringt von ihren Kindern. Die Natur werde ihnen nie vergessen, daß sie ihre Gesetze verletzt haben, und die Sehnsucht werde sie überfallen, ungeachtet ihrer Berühmtheit, des Applauses und der Lorbeeren. Wenn sich hingegen die Frau ganz dem Manne und den Kindern weiht, wird sie sich ganz vergessen... Und er wird sie grenzenlos lieben und verehren, und sie wird ihn mit Sanftmut, Güte und Ergebenheit regieren.«[31]

Ljubóv Dostojewskaja zeichnet die reiche Gesellschaft äußerst kritisch: Hinter dem gepflegten Äußeren verstecken sich oft kleinbürgerliche Vorstellungen vom verderblichen Einfluß der Literatur oder von den Pflichten, die eine Tochter zu erfüllen habe. Die Autorin deutet auf dieses Erwartungs-Erfüllungs-Spiel hin. Es war sicher nicht üblich, daß sich Frauen zur Opposition gegen die familiäre Autorität bekannt haben, daß sie den Zusammenhang zwischen den Nervenkrankheiten bei Frauen und der gesellschaftlichen Situation herstellten. Ljubóv Dostojewskaja greift ein Thema auf, das auch heute noch weitergeführt werden kann in den unterschiedlichsten Variationen. Auch wenn ihre Auffassungen teilweise noch der bürgerlichen Tradition verpflichtet blieben, versuchte Ljubóv auf ihre Art mit emanzipatorischem Gedankengut die patriarchalische Sturheit der Gesellschaft zu beeinflussen.

Ljubóv Fjodorowna Dostojewskaja stirbt am 11. November 1926, fern von Rußland, in der Emigration in Italien. Aus einigen indirekten Bemerkungen der bereits erwähnten Freundin der Mutter[32] geht hervor, daß sie während der Jahre des Ersten Weltkrieges Not gelitten hat. Über ihre letzten Lebensjahre war nichts zu erfahren.

ANHANG

Näheres zu den Erzählungen –

1. »Die Verzauberung«

Die Verzauberung (Liebeshörigkeit) bringt der Heldin, einer jungen Frau, immer wieder Unglück. Zunächst träumt Jelena von der ›heilen‹ Welt, die nach den Worten des Vaters Gehorsam und aufopfernde Güte von einer Frau verlangt. Nach dem Tod des Vaters verläßt sie die Krim und siedelt nach Petersburg um, wo die meisten ihrer Verwandten leben. Sie mietet sich dort eine Wohnung und beginnt am Gesellschaftsleben teilzunehmen. Bälle und Theater bereiten ihr viel Freude. Vergeblich sucht sie jedoch junge Männer, die ihren Trost nötig hätten, wie es ihr der Vater versprach. Ein junger Mann erweist ihr seine Gunst, besucht sie ständig und erzählt unaufhörlich von seinen Mißgeschicken. Jelena verliebt sich in ihn, wartet aber vergeblich auf einen Antrag. Knapp teilt er ihr mit, daß er für einige Monate zu Freunden ins Ausland fahre. Sie versteht seine Gleichgültigkeit nicht, empfindet nachträglich seine häufigen Besuche als kompromittierend und wartet voller

Trauer auf die weitere Entwicklung der Beziehung. Mehrere Jahre lang wiederholt sich in Abständen diese belastende Situation. Die Frau spürt inzwischen den Egoismus in der Handlungsweise ihres Freundes, und erst jetzt entschließt sie sich, ihm ihre Liebe zu gestehen. Falls er diese nicht erwidert, will sie ein neues, ein freies Leben beginnen, das sie sich bis jetzt aus Treue versagte. Daraufhin erfährt sie von seiner Heirat. Ihre Nervosität und psychische Angeschlagenheit münden in einer vorübergehenden Geisteskrankheit. In Italien wird sie schließlich geheilt.

Bereits in diesem Teil der trivial anmutenden Geschichte kommen mehrere Ebenen vor. Wir werden Zeugen ihrer Zweifel an der Richtigkeit und Glaubwürdigkeit der erziehungsbedingten Ideale. Sie meint, durch die Medikamente, die lange Ruhe und die Distanz ihre ›Liebe‹ überwunden zu haben und fühlt sich frei. Dieses Gefühl wird ins Zentrum gestellt, seine Dauerhaftigkeit jedoch als unerreichbar geschildert, da die Tradition und die männlichen Praktiken mit aller Selbstverständlichkeit die weibliche Selbständigkeit untergraben. Die Schlafstörungen und Migräne kehren zurück, wenn der Mann, inzwischen verheiratet, ohne Bedenken und ohne gesellschaftlich verurteilt zu werden, sich wieder bei der Jugendfreundin meldet und über die Unordnung in seinem Haushalt und die ungeregelte Erziehung seines Kindes klagt. Mit seiner egoistischen Selbstsicherheit überzeugt er zwar nicht, aber es gelingt ihm doch, Jelena das Versprechen zu entlocken, ihm zu helfen. Im Inneren sträubt sich Jelena gegen ihre gefühlsmäßige Abhängigkeit. Sie durchschaut inzwischen seinen Egoismus und seine Ausnützung ihrer früheren Liebe. Sie wundert sich, daß ihn die Dummheit und Oberflächlichkeit seiner nur schönen Gattin nicht stören. Um Ordnung in seinen Haushalt zu bekommen, schmeichelt er der Freundin, macht ihr Hoffnungen auf eine Heirat nach seiner Scheidung. Zur Pflege des Kindes wird ein Kindermädchen angestellt.

Auch dieser Frauentypus wird genau beschrieben, auch sie, Mary, leidet, ohne es zunächst zu wissen, an ihrer Rolle als Frau. Als Kindererzieherin liebt sie Kinder sehr, erschrickt aber vor eigenen sado-masochistischen Träumen, die sie schließlich einem Pfarrer beichtet. »Heiraten Sie und kümmern Sie sich um ihre eigenen Kinder«, ist seine Antwort, die er mit einem Lächeln garniert. Die Geschichte endet tragisch mit der Tötung des kleinen Pflegekindes. Jelena und Mary werden beschuldigt, aus Eifersucht diese Tat begangen zu haben.

Die Erzählung basiert trotz ihrer äußerlichen Melodramatik auf realen psycho-sozialen Verhältnissen. Ljubóv Dostojewskaja schildert anhand eines Rahmenkrimis die fast ausweglos scheinende Tragik so manchen Frauenschicksals. Die Frauen sind den Gefühlen und dem Wohlwollen der Männer ausgeliefert. Die Handlungsweise des Mannes ist an keine moralisierenden, mündlich überlieferten Gesetze gebunden. Weibliche »Unsittlichkeit« ist ganz anderen Gesetzen unterstellt als männliche.

2. *Erzählung – »Mitleid«*

Die Hauptperson der zweiten Erzählung ist ebenfalls ein junges Mädchen, das oft über Kopfschmerzen klagt. Eine typische psychosomatische Abwehrreaktion gegen unverarbeitete Mechanismen. Ljalja liest den ganzen Tag Romane und lebt das unwirkliche Leben der Heldinnen. Nur den Büchern entnimmt sie das Bild des Lebens, das sie sich als Paradies ausmalt. In der Schule wird sie eines Teils ihrer naiven Illusionen beraubt, als ihr die Mitschülerinnen verraten, was körperliche Liebe bedeutet. Ljalja wird als Opfer der romantischen Literatur geschildert, als pathetisch-hysterisches, egozentrisch-naives und lebensuntüchtiges Mädchen, das der Körperlichkeit entsagt und sie als etwas Ekelerregendes und Niederträchtiges bei anderen Menschen zu verurteilen beginnt. Diese pathologische Abneigung kompensiert sie durch eine karitative Liebe zu einem geisteskranken Mann. Wieder einmal begegnen wir einer Frau, die durch Entsagung und falsch verstandene Keuschheit das Leben nicht selbständig anzupacken vermag. Zu viele Verbote, zu hohe, unantastbare Ideale prägen die Frauen. Ljalja meint, Sexualität sei nur etwas für sozial Niedriggestellte oder Gefallene, bestenfalls etwas für Männer. Ihre Mädchenträume kippen bald in Selbstmitleid um, das am Schluß als einziger Inhalt ihres unausgefüllten Lebens bleibt.

»Welches Ziel hat also das Leben einer Frau?« fragt sich Ljalja ständig und überträgt ihr Mitleid auf alle anderen Frauen. Ljaljas Bemühungen nehmen groteske Formen an. Sie versucht krampfhaft, menschliches Glück zu stiften, das sie nur in einer ehelichen Zweierbeziehung vermutet. Das Leben entrinnt ihr aber vor den Augen, es wird zum Alptraum. Das Mitleid in den verschiedensten Formen hat ihre Lebensfähigkeit vernichtet.

3. Erzählung – »Vampir«

In der dritten Geschichte trägt die Erzählerin den Vor- und Vatersnamen der Autorin, Ljubóv Fjodorowna. Es geht um ihre Begegnung mit einem schüchternen Mädchen bei einem Ball, dem auch die attraktive, ständig Trauer tragende Mutter beiwohnt. Erst im Laufe der Erzählung enthüllt sich die Tragik des Mädchens, das durch die Eifersucht und den Machtanspruch der Mutter zum Wahnsinn getrieben wird. Aus dem Munde der geltungssüchtigen Mutter hören wir zudem diskriminierende Bemerkungen kinderlosen Frauen gegenüber.

Da erlaubt sich eine Autorin bereits am Anfang dieses Jahrhunderts, die Mutterliebe zu bezweifeln. Ljubóv Dostojewskaja wagt es, in der modernsten Art eine autoritäre Mutter zu schildern, die durch Psychoterror und Erpressungen die Tochter an sich bindet. Das Mädchen kann nur zwischen zwei Lebensmöglichkeiten wählen: Entweder gelingt ihr ein unangepaßtes Leben nach eigenen Vorstellungen, ein Leben, das nicht bestimmt ist von Wünschen der Umgebung, oder sie wählt ein Dasein in Apathie und geistiger Umnachtung. Im bürgerlichen Heiratsglauben erzogen, resigniert das Mädchen schließlich.

1 Therese Wagner-Simon; Irina Haefely-Grauen: »Die Familie Dostojewskij« – Eine konstitutionspsychologische Dokumentation der Familie Dostojewskij aus zehn Generationen. Teil 2. In: szondiana – Sonderdruck, Zeitschrift für Tiefenpsychologie und Beiträge zur Schicksalsanalyse. Heft 1. 1986, S. 10f

1a Aimée Dostojewski: »Dostojewski – geschildert von seiner Tochter«. Übersetzung Gertrud Ouckama Knoop. Eugen Rentsch Verlag, Erlenbach/Zürich 1920

2 Ljubóv F. Dostojewskaja: »Dostojewski – v izobraženii ego dočeri«. Übersetzung Krukovskaja. Moskva/Petrograd 1922

3 Diese Liebe begann Ende des Jahres 1861. Ende 1863 kam es wahrscheinlich zum Bruch. Sie schrieben sich jedoch noch längere Zeit Briefe. Anna Grigorjewna, die zweite Gattin D.s, fürchtete in P. Suslowa eine Rivalin, was diese zu der Zeit sicher nicht war.

4 Ljubóv Fjodorowna Dostojewskaja: »Bol'nye devuški«. – Sovremennye tipy. St. Petersburg 1911

5 A.S. Dolinin (Hrsg.): »Dostojewski – stat'i i materialy«. sbornik vtoroj. Izdatel'stvo Mysl'. Leningrad/Moskva 1924. Artikel: Iz vospominanij M.N. Stojuninoj ob A.G. Dostojewskoj. S. 581. Übersetzung Katka Räber-Schneider.

6 A.S. Dolinin: »Dostojewski i Suslowa«. S. 165 in Dolinin (Hrsg.) »Dost. – Stat'i i materialy«, sb. II. Leningrad/Moskva 1924

7 A.S. Dolinin war ein sehr kompetenter Literaturwissenschaftler und Dostojewski-Experte. Der Tochter stand er aber ablehnend gegenüber und unterstellte ihr unlautere Absichten und einen verlogenen, frivolen Charakter. Neid? Antipathie? Oder bloßer Haß einer Autorin gegenüber, die nie vorgab, wissenschaftliche, neutrale Tatsachenbeschreibungen liefern zu wollen?

8 vgl. Fußnote 5: ebd. S. 580

9 Aimée Dostojewski: »Dostojewski – geschildert von seiner Tochter«. Rentsch Verlag. Erlenbach/Zürich 1920. S. 215ff

10 Wahrscheinlich im Herbst 1877. Die Rechnung geht aber nicht auf, da der Altersunterschied der Geschwister zwei Jahre betrug.

11 Aimée Dostojewski: »Dostojewski – geschildert von seiner Tochter.« Rentsch Verlag. Erlenbach/Zürich 1920, S. 215ff

12 ebd. S. 222

13 ebd. S. 210

14 Ljubóv heißt auf Russisch ›Liebe‹ – vgl. Aimée. Dieser Name hatte für die Eltern eine symbolische Bedeutung. Den Verlust des ersten Kindes konnten beide lange nicht verwinden.

15 vgl. »Die Lebenserinnerungen der Gattin Dostojewskis«, Hrsg. René Fülöp-Miller und Friedrich Eckstein. Piper Verlag. München 1925. S. 200

16 Brief an den Freund und Schriftsteller A.N. Majkow vom 29. 9. 1869 aus Dresden. Vgl. in A.S. Dolinin: »Pis'ma – Dostojewskij«, sbornik II. Moskva 1928–59. S. 211

17 »Die Lebenserinnerungen der Gattin Dostojewskis«. 1925. S. 205

18 ebd. S. 188

19 ebd. S. 189

20 ebd. S. 205

21 Brief an Ljubóv aus Ems vom 19. 8. 1879. Vgl. A.S. Dolinin, Dost. – Pi'ma«, sb. I–IV. Moskva 1928–59. sb. IV. S. 90. Übersetzung K. Räber-Schneider. »Lieber Engel, meine Lilitschka, ich küsse und segne Dich, ich liebe Dich sehr. Vielen Dank, daß Du mir Briefe schreibst; ich lese und küsse sie dann und denke jedesmal fest an Dich. Ich sehne mich nach Euch. Ich kenne hier niemanden, so daß ich ständig schweige, und habe schon Angst, daß ich das Sprechen verlernt habe. In drei Wochen bin ich wieder bei Euch. Liebe Lilja, höre auf Mama und streite nicht mit Fedja. Und vergeßt beide nicht zu lernen. Ich bete zu Gott, daß er Euch auch weiterhin Gesundheit schenkt. Grüßt auch den Herrn Priester von mir und küsse statt meiner Fedja. Tut bitte, was Mama sagt und ärgert sie nicht. Auf Wiedersehen, liebe Lilitschka, ich liebe Dich sehr. Küsse Mama von mir. Dein Papa F. Dostojewski«. Am gleichen Tag bekam auch der kleine Fedja einen ähnlichen Brief.

22 »Die Lebenserinnerungen der Gattin D.s«. S. 224

23 Aimée Dostojewski: »D. – geschildert von seiner Tochter«. Erlenbach/Zürich 1920. S. 186f

24 M.N. Stojunina »Iz vospominanij M. Stojuninoj ob A.G. Dostojewskoj« in: A.S. Dolinin (Hrsg.) »Dostojewskij – stat'i i materialy«. sbornik II. Moskva/Leningrad 1924. S. 581

25 Interessant die Parallele zu dem revolutionären Jahr 1968

26 »Die Lebenserinnerungen der Gattin D.s«. S. 160

27 Aimée Dostojewski: »D. – geschildert von seiner Tochter«. Eugen Rentsch Verlag. Erlenbach/Zürich 1920. S. 117f

28 L.F. Dostojevskaja: »Bol'nye devuški« – Sovremennye tipy. St. Petersburg 1911

29 Könnte verschieden gedeutet werden. Das Original beinhaltet: der schwierigen, schlechten, unerträglichen, aufgewühlten, unsteten, nicht durch Tradition und Gesetz gebührend verankerten...

30 Aus dem Vorwort zu »Bol'nye devuški«. St. Petersburg 1911. S. 5

31 Ljubóv F. Dostojewskaja: »Bol'nye devuški« – Sovremennye tipy. St. Petersburg 1911. S. 9

32 »Iz vospominanij M.N. Stojuninoj ob A.G. Dostojewskoj«, in: A.S. Dolinin (Hrsg.) – »D. – stat'i i materialy«. sb. II, Moskva/Leningrad 1924. S. 590

NACHWORT:

Die Mutter als Knautschzone zwischen Vater und Tochter[1]

Luise F. Pusch

> Jenen Egoismus, der . . . die Tochter nicht missen mag, weil sie die Hammelkoteletts am besten brät, diesen Egoismus wenigstens haben wir nicht.
>
> *Theodor Fontane*

Auf die Arbeit an diesem Nachwort mochte ich mich lange nicht einlassen; monatelang habe ich mich davor gedrückt. *Mein* Vater ist erstens alles andere als berühmt, und zweitens habe ich bisher kaum mit ihm zu tun gehabt, denn meine Mutter ließ sich scheiden, als ich drei Jahre alt war. Die prägende Gestalt meiner Kindheit und Jugend war sie. Es fehlt mir also der »persönliche Zugang« zum Thema dieses Buches, aber das war nicht der Hauptgrund für mein Zögern. Hemmend wirkte sich vor allem die Tatsache aus, daß ich in diesen Biographien lange einfach keinen »roten Faden« entdecken konnte, keine zugrundeliegende, »das Töchter-berühmter-Männer-Schicksal als solches« kennzeichnende *Gesetzmäßigkeit*. Und auf dergleichen war ich aus – wozu sonst überhaupt ein Nachwort liefern? Ich wollte die Leserinnen und Leser nicht mit Eindrücken und Gedanken langweilen, die sich bei einmaligem Durchlesen des Buches sowieso einstellen, sondern ein Resümee, eine Art handliches Analyse-Ergebnis präsentieren, das *mehrmaliges* Lesen voraussetzt – also etwas, was die Herausgeberin normalerweise tut, nicht aber die Leserin. Bei den *Schwestern berühmter Männer*, dem ersten Teil der mit diesem Band fortgesetzten Trilogie[2], fand sich der rote Faden wie von selbst. Allen Biographien war gemeinsam, daß die Schwester gegenüber dem Bruder kraß benachteiligt worden war; fast alle Schwestern waren unverheiratet (sonst wären sie nicht zum »biographischen Faktor« in der Vita des berühmten Bruders aufgestiegen), fast alle lebten weitaus länger als ihre Brüder – und die meisten von ihnen wurden wahnsinnig oder begingen Selbstmord. In diesen konkreten Lebensläufen bestätigte sich also das, was Virginia Woolf über Judith Shakespeare, die (allerdings fiktive) geniale Schwester Williams, behauptet: Wenn es sie gegeben hätte, so wäre sie mit Sicherheit verrückt geworden, an ihren im Patriarchat nicht auslebbaren kreativen Impulsen einfach erstickt.

Bei den Töchtern dagegen: Ein völlig uneinheitliches Bild – ein Sammelsurium von Frauenbiographien, die nichts miteinander gemeinsam zu haben scheinen als die für eine Frau doch wohl unerhebliche Tatsache, daß der Vater eben berühmt war: Nur von dem Sohn wird schließlich allgemein erwartet, daß er dem großen Vater nacheifere[3], und unter dieser erdrückenden Hypothek bricht der unglückliche Sproß denn auch für gewöhnlich tragisch zusammen.[4]

Was verbindet eine Leonora Christina, Königstochter, deren reich dokumentiertes und besungenes Leben in die »höchsten Höhen und tiefsten Tiefen« führte, mit einer Johanna Carolina Bach, von der nur das Tauf- und das Todesdatum überliefert sind? Leonora war der Liebling ihres Vaters; er zog sie sogar seinen Söhnen vor – Johanna Carolina hingegen war für das Leben ihres Vaters, soweit es uns bekannt ist, bedeutungslos. Was verbindet Byrons eigenwillige Tochter Allegra, die im Alter von fünf Jahren starb, mit der nur wenige Jahre später geborenen, »bürgerlich-braven« Gisela von Arnim, der ein langes und beschauliches Leben vergönnt war?

Oder nehmen wir die beiden anderen Töchter Byrons, Ada und Medora, Halbschwestern immerhin – außer der für das Nachwort unergiebigen Tatsache, daß ihr Vater in ihrem Leben keine aktive Rolle spielen konnte, haben sie wohl kaum etwas gemeinsam.

Und doch gibt es ihn, den roten Faden – jedenfalls glaube ich, ihn nach langem mißmutigem Brüten endlich gefunden zu haben: Cherchez la femme! Ich konnte das Grundmuster nicht sehen (obwohl es, einmal bekannt, ins Auge zu springen scheint), weil ich mich durch die Vater-Tochter-Beziehungen habe ablenken lassen, die eben völlig verschiedenartig sind und scheinbar keinem allgemeinen Gesetz, sondern nur der individuellen Laune des jeweiligen Papas gehorchen. Daß aber die Väter alle mit derselben Strategie dasselbe Programm verfolgen, nämlich »Wie und wo kriege ich am schnellsten/besten, was ich brauche?«, erkennt frau erst, wenn sie sich auf die jeweiligen *Mütter* konzentriert. Deren Möglichkeiten und Grenzen der Belastbarkeit legen ziemlich exakt fest, wieviel und welche Art Versorgungsarbeit am Papa auf die Tochter entfällt, d.h., wieviel Energie und Zeit der Tochter für eine eigenständige Entwicklung und für ihr eigenes Leben übrigbleibt.

»Töchter berühmter Männer« ist dieses Buch betitelt, und viele Frauen haben zu Recht kritisiert, warum denn die Mütter, die diese Töchter ja schließlich auch hatten, *schon wieder* unterschlagen würden, ausgerechnet in einem Buch mit erklärt feministischem Anspruch?! – Nun, im Titel *mußten*[5] sie unterschlagen werden, in den einzelnen Biographien wurden sie es nicht, im Gegenteil – und bei der analytischen Betrachtung des Gesamtbildes erweisen sie sich sogar als Schlüsselfiguren: *Es sind die Mütter, von denen es abhängt, wie der Vater seine Beziehung zur Tochter gestaltet.* Dieser Satz ist nicht dahingehend mißzuverstehen, daß Mütter etwa jemals die Macht von »Drahtzieherinnen im Hintergrund« gehabt hätten. Die Mutter ist eher eine Art Puffer- oder Knautschzone, die die Wucht der sonst unweigerlich auf die übrigen weiblichen Familienmitglieder »durchschlagenden« männlichen Bedürfnisse abmildern oder ganz auffangen kann – oder eben nicht. Charakter und Fähigkeiten der Mutter bestimmen also letztlich, welche Rolle die Tochter im Familiendrama einzunehmen hat, obwohl sie erst dann in den Vordergrund tritt und auf die Tochter unmittelbar Einfluß nimmt, wenn der Vater ausfällt (Byron, Arnim, Dostojewsky).

»Väter haben keinen Einfluß auf ihre Töchter – sie haben Macht über sie!« erklärt Karin Arndt lapidar im Vorwort ihrer Interview-Sammlung *Der erste Mann in meinem Leben...: Töchter sprechen über ihre Väter.*[6] Väter haben überhaupt die Macht – *Patriarchat* heißt schließlich nichts anderes als »Herrschaft der Väter«. Ihre Töchter haben sie allerdings am meisten in der Gewalt. Die Vater-Tochter-Beziehung unterscheidet sich von allen anderen familiären oder sonstigen zwischenmenschlichen Beziehungen dadurch, daß sie das extremste Machtgefälle aufweist und (daher) den perfidesten Machtmißbrauch ermöglicht.[7]

Was die Väter mit ihrer Macht anstellen, steht ganz in ihrem Belieben. Es hängt, wie sich an den hier vorgelegten Biographien ablesen läßt, weitgehend davon ab, wie ihre in der Regel unersättlichen Bedürfnisse befriedigt werden, und zwar von der Ehefrau. Ist diese eine perfekte Hausfrau, perfekte Geliebte, perfekte Kindererzieherin und perfekte Muse zugleich – aber welche Frau ist das schon?![8] – so bleibt die Tochter relativ unbehelligt. Zeigt die Ehefrau jedoch irgendwelche Schwachstellen, ist sie von den Ansprüchen ihres Eheherrn völlig überlastet oder fällt sie gar durch Tod ganz aus, dann ist die Tochter dran.[9]

Am 28. November 1928 schrieb Virginia Woolf in ihr Tagebuch: »Vaters Geburtstag. Er wäre heute... 96 geworden; und er hätte 96 werden können, wie andere Leute, die man gekannt hat; aber zum Glück wurde er es nicht. Sein Leben hätte meines ganz beendet. Was wäre passiert? Kein Schreiben, keine Bücher; – unvorstellbar.«[10]

»His life would have entirely ended mine« – die das über ihren (berühmten) Vater sagte, der 72 Jahre alt wurde und im Laufe seines Lebens zwei Ehefrauen und eine Stieftochter buchstäblich »verbrauchte«, setzte ihrem Leben im Alter von 59 Jahren selbst ein Ende. Selbstmord begingen auch zwei der neun in diesem Band biographierten »Töchter berühmter Männer«: Eleanor Marx und Mete Fontane, beide die erklärten Lieblinge ihrer Väter.

Es spielt *doch* eine ganz entscheidende Rolle für das Leben dieser Töchter, daß ihr Vater berühmt war, nur hat seine Berühmtheit für sie andere Konsequenzen als für die Söhne. Letztere erdrückt, wie gesagt, häufig das lastende Vorbild – von den Töchtern wird nicht erwartet, daß sie in »die Fußstapfen des Vaters treten«[11], sondern im Gegenteil um seinetwillen auf eigene Leistung, ja eigenes Leben verzichten, wenn er sie braucht:

»His life would have entirely ended mine. . . .No writing, no books; – inconceivable . . .«

Heroen des Geistes – und mit solcherart berühmt Gewordenen haben wir es hier, bis auf König Christian, zu tun – arbeiten meist zu Hause, im Schoße der Familie. Dieser Schoß ist ein weiblicher, denn die Männer müssen ja normalerweise hinaus ins feindliche Leben. Die Töchter der Geistesheroen nun sind in größter Gefahr, von den ausgreifenden Erfordernissen des väterlichen Produktionsdrangs und -betriebs verbraucht und aufgesogen zu werden, und sie können sich, anders als die Ehefrauen, solcher Beanspruchung, wenn sie denn eintritt, kaum entziehen, weil sie dem machtvollen väterlichen Einfluß von frühster Kindheit an ausgesetzt und von ihm geprägt worden sind. Schon der durchschnittliche, unberühmte Vater hat als Patriarch ein Gewohnheitsrecht darauf, seine Bedürfnisse durch die weiblichen Mitglieder seiner Familie umfassend befriedigt zu sehen. Der geistig produktive Vater aber benötigt nicht nur die »normale« leibliche und seelische, sondern vor allem intellektuelle Versorgung – das einfühlsame, kongeniale weibliche Echo, die »geistige Gefährtin«. Kurz, er braucht seine »Muse«. Ein Mann, etwa ein Freund, kann diese Rolle nicht zufriedenstellend ausfüllen, weil ihm die unabdingbare Fähigkeit zum Aufschauen nicht rechtzeitig beigebracht wurde. Und statt ein wohltönendes Echo zu sein, könnte sich ja der Freund sogar erdreisten, selber ein Echo für seine Produktionen zu verlangen; außerdem besteht immer die Gefahr verunsichernder Konkurrenz, mit der der

Geistesriese draußen in der Welt schon genug zu kämpfen hat – gerade deshalb braucht er ja daheim die lindernde Hand der Muse!

Zur Erfüllung ihrer sogenannten Hausfrauen-, Ehefrauen- und Mutterpflichten konnte der Mann jede wie auch immer geartete Ehefrau zwingen; der Beruf der Muse jedoch setzt besondere Begabung und Einfühlung und die Bereitwilligkeit zur Selbstaufgabe voraus. Macht die Ehefrau da nicht mit, weil sie überlastet oder geistig unabhängig oder »unbegabt« ist, dann ist die Reihe an der Tochter.

Betrachten wir die Familienstruktur unserer neun berühmten Männer unter diesem Aspekt einmal genauer. Die Töchter lassen sich zunächst in drei Gruppen einteilen:

1. Die Töchter, deren Vater starb, als sie noch Kinder waren:

die Töchter Byrons
Gisela von Arnim
Ljubóv Dostojewsky

2. Die Lieblingskinder (wohlgemerkt: sie waren nicht nur die Lieblings*töchter*, sondern überhaupt die Lieblinge ihrer Väter und wurden den Söhnen vorgezogen):

Margaret Roper
Leonora Christina
Eleanor Marx[12]
Mete Fontane

3. Die Töchter, die weder Lieblingskinder noch früh vaterlos waren; interessanterweise haben wir es in beiden Fällen mit streng protestantischen Elternhäusern zu tun:

die Töchter Bachs
Marie Walden, die Tochter Gotthelfs

Wenn wir die Lieblinge mit den Nicht-Lieblingen vergleichen, so stellt sich heraus, daß die Lieblinge auserwählt wurden, weil die Ehefrau als »geistig-emotionales Echo« ausfiel oder sich verweigerte. Kirsten Munk, die Frau König Christians, war von ihm verstoßen worden. Thomas

Mores (zweite) Frau lehnte es einfach ab, sich von ihm zur Gelehrten ausbilden zu lassen. Jenny Marx hatte mit dem chaotischen Marxschen Haushalt hinreichend zu tun, und Emilie Fontane konnte oder wollte ihrem Theodor »geistig nicht folgen«. Also übernahmen die Töchter, einfühlsam, bereitwillig und dankbar, diese brachliegende Funktion bzw. ehrenvolle Aufgabe.

Gotthelfs Frau sowie Maria Barbara und Anna Magdalena Bach hingegen waren ihren Ehegatten auch geistig »vollwertige« Partnerinnen, nur litten der Haushalt und (bei den Bachs) die Kindererziehung und -versorgung etwas unter der zusätzlichen Inanspruchnahme der Gattin, so daß in diesen Fällen die Töchter eher als Dienst- bzw. Kindermädchen, zur Entlastung der Hausfrau und Mutter, eingesetzt wurden.

Bemerkenswert unverblümt äußert sich der Pfarrer Jeremias Gotthelf darüber, was nach seiner Auffassung der Daseinszweck seiner beiden »Meitschi« ist:

»Das Heiraten ist eine fatale Sache für Väter, welche einigermaßen zur Bequemlichkeit neigen, nicht bloß bringt es eine Menge Molesten mit sich, ... sondern bleibende Störungen im Hauswesen. Alles, für was man die Meitschi erzogen hat, werfen sie einem wieder vor die Füße, man kann es wieder selbst machen oder zusehen, daß es gemacht werde, und als ob sie alles nichts mehr angehe, kümmern sie sich um ... nichts mehr.«

Es stimmt natürlich nicht, daß die »Meitschi« sich nach ihrer Heirat »um nichts mehr kümmern« – nur müssen sie sich jetzt eben um die Bedürfnisse eines anderen Mannes kümmern, also genau das tun, »wofür man sie erzogen hat«. Die Tochter wird so selbst zur Ehe- und Hausfrau und damit ihrerseits zur »mütterlichen Knautschzone« zwischen *ihren* Töchtern und deren Vater, und so weiter und so weiter.

Diesem patriarchalen Zwangslauf der Dinge entkamen nur wenige Frauen – als Töchter vor allem dann, wenn der

Vater früh gestorben war, als Ehefrauen, wenn der Gatte beizeiten starb. Marie Walden, Gotthelfs Tochter, kam erst nach dem Tod ihres Mannes dazu, sich um ihre eigenen Belange zu kümmern und ihre Werke zu verfassen, ganz ähnlich wie Bettine von Arnim und überhaupt die meisten Schriftstellerinnen des vorigen Jahrhunderts.

In Bettine haben wir den absoluten Ausnahmefall eines potentiell erdrückenden *mütterlichen* Vorbilds vor uns – es hätte sich also zwischen ihr und ihrer Tochter Gisela theoretisch ähnlich Hochdramatisches abspielen können wie zwischen Goethe & Sohn oder in den anderen »tragischen« Übervater–Sohn-Beziehungen. Was aber tun die beiden Frauen statt dessen?! Sie leben in einer Art Symbiose, unterstützen sich gegenseitig, ja sie verfassen sogar *gemeinsame* Werke! (Mir ist kein einziges Werk bekannt, daß ein »großer« Vater mit seinem Sohn – geschweige denn mit seiner Tochter – verfaßt hätte). Die Kreativität der Mutter wirkte auf Gisela insgesamt eher ermutigend und anregend als lähmend – ich vermute, weil diese Kreativität mit viel geringerer öffentlicher (= männlicher) Anerkennung einherging, als wenn Bettine ein Mann gewesen wäre. Die starke Persönlichkeit der Mutter war auch für Gisela keineswegs unproblematisch, aber diese Bedrückung war eher bedingt durch die individuelle Verteilung der Stärken bzw. Schwächen und wurde nicht noch gesellschaftlich potenziert und zementiert. Deshalb war sie erträglicher; der bekannte »tragische Konflikt zwischen den Generationen« *konnte* diesmal nicht stattfinden, weil dieser »Konflikt« (platt gesagt: diese blödsinnige Konkurrenz) immer eine rein männliche Angelegenheit war – und noch ist.[13]

Was folgt nun aus alledem? Wir, als die Meitschi dieses Jahrhunderts, sollten die väterliche Klage Gotthelfs endlich Wahrheit werden lassen und den Patriarchen alles, wofür sie uns erzogen haben, entschlossen vor die Füße werfen.

1 Für hilfreiche und anregende Diskussionen zu diesem Text danke ich Jutta Wasels und Beate Schräpel sowie den Teilnehmerinnen des Sommerkurses 1986 »Feministische Linguistik für Fortgeschrittene« an der Free Women's University in La Part-Dieu (Schweiz), Wally Achtermann, Joey Horsley, Maxa Ott und Barbara Speck.

2 Pusch, Hrsg. 1985. Der dritte Band wird den *Müttern berühmter Männer* gelten.

3 Auf diesen wichtigen Punkt machte mich Jutta Wasels aufmerksam.

4 Als klassische Beispiele für derartige Sohnes-Tragik gelten Friedemann Bach und August von Goethe.

5 Leitgedanke dieser Trilogie ist die sinnige Nutzung männlicher Selbstverherrlichung und Hagiographik für die Rekonstruktion der Geschichte der Frauen. Frauen, die im Leben berühmter Männer eine Rolle gespielt haben, sind – im Gegensatz zu anderen Frauen aus der Vergangenheit – als Teil der Männerbiographien für uns wenigstens noch »greifbar«.

6 1986: 10. Es fällt auf, daß gleich zwei der in letzter Zeit herausgekommenen Bücher zum Thema »Vater–Tochter-Beziehung« sich der erotisch-sexuell getönten Phrase »erster Mann ihres Lebens« bedienen, vgl. auch *Mein Vater: Frauen erzählen vom ersten Mann ihres Lebens*, hrsg. von Margot Lang (1979). Was hier noch halb scherzhaft angedeutet und damit verharmlost wird, ist in Wirklichkeit für viele Töchter »liebevoller« Väter tödlicher Ernst, Sexualterror. Vgl. vor allem *Väter als Täter: Sexuelle Gewalt gegen Mädchen – »Erinnerungen sind wie eine Zeitbombe«* von Barbara Kavemann und Ingrid Lohstöter (1984).

7 Vgl. Anm. 6. Hellhörig geworden durch die Lektüre von Alice Millers (1983: 159–61 und 391f) Ausführungen über die Inzest Leidensgeschichte Virginia Woolfs, wurde ich beim Lesen der Biographie von Eleanor Marx (vgl. Klaus Gochs Aufsatz in diesem Band) den Verdacht nicht los, daß Karl Marx seiner Tochter vielleicht deswegen die Ehe mit Lissagaray so strikt und starrköpfig verbot, weil er einfach eifersüchtig war und selbst ein Verhältnis mit ihr (gehabt?) hatte. Schließlich war er bei der Befriedigung

seiner sexuellen Bedürfnisse keineswegs »zimperlich« und scheute selbst extreme Folgen in seiner unmittelbaren familiären Umgebung nicht. Klaus Goch stimmte mir zu, diese Vermutung habe sich ihm beim Studium der Marxschen Familiengeschichte auch aufgedrängt, nicht nur für Eleanor, sondern auch und vor allem in bezug auf ihre ältere Schwester Laura (die ebenfalls Selbstmord beging). Da er den Verdacht aber nicht schlüssig beweisen könne, wolle er dazu lieber schweigen.

8 – oder: Welche Frau möchte das schon sein?! Aber diese aufmüpfige Zusatzfrage konnten sich die meisten Frauen der Vergangenheit gar nicht leisten.

9 Mozarts Schwester, Maria Anna Mozart (besser bekannt unter dem Namen »das Nannerl«), mußte ihre Pianistinnenkarriere aufgeben und ihrem Vater beistehen und ihm den Haushalt führen, als ihre Mutter gestorben war. Sie war vermutlich die bedeutendste Pianistin ihres Jahrhunderts und pianistisch begabter als ihr Bruder, wie er freimütig zugab. Vgl. Rieger 1985.

10 Vgl. Bell 1980: 208; Übersetzung von mir. Den Hinweis auf diese Textstelle verdanke ich Edda Kerschgens.

11 Machen Mütter auch Fußstapfen, in die ihre Töchter treten könnten? *Fußstapfen* – ein sehr »männliches« Wort. Frau assoziiert feste, schwere Schritte, kaum »weibliche Anmut/Leichtfüßigkeit«...

12 Marx' »eigentlicher« Liebling, der Sohn Edgar, starb mit 8 Jahren. Der Sohn Frederick Demuth war illegitim und zählte daher nicht für ihn.

13 Vgl. hierzu die hochinteressanten Erörterungen von Marlis Gerhardt (1986).

LITERATURVERZEICHNIS

Arndt, Karin. Hrsg. 1986. *Der erste Mann in meinem Leben...: Töchter sprechen über ihre Väter*. München. Heyne Report 2.

Bell, Anne O. Hrsg. 1980. *The diary of Virginia Woolf Vol. III (1925–1930)*. London. The Hogarth Press.

Gerhardt, Marlis. 1986. *Stimmen und Rhythmen. Weibliche Ästhetik und Avantgarde*. Darmstadt und Neuwied. Sammlung Luchterhand 655.

Kavemann, Barbara und Ingrid Lohstöter. 1984. *Väter als Täter:*

Sexuelle Gewalt gegen Mädchen – »Erinnerungen sind wie eine Zeitbombe«. Reinbek b. Hamburg. rororo frauen aktuell 5250.

Lang, Margot. Hrsg. 1979. *Mein Vater. Frauen erzählen vom ersten Mann ihres Lebens*. Reinbek b. Hamburg. rororo neue frau 4357. –

Miller, Alice. 1983. *Du sollst nicht merken: Variationen über das Paradies-Thema. Mit einem neuen Nachwort (1983)*. Frankfurt/M. suhrkamp TB 952.

Pusch, Luise, F., Hrsg. 1985. *Schwestern berühmter Männer: Zwölf biographische Portraits* Frankfurt/M. Insel TB 796.

Rieger, Eva. 1985: »Maria Anna Mozart (1751–1829): ›Ich habe mich recht verwundert, daß Du so schön componiren kanst‹«, in: Pusch. Hrsg. 1985, S. 123–54.

Zu den Autorinnen und Autoren dieses Buches

Ruth-Ellen Boetcher Joeres
Geboren 1939 in Baltimore, Maryland, USA. Promotion in Germanistik, Johns Hopkins University (Baltimore). Seit 1976 an der University of Minnesota (Minneapolis), wo sie jetzt ordentl. Professorin der Germanistik ist und 1984–87 das Center for Advanced Feminist Studies leitete.

Veröffentlichungen vor allem über deutsche Schriftstellerinnen, Aufsätze über Hedwig Dohm, Johanna Kinkel, Luise Büchner u.a., über Romane von Frauen zur 1848er Zeit, über Frauen als Journalistinnen und Autobiographinnen, auch ein Dokumentarband über Louise Otto-Peters und Bücher über die Literatur- und Sozialgeschichte der deutschen Frauen im 18. und 19. Jahrhundert. Als Teil eines interdisziplinären Autorinnenkollektivs schrieb sie eine feministische theoretische Studie zum Thema der persönlichen Erzählform (Autobiographien, Biographien und »life histories«) unter Frauen. Sie arbeitet auch an einer Untersuchung des Selbstdarstellungsprozesses von deutschen Schriftstellerinnen im 19. Jahrhundert.

Klaus Goch
Geboren 1942 in Höckelheim bei Northeim (Hann.), Sozialpädagoge, lebt seit 1979 in Lübbecke (Westf.).

Marianne Goch
Geboren 1945 in Bünde/Westfalen, Studium (Geschichte/Germanistik) in Heidelberg. Seit 1971 im Schuldienst. Veröffentlichte 1985 »Carla Mann. Eine biographische Skizze«. In: Luise F. Pusch (Hrsg.), Schwestern berühmter Männer. Insel Taschenbuch 796. – Lebt mit Mann und Kind in Lübbecke/Westfalen.

Gudrun Honke
Geboren 1946 in Bochum, verheiratet, ein Kind, Literaturwissenschaftlerin, M. A. Nach Studium am Bibliothekar-Lehrinstitut in Köln und mehrjähriger Tätigkeit als Diplom-Bibliothekarin 1973–1979 Studium der Literaturwissenschaft und Soziologie, bis 1982 wissenschaftliche Mitarbeiterin an der Universität Bielefeld. Lebt seit 1983 in Rwanda (Zentralafrika). Arbeiten über Frauen in der Frühen Neuzeit sowie zur Geschichte und Kultur Rwandas.

Evelyne Keitel
Geboren 1951, Studium der Literaturwissenschaft und Geschichte in München, Konstanz, Großbritannien und in den USA. 1977 Examen an der Universität Konstanz. Danach Aufbaustudium in Konstanz, gleichzeitig Ausbildung in Freudscher Psychoanalyse am Psychoanalytischen Seminar, Zürich. 1982 Promotion im Fach Anglistik an der Universität Konstanz. Seit 1983 Hochschulassistentin am John F. Kennedey-Institut für Nordamerikastudien der Freien Universität Berlin, Abteilung Literatur.

Aufsatzveröffentlichungen über Literaturtheorie, Probleme der Gegenwartsliteratur und feministische Literaturwissenschaft. Eine Untersuchung über die Darstellung von Psychosen in der Gegenwartsliteratur und über die spezifischen Leserreaktionen, die dadurch bewirkt werden, erschien 1985 im Carl Winter Universitätsverlag, Heidelberg, unter dem Titel »Psychopathographien – die Vermittlung psychotischer Phänomene durch Literatur.«

Swantje Koch-Kanz
Geboren 1939 in Bremen, verheiratet, ein Kind. Erstes und zweites Staatsexamen (Deutsch und Englisch). Zehn Jahre Verlagstätigkeit für Mouton, Den Haag. 1972–75 wiss. Assistentin am Seminar für Allgemeine Sprachwissenschaft der Universität Kiel. Diverse Arbeiten zur deutschen

Grammatik. Seit 1975 Mitglied der Gächinger Kantorei; Mitwirkung bei (u.a.) über hundert Aufführungen von Kantaten und Oratorien Joh. Seb. Bachs.

Katrin Lunde
Geboren 1950 in Stryn (Norwegen). Studium an der Universität Bergen (Altgriechisch, Mathematik und Deutsch). Mehrere Aufenthalte an deutschen Universitäten im Rahmen ihres Forschungsprojekts über Koordination und Subordination im Deutschen. Seit 1981 Dozentin für deutsche Sprache an der Universität Tromsö. Arbeitet jetzt auch auf dem Gebiet der feministischen Linguistik.

Madeleine Marti
Geboren 1957 in Baden. Studium der Germanistik, Geschichte und Literaturkritik in Zürich und Berlin. Lizentiat über Christa Reinig. Seit 1983 Lehrerin für Deutsch am Gymnasium in Baden/Schweiz. Lebt in Wettingen.

Luise F. Pusch
Geboren 1944 in Gütersloh. Professorin für Sprachwissenschaft. Diverse Bücher und Aufsätze zur Grammatik des Deutschen, Englischen, Italienischen und Lateinischen. Seit 1979 Forschungsschwerpunkt Feministische Linguistik. Autorin von *Das Deutsche als Männersprache: Aufsätze und Glossen zur feministischen Linguistik* (1984, es 1217); Herausgeberin von *Feminismus: Inspektion der Herrenkultur* (1983, es 1192) und *Schwestern berühmter Männer: Zwölf biographische Portraits* (1985, insel TB 796). Arbeitet seit 1982 an einer *Frauenchronik* und an einem Kalender mit Frauen-Gedenktagen, der seit 1987 unter dem Titel *Berühmte Frauen* als suhrkamp taschenbuch erscheint. Für diese frauen-archäologischen Projekte sind bisher die biobibliographischen Daten von 20000 bedeutenden Frauen gespeichert.

Katka Räber-Schneider

Geboren 1953 in der CSSR. An vielen Orten gelebt, unter anderem 4 Jahre in Ostberlin. Nach der Okkupation der CSSR emigrierte sie zusammen mit ihrer Familie im Jahre 1968 in die Schweiz. In Zürich Studium der Slavistik, Germanistik und Literaturkritik. Seit 1979 journalistisch und literarisch freischaffend. Schreibt Kurzgeschichten und Märchen für Kinder und Erwachsene, veröffentlicht in Rundfunk und Zeitungen sowie Zeitschriften. Längere Zeit war sie für die Kinder- und Jugendbuchseite der Basler Zeitung zuständig. Veröffentlichte viele Artikel zum Thema Feminismus in der Zeitschrift ›Emanzipation‹, wo sie seit 1985 in der Redaktion mitarbeitet. Lebt nach verschiedenen Stationen zusammen mit Mann und zwei kleinen Kindern in Basel.

Doris Stump

Geboren 1950 in Zürich. Studium der Germanistik und Anglistik in Zürich und Bryn Mawr (Pennsylvania, USA). 1984 Promotion mit einer Arbeit über Meta von Salis, eine Schweizer Frauenrechtskämpferin und Schriftstellerin (1855–1929). Lehrerin für Deutsch am Gymnasium in Wettingen/Schweiz.

Publikation: ›Sie töten uns, nicht unsere Ideen. Meta von Salis. paeda media Verlag, Thalwil/Zürich, 1985.

Deutsche Staatsbibliothek, Theodor-Fontane-Archiv, Potsdam
Dostojewski-Museum, Moskau
Editions du Seuil, Paris
Freies Deutsches Hochstift, Frankfurt am Main
Gyldendalske/Nordisk Verlag, Kopenhagen
Harper & Row, New York
Paul Haupt AG, Bern
Kunstmuseum Basel
John Murray, London
R. Piper & Co. Verlag, München
Reclam Verlag, Leipzig
Verlag Benno Schwabe & Co., Basel
Staatsbibliothek Berlin
Süddeutscher Verlag, Bilderdienst, München
Ullstein Bilderdienst, Berlin
Verwaltung der Staatlichen Schlösser und Gärten Hessen,
Bad Homburg

[illegible]

Literatur von Frauen
im Suhrkamp Taschenbuch Verlag

Isabel Allende: Eva Luna. Roman. Aus dem Spanischen von Lieselotte Kolanoske. st 1897

– Das Geisterhaus. Roman. Aus dem Spanischen von Anneliese Botond. st 1676

– Die Geschichten der Eva Luna. Aus dem Spanischen von Lieselotte Kolanoske. st 2193

– Von Liebe und Schatten. Roman. Aus dem Spanischen von Dagmar Ploetz. st 1735

Vita Andersen: Welche Hand willst du? Roman. Aus dem Dänischen von Angelika Gundlach. st 2225

Ruth Andreas-Friedrich: Der Schattenmann. Tagebuchaufzeichnungen 1938-1945. Mit einem Nachwort von Jörg Drews. st 1267

– Schauplatz Berlin. Tagebuchaufzeichnungen 1945-1948. st 1294

Lou Andreas-Salomé: Lebensrückblick. Grundriß einiger Lebenserinnerungen. Aus dem Nachlaß herausgegeben von Ernst Pfeiffer. Neu durchgesehene Ausgabe mit einem Nachwort des Herausgebers. it 54

– Rainer Maria Rilke. Mit acht Bildtafeln im Text. Herausgegeben von Ernst Pfeiffer. it 1044

Hannah Arendt: Die verborgene Tradition. Acht Essays. Den Essay »Der Zionismus aus heutiger Sicht« übersetzte Friedrich Griese ins Deutsche. st 303

Bettine von Arnims Armenbuch. Herausgegeben von Werner Vordtriede. it 541

Bettine von Arnim: Goethes Briefwechsel mit einem Kinde. Herausgegeben und eingeleitet von Waldemar Oehlke. Mit zeitgenössischen Abbildungen. it 767

– Die Günderode. Mit einem Essay von Christa Wolf. it 702

Elizabeth von Arnim: Alle meine Hunde. Aus dem Englischen von Karin von Schab. it 1502

– Elizabeth und ihr Garten. Aus dem Englischen von Adelheid Dormagen. it 1293 und Großdruck. it 2338

Jane Austen: Die Abtei von Northanger. Aus dem Englischen von Margarete Rauchenberger. Mit Illustrationen von Hugh Thomson. it 931

– Anne Elliot. Aus dem Englischen von Margarete Rauchenberger. Mit Illustrationen von Hugh Thomson. it 1062

– Emma. Aus dem Englischen von Charlotte Gräfin von Klinckowstroem. Mit Illustrationen von Hugh Thomson. it 511

– Lady Susan. Ein Roman in Briefen. Die Watsons. Sanditon. Zwei Romanfragmente. Aus dem Englischen von Angelika Beck und Elizabeth Gilbert. it 1192

110/1/3.93

Literatur von Frauen im Suhrkamp Taschenbuch Verlag

Jane Austen: Lady Susan. Ein Roman in Briefen. Aus dem Englischen von Angelika Beck. Großdruck. it 2331
– Mansfield Park. Aus dem Englischen von Angelika Beck. Mit Illustrationen von Hugh Thomson. it 1503
– Stolz und Vorurteil. Aus dem Englischen von Margarete Rauchenberger. Mit Illustrationen von Hugh Thomson und mit einem Essay von Norbert Kohl. it 787
Ingeborg Bachmann: Malina. Roman. st 641 und st 1903
Emmy Ball-Hennings: Das flüchtige Spiel. Wege und Umwege einer Frau. st 1502
– Gefängnis. st 1936
Djuna Barnes: Nachtgewächs. Roman. Deutsch von Wolfgang Hildesheimer. Mit einer Einleitung von T.S. Eliot. st 2195
– Ryder. Aus dem Amerikanischen von Henriette Beese. Mit elf Zeichnungen der Autorin. st 1638
Margrit Baur: Ausfallzeit. Eine Erzählung. st 1617
– Überleben. Eine unsystematische Ermittlung gegen die Not aller Tage. st 1098
Sylvia Beach: Shakespeare and Company. Ein Buchladen in Paris. Aus dem Amerikanischen von Lilly v. Sauter. st 823
Maria Beig: Hermine. Ein Tierleben. Mit einem Nachwort von Martin Walser. st 1303
– Hochzeitslose. Roman. Mit einem Nachwort von Martin Walser. st 1163
– Kuckucksruf. Roman. st 1825
– Minder oder Zwei Schwestern. Roman. st 1609
– Rabenkrächzen. Eine Chronik aus Oberschwaben. Roman. Mit einem Nachwort von Martin Walser. st 911
– Die Törichten. Roman. st 2219
– Urgroßelternzeit. Erzählungen. st 1383
Marija Belkina: Die letzten Jahre der Marina Zwetajewa. Aus dem Russischen von Schamma Schahadat und Dorothea Trottenberg. st 2213
Ulla Berkéwicz: Adam. st 1664
– Josef stirbt. Erzählung. st 1125
– Maria, Maria. Drei Erzählungen. st 1809 und st 1905
– Michel, sag ich. st 1530
Berlin–Ljubljana–Zagreb–Belgrad. Briefe von Frauen über Krieg und Nationalismus. Aus dem Slowenischen von Marusa Krese, aus dem Serbokroatischen von Barbara Antkowiak, Angela Richter und Mechthild Schäfer. es 1811

110/2/3.93

Literatur von Frauen im Suhrkamp Taschenbuch Verlag

Augustina Bessa-Luís: Die Sybille. Roman. Aus dem Portugiesischen übersetzt und mit einem Nachwort versehen von Georg Rudolf Lind. st 1756

Blaß sei mein Gesicht. Vampirgeschichten von Frauen. Herausgegeben von Barbara Neuwirth. PhB 267. st 1799

Tania Blixen: Ehrengard. Aus dem Englischen von Fritz Lorch. Mit einem Nachwort von Brigitte Kronauer. st 1770 und st 1906

– Moderne Ehe und andere Betrachtungen. Aus dem Dänischen von Walter Boehlich. Mit einem Nachwort von Hanns Grössel. st 1971

Margarete Böhme: Tagebuch einer Verlorenen. Von einer Toten. Neu herausgegeben und mit einem Nachwort versehen von Hanne Kulessa. st 1640

Carmen Boullosa: Sie sind Kühe, wir sind Schweine. Roman. Aus dem Spanischen von Erna Pfeiffer. es 1866

Anne Brontë: Agnes Grey. Aus dem Englischen von Elisabeth von Arx. it 1093

Charlotte Brontë: Erzählungen aus Angria. Aus dem Englischen von Michael Walter und Jörg Drews. it 1285

– Jane Eyre. Eine Autobiographie. Aus dem Englischen von Helmut Kossodo. Mit einem Essay und einer Bibliographie herausgegeben von Norbert Kohl. it 813

– Shirley. Aus dem Englischen von Johannes Reiher und Horst Wolf. it 1145

– Über die Liebe. Herausgegeben von Elsemarie Maletzke. Übertragen von Eva Groepler und Hans J. Schütz. it 1249

– Villette. Roman. Aus dem Englischen von Christiane Agricola. it 1447

Emily Brontë: Die Sturmhöhe. Aus dem Englischen von Grete Rambach. it 141

Charlotte Brontë: Der Professor. Aus dem Englischen von Gottfried Röckelein. it 1354

Die Schwestern Brontë. Leben und Werk in Texten und Bildern. Herausgegeben von Elsemarie Maletzke und Christel Schütz. it 814

Judith Butler: Das Unbehagen der Geschlechter. Aus dem Amerikanischen von Kathrina Menke. es 1722

Colette: Diese Freuden. Aus dem Französischen von Maria Dessau st 2154

Sigrid Damm: Cornelia Goethe. it 1452

Esther Dischereit: Joëmis Tisch. Eine jüdische Geschichte. es 1492

Tove Ditlevsen: Gesichter. Aus dem Dänischen von Else Kjaer. es 1165

110/3/3.93

Literatur von Frauen im Suhrkamp Taschenbuch Verlag

Tove Ditlevsen: Sucht. Erinnerungen. Aus dem Dänischen von Erna Plett in Zusammenarbeit mit Else Kjaer. es 1009
– Wilhelms Zimmer. Aus dem Dänischen von Else Kjaer und Bärbel Cosmann. es 1076
Annette von Droste-Hülshoff: Sämtliche Erzählungen. Herausgegeben von Manfred Häckel. it 1521
Marguerite Duras: Blaue Augen, schwarzes Haar. Aus dem Französischen von Maria Dessauer. st 1681
– Eden Cinéma. Aus dem Französischen von Ruth Henry. es 1443
– Emily L. Roman. Aus dem Französischen von Maria Dessauer. st 1808
– Ganze Tage in den Bäumen. Erzählung. Deutsch von Elisabeth Schneider. st 1157
– Heiße Küste. Roman. Aus dem Französischen von Georg Goyert. st 1581
– Hiroshima mon amour. Filmnovelle. Deutsch von Walter Maria Guggenheimer. st 112
– Im Park. Roman. Aus dem Französischen von Andrea Spingler. st 1938
– Im Sommer abends um halb elf. Roman. Aus dem Französischen von Ilma Rakusa. st 2201
– La Musica Zwei. Theaterstück. Aus dem Französischen von Simon Werle. es 1408
– Der Liebhaber. Aus dem Französischen von Ilma Rakusa. st 1629
– Der Matrose von Gibraltar. Roman. Aus dem Französischen von Maria Dessauer. st 1847
– Moderato cantabile. Roman. Aus dem Französischen von Leonharda Gescher und W. M. Guggenheimer. st 1178
– Das Pferdchen von Tarquinia. Roman. In der Übersetzung von Walter M. Guggenheimer. st 1269
– Ein ruhiges Leben. Roman. Deutsch von W. M. Guggenheimer. st 1210
– Sommer 1980. Aus dem Französischen von Ilma Rakusa. es 1205
– Das tägliche Leben. Aus dem Französischen von Ilma Rakusa. es 1508
– Vera Baxter oder Die Atlantikstrände. Aus dem Französischen von Andrea Spingler. es 1389
– Die Verzückung der Lol V. Stein. Deutsch von Katharina Zimmer. st 1079
– Der Vize-Konsul. Roman. Deutsch von W. M. Guggenheimer. st 1017 und it 2312. Großdruck

110/4/3.93

Literatur von Frauen
im Suhrkamp Taschenbuch Verlag

Marguerite Duras / Michelle Porte: Die Orte der Marguerite Duras. Aus dem Französischen von Justus F. Wittkop. es 1080

Andre Dworkin: Eis & Feuer. Roman. Aus dem Amerikanischen von Christel Dormagen. st 2229

Ria Endres: Werde, was du bist. Dreizehn literarische Frauenportraits. st 1942

Cristina Fernández Cubas: Das geschenkte Jahr. Roman. Aus dem Spanischen von Eva Schikorski. es 1549

Marieluise Fleißer: Abenteuer aus dem Englischen Garten. Geschichten. Mit einem Nachwort von Günther Rühle. st 925

– Ingolstädter Stücke. st 403

– Eine Zierde für den Verein. Roman vom Rauchen, Sporteln, Lieben und Verkaufen. st 294

Frauen, die pfeifen. Verständigungstexte. Herausgegeben von Ruth Geiger, Hilke Holinka, Claudia Rosenkranz, Sigrid Weigel. es 968

Frauenbriefe der Romantik. Herausgegeben und mit einem Nachwort von Katja Behrens. Mit zeitgenössischen Porträts. it 545

Gisèle Freund: Drei Tage mit James Joyce. Fotografiert von Gisèle Freund. Mit einem Vorwort von Philippe Sollers. Aus dem Französischen von Franz-Heinrich Hackel. st 929

Adelaida García Morales: Die Logik des Vampirs. Roman. Aus dem Spanischen von Anne Sorg-Schumacher. es 1871

– Das Schweigen der Sirenen. Roman. Aus dem Spanischen von Anne Sorg-Schumacher. es 1647

– Der Süden. Bene. Aus dem Spanischen von Anne Sorg-Schumacher und Imme Bergmaier. es 1460

Lidia Ginsburg: Aufzeichnungen eines Blockade-Menschen. es 1672

Natalia Ginzburg: Caro Michele. Der Roman einer Familie. Aus dem Italienischen von Arianna Giachi. st 853

– Ein Mann und eine Frau. Aus dem Italienischen von Arianna Giachi. st 816 und st 1909

Undine Gruenter: Epiphanien, abgeblendet. 56 Prosastücke. es 1870

Karoline von Günderode: Gedichte. Herausgegeben von Franz Josef Görtz. it 809

Barbara Hahn: Unter falschem Namen. Von der schwierigen Autorschaft der Frauen. es 1723

Lioba Happel: Grüne Nachmittage. Gedichte. es 1570

– Ein Hut wie Saturn. Erzählung. st 2217

Lillian Hellman: Eine unfertige Frau. Ein Leben zwischen Dramen. Aus dem Englischen von Kyra Stromberg. Mit einem Nachwort von Ruth-Esther Geiger. st 1910

110/5/3.93

110/6/3.93

Literatur von Frauen im Suhrkamp Taschenbuch Verlag

Gertrud Koch: Die Einstellung ist die Einstellung. Visuelle Konstruktionen jüdischer Geschichte. es 1674

Barbara Köhler: Deutsches Roulette. Gedichte. es 1642

Cordula Koepcke: Lou Andreas-Salomé. Leben. Persönlichkeit. Werk. Eine Biographie. it 905

Hanna Krall: Schneller als der liebe Gott. Mit einem Vorwort von Willy Brandt. Aus dem Polnischen übersetzt von Klaus Staemmler. es 1023

Angela Krauß: Kleine Landschaft. Erzählungen. st 1848

– Das Vergnügen. st 1776

Ursula Krechel: Mit dem Körper des Vaters spielen. Essays. es 1716

Maruŝa Krese-Weidner: Gestern, Heute, Morgen. Gedichte. Aus dem Slowenischen von Fabjan Hafner. es 1703

Julia Kristeva: Mächte des Grauens. Ein Versuch über den Abscheu. Aus dem Französischen von Xenia Rajewski. es 1684

Monique Lange: Edith Piaf. Die Geschichte der Piaf. Ihr Leben in Texten und Bildern. Aus dem Französischen von Hugo Beyer. Mit einer Discographie. it 516

Gertrud von le Fort: Erzählungen. Mit einem Nachwort von Eugen Biser. it 1512

– Die Magdeburgische Hochzeit. Roman. it 1384

– Die Tochter Jephthas und andere Erzählungen. st 351

Gertrud Leutenegger: Gouverneur. st 1341

– Komm ins Schiff. st 1699

– Kontinent. st 1869

– Lebewohl, Gute Reise. Ein dramatisches Poem. es 1001

– Ninive. Roman. st 685

– Das verlorene Monument. es 1315

Liselotte von der Pfalz: Briefe. Herausgegeben und eingeleitet von Helmuth Kiesel. Mit zeitgenössischen Portraits. it 428

Clarice Lispector: Die Passion nach G. H. Roman. Aus dem brasilianischen Portugiesisch von Christiane Schrübbers und Sarita Brandt. st 1724

Katherine Mansfield: Der Mann ohne Temperament und andere Erzählungen. Aus dem Englischen von Heide Steiner. Großdruck. it 2325

– Seligkeit und andere Erzählungen. Aus dem Englischen von Heide Steiner. it 1334

Angeles Mastretta: Mexikanischer Tango. Roman. Aus dem Spanischen von Monika López. st 1787

Friederike Mayröcker: Die Abschiede. st 1408

– Ausgewählte Gedichte. 1944-1978. st 1302

110/7/3.93

Literatur von Frauen im Suhrkamp Taschenbuch Verlag

Friederike Mayröcker: Magische Blätter. es 1202
– Magische Blätter II. es 1421
– Magische Blätter III. es 1646
Meine Schwester Elba. Neue spanische Erzählerinnen. Mit einem Nachwort von Michi Strausfeld. Herausgegeben und übersetzt von Margarete Born. st 1532
Alice Miller: Am Anfang war Erziehung. st 951
– Bilder einer Kindheit. 66 Aquarelle und ein Essay. st 1158
– Das Drama des begabten Kindes und die Suche nach dem wahren Selbst. st 950
– Du sollst nicht merken. Variationen über das Paradies-Thema. Mit einem neuen Nachwort (1983). st 952
Rosa Montero: Geliebter Gebieter. Roman. Aus dem Spanischen von Susanne Ackermann. st 1879
– Ich werde dich behandeln wie eine Königin. Roman. Aus dem Spanischen von Susanne Ackermann. st 1944
Nachwehen. Frauen und Männer mit Kindern. Verständigungstexte. Herausgegeben von Michael Klaus. st 855
Barbara Neuwirth: In den Gärten der Nacht. Phantastische Erzählungen. PhB 255. st 1745
Judith Offenbach: Sonja. Eine Melancholie für Fortgeschrittene. st 688
Fabienne Pakleppa: Die Himmelsjäger. Roman. st 2214
Grace Paley: Ungeheure Veränderungen in letzter Minute. Geschichten. Aus dem Amerikanischen von Marianne Frisch, Jürg Laederach, Hanna Muschg. es 1208
Erica Pedretti: Heiliger Sebastian. Roman. st 769
– Sonnenaufgänge Sonnenuntergänge. Erzählungen. st 1653
– Valerie oder Das unerzogene Auge. st 1914
– Die Zertrümmerung von dem Kind Karl und anderen Personen. Veränderung. st 1156
J. J. Phillips: Mojo Hand. Eine orphische Geschichte. Aus dem Amerikanischen von Barbara Henninges. es 1574
Anita Pichler: Die Zaunreiterin. st 1762
Sylvia Plath: Das Bett-Buch. Aus dem Englischen von Eva Demski. Mit farbigen Illustrationen von Rotraud Susanne Berner. it 1474
Elena Poniatowska: Lieber Diego. Aus dem mexikanischen Spanisch von Astrid Schmitt. st 1592
– Stark ist das Schweigen. Vier Reportagen aus Mexiko. Übersetzt von Anna Jonas und Gerhard Poppenberg. Mit Abbildungen. st 1438
Ilma Rakusa: Die Insel. Erzählung. st 1964

110/8/3.93

Literatur von Frauen
im Suhrkamp Taschenbuch Verlag

Ilma Rakusa: Steppe. Eine Erzählung. es 1634

Gerlind Reinshagen: Drei Wünsche frei. Fünf Theaterstücke. Mit einem Nachwort von Anke Roeder. st 1817

– Sonntagskinder. st 759

Der Riß am Himmel. Science-fiction europäischer und amerikanischer Autorinnen. Herausgegeben von Karin Ivancsics. Übersetzt von Peter Hiess. st 2175

Christiane Rochefort: Frühling für Anfänger. Roman. Aus dem Französischen von Eugen Helmlé. st 532

– Kinder unserer Zeit. Roman. Aus dem Französischen von Walter Maria Guggenheimer. st 487

– Mein Mann hat immer recht. Roman. Deutsch von Walter Maria Guggenheimer. st 428

– Das Ruhekissen. Roman. Aus dem Französischen von Ernst Sander. st 379

– Die Tür dahinten. Roman. Aus dem Französischen von Eugen Helmlé. st 2160

– Zum Glück gehts dem Sommer entgegen. Roman. Aus dem Französischen von Eugen Helmlé. st 523 und st 1916

Mercè Rodoreda: Auf der Plaça del Diamant. Roman. Aus dem Katalanischen von Hans Weiss. Mit einem Nachwort von Gabriel García Márquez. st 977

– Der zerbrochene Spiegel. Roman. Aus dem Katalanischen von Angelika Maass. st 1494 und st 1917

Friederike Roth: Die einzige Geschichte. Theaterstück. es 1368

– Das Ganze ein Stück. Theaterstück. es 1399

– Krötenbrunnen. Ein Stück. es 1319

Renate Rubinstein: Immer verliebt. Aus dem Niederländischen von Rahel E. Feilchenfeldt. es 1337 und st 1918

– Nichts zu verlieren und dennoch Angst. Notizen nach einer Trennung. Aus dem Niederländischen übersetzt von Johannes Piron. Mit einem Vorwort von Norbert Elias. es 1022 und st 2230

– Sterben kann man immer noch. Notizen von einer Krankheit. Aus dem Niederländischen von Helga van Beuningen. es 1433

Erika Runge: Frauen. Versuche zur Emanzipation. es 359

Nelly Sachs: Fahrt ins Staublose. Gedichte. st 1485

Das Buch der Nelly Sachs. Herausgegeben von Bengt Holmquist. st 398

George Sand: Geschichte meines Lebens. Aus ihrem autobiographischen Werk ausgewählt und mit einer Einleitung versehen von Renate Wiggershaus. st 1919

110/9/3.93

Literatur von Frauen
im Suhrkamp Taschenbuch Verlag

Rahel Sanzara: Die glückliche Hand. Roman. Mit einem Nachwort von Peter Engel. st 1184
– Das verlorene Kind. Roman. Mit einem Nachwort von Peter Engel. st 910
Sappho. Neu übertragen und kommentiert von Stefanie Preiswerk-zum Stein. Mit farbigen Abbildungen. it 1229
Sappho: Strophen und Verse. Übersetzt und herausgegeben von Joachim Schickel. it 309
Misia Sert: Pariser Erinnerungen. A us dem Französischen von Hedwig Andertann. Mit einem Bildteil. it 1180
Madame de Sévigné: Briefe. Herausgegeben und übersetzt von Theodora von der Mühl. Mit zeitgenössischen Kupferstichen. it 395
Mary W. Shelley: Frankenstein oder Der moderne Prometheus. Mit einem Essay von Norbert Kohl. it 1030
Muriel Spark: Mary Shelley. Eine Biographie. Deutsch von Angelika Beck. Mit zahlreichen Abbildungen. it 1258
Gertrude Stein: Zarte Knöpfe. Deutsche Übertragung von Marie-Anne Stiebel unter Mitarbeit von Klaus Reichert. Mit einer Nachbemerkung von Klaus Reichert. st 1920
Ginka Steinwachs: G-L-Ü-C-K. rosa prosa. Originalfälschung. es 1711
Marlene Streeruwitz: New York. New York. Elysian Park.
Zwei Stücke. es 1800
– Waikiki-Beach. Sloane Square. Zwei Stücke. es 1786
Karin Struck: Kindheits Ende. Journal einer Krise. es 1123
– Klassenliebe. Roman. es 629
– Lieben. Roman. st 567
– Die Mutter. Roman. st 489
– Trennung. Erzählung. st 613
Sabine Techel: Es kündigt sich an. Gedichte. es 1370
Wahnsinnsfrauen. Herausgegeben von Sibylle Duda und Luise F. Pusch. Erstausgabe. st 1876
Simone Weil: Fabriktagebuch und andere Schriften zum Industriesystem. Aus dem Französischen übersetzt und mit einer Einleitung versehen von Heinz Abosch. es 940
Maria de Zayas y Sotomayor: Erotische Novellen. Aus dem Spanischen von Clemens Brentano. Mit einem Nachwort von Gerhard Poppenberg. it 1369
Dorothea Zeemann: Einübung in Katastrophen. Leben zwischen 1913 und 1945. st 565
– Das heimliche Fest. Roman. st 1285

110/10/3.93

Literatur von Frauen
im Suhrkamp Taschenbuch Verlag

Dorothea Zeemann: Jungfrau und Reptil. Leben zwischen 1945 und 1972. st 776

– Eine unsympathische Frau. Erzählungen. st 2224

Marina Zwetajewa: Auf eigenen Wegen. Tagebuchprosa. Moskau 1917–1920, Paris 1934. Übersetzung und Nachwort von Marie-Luise Bott. st 1921

110/11/3.93